# 운명의 해석,
# 사주명리

[큰글자책] 운명의 해석, 사주명리

**발행일** 큰글자책 초판3쇄 2025년 9월 5일(乙巳年 甲申月 丁丑日) | **지은이** 안도균 |
**펴낸곳** 북드라망 | **펴낸이** 김현경 | **주소** 서울시 종로구 사직로8길 34 307호(내수동, 경희궁의아침 3단지)|
**전화** 02-739-9918 | **이메일** bookdramang@gmail.com

ISBN 979-11-92128-44-3  03150

책으로 여는 지혜의 인드라망, 북드라망 **bookdramang.com**

예 언 에 서 개 입 으 로

# 운명의 해석,
# 사주명리

안도균 지음

BookDramang
북드라망

## 애리조나 사막

작년 가을, 난 미국의 애리조나 사막을 가로지르고 있었다. LA에서 차를 렌트한 뒤, 그랜드캐니언까지 갈 작정으로 구글 내비게이션을 따라 사막의 고속도로를 달렸다. 그 사막은 모래만 있는 사하라 같은 곳이 아니라 붉은 돌산, 기이한 협곡, 높은 바위, 그리고 간간이 풀도 보이는 황무지였다. 황무지가 차 유리로 끝없이 다가왔다 스쳐가기를 반복한 것이 8시간쯤 되었을까. 해가 저물어 '니들스'(Needles)라는 곳에서 하룻밤을 묵고 나서, 다음 날 아침에 또 몇 시간을 그렇게 달려 그랜드캐니언에 도착했다. 몇 억 년을 살아온 기암절벽과 협곡들, 그랜드캐니언의 그 대단한 광경은, 사실 시시각각 바뀌며 끝없이 내 시야를 지나갔던 애리조나 사막의 풍경에 비하면 그다지 현실감이 없었다. 마치 하나의 큰 스크린을 보는 느낌이랄까.

그날 그랜드캐니언에서 라스베이거스로 바로 넘어갔고, 거기서 3일을 보냈다. 혼자 간 터라 말 붙일 사람도 없고, 그냥 여기저기 떠돌면서 거리 구경도 하고 술도 마시면서 지냈다. 가장 화려한 곳에서 느끼는 적막함. 그걸 조금 즐기기도 했다. 그렇게 혼자 있는 시간 내내, 난 그 애리조나 사막을 생각했다. 처음 느껴 보는 독특한 '허무감'이 밀려 왔다. 세상 참 넓구나. 사람이 살지 않는 어마어마한 땅의 펼쳐짐. 자동차로 열 몇 시간을 달리며 그 넓이를 온몸으로 가늠했지만, 내가 지나온 곳은 겨우 미국의 서부 언저리이고, 내 방에 붙여 놓은 세계지도에서 손톱 정도에 불과했다. 그런 땅들이 지구의 대부분을 차지하고 있다. 그 무인의 땅들 사이에서 사람은 작은 점 같은 곳에 모여 아웅다웅 살고 있다.

나는 서울로 돌아와서 다시 강의를 하고 밀린 원고를 쓰느라 정신이 없었다. 그러는 새, 복잡한 뉴욕 거리도 찬란했던 라스베이거스의 건물들도 잊혀져 갔다. 하지만 한 가지, 그 황무지의 잔상은 계속 미미하게 남아 있었다. 그 이미지는 주로 임의의 관념 기저에서 배경처럼 깔리곤 했다. 특히 글쓰기를 하거나 강의를 준비할 때 더 그랬다. 글을 쓰다 보면 어떤 의미를 만들어 내고 개념화하는 과정이 필요하다. 그 과정은 매번 고통스럽고 동시에 매번 짜릿하다. 그런데 이 과정 중에, 황무지의 흐린 이미지가 생각의 장 아래에 이중노출로 삽입되면, 순간적으로 고통도 짜릿힘도 사라진다. '이렇게까지 의미를 부여할 필요가 있을까?' 그건 라스베이거스에서 느꼈던 일종의 허무감과 비슷했다. 그리고 나의 관념과 시절 인연이 만들어 낸 고통스럽고 소중한 그 개념이 황무지의 풀 같다는 생각이 들었다. 황무지 어딘가에서 낮게 자란 풀.

그런데 그 풀의 이미지가 어떤 자유로움 같은 것을 느끼게 했다. 글쓰기라는 것이, 허무감을 불러오기도 했지만, 그렇기 때문에 오히려 부담 없이 쓸 수 있는 일일지도 모른다는 생각을 했다. 어쩌면 그동안 글을 쓴다는 것을 무의식적으로 초원을 뒤덮는 무성한 초목을 심는 것이라 생각했을 수도 있다. 그러나 실제론 무한한 황무지에 표시도 나지 않은 뻣뻣한 풀 한 잎을 내는 것이었다. 동시에 인류의 스승들 역시, 모여 있는 풀들의 사이즈가 꽤 클 뿐, 황무지를 덮기에는 턱없이 미약하다는 생각도 들었다. 물론 그들이 일궈 낸 엄청난 밀도의 공부와 업적을 평가절하하는 것은 절대 아니다. 다만 황무지의 이미지가 삽입되면서 그 위대함에 덧달린 환상들이 사라졌을 뿐이다. 예컨대, 위대한 사상은 모든 걸 설명해 줄 수 있을 것 같은 환상, 공부를 한다는 것은 그런 위대함을 획득하는 것이라는 환상 같은 것이 제거되었다. 그렇기 때문에 어떤 아우라 때문에 보지 못했던 풀의 실체를 발견함으로써 오히려 그 풀 혹은 업적에 대한 더 중요한 실체를 깨달을 수 있다. 미약한 것이지만 그 안에 많은 고생의 시간이 함축되어 있는 풀. 그건 풀로서 위대하다.

스승들의 풀이 위대한 만큼 나의 풀도 위대하다. 그러나 잘 드러나지 않는 실체다. 그러니 허무할 것도 부담스러울 것도 없다. 그것이 환상이 사라지고 난 후의 느낌이었다. 끝도 없는 황무지에 풀 한 포기 얹어 놓는 것이라면 글을 쓰는 것도 좀더 자유롭고 만만한 일이 될 수도 있다. 물론 풀 한 포기를 만들려면 고생스런 과정을 거쳐야 한다. 그리고 그 과정의 결과는 의심할 여지없는 실체다. 고생스럽게 사유하고 개념화하는 일이 대단한 일은 아닐지라도 허상은 아니다. 오히려 개념의 연결, 독특한 의미화가 가져다 주는 쾌락의 아우라나 감정에 따라 요동치는 즉흥적 판단의 근거들이야말로 허상이다. 허상을 걷어 내고 작고 볼품없는 실체를 하루하루 만드는 과정이 날 자유롭게 한다. 또한 최선을 다하겠지만 위대해지려고 애쓰지 않는 것(위대하다 해도 어차피 대지를 다 덮을 수도 없다)과, 진리의 껍데기를 쓰고 있는 낡은 개념을 새로운 용법으로 사용하려는 시도 역시 날 자유롭게 한다.


## 사주명리의 해방을 위하여


그 자유로움이 이 책에도 반영되었다. 나는 사주팔자라는 기호에 자유로움을 부여하고 싶었다. 타고난 팔자(八字)는 존재를 고립시키는 구속적이고 규정적인 진리가 아니다. 여덟 글자는 유동하는 기호다. 나는 기호를 다루는 사람(해석자)의 사유체계와 발화의 맥락, 기호 당사자의 현실 상황*, 해석 당시의 장소와 분위기에 따라서 사주의 해석이 달라진다고, 아니 달라져야 한다고 생각한다. 물론 사주명리에 대한 이 같은 생각은 미국에 가기 전부터 가지고 있었지만, 황무지와 풀의 이미지가 원고의 심연에 배열되면서 그 생각은 보다 노골화되었다.

나는 사주명리라는 언어로 해석할 수 있는 범위가 매우 넓다고 생각한다. 그것은 초원을 뒤덮는 푸른 초목과 같다. 그러나 그건 진리로서의 실체가 아니라 기호의 활용, 즉 맥락에 따라 다르게 기능하는 화용론적 확장일 뿐이다. 그렇다고 사주명리학이 허상인 것은 아니다. 사주명리학은 천간(天干)과 지지(地支)라는 실체다. 그러나 그 실체는 기호일 뿐, 그 자체가 황무지를 덮는 진리는 아니다. 다만 넓은

---

* 나는 이 두 존재가 같은 사람이길 바란다. 즉 자기가 자기의 사주를 해석할 것을 이 책에서 권하고 있다

황무지에 피어난 작은 풀밭 정도다. 즉, 운명을 해석하는 하나의 언어 혹은 방법론일 뿐, 그 이상도 이하도 아니다.

　사주명리를 진리의 영역에서 해방시키고 나면 그 학문의 품위가 손상될 것 같지만 그렇지 않다. 오히려 사주명리학에 덧씌워진 신비로운 권위를 걷어 냄과 동시에 저급한 미신과 사술(邪術)로서의 평가도 사라질 수 있고, 그럼으로써 사주명리는 다른 분과학들과 수평적이고 자유롭게 연계할 수 있는 활용성을 보장받을 수 있다. 또한 미래를 맞혀야 한다는 압박감에서 벗어나 그 사람의 운명을 그의 서사와 함께 담담하게 풀어가거나, 신비함에 붙어 있던 사욕의 꼼수 대신에 냉정한 관찰과 해석 그리고 적절한 전략적 처방을 스스로 획득할 수 있다. 요컨대 이 작업은 사주명리의 해방 프로젝트다. 즉, 사주명리에 덧달린 환상과 미신 그리고 허상적 권위의 베일을 걷어 내고, 풀의 실체적 모습을 회복하는 일이다. 그럼으로써 사람들로 하여금 사주명리에 보편적이고 비권위적으로 접근할 수 있게 하여, 이 평범한 지혜를 누구나 쉽게 쓸 수 있게 하는 데 목적이 있다.

　물론 사주명리를 해석하는 데는 운명론 특유의 음적 지성도 필요하다. 그것은 분석과 논리로 잡아 낼 수 없는, 드러난 것들 사이의 공간을 감지하는 능력이다. 하지만 나는 이런 직관적인 지성까지도 언어의 논리로 드러내고 싶었다. 도(道)는 언어가 통하지 않는 곳에 존재한다는 경구에 동의한다. 하지만 도를 핑계로 음적 지성의 의미 생성 과정을 생략한 채 결과만을 나열하는 것이 결코 미덕이 될 순 없다. 해석의 과정이 생략되었다는 것은 과정을 이치적으로 설명할 수 없다는 뜻이다. 그렇기 때문에 실제론 개인적인 직관이나 경험에서 비롯된 것이면서, 마치 어떤 대단한 이치에 의해 나온 진리인 것처럼 결론을 내리는 것이다. 그것은 사주명리의 환상을 증폭시킬 뿐이다.

그래서 될 수 있으면 나는 이 책에서 그런 해석이 나오게 된 경위를 보여 주려 했다. 그 일환으로 사주명리의 기본 글자인 천간과 지지를 설명하는 데(특히 천간) 영화와 문학의 서사를 이용했다. 영화나 문학의 텍스트는 한 개인의 서사와는 달리 비교적 객관적으로 공유할 수 있다. 해석은 다 다르겠지만 누구나 같은 장면과 텍스트를 읽는다. 나는 그 스토리를 개인적인 음적 지성으로 해석하는 과정을 이 책에 서술했다. 그럼으로써 사주의 기호를 해석하는 것이 매우 주관적이라는 것을 간접적으로 알려 주고, 또한 사주의 모든 해석이 논리적으로 드러날 수 있다는 것을 보여 주고 싶었다. 물론 그것은 과학의 논리는 아니다. 오히려 그것은 문학의 논리이며 일상의 논리다. 과학의 논리는 변수를 통제하여 재현 가능한 시스템 안에서 존재한다. 그러나 운명은 변수의 연속이며 단 한 번도 재현되지 않은 불가역적인 현재의 연쇄다.

조금 오해의 여지가 있을 것 같아서 말하지만, 이 책은 사주명리를 비판하는 책이 아니다. 오히려 사주명리를 보다 자유롭고 실용적으로 사용할 수 있도록 하기 위해 만들어졌다. 그래서 신화적 장치를 제거하고 보편적인 어휘와 논리로서 접근할 수 있도록 의도했다. 물론 어떤 이들에겐 이 전략이 더 어려울 수도 있다. 하지만 어디서 주워들은 자극적인 몇 마디에 운명의 주도권을 기탁하거나 두려움에 위축되지 않고, 스스로 자기 운명을 진단하고 실천하는 윤리적 주체가 되길 원하는 자에게는 적절한 안내서가 될 수 있다고 믿는다.

사주명리 강의를 시작한 지 8년쯤 되는 것 같다. 그동안 직접 만든 자료를 프린트해서 강의를 했다. 북드라망 출판사에서 그걸 묶어서 책으로 내자고 제안했다. 나도 교재가 하나 있었으면 했다. 매번 프린트하는 시간도 많이 걸리는 불편을 좀 덜어 보자는 계산도 있었고, 수강생들이 혼자 공부할 수 있게 자세하게 풀어 쓴 교재를 원하기도 했다. 이 책이 그분들이 원하는 그런 교재가 될 수 있는지는 모르겠다. 글을 쓰다 보면 항상 느끼는 것이지만, 어떤 지점에서는 더 자세하고 깊게 파고 들어갔으면 하는 바람이 있다. 그러나 대체로 글의 흐름상 가볍게 연결하면서 넘어갈 수밖에 없다. 이 책도 그랬다. 중요한 개념은 다 있지만, 부차적이라고 생각되는 것과 더 깊은 역학(易學)적 이론들은 배제되어 있다. 어쩌면 나의 수강생들은 이 부차적인 것을 더 원할지도 모른다는 생각을 하면 좀 미안한 생각도 든다. 하지만 이 책에서 전개되는 사주명리 이론은 나의 그동안의 강의 내용과도 좀 다르다. 황무지와 풀의 이미지가 삽입되면서부터 더욱 다양한 기호의 개념적 키워드들이 첨부되었고 더 자유롭게 해석할 수 있는 여지를 두었다. 그래서 언제가 될지는 모르지만 부차적인 개념들을 풀어 낼 두번째 책을 염두에 두고 있다.

이 책이 나올 수 있었던 것은 그동안 강의를 들어준 분들 덕분이다. 이 자리를 빌려 감사의 말씀을 전한다. 초고 마감일까지 아무것도 못한다고 얼마나 떠들고 다녔는지, 연구실 사람들이 마감 날짜를 다 외우고 있었다. 그 유난스러움을 이해해 준 감이당과 남산강학원 식구들에게도 감사드린다. 이 책은 필자가 북드라망 출판사에서 출간하는 첫 책이다. 이 책을 제안하고 계약하고 편집까지 맡아서 고생해 주신 북드라망의 김혜미 편집장에게도 깊이 감사드린다.

# 차례

# 2부 음양오행

# 3부 하늘·땅·사람

# 4부 시절

# 인트로 : 운명의 정치학 입구

## 예언, 개입의 통치술

그리스의 도시국가인 칼뤼돈의 왕비 알타이아가 아들을 낳았다. 알타이아가 출산을 하던 그날 밤, 그 자리에 '모이라'라 불리는 운명의 여신 세 자매가 와 있었다. 이 중 둘째인 라케시스 여신은, 난로 안의 장작이 다 타고 나면 이 아이의 생명도 끝날 것이라고 예언했다. 왕비는 이 말을 엿듣고 황급히 난로에서 타고 있던 장작을 꺼내어 불을 끄고는 은밀한 곳에 숨겼다. 어머니인 알타이아가 장작을 보존한 덕분일까. 이 아이는 훗날 칼뤼돈의 영웅 멜레아그로스가 된다. 그런데 청년 멜레아그로스는 칼뤼돈의 멧돼지 사냥에서 자신의 결정에 반대한 외숙부들을 죽이고 만다. 동생들의 죽음에 충격을 받은 알타이아는 숨겨 왔던 장작을 꺼내 불 속에 던져 버리고, 곧 멜레아그로스는 몸이 타 들어 가는 고통을 느끼며 숨을 거둔다.

만일 운명의 여신이 예언한 것이 장작이 타는 시간만큼 짧은 아이의 수명이라면, 모이라의 예언은 틀린 것이 된다. 한편, 예언의 말 그대로 나무 장작이 다 타 버림과 동시에 멜레아그로스가 죽음을 맞이하게 되었으니, 그런 점에선 예언이 맞았다고 할 수 있다. 만일 왕비가 그때 장작을 꺼내지 않았다면 이 아이의 운명은 어떻게 되었을까? 불 속에 던져진 마른 장작처럼 사라져 버렸을까? 모이라는 왜 예언을 왕비가 듣는 데서 이야기했을까? 왕비가 장작을 꺼내도록 의도한 것일까?

모이라는 알타이아의 침실에서 예언을 했고, 알타이아는 그 예언을 듣고 장작의 불을 껐다. 어쩌면 모이라가 알타이아의 행위를 의도한 것일 수도 있고, 자기도 모르게 튀어나온 말을 알타이아가 들었을 수도 있다. 어쨌든 그 개입의 의도와 관계없이, 결과적으로 예언은 사건에 개입하게 되었다.

어떤 예언은 아예 운명 안으로 깊숙이 개입하려는 의도를 가지고 있다. 영화 〈매트릭스〉에서 주인공 네오는 예언자인 오라클을 만난다. 오라클은 네오를 보자마자 "꽃병은 신경 쓰지 마"라고 말한다. 네오는 그 말에 뒤를 돌아보다가 꽃병을 건드려 깨뜨린다. 신경 쓰지 말라는 그녀의 말 때문에 꽃병을 떨어뜨린 네오는 그녀에게 묻는다. "어떻게 알았죠?" 오라클은 네오에게 "네가 나중에 정말 혼란스러워하게 될 것은 내가 말을 안 했어도 꽃병을 깼을까라는 것"이라고 답한다. 이 대답은 예언이 앞으로 벌어질 어떤 사건에 개입될 것임을 암시한다. 그후 네오는 중요한 선택 앞에서 오라클의 예언을 환기하며, 정황상 그녀의 예언이 없었다면 하지 않았을 어떤 결단을 내리게 된다. 결국 오라클은 예언을 통해 네오로 하여금 자신의 의도를 실현시켰으니, 이것은 예언이 사건에 개입하는 도구로 쓰인 셈이다.

고대 중국에서는 예언술 혹은 운명론을 지혜와 통치술을 터득하는 장치로 사용했다. "점술은 각 개별적 경우의 유리한 상황을 식별할 수 있게 하여 세계의 조직을 파악하는 식견을 증진"마르셀 그라네, 『중국사유』, 유병태 옮김, 한길사, 2015, 327쪽시킨다. 그래서 "점괘의 이치에 입문한 자는 앎을 터득한 자이기에, 통치할 수 있게 된다."같은 책, 327쪽 그런데 앎은 늘 지배세력의 전유물이었기 때문에 결국 "점술은 제후, 대인, 군주의 특권"일 수밖에 없었다. 그건 앎과 지혜의 특권이고 통치의 특권이 된다. 그런 점에서 조직과 개인의 운명을 예언하는 일은 일종의 통치 행위다. 즉, 결과를 맞히는 신비로운 작업이 아니라 과정을 만들어가는 통치술인 것이다.

운명의 해석, 사주명리

## 운명론의 함정과 사이의 공간

운명론을 통치술로 사용한다는 것은 운명론 안에 통치의 대상을 이해시키거나 지배할 수 있는 힘이 들어 있다는 뜻이다. '점괘의 이치'는 사물들 사이, 분석되어 드러난 사건들 사이로 침투한다. 그곳은 보이지 않는 공간, 무의식의 공간, 비논리적이고 통제 불가능한 변수의 공간이다. 볼 수 있고 해석할 수 있다면 점을 칠 필요가 없다. 점술이 필요한 곳은 음적인 영역, 즉 사이의 공간이며, 점괘의 이치를 다루는 자는 거기서 특정 이론과 직관으로 비논리의 공간을 연결한다. 예컨대 『주역』 점에서, 『주역』의 효사(爻辭)들은 논리정연하게 연결되어 있지 않다. 그래서 행간(行間)을 연결하는 논리 개입의 기술이 필요하다. 논리의 성긴 공백은 숨겨진 서사로 채워야 한다. 어떻게 연결하는가에 따라 맥락이 그럴듯하게 연결되기도 하고, 더 알 수 없는 미궁으로 빠지기도 한다. 점괘의 적중률을 떠나서 이 과정을 행하는 자는 지엽적 파편들을 하나의 맥락으로 꿸 수 있는 중층적 시야가 필요하다. 드러난 것과 가려진 것을 연결하는 이런 시야는 정책과 민심 사이, 정치적 의도와 시행 결과 사이, 사대(事大)와 자주, 개항과 쇄국 사이에서 은밀하게 개입하여 통치술의 여러 분면에서 응용되었을 것이다. 운명론은 이처럼 통치를 음적으로 보좌하며 통치의 방향에 어떤 영향력을 행사한다. 그것은 비록 보조적 차원의 개입이지만, 정책 결정자의 시야를 확장시키고 정치적 결단을 일으킨다는 점에서, 또한 자연의 섭리로서 통치 대상의 심리를 좌우할 수 있는 강렬한 명분이 된다는 점에서, 은밀하지만 매우 강한 통치력을 행사한다고 할 수 있다.

그렇기 때문에 그 힘은 더 조심해서 다뤄야 한다. 그렇지 않으면 음적인 권력은 혹세무민의 원흉이 되고 다루는 자 역시도 그 힘에 의해 지배당하게 된다. 궁예는 스스로 미륵부처라고 자처하며 자신을 신격화했고, 사람의 마음을 읽는다는 '관심법'(觀心法)을 써서 섣부른 단정과 판단을 일삼았다. 그는 왕건에게도 모반의 혐의를 씌워서 죽이려 했다. 왕건은 꾀를 썼다. 자기가 반역을 도모했노라고 고백하며 무릎을 꿇었다. 궁예는 크게 웃으며 왕건에게 정직하다고 칭찬하며 선물까지 주었다. 결국 궁예는 왕건의 손에 죽고 만다. 그는 자신이 탄생시킨 미륵불 신화에 스스로 당하게 된 것이다. 홍명희의 소설『임꺽정』에는 '김륜'이라는 술객(術客)이 등장한다. 그는 윤원로와 윤원형의 하수인이 되어 그들에게 인종(仁宗)을 죽이는 방법을 알려준다. 인종의 제웅짚으로 만든 사람 모양의 물건을 만들어 매일 바늘을 인형에 꽂으면 임금이 죽는다는 것이다. 김륜은 나중에 꺽정이에게 혼쭐이 난 뒤 시골로 쫓기듯 도망갔다. 그는 얕은 수를 써서 권력과 명성에 빌붙었지만 결국 그 자신도 감당할 수 없는 정치적 몰락을 감당해야 했다.

그래서 선현들은 이런 힘이 잘못 쓰이지 않을까 우려해 왔다. 북송시대의 역사가이자 시인인 소강절(邵康節)은 점복술의 대가로 알려져 있다. 그는 사람의 운명뿐만 아니라, 사물이나 시절의 운명까지도 정확하게 예견했던 인물이다. 소강절은 이 학문의 위험성을 항상 경계했으며 이 이치를 전수하는 것을 극도로 조심했다. 소강절의 아들인 소백온(邵伯溫)이 이 학문을 전수받았고, 왕예와 장민 두 제자가 있었을 뿐이었다. 당시 명성이 자자했던 장돈(章惇)과 형서(邢恕)가 학문을 전수받기 원했으나 가르치지 않았다는 얘기가 전해진다. 자기의 명성과 재주를 믿고 얕팍한 수를 쓰는 사람이란 이유에서다.

현대에 이르러서도 음적인 힘은 여전히 일부 사기꾼들에 의해 상대의 두려움을 빌미로 돈을 뜯어내거나 세상을 어지럽히는 도구로 사용되고 있다. 그렇지 않은 대개의 경우도 음적인 힘을 폭넓게 운용하지 못한다. 현대의 운명론은 자본주의와 결합하여 일종의 서비스 산업의 일부로 탈바꿈하였다. 그래서 그 힘을 다루는 사람들은 상품성을 높이기 위해 '전문가'라는 허명을 스스로에게 덧씌웠고, 행간에 숨겨진 유동적 지성을 터득하기 위해 요구되었던 중층의 시야는 고객들에게 가성비 좋은 요행수를 찾아 주기 위해 한없이 좁아져 간다.

오늘날 우리들은 돈을 주고 그들을 고용하며 뾰족한 수를 찾아 영적 쇼핑을 다닌다. 별을 보고 길을 찾던 시절, 그 시대를 사는 사람들의 내비게이션은 자연의 이치와 하늘의 운이었다. 적은 정보량으로 척박한 환경에서 산다는 것은 매 순간 목숨을 거는 일이었다. 거대한 자연의 힘과 맞서고, 기근과 전염병을 이겨 내며, 전쟁과 정치적 분쟁에서 목숨을 보존해야 했다. 거기서 운명론은 일종의 생존 기술로 쓰였다. 앎의 특권을 가질 수 없었던 많은 민중들은 여기에 의존할 수밖에 없는 처지였을지 모른다. 하지만 정보의 특권이 없어지고, 고대 정치적 특권층이 누렸던 '앎'을 얼마든지 향유할 수 있는 지금도 사람들은 여전히 운명을 해석하는 주체가 되지 못한다. 돈을 지불하면서까지 운명의 해석을 타인에게 맡긴다. 소비의 주체는 자신이지만, 내 운명의 해석 주체는 음적인 힘을 다루는 상담자가 된다. 이것이 오늘날 대체로 우리들이 운명론을 향유하는 방식이다. 이러한 운명론 외에도 많은 공인된 상담과 정신과 치료 역시 이러한 수동적 구도에서 벗어나지 못한다.

다른 존재가 내 운명을 해석하려고 시도하는 순간, 그 관계 안에 일종의 '사제 권력'이 끼어든다. 내담자는 처음에 의심의 마음을 가지고 상담에 임한다. 하지만 일상의 합리적인 논리를 헤치고 들어오는 신비한 몇 마디에 내담자는 곧 "고백의 동물"미셸 푸코, 『성의 역사 1권: 앎의 의지』, 이규현 옮김, 나남출판, 1996, 76쪽이 되고 만다. 운명을 다룬다는 것은 표면의 논리를 넘어서는, 어떤 심연의 유동적 지성과 접속하는 일이다. 그래서 운명을 다루는 자는 음적인 힘을 갖는다. 그 힘은 쉽게 포착되지 못하는 까닭에, 두려움과 경외의 대상이 되기도 한다. "구하라. 그러면 열릴 것이다. 회개하라. 그러면 용서받을 것이다." 운명을 해석하는 자는 신의 대리인인 사제가 되고, 내담자는 회개를 구하는 신자가 된다. 이 위계적 구도에서 해석의 주체는 사제에게 있다. 사제의 지위에 있는 상담가는 내담자의 고백을 이끌어 내어 해석의 주도권을 쥔다. 개입의 주체가 되려 하는 것이다. 미셸 푸코는 이 지위에 있는 존재를 "고백을 요청하고 강요하고 평가함과 동시에 판단을 내리고 벌하고 용서하고 위로하고 화해시키기 위해 개입하는 결정기관"같은 책, 79쪽이라고 했다. 용서, 위로, 화해라는 미덕의 행위도 수동적으로 강요된 고백 아래에서는 어떤 의무와 과제가 된다. 그래서 고백은 "권력 관계 안에서 전개되는 의식"이 되며, 수평적 관계로 회복될 수 없는 위계를 갖는다.

물론 나는 상담이 필요한 많은 사례들, 그리고 그 유용성에 대해 충분히 인정한다. 그러나 스스로 의존적 관계에 들게 하는 이러한 소비재가 마치 더 나은 삶을 위한 당연한 코스처럼 여겨지는 풍토는 마음에 걸린다. 특히 상담가가 위계적일수록 자신의 능력을 드러내려 하고, 내담자를 쉽게 컨트롤하려고 한다. 그런 구도가 바로 사제 권력이 작동하는 프레임이다. 내담자는 그런 능력 있는 사람의 친절한 상담이 좋은 대우 혹은 서비스를 받는 것이라 생각하겠지만, 그것은 생각의 주체를 소외시키는 일이다. 현대 의료는 치료 주체를 환자가 아니라 의사로 설정하고, 환자는 그 의존적 관계에서 자기 몸을 소외해 버린다. 마찬가지로 마음을 치료하는 주체가 상담가에게 있다면 그것은 정신과 영혼을 소외시키는 것과 다름없다.

이런 예속적 관계에 젖어들다 보면, 나중에는 질문이 일어나지도 않고 해답을 찾으려 하지도 않는다. 인생에서 넘어지고 배우면서 스스로 질문하고 터득해야 할 많은 문제들이 다 상담의 대상이 된다. 적성, 진로, 결혼, 이별, 가족, 진급, 퇴직, 재물 등의 사회적 욕망은 물론이고 사랑과 증오, 삶과 죽음, 생존과 질병, 물질과 정신, 주체와 세계 등 존재를 걸고 질문해야 할 화두도 상담의 위계적 구도 안에 예속된다. 특히 자본주의에서의 사제 권력은 하나의 상품이다. 결국 소비자는 위계적 구도의 하위주체가 되는 상품을 요구하는 셈이다. 이렇게까지 비굴한 구도 안으로 들어가는 이유는 삶의 의미를 과정이 아니라 성공적 결과에 두기 때문이다. 그리고 원하는 결과를 얻기 위해 전문가와 매뉴얼이라는 허상을 맹목적으로 신뢰하기 때문이다.

일상의 과정에 집중하지 않고 결과에 집착할 때 대개 전문가를 찾게 된다. 그 사제 권력의 구도 안으로 들어가 매뉴얼, 즉 뾰족한 술수를 구걸하는 것이다. 그러나 이반 일리치의 말처럼 "전문가 권력이 인간을 무기력하게 만든다".이반 일리치, 『누가 나를 쓸모없게 만드는가』, 허택 옮김, 느린 걸음, 2014, 46쪽 그런 상태에서 운 좋게 작은 성공을 맛보았다면 더욱 의존적 신체가 될 가능성이 높다. 결국, 혼자선 안 되는구나, 라는 의존성만 커질 테니까. 도대체 저 안에서 꿈틀거리고 있는 자유로운 생명력은 어디에다 써야 한단 말인가.

음적인 힘은 이렇게 세상을 어지럽히기도 하고, 사제 권력을 업고 사람들을 의존적 신체로 만들기도 한다. 그렇다면 운명론을 아예 버리는 것이 낫지 않을까? 이렇게 부작용이 심한 것을 다뤄서 좋을 게 있겠는가 말이다. 그 말도 틀리지 않다. 꼼수와 매뉴얼을 얻으려 소문난 운명론자들을 찾아다니며 자기를 잃어버리는 의존 여행을 하는 사람들은 곧바로 운명론을 끊어 버리는 것이 낫다. 그들에겐 우선 보이는 정보만으로 실존적 선택을 하는 훈련을 하는 것이 바람직하다고 본다. 하지만 내 운명은 내가 책임진다는, 자기 운명에 대한 주인의식이 조금이라도 있는 사람들은 드러난 것 사이의 비가시적인 세계를 스스로 탐구할 수 있는 어떤 방법론을 익히길 권한다. 세상에는 표면적인 분석만으로 통찰할 수 없는 많은 사이의 공간들이 있다. 우리는 어떤 방편으로든 이 공간에 대한 해석을 하게 된다. 그 해석의 체계가 없거나 전혀 다른 사유체계의 방법론을 찾고 싶은 사람은 이치적으로 접근할 수 있는 운명론을 직접 배우는 것도 좋다. 특히 사주명리나 주역점과 같은 운명론 안에는 그냥 버리기에는 아까운 이치들이 많이 들어 있다. 그 중에서도, 통치술이나 정치학으로서의 이법적 지혜를 터득하고 싶다면 사주명리를 추천한다.

주역점과 사주명리는 일단 형식에 있어서 다르다. 주역점은 산가지를 가지고 직접 점을 친다. 동전이나 주사위로 대체할 수도 있다. 사주명리는 그 사람이 태어난 생년월일시를 가지고 법칙적으로 해석한다. 주역점은 우연을 매개로 사건을 예견하며, 사주명리는 이치를 통해 존재의 운명을 탐색한다. 주역점은 대개 중요한 일을 앞두고 그 일이 어떻게 전개될지를 점친다. 존재보다 사건이 우선하는 것이다. 사주명리는 존재의 신체성에 초점을 맞춘다. 그 신체 안에 내재되어 있는 운명적 코드를 읽어 내는 것. 그래서 사주명리는 사건보다 존재가 앞선다. 하지만 존재는 사건에 의해 정의되고, 사건은 존재의 신체적 리듬과 연결되므로 이 두 체계는 어느 지점에서 서로 연결된다.

이 책에서는 사주명리를 다룰 것이다. 운명론이 사건 중심으로 펼쳐지면 주체가 소외될 수 있다. 중요한 것은 사건의 결과가 아니라 사건을 겪고 있는 몸의 태도다. 몸은 곧 삶과 운명의 주체다. 몸은 그 자체로 사건의 현장을 겪고 있는 주체로서 기능한다. 몸이 어떤 태도로 사건을 겪는가에 따라 운명의 수준이 달라진다. 따라서 그 운명의 층위는 사건의 결과에 달려 있는 것이 아니라, 몸이라는 주체가 사건을 어떻게 겪고 어떻게 해석할 것인가로 달라진다. 그 태도를 돌이켜보고 스스로 변혁하고자 한다면 사주명리가 더 유리하다.『주역』점은 다른 책을 참고하도록 하자. 대신 이 점의 체계가 가지고 있는 우발성의 요소는 사주명리를 해설하면서 사건과 함께 다시 응용될 것이다.

## 운명의 예측과 수사학적 결정론

나는 이 사주명리라는 통치술을 자신의 운명에 개입하는 정치적 행위로 새롭게 응용할 수 있다고 생각한다. 즉, 타인을 지배하거나 타인의 운명에 개입하기 위해 사용했던 운명론을 자기를 다스리는 통치술로 바꾸어 쓰자는 말이다. 그렇다면 자기가 자기를 다스리는 것을 통치의 기술 혹은 정치적 행위라 할 수 있는가? 황로(黃老)사상에 따르면 개인은 단지 국가와 사회에 소속된 구성원이 아니라, 국가나 우주의 거시적 운영 원리를 고스란히 담고 있는 하나의 총체적인 시스템이다. 거기서 '자기'를 통치하는 행위인 '치신'(治身)은 국가적 정치 행위와 마찬가지로 고도의 전략과 균형감각을 필요로 하며, 국가를 운영하는 '치국'(治國)과 대등한 위상을 갖는다. 그런 면에선 치신도 역시 정치적 행위에 다름 아니다.

그렇다면 운명에 개입한다는 것은 무엇인가? 나의 운명을 내가 원하는 대로 바꿀 수 있다는 말인가? 만일 그렇다면 운명은 필연적으로 결정된 것이 아니라는 것인가? 우리는 정치적 개입에 대한 이야기를 하기 전에 운명에 대한 이와 같은 질문들과 마주해야 한다. 운명은 사주명리의 방법론이 개입할 대상, 즉 명리학이 활용되는 장(場)이기도 하다. 이 책의 모든 이론적 설명과 주관적 해석도 그런 인식의 전제 위에 있다. 따라서 운명에 대한 인식론적 전제가 개별 운명 해석에 앞서야 한다.

흔히 이런 질문을 던진다. 운명은 결정되어 있는가? 만일 이 질문에 누군가가 운명은 결정되어 있다고 대답을 한다면 우리는 '결정의 주체는 누구인지?'를 되물어야 한다. 운명을 정하는 초월적인 존재가 있어야 운명이 결정되어 있다고 말할 수 있기 때문이다. 그것은 신이 될 수도 있고 다른 무엇일 수도 있다. 그 주장대로라면 우리의 운명은 그 주재자가 이미 결정해 버린 설계도일 뿐이다. 그렇다면 사주명리 공부란 결국 그 주재자의 의도를 추적하는 일이 될 것이다. 그런데 그것은 우리가 앞에서 언급한 사주명리를 배우는 태도, 즉 능동적이고 주체적으로 운명에 개입하려는 의지와 상반된다. 운명이 이미 결정되어 있다면 개입의 의미가 없어진다. 따라서 이 책은 아직 오지 않은 시간에 대한 그 어떤 초월적 결정론도 거부한다.

그렇다고 사주명리를 결정론이 아니라고 말할 수도 없다. 태어나는 순간에 몸에 새겨진 시간적 코드가 그의 운명을 결정한다는 입장

운명의 해석, 사주명리

이 사주명리의 전제가 되니 말이다. 초월적이고 신학적인 결정론 외에 요즘은 과학적이고 생물학적인 결정론을 주장하는 과학자들도 있다. 어떤 신경과학자는 "우리의 뇌는 우리가 뭘 할지를 이미 결정해 놓았다"샘 해리스, 『자유 의지는 없다』, 배현 옮김, 시공사, 2013, 17쪽며, "자유의지는 환상"같은 책, 19쪽이라고 주장한다. 그래서 구체적인 사건의 결과에 관심을 갖는다. 예를 들어 뇌에 스캐닝하는 장치를 달고, 탁자에 놓인 잡지 중 하나를 집는 실험을 한다. "실험을 개시한 지 정확히 10분 10초 후에, 당신은 근처 탁자에 놓인 잡지들 중 하나를 들어 읽겠다고 결정하지만, 스캐너의 기록에 따르면 이런 심리 상태는 실험 개시 후 10분 6초 만에 생겼다. 심지어 실험자들은 당신이 어떤 잡지를 고를지도 알고 있었다."같은 책, 18~19쪽 이것은 몸에 새겨진 오래된 습관에 대한 연구다. 불시의 상황에서 습관은 고정된 회로를 타고 일어나며 예측 가능한 방식으로 행동하게 한다. 그런데 우리의 마음이 매번 습관에 의해서 일어나는 것은 아니다. 때론 예측할 수 없는, 혹은 기존에 쓰지 않았던 감정이나 직관, 아이디어, 통찰이 불현듯 일어나기도 한다. 그 것은 아직 결정되지 않은 마음이며, 변수가 통제된 실험 안에서 늘 예외로 제외되었지만 현실에서는 실재하는 마음이다. 따라서 사주명리의 결정론은 과학적 결정론에도 속하지 않는다. 과학의 실험은 변수가 통제되어야 하지만 사주명리의 대상인 삶과 운명은 무한한 변수 속에서 일어난다. 사주명리의 논리는 실험을 통해 재현할 수 있는 과학의 차원과는 다르다. 따라서 어떤 사주가 이 잡지를 고를 것인지, 그런 건 알 수가 없다. 사주명리에서 운명은 구체적으로 결정되어 있는 것이 아니다.

그도 그럴 것이 나와 같은 사주를 가진 사람이 많다. 태어난 연월일시가 같으면 여덟 글자가 똑같다. 사주가 똑같다는 말이다. 우리나라만 해도 같은 시간(두 시간) 안에 태어난 사람이 전국적으로 100명 가까이 된다고 한다. 즉, 나와 같은 사주를 가진 사람이 한국에 적어도 50명 이상 있다는 얘기다. 그들이 모두 같은 사주를 타고 났지만 각자 다 다른 삶을 살아갈 것이다. 태어나고 자라 온 환경이 다 다르니 학벌도 직업도 사는 곳도 다양할 것이고 재산도 편차가 있을 것이다. 똑같은 사주를 가진 두 사람이 있는데, 한 사람은 공무원이고 한 사람은 장사를 한다. 만일 그 사주를 가지고 공무원이라는 직업을 맞혔다면 그것은 동시에 틀린 답을 말한 결과가 된다. 미래를 예견하는 것도 마찬가지다. 사주가 같은 그들의 미래는 다 다르게 펼쳐질 것이다. 물론 사주가 같으면 그 기운을 쓰는 방식과 스타일이 비슷할 것이다. 그러나 사주만으로 특정한 결과를 구체적이고 단정적으로 예측할 순 없다.

잘 생각해 보면 운명이 확정되어 있지 않다는 것은 구체적으로 예측할 수 없다는 뜻이기도 하다. 운명이 확정되지 않았는데 앞으로 일어날 일을 구체적으로 맞힐 수 있다는 것이 말이 되는가. 사주를 볼 때 대개 그 사람의 환경과 조건 등 여러 정황을 고려해서 구체적인 예측을 하기도 한다. 그러나 그것도 정확하진 않다. 그리고 여러 정황을 놓고 예측하는 것은 사주명리가 아니더라도 할 수 있다. 사주명리는 구체적 사실을 예측하는 주술적 도구가 아니다.

사주명리는 매우 추상적이고 수사학적인 결정론이다. 사주의 여덟 글자는 그 사람의 운명을 설명해 주는 기호다. 그 기호들을 간지(干支)라 한다. 간지는 10개의 천간(天干)갑을병정무기경신임계(甲乙丙丁戊己庚辛壬癸)과 12개의 지지(地支)자축인묘진사오미신유술해(子丑寅卯辰巳午未申酉戌亥)로 구성되어 있다. 이 중에서 (중복을 허용하여) 8개 글자를 가지고 태어나는 데, 그 팔자가 그의 운명을 설명한다. 그런데 그 간지들은 어떤 비유나 상징을 가지고 있다. 예를 들어 어떤 이의 사주에 자(子)라고 하는 간지가 있다고 하자. 이 자(子)라는 기호는 '쥐', '흐르는 물', '얼음' 등의 상징성을 가지고 있다. 이런 레토릭은 또 다시 의미를 확장하며 생산한다. 예컨대 쥐의 상징성은 수사학적으로 그 의미가 확장되어 '자(子) — 쥐 — 번식력 — 감춰진 욕망' 등의 계열을 이룬다. 즉, 간지를 해석하는 방식은 비유로부터 시작된다. 해석자는 그 비유로부터 사주의 주인공을 지시하는 확장된 의미를 생산한다. '자'를 가지고 있다고 해서 "당신은 쥐입니다"라고 직접적으로 말하지 않는다는 것이다. 보통은 쥐라는 말을 생략한 채, 쥐의 기호로부터 생성되는 확장된 의미를 말한다. 예컨대 "당신에겐 숨겨진 욕망이 있습니다"라거나 "은밀하고 우울한 성향을 가지고 있습니다"라고 말한다. 그런데 숨겨진 욕망이라든가, 은밀하고 우울하다는 확장된 의미는 해석자의 역량으로부터 생성된 것일 뿐이다. 어떤 해석자는 좀더 욕심을 낸다. 간지 간의 함수 관계와 사주 당사자의 스토리를 연결시켜 "숨겨 놓은 애인이 있다"고 확언하기도 한다.

그러나 사주명리의 결정론은 수사학적 시초인 쥐, 물 정도에 한정된다. 초월적이고 숙명적인 결정론도 아니고, 습관에 의해 이미 정해져 있다는 과학적 결정론도 아니다. 사주명리에 의해 결정되어 있는 것은 그가 태어난 시공간의 운기를 담고 있는 8개의 수사적 기호일 뿐이다. 이렇게 내던져진 것이 매우 불친절하고 무책임한 결정론처럼 보인다. 하지만 구체화된 것이 아무것도 없는 이런 상황에서 바로 '운명의 정치학'이 시작된다. 기호가 결정되어 있지만 어떤 해석도 가능한 지점, 형식과 방법론은 존재하지만 그 내용과 방법적 운영은 아직 구체화되지 않는 그 지점에서, 운명의 해석을 통한 통치술 혹은 정치적 행위가 일어나는 것이다.

그렇다면 결국 사주명리로 자기 운명에 개입한다는 것은, 아직 구체의 길로 들어서지 않은 수사적 원료를 가지고 더듬더듬 나의 운명을 해석하는 일에 지나지 않는다. 구체적 결과를 예측할 수 없으니 어떤 정치적 행위를 한다 해도 결과를 알 수 없다. 따라서 사주명리를 사용해서 운명을 내 맘대로 할 수 있는 일이 아닌 것은 분명하다. 그러면 이 '해석한다는 것'이 어떻게 운명에 개입할 수 있다는 것인가? 그리고 개입을 통한 정치적 효과란 무엇일까? 이제 그 운명의 정치학의 문을 열고 들어가 보자.

운명의 해석, 사주명리

1부
시간

# 1. 사주명리학과 개입의 방법론

## 시간의 특이성과 천기(天氣)의 흔적

사주명리는 태어난 생년월일시를 가지고 운명론을 펼친다. 아기가 태어나 탯줄이 끊기고 자발적으로 폐호흡을 시작할 때, 첫 숨에 천지의 기운이 폐를 통해 몸에 각인된다. 그 기운이란, 그 시간에 배열된 지구와 태양, 달, 별들의 위상(位相)이 가지고 있는 어떤 힘이다. 이 위상에 따라 기(氣) 혹은 에너지의 차이가 생기는데, 그 차이는 계절의 흐름과 밤낮의 교대와 같이 큰 변화를 만들어 내기도 하고, 쉽게 감지되진 않지만 의미 있는 영향을 주기도 한다. 그것은 시간에 따라 달라지는 공간의 특성이라는 점에서 '시간의 특이성'이라고 할 수 있다.

시간의 특이성은 수태음폐경(手太陰肺經)으로부터 시작되는 12경맥(經脈)으로 퍼져 각인된다.* 12개의 경맥은 몸에서 기(氣)와 혈

---

* 사주명리의 이치를 한의학의 원리로 해석한 것이다. 나는 두 분과학을 횡단하는 이런 개념적 시도가 얼마든지 가능하다고 본다. 이러한 시도가 임상의 영역에만 국한된 두 분과학을 더 깊고 광활한 동아시아 사유의 대지로 나오게 할 수 있을 것이다.

(血)이 흐르는 길이다.** 이 길들은 몸통뿐만 아니라 팔다리와 머리까지 미친다는 점에선 몸의 큰 혈관과 비슷한 순환의 라인이다. 하지만 경맥은 혈관처럼 해부학적인 장기가 아니라 무형의 에너지 시스템이다. 이 시스템은 오장육부(五臟六腑)***의 기운이 반영되어 있어서 제2의 장부라 할 수도 있다. 해부학적 장기가 고정되고 유형적인 장부라면, 경맥은 유동하는 무형적인 장부다. 장부가 몸통에 집중되어 있다면, 경맥은 몸통과 사지(四肢) 등 전신에 분포해 있다. 그래서 아이의 몸으로 접속된 시간의 특이성이 12경맥으로 퍼졌다는 것은, 그때의 공간적 기운이 그의 온몸으로 전해졌다는 뜻이다.

그것이 막 태어난 아기가 처음 '세상'과 만나는 방식이다. 중국 사유에서는 세상을 '천'(天)이라 부른다. 천은 세계, 우주, 자연 등 인간이 만나는 포괄적인 '외부'다. 아기가 만나는 세상은 '천'이라는 세상이고, 거기에 담긴 별의 위상과 사람들의 말소리, 분위기, 공기 등을 총칭하여서 '천기'(天氣)라 한다. 아기는 첫 숨과 함께 천기와 정면으로 대면하고, 천기를 온몸에 각인시킨다. 12경맥은 강렬하게 기억된 그때의 첫 만남을 시작으로 계속해서 새로운 시간과 만난다. 매일 새로운 시간들이 도래하고 호흡과 함께 온몸이 천기를 강렬하게 받아들이

---

** 12경맥은 일반적으로 각 경맥을 이어 주는 미세한 낙맥과 함께 언급되며, 이 둘을 합쳐 '경락'(經絡)이라 부른다. 대개 기혈의 흐름은 낙맥과도 연결되지만 여기서는 큰 줄기인 경맥만 다룰 것이다. 참고로 12경맥의 순서는 이렇다. 수태음폐경(手太陰肺經), 수양명대장경(手陽明大腸經), 족양명위경(足陽明胃經), 족태음비경(足太陰脾經), 수소음심경(手少陰心經), 수태양소장경(手太陽小腸經), 족태양방광경(足太陽膀胱經), 족소음신경(足少陰腎經), 수궐음심포경(手厥陰心包經), 수소양삼초경(手少陽三焦經), 족소양담경(足少陽膽經), 족궐음간경(足厥陰肝經).
*** 오장: 간(肝), 심(心), 비(脾), 폐(肺), 신(腎) / 육부: 담(膽), 소장(小腸), 위(胃), 대장(大腸), 방광(膀胱), 삼초(三焦)

지만, 첫 만남에서 각인된 천기의 흔적만큼은 아니다. 그 흔적은 아기의 몸에 깊이 뿌리박혀 앞으로의 삶 곳곳에서 지속적인 영향력을 행사한다.


## 천간(天干)과 지지(地支)와 사주팔자(四柱八字)

그 당시의 '시간의 특이성' 혹은 '천기'(天氣)는 '간지'(干支)라는 기호로 표시된다. 간지는 중국의 역법(曆法) 단위다. 지금은 시간을 숫자로 표시하지만, 동아시아에서는 간지로 표시했다. 예를 들어, 현대에는 태어난 생년월일시를 표기할 때 1985년 2월 27일 0시 30분, 이렇게 숫자로 표시한다. 이것을 간지라는 문자로 나타내면 을축(乙丑)년, 무인(戊寅)월, 정유(丁酉)일, 경자(庚子)시가 된다. 숫자 대신 글자로 생년월일시를 표기한 것이다. 이것이 동아시아에서 오랫동안 사용해 왔던 날짜 표기법이다. 이 글자들을 '간지'(干支)라고 하고, 풀어서 '천간지지'(天干地支)라 하기도 한다. 을축 등의 앞 글자를 천간, 뒤의 글자를 지지라 한다. 이것을 간단한 표로써 나열해 보자.

|  | 시(時) | 일(日) | 월(月) | 연(年) |
|---|---|---|---|---|
| 천간(天干) | 庚(경) | 丁(정) | 戊(무) | 乙(을) |
| 지지(地支) | 子(자) | 酉(유) | 寅(인) | 丑(축) |

여덟 개의 글자가 각각 두 글자씩 아래위로 짝을 이루어 연월일시를 표시하고 있다. 명리학에서는 아래위로 짝 지은 모습을 기둥[柱,

운명의 해석, 사주명리

기둥 주]으로 표현한다. 그래서 이 모양을 네 개의 기둥, 여덟 개의 글자라는 의미로 '사주팔자'(四柱八字)라 부른다. 그러니까 사주팔자란 생년월일시에 다름 아니다. 위의 표를 단순화하면 이렇게 된다.

庚丁戊乙
子酉寅丑

이 여덟 글자에 담긴 의미를 그 사람의 운명과 연결시켜 해석하는 학문적인 방법을 사주명리학이라 한다. 따라서 사주명리를 배우려면 가장 먼저 여덟 글자를 구성하고 있는 간지를 익혀야 한다.

| 천간 | 甲 | 乙 | 丙 | 丁 | 戊 | 己 | 庚 | 辛 | 壬 | 癸 | 甲 | 乙 |
|---|---|---|---|---|---|---|---|---|---|---|---|---|
| 지지 | 子 | 丑 | 寅 | 卯 | 辰 | 巳 | 午 | 未 | 申 | 酉 | 戌 | 亥 |

천간은 10개(갑·을·병·정·무·기·경·신·임·계)가 있고, 지지는 12개(자·축·인·묘·진·사·오·미·신·유·술·해)다. 천간과 지지를 하나씩 매칭시키면 지지에서 2개가 남는다. 그러면 다시 시작되는 천간의 갑, 을이 아직 짝을 이루지 못한 술, 해와 만난다. 그런 식으로 짝을 맞춰 가다 보면 갑과 자가 다시 만날 때가 있다. 수학적으로는 60번 지나면 만나게 되어 있다. 그래서 간지를 60갑자라고 부르기도 한다. 즉, 간지는 총 60개의 경우의 수로 되어 있다. 이렇게 동양적인 시간은 직선이 아닌 60의 단위를 주기로 하는 순환성을 갖는다. 그 60개를 가지고 연월일시를 표시한다. 2017년이 정유년(丁酉年)이니까 다시 정유년이 오려면 60년이 걸린다. 월은 60개월, 날은 60일이 되면 다시 같은 간지를 만날 수 있다.

결국 60갑자는 천간 10개, 지지 12개 글자의 조합이므로 우선 천간과 지지의 22개 글자를 외워야 한다. 그런데 간지에는 음양오행이라는 원리가 담겨져 있다. 음양(陰陽)은 상반되는 두 세계가 분할과 접속, 교대를 통해 서로 맞물려 있음을 의미한다. 오행(五行)은 세상의 사물이나 현상을 다섯 가지로 나눈 것인데, 이 다섯은 서로 상생과 상극 작용을 통해 순환의 법칙을 구현한다. 쉽게 말해 음양은 세상을 두 가지로 양분하고, 오행은 다섯 가지로 나눈다. 어둠과 밝음, 차가움과 따뜻함, 상승과 하강 등은 음양으로 나눈 것이고, 인의예지신(仁義禮智信), 간심비폐신(肝心脾肺腎), 동서남북중앙 등의 분류는 오행에 의한 것이다. 분류된 것들은 독립적으로 존재하는 것이 아니라 서로 조화하고 반목하며 얽혀서 순환한다(음양오행에 대한 더 자세한 이야기는 뒤에서 다룰 것이다). 음양오행은 앞으로 사주명리를 해석할 때 가장 중요하게 다뤄지는 개념이므로 간지를 외울 때는 각 간지가 음양오행적으로 어디에 배속되는지도 같이 외울 필요가 있다. 다음에 나오는 '천간의 음양오행'과 '지지의 음양오행, 방위, 띠, 절기, 시간' 표는 간지의 음양오행 및 간지와 연결되는 가장 기초적인 정보들을 정리한 것이다. 이 표를 일단 모두 외우고 나서 다시 이 책을 읽기 바란다.

　한 가지 팁을 주자면, 외울 때 간지의 이름과 해당 오행을 같이 붙여서 부르면 간지와 오행을 연결하기가 훨씬 수월하다. 예를 들어, 갑(甲)을 말할 때는 갑과 갑의 오행인 목(木)을 붙여서 '갑목'(甲木)이라고 부른다. 나머지도 마찬가지로 을목(乙木), 병화(丙火), 정화(丁火), 무토(戊土), 기토(己土), 경금(庚金), 신금(辛金), 임수(壬水), 계수(癸水)라 이름 붙인다. 지지도 역시, '자수(子水), 축토(丑土), 인목(寅木), 묘목(卯木), 진토(辰土), 사화(巳火), 오화(午火), 미토(未土), 신금(申金),

**천간의 음양오행**

| 天干 | 甲(갑) | 乙(을) | 丙(병) | 丁(정) | 戊(무) | 己(기) | 庚(경) | 辛(신) | 壬(임) | 癸(계) |
|---|---|---|---|---|---|---|---|---|---|---|
| 오행 | 목(木) | | 화(火) | | 토(土) | | 금(金) | | 수(水) | |
| 음양 | 양 | 음 | 양 | 음 | 양 | 음 | 양 | 음 | 양 | 음 |

**지지의 음양오행, 방위, 띠, 절기, 시간**

| 地支 | 子(자) | 丑(축) | 寅(인) | 卯(묘) | 辰(진) | 巳(사) | 午(오) | 未(미) | 申(신) | 酉(유) | 戌(술) | 亥(해) |
|---|---|---|---|---|---|---|---|---|---|---|---|---|
| 음양 | 음 | 음 | 양 | 음 | 양 | 양 | 음 | 음 | 양 | 음 | 양 | 양 |
| 오행 | 水 | 土 | 木 | 木 | 土 | 火 | 火 | 土 | 金 | 金 | 土 | 水 |
| 띠 | 쥐 | 소 | 호랑이 | 토끼 | 용 | 뱀 | 말 | 양 | 원숭이 | 닭 | 개 | 돼지 |
| 시간 | 23:30 ~ 1:30 | 1:30 ~ 3:30 | 3:30 ~ 5:30 | 5:30 ~ 7:30 | 7:30 ~ 9:30 | 9:30 ~ 11:30 | 11:30 ~ 13:30 | 13:30 ~ 15:30 | 15:30 ~ 17:30 | 17:30 ~ 19:30 | 19:30 ~ 21:30 | 21:30 ~ 23:30 |
| 절기 | 대설, 동지 | 소한, 대한 | 입춘, 우수 | 경칩, 춘분 | 청명, 곡우 | 입하, 소만 | 망종, 하지 | 소서, 대서 | 입추, 처서 | 백로, 추분 | 한로, 상강 | 입동, 소설 |

유금(酉金), 술토(戌土), 해수(亥水)'라고 부른다. 지지는 외울 게 좀더 많다. 음양과 오행뿐만 아니라 띠와 시간까지 알고 있어야 한다. 이것을 다 외웠다면 자기의 여덟 글자를 확인해 봐야 하는데, 그것은 다음 장에서 소개할 것이다.

결국 12경맥에서 각인된 '시간의 특이성' 혹은 '천기'는 바로 '여덟 간지가 만든 흔적'을 말한다. 간지는 시간의 단위이지만 당시의 공간에 배열된 사물(만물)의 세력을 상징하기도 한다. 그것은 계절적 기후, 주야 교대에 따른 빛의 정도, 자연물의 성장과 소멸 등이 혼융된 자연의 총체적인 기운이다. 요컨대, 이 총체적 기운이 천기이고, 천기를 담고 있는 그때의 시간성이 '시간의 특이성'이며, 그것을 '8간지'로 표현하는 것이다. 그리고 그것은 12경맥에 강렬한 흔적을 남긴다.


## 기화와 운명

여덟 간지의 흔적들은 12경맥을 흐르는 기혈의 순환에 지속적인 영향을 끼친다. 순환하는 기(氣)와 혈(血)은 전신에 영양을 공급하고, 체온을 유지하며, 면역 작용, 생장발육 등 생명을 유지하는 대사 작용에 관여한다. 대사란 기와 혈의 전변 과정이다. 우리는 호흡과 음식을 통해 기를 공급받는다. 호흡으로는 천기(天氣)를, 음식으로는 지기(地氣) 얻는다. 외부의 기를 몸에서 사용하려면 기의 변환이 일어나야 한다. 예컨대 음식은 소화관을 거쳐 분해되어 흡수된 뒤 해독 과정을 거쳐야 비로소 인체의 에너지로 쓸 수 있다. 이러한 기의 변환 과정을 '기화'(氣化)라 한다. 기화 작용은 소화 외에도 혈액순환, 호르몬 분비 등 여러 대사 과정에 관여하여 항상성을 유지하는 데 기여한다. 요컨대, 8간지의 흔적은 신체 대사의 핵심 작용인 '기화'에 관여한다.

정신 활동에도 기화가 필요하다. 감정을 수용하거나 사유를 전환시키고 욕망을 실천하는 등의 과정에서 기화가 일어난다. 기화가 잘 일어나지 않으면 감정이 잘 흩어지지 않고, 사유가 고정되기 쉬우며, 욕망을 실천할 용기가 약해진다. 이는 모두 흐르는 시간에 능동적으로 대응할 수 없음을 의미한다. 즉, 정신 활동이 현재가 아니라, 지나간 사건, 낡은 가치관, 오래된 소망에 붙들려 있다는 뜻이다. 기화의 능력은 과거에 얽매이지 않고 현실의 장에 집중할 수 있게 한다. 이 역시 기혈의 순환과 관련하며 결국 육체의 생리적 능력과 긴밀하게 연결되어 있다. 즉, 육체의 기화는 정신의 기화를 전제하고, 정신의 기화는 육체의 기화를 돕는다.

　　육체의 기화는 질병이나 컨디션에 영향을 주고, 정신의 기화는 감정·욕망·사유의 활용 능력에 영향을 끼친다. 즉 현실에서 일어나고 있는 육체와 정신의 기화가 삶의 양태를 결정한다. 우리가 운명이라고 감각하는 것은 현재의 삶의 양태에서 비롯된다. 따라서 기화는 운명의 열쇠라 할 수 있다. 그런데 앞서 언급한 것처럼 8자는 12경맥에 강렬한 흔적을 남긴다. 그리고 12경맥의 상태는 기혈의 순환과 기화에 영향을 미친다. 결국 8자의 흔적은 육체와 정신의 기화 작용에 강한 영향력을 행사해 운명에 개입하게 된다. 이것이 8자의 흔적 혹은 '천기'라는 시간의 특이성이 몸(정신을 포함한)과 운명에 개입하는 원리다.

## 운명의 판과 수동적 선택

그러나 8자의 흔적은 온전하게 구현되지 않는다. 8자와 운명, 그 사이로 환경적인 요인이 틈입하기 때문이다. 기화에 영향을 미치는 것이 8자의 흔적만은 아니라는 뜻이다. 국적, 계급, 시대, 관습, 유전자, 언어, 권력 등 각자가 처한 태생적 환경이 운명의 현실적 배경이 된다. 이렇게 8자의 흔적과 태생적 환경이 만나서 운명의 판을 짠다.

　　어쩌면 개인의 자유 의지와 욕망이란 이미 짜 놓은 이런 판의 구조에 따라 수동적으로 일어나는 것일지도 모른다. 자율적 선택이었다고 느끼겠지만 사실은 수없이 많은 인연에 연결된 영향력들에 의해 좌우되어 수동적으로 선택할 수밖에 없는 것. 그 판 위에서 산다는 것은 그렇게 외부의 주형틀 안을 맴도는 것은 아닐는지. 예컨대, 국가대표 축구팀에게 응원을 보내는 것은 실존적 선택이라기보다는 단지 한국이라는 국적을 가지고 있기 때문이다. 또한 특정 직업에 대한 욕망이나 재물에 대한 무한 증식의 욕망 그리고 문화를 향유하는 방식 등은 자신의 취향이기보다는 그 시대의 대중적 욕망에 견인된 것이라 볼 수 있다. 자기 안의 윤리도 그런 식으로 만들어졌을 가능성이 많다. 본능적으로 일어나는 게으름, 식탐, 성욕, 이기심 들을 억누르는 자기 안의 도덕적 명령은 부모님, 학교, 교회, 미디어 등에 의해서 생겨났을 것이다. 결국 윤리적 자아 역시 깨어 있는 의식주체라 하기는 어렵다.

운명의 판을 구성하는 또 다른 축인 시간의 특이성 혹은 팔자의 흔적도 수동적인 주체를 형성하는 데 일조한다. 한여름 대낮에 태어나 화기(火氣)가 많은 사주를 가진 사람은 성격이 급하고 열정적일 가능성이 높다. 그의 욕망과 의지도 그런 성격으로부터 나온 것이라 가정한다면, 그의 선택 역시 팔자의 영향력 아래에 놓여 있는 것이다.

이처럼 개인의 의지와 욕망은 외적·내적으로 여러 영향력의 지배를 받게 되고, 그 힘의 논리에 따라 자기도 모르게 어떤 선택을 강요받는다. 그것이 온전한 자기의 선택이라고 믿겠지만 그건 여러 외부 힘들에 의지한 수동적인 선택일지 모른다.


변수와 습관


욕망과 의지가 어떤 힘에 의해 지배를 받는다 해도, 그 힘이 세밀하고

운명의 해석, 사주명리

구체적인 선택을 결정하는 것은 아니다. 그것은 '구체적으로 결정된 운명은 없다'는 인트로의 설명과 상통한다. 운명의 판이 어떤 결정에 강렬한 분위기를 만들어 놓긴 하지만, 그 힘은 일종의 경향성일 뿐 디테일한 선택은 그 사람의 몫이다.

따라서 다른 외부의 힘에 묶여 있다 해도 얼마든지 다른 선택을 할 수 있다. 어쩌다가 우리나라 축구팀이 아니라 실력이 약한 다른 나라의 축구팀을 응원하게 될지도 모른다. 가끔은 돈과 명예 등의 사회적 성취가 부질없다는 생각이 들기도 할 것이며, 견고하기만 한 윤리적 확신이 흔들릴 때도 있다. 이는 어떤 요인이 변수로 작용했기 때문이다. 변수는 외부의 영향력을 잠시 차단하는데, 그럴 때 우리의 욕망과 의지는 그 작은 변수에 의해 낯선 생각을 하게 된다.

그런데 그런 생각은 대체로 잠시 왔다 갈 뿐, 지속적으로 삶을 흔들어 놓지 않는다. 그것은 습관 때문이다. 습관은 반복적인 행위를 하는 데 있어서 에너지를 최소화시키기 위한 몸의 전략이다. 일시적으로 일어나는 생각들에 일일이 반응하고 삶의 태도를 바꾸는 것은 매우 피곤한 일이다. 그래서 사람들은 익숙한 생각과 감정을 쓰면서 생활을 단순화하여 에너지를 최소화한다. 그래서 우리는 습관적으로 작은 변수를 무시하고 기존의 패턴을 반복한다.

## 일탈의 생명력을 회복하라

하지만 몸은 주기적으로 오래된 습관적 패턴에서 벗어나려고 한다. 이런 일탈은 기화를 원활하게 작동시키고 일상의 답답함과 지루함으로부터 벗어나기 위한 생생불식(生生不息)하는 생명의 힘이다. 습관은 기화를 유연하게 작동하지 못하게 한다. 즉, 습관이 견고하면 변화를 수용하기가 어렵다. 기화가 유연하지 못하면 기혈의 순환이 원활하게 흐르지 않는다. 기화가 약해서 기혈 순환이 단조롭게 반복되면 대개는 가슴이 답답하고 항상 불안해하며 삶이 지루해진다. 그렇기 때문에 몸은 주기적인 일탈을 욕망한다.

이렇게 몸에는 일탈과 습관이라는 서로 상반된 두 전략이 동시에 존재하고 있다. 그러나 이 둘은 서로 상보적인 관계로 작용할 수 있다. 일탈은 신체와 정신의 답답하고 지루한 순환 체계에 새로운 촉매로 작용하고, 습관은 일탈의 거친 생명력을 안정시켜 정미롭게 쓸 수 있도록 한다.

그런데 그렇게 쓰이지 않을 때가 많다. 습관이 견고할 때가 바로 그렇다. 견고한 습관은 변수를 무시하고 일탈을 억제하여 기존의 패턴을 고수하려고 한다. 그 상태에서는 쓸 수 있는 카드가 없다. 다만 운명의 판이 짜 놓은 프레임 안에서 수동적으로 살아갈 뿐이다. 오히려 운명의 판은 주기적으로 변화의 장을 열어 놓는다. 몸도 변하고, 환경도 변하고, 시절도 변한다. 그러나 견고한 습관은 진화된 운명의 판마저 거부하며 몸 안에 닦아 놓은 익숙한 길을 고집한다. 그래서 작은 변수에 의한 낯선 생각들이 삶의 영역에서 응용되지 못하고, 일탈의 생명력도 일어나지 않는다.

따라서 견고한 습관이 오랫동안 삶을 지배하고 있다고 생각이 든다면 일탈의 생명력을 회복시켜야 한다. 견고한 습관이란 일상의 행동, 사유와 욕망, 감정과 정서 등을 의심 없이 반복하는 총체적인 습속이다. 예컨대 운명의 굴레 속에 갇혀서 지루한 삶이 반복된다고 느낄 때, 윤리적 기준이 너무 강할 때, 감정이나 자존심·자의식이 일어나는 패턴이 바뀌지 않을 때, 사물에 대한 정서·세계관·호불호·선악의 기준 등이 너무나 명확할 때, 특정 가치관이나 스승 혹은 가족과 친구에게 집착할 때가 바로 견고한 습관이 지배하고 있을 때이다.

## 여분의 간지 활용과 잠재적 주체의 탄생

한 가지 주의할 것은 여기서 말하는 '일탈'이란 습관적 패턴에서 벗어나는 행위를 말하는 것이지, 사회 규범을 벗어나는 일을 의미하지 않는다는 것이다. 통상적인 의미의 일탈을 습관적으로 반복하는 것은 오히려 여기서의 '일탈'의 뜻과는 정반대인 습관적이고 수동적인 행위가 된다. 일탈이 일어날 때는 기존의 신체성을 잠시 벗어난다. 물론 일탈의 정도에 따라 다르겠지만, 일부의 변화가 끼치는 영향력은 생각보다 크다. 일탈은 변수를 받아들이고 그것을 삶에서 실천했다는 점에서 어떤 식으로든 운명의 판의 수동적 네트워킹을 바꾼 것이다. 기존의 삶의 주체가 운명의 판이었다면 일탈을 주도하여 삶을 변화시킨 주체는 다른 곳에 있다. 그곳은 바로 몸속이다.

몸 안에는 '운명의 판'의 네트워킹을 바꿔 놓을 잠재적 힘이 존재한다. 그것을 간지로 설명할 수 있다. 즉, 그 잠재적 힘은 여덟 글자 외의 나머지 간지에서 나온다. 간과해선 안 되는 것은 천기가 8개의 간지의 형태로 들어올 때, 이미 몸 안에는 세상의 시간을 모두 수용할 수 있는 준비가 되어 있다는 점이다. 즉, 간지로 따지자면 이미 22개의 간지가 12경맥에 분포되어 있는 것이다. 그것이 있어야 시간을 받아들일 수가 있다. 구체적으로 말하자면 그것은 간지라기보다는 간지의 수용기(受容器, recepter) 혹은 수용체다. 정유년에 살고 있다는 것은 정유년을 받아들일 수 있는 수용기가 있다는 뜻이다. 요컨대 몸 안엔 여덟 글자를 포함해서 모든 시간의 단위인 22간지가 모두 들어 있다. 그 중에서 첫 호흡과 함께 도래한 그 시간의 8자가 몸의 22개 수용체 중 8자를 받아들이는 수용체와 격렬하게 반응하고, 그 반응의 흔적이 22개의 간지를 대표하는 천기로서 표현형으로 드러나는 것이다.

　물론 이 서술을 해부학적인 기전으로 이해해선 안 된다. 실제로 22군데의 수용체가 존재한다는 것이 아니라, 우리 몸은 어떤 시간성도 받아들일 수 있다는 점을 강조한 것이고, 사주의 시간 단위가 간지이므로 22개의 모든 간지를 수용하는 장치가 몸 안에 존재한다고 표현하는 것이다. 그런데 간지는 시간 단위로만 기능하는 것이 아니다. 그 시간에 배치된 공간의 총체적 기운도 함의되어 있다. 따라서 몸 안에 22간지가 있다는 것은 우주에서 일어날 수 있는 모든 배열의 가능성이 들어 있는 셈이다. 그래서 몸을 소우주라고 한다. 몸은 하나의 우주다. 이는 몸을 바라보는 동아시아 의학의 핵심적인 관념이기도 하다. 이 관점에 따르면, 몸은 정신과 영혼의 하위주체도 아니고, 신경의 통치대상도 아니다. 몸은 마음 혹은 신경의 명령체계를 포함할 뿐만 아니라, 대우주 혹은 자연의 순환 이치와 에너지가 반영된 소우주다. 따라서 몸 안에는 8개 간지의 흔적이 주도하는 기존의 수동적 주체뿐만이 아니라, 다른 잠재적 주체들이 존재한다. 그것은 아직 강렬하게 반응하지 않은 8개 이외의 간지 수용체로부터 생성된다. 우주는 만물을 품고 있다. 내가 우주라면 얼마든지 새로운 존재가 될 가능성이 내재되어 있을 것이다. 그것은 내 안에 잠재된 22간지 중 여덟 글자 이

외의 간지 혹은 그 수용체들에 다름 아니다. 결국 명리적으로 일탈이
란 잘 쓰지 않았던 나머지 글자의 수용체를 활성화시키는 일이다.

## 사지의 움직임과 잠재적 주체의 활성화

물론 나머지 수용체를 활성화시킨다고 해서 8자의 흔적이 지워지는
것은 아니다. 어떤 상황에서도 8자의 흔적은 그 존재를 가장 잘 보여
주는 표상이기 때문이다. 다만 8자 이외의 간지 수용체를 활성화시키
면 8자의 흔적이 다른 식으로 작동한다. 즉, 잠재적 주체의 깨어남은 8
자가 작동하는 방식에 변화를 준다. 8자의 흔적을 다르게 사용한다는
것은 12경맥의 순환에 차이를 발생시킨다는 것과 통한다. 12경맥의
순환 양상이 달라지면 그 안에서 같이 유동하고 있는 8자의 흔적 혹
은 기운이 변형을 일으킨다. 그렇다면 12경맥은 어디에 있는가? 주로
팔다리에 분포되어 있다. 따라서 잠재적 주체가 깨어나면 사지의 움
직임이 달라진다. 이것을 반대 방향에서 보면, 사지를 좀 다르게 움직
이는 것만으로도 잠재적 주체를 깨울 수가 있다는 말도 된다.

　　예를 들어, 평소에 몸을 잘 움직이지 않는 사람이 어떤 계기로 강
하고 지속적으로 운동을 하게 되면, 12경맥의 기혈 순환과 기화(氣化)
의 패턴이 바뀐다. 이 영향력은 8자의 흔적과 운명 사이에 개입하여
사유의 방식, 감정 처리 등 기화와 관련된 정신적 변화를 바꿔 놓기도
한다. 물론 운동만으로 바뀔 수 있는 범위는 한정적이다. 그래서 직접
적으로 정신적 기화를 변화시키는 훈련도 필요하다. 도교에서는 그런
훈련을 성명쌍수(性命雙修)라 한다. 육체와 정신을 같이 수련해야 한

다는 뜻이다. 신체와 정신이 같이 변해야 존재가 바뀌는 것이다.

　육체의 훈련은 위에서 잠시 언급했듯 잘 안 쓰던 곳을 쓰는 것이다. 움직이는 것을 싫어하는 사람은 자주 움직이는 것이 좋다. 운동을 너무 강하게 하는 사람은 좀 쉬거나 정적인 운동으로 바꾸는 것이 육체의 기화를 바꿀 수 있는 방법이다. 이밖에도 잘 쓰지 않는 근육을 발달시키거나 편식을 개선하고, 과로를 피하는 등의 노력도 스스로 점검하고 실천할 수 있어야 한다. 육체를 변화시키는 훈련을 지속적으로 유지하는 것이 매우 힘들긴 하지만 그래도 방법적으로는 다들 많이 알고 있는 것 같다. 문제는 정신적인 기화를 변화시키는 일이다.

## 정신의 기화를 위한 '번뇌'와 '욕망'의 용법

사실 존재는 매일 조금씩 새로워지고 있다. 잘 인지하지는 못하지만 매일 새로운 시절을 맞이하고 거기에 따라 대응하는 방식들의 차이가 생기고 그에 따라 존재는 조금씩 변한다. 다시 말해 습관도 변한다. 육체와 정신도 조금씩 진화해 가는 것이다(그것을 늙어 간다고 표현해도 맞다). 그러나 그 변화의 수준이 미미하기 때문에 기존의 '자기'를 벗어나지 못한다. 특히 기존의 사유와 감정의 중력은 강하다. 몸은 시절에 따라 조금씩 진화해 가지만 그 미세한 변화는 혁명을 일으키지 못하고 곧바로 습관이라는 권력 안으로 포섭된다. 그래서 일상의 단편적인 깨달음이나 스승의 말씀에 일시적으로 일어나는 감동으로는 주체의 정권교체가 일어나기 어렵다.

　그러나 가끔은 큰 혁명의 기회가 찾아온다. 그것은 바로 '번뇌'와

'욕망'이다. 우리에게는 가끔 혹은 자주 질병, 관계의 갈등, 이별, 알 수 없는 공허와 불안 등의 번뇌가 찾아온다. 그리고 그로부터 새로운 욕망도 솟아난다. 예컨대 갑자기 병에 걸렸을 때 우리는 생활의 태도에 대한 반성과 다르게 살고 싶다는 욕망이 같이 일어난다. 관계의 파탄이 생기면 자기가 관계하고 있는 방식을 돌아보고 다른 해법을 찾게 된다. 물론 견고한 습관은 곧 이런 변수를 무시하고 일탈을 억제하려고 한다. 그러나 번뇌와 욕망이 반복되거나 지속되는 경우엔 습관의 힘을 뚫을 수 있는 기회가 많아진다. 그때 신체는 변수를 민감하게 받아들이고 기화의 패턴을 변화시킬 준비를 한다.

특히 이때는 정신적인 기화를 변화시킬 수 있는 좋은 기회다. 번뇌는 일상의 프레임에 크고 작은 균열을 일으킨다. 일상은 습관이 주도권을 쥐고 있는 장(場)이다. 그 균열 안으로 실존적인 절실함이 틈입할 때 일상의 프레임에 대한 표상들이 공허하다는 것을 인식하게 된다. 그것은 습관에 대한 공허감이기도 하다. 세상이 참 덧없다고 느껴지기도 하고, 뭔가 잘못 살아왔다는 생각도 든다. 이런 공허감이 기존에 습관적으로 쓰고 있던 기화의 작동을 잠시 이완시킨다. 즉, 감정의 반응 속도가 늦어시기도 하고 사유의 치밀함도 약해진다. 한마디로 '멍'해지는 것이다. 이는 기화를 주도해 왔던 습관에 대한 몸의 거부 반응이기도 하다. '자기'를 지배했던 세력에 대한 매우 낯선 저항으로 나타나는 것이다. 그렇게 되면 습관적으로 일어났던 쾌락적 본능도 시들해질 뿐만 아니라, 쾌락을 통제했던 초월적 자아(이 역시 습관에 포함되는 수동적 주체다)도 힘을 잃는다. 요컨대 습관이 무기력해지면서 자기를 지배했던 외부의 힘들이 약해진다. 일종의 무정부 상태가 된 것이다.

## 낯선 욕망과 혁명의 타이밍

이 무정부 상태의 몸에서 8자 이외의 간지 혹은 그 수용체들이 활동을 시작한다. 그동안 8자의 강렬한 기운에 억눌려 있었지만 이 권력의 공백의 기회를 타고 정권교체 혹은 다른 주체의 탄생을 준비하는 것이다. 그런데 나머지 간지들이 꿈틀거리기 시작할 때 내 안에 나타나는 것이 있다. 그것은 규정할 수 없는 '낯선 욕망'이다. 정해진 목표도 없지만 일단 일어서서 나서야 할 것 같고, 무언가를 시작하고 싶긴 한데 그것이 무엇인지 명확하지 않다. 혹은 기존의 공부를 해체시켜 다른 방식으로 재구성하고 싶다는 생각이 들거나, 어디로든 멀리 여행을 가고 싶기도 하고, 얼이 빠져 있는 것 같고, 일상에 집중이 안 되는 그런 상태가 '낯선 욕망'이 일어나는 증상들이다.

이런 상황은 대개 번뇌의 후유증으로 찾아온다. 일종의 삶의 길목이랄까. 이 머뭇거리는 상황은 권력이 일시적으로 공백의 상태에 있음을 암시한다. 이때 필요한 것은 과감하게 기존의 삶의 방식에서 벗어나는 것, 즉 기존 주체에 닥친 무기력한 상황을 기회로 삼아 주체의 정권교체를 시도하는 것이다. 우리가 쉽게 빠지는 무기력도 여기에 속한다. 무기력은 다른 어떤 것도 시도할 수 없는 상태이므로 어떤 시도를 한다는 것을 더 어렵게 한다. 그러나 대체로 절호의 기회들은 숨겨져 있다. 이런 기회를 잘 활용하지 않으면 우리는 다시 기존의 습관화된 삶의 굴레 안으로 들어가게 된다. 이제는 공백의 상태, 즉 머뭇거리는 방황의 상태까지 습관화되어 버린다. 예컨대 '낯선 욕망'인 것 같은 상태가 1년 이상 지속된다면 이미 몸은 방황을 하나의 기회가 아닌 습관으로 받아들인 것이다. 그래서 타이밍이 중요하다.

## 낯선 욕망이 만든 다른 일상의 기획

'낯선 욕망'은 기존의 길을 따를 수 없다. 이 욕망에 길을 내어주기 위해 기획한 모든 것은 이미 '운명의 판'에 속박되어 있던 낡은 주체에 의한 것이다. 따라서 권력의 공백기에 솟아난 규정할 수 없는 욕망은 기획되지 않은 우발적인 인연과 만나야 한다. 계산되어 있지 않은 그 접속으로부터 우리는 새로운 일상을 기획해야 한다.

아르헨티나 출신의 쿠바 혁명가인 체 게바라는 의대생 시절 낡은 오토바이로 라틴아메리카 대륙을 여행했다. 오래된 일상의 리듬을 깨고 우발적인 사건의 한가운데로 들어간 것이다. 그 대책 없음이 삶을 위태롭게 내몰기도 하지만, 때로는 인생의 큰 혁명적 선택이 되기도 한다. 게바라의 여행은 고되고 위험했으나, 거기서 새롭게 느꼈던 예기치 않은 것들이 인생을 바꾸고 혁명의 지도자가 될 수 있었던 단초가 되었다. 그렇지 않았다면 그는 평범한 의사가 되었을 것이다. 지도자가 되는 것이 훌륭하고 평범한 의사가 나쁘다는 말이 아니다. 중요한 것은 통념적 매뉴얼에서 불현듯 벗어나 일상을 새롭게 기획하고 실천했다는 점이다.

여기서 중요한 것은 미래를 기획하는 것이 아니라 일상을 기획한다는 점이다. 체 게바라는 남미의 통일을 위해서 여행했던 것이 아니라, 여행을 통해서 우연히 남미 통일의 희망을 엿보았다. 우리가 할 수 있는 것은 미래에 개입하는 것이 아니라 일상에 개입하는 것이다. 일상은 매우 현실적으로 정치적 역량을 발휘할 수 있는 장이다. 일상으로 개입하는 것이 불필요한 에너지 낭비를 하지 않고 운명에 개입할 수 있는 최선의 방법이다. 우리는 안간힘을 써서 어떤 결과를 의도

하거나 만들어 내기도 한다. 그러나 그런 곳에 힘을 쓰면 인생이 너무 피로해진다. 우리의 힘을 크고 작은 힘들이 부딪혀서 만들어 내는 우발적인 흐름을 통제하려는 데 쓰는 순간 우리는 끝없는 번뇌의 늪에 빠질 수밖에 없다. 진인사대천명(盡人事待天命)이란 말도 있지 않은가. 결과는 하늘의 뜻에 달려 있으니 할 수 있는 일을 최선을 다해서 하라는 뜻이다. '하늘의 뜻'에는 짧은 계산으로 예측할 수 없는 '우발적 변수'가 포함된다. '낯선 욕망'은 예기치 않은 우연을 만난다. 그 우연을 통해 미래를 종잡을 순 없지만 일상의 변화를 꾀할 순 있다. 그 일상의 변화가 지속되는 가운데 정신이 기화되면서 새로운 주체가 서서히 모습을 드러낸다.

## 개입의 운명론

바로 이 지점에서 우리는 인트로의 마지막 부분에서 던졌던 운명과 정치학에 관련된 질문과 마주해야 한다. 인트로에서는 사주명리가 구체적인 사실을 맞힐 수도 없고, 운명을 내 맘대로 할 수 없다는 것을 밝히고, 운명론적 해석 자체로 일정 부분 운명에 개입할 수 있다는 것을 언급했다. 그리고 그 개입의 정치적 효과가 어떤 것인지에 대한 질문을 가지고 여기까지 왔다. 그 해답을 위에서 서술한 8자의 흔적이 기화와 운명에 미치는 영향, 운명의 판과 습관에 예속된 수동적 주체, 여분의 간지와 소우주, 권력의 공백기와 낯선 욕망, 능동적으로 수용하는 우발적 인연 등의 이야기와 함께 풀어 갈 것이다.

단도직입적으로 두 가지 효과를 말하고 싶다. 하나는 사주 해석이, 기존의 권력이 공백기에 있을 때, 즉 '낯선 욕망'이 일어나고 새로운 주체가 도래하기 전, 우연하게 만난 예기치 않은 인연에 명분을 주는 것이다. 이러한 실천은 사주의 미래 예측과 관련되어 있다. 두번째는 내 안에 8자 이외의 간지를 깨우는 역할이다. 그것은 몸이 새로운 주체로서의 가능성을 가진 소우주임을 깨닫는 것이고, 그렇기 때문에 '나'라는 존재가 우주 안에서 하나의 척도로 존재하는 단일자(單一者)가 아니라, 다양한 방향으로 솟아나는 다양체임을 환기하는 것이다. 그것은 존재를 탐색하는 사주명리적 해석에 의해 실천될 수 있다.

일반적으로 사주는 두 가지 방향으로 해석할 수 있다. '올해는 어떻게 운이 펼쳐지는가?'라는 미래의 예측과 '나는 어떤 사람인가?'라는 존재론적 탐구가 그것이다. 방금 위에서 말한 대로 미래 예측은 첫번째 효과와 연결할 수 있고, 존재의 탐구는 두번째 효과와 이어진다. 이제부터 전개될 1장의 나머지 내용은 이 두 효과에 대한 방법론이다. 이는 또한 사주명리의 해석이 운명에 어떻게 개입될 것인지에 대한 정치학적인 해법이기도 하다.


## 미래에 개입하는 방법

우선 미래 예측에 대해 논의해 보자. 사주명리가 결과를 정확하게 예측할 수 없다는 것을 앞에서 설명했다. 또한 이 책의 운명론은 맞히는 것이 아니라 개입하는 데 그 핵심이 있다. 그렇다면 사주로써 미래에 개입한다는 것은 무엇인가? 그것은 반복된 일상을 뒤집어 예기치 않은 사건들 속으로 들어가는 일을 지지하고 용기를 주는 일이다. 예컨대, 앞서 소개했던 체 게바라의 대책 없는 여행과 같은 경우다. 사주의 기능 중 하나는 그와 같은 모험에 정치적 확신을 주는 일이다. 우리는 번뇌의 후유증으로 인해, 혹은 아무런 예고도 없이 '낯선 욕망'의 상태에 빠진다. 그때 우연의 인연에 힘을 실어 주는 것이 새로운 주체를 탄생시키는 길이라고 했다. 사주명리의 미래 해석은 그 힘을 보좌하는 하나의 정치적 해법이 될 수 있다. 만일 우리가 체 게바라와 같은 무모한 여행을 앞두고 있다고 한다면, 그리고 그 계산되지 않는 어떤 모험에 우리가 두려움에 떨고 있다면, 우리는 사주를 통해 그 모험을 지지하고 용기를 북돋는 쪽으로 해석하면 될 것이다.

어떻게 그럴 수 있을까? 사주 해석은 이 여행이 길한지 흉한지 알려주고 가야 할지 말아야 할지를 결정하는 데 도움이 되는 역할을 하는 것이 아닌가? 물론 그렇다. 사주는 추상적이나마 미래의 위험을 예견하고 몸을 낮추라는 신호를 보낸다. 우리는 그런 기운을 받아들여 겸손한 자세로 위험에 대비하기도 한다. 그러나 그 경고를 통해 겸손한 마음을 가질 순 있지만 우리 안의 어떤 대의를 거스를 순 없다. 어디 위험하지 않은 시절이 있었는가. 존재를 걸지 않고는 털 끝 하나도 바뀌지 않는다. 전복의 시기가 도래했다면 그 대의만으로 길흉의 이분법을 넘어서 있어야 한다. 따라서 이때의 사주 해석을 정치적으로 이용할 필요가 있다.

사주 안에는 그렇게 할 수 있는 장치가 있다. 사주는 일종의 기호다. 기호는 무엇을 지시하고 표현하는 것이다. 그런데 기호는 기호가 놓인 배경에 따라 다르게 해석된다. 예를 들어, 화살표라는 기호가 이정표에서 사용되었다면 그 방향으로 진행하라는 뜻이다. 그런데 사물을 향해 화살표가 그려져 있다면 이것을 주목하라는 의미로 바뀐다.

마찬가지로 사주의 기호도 그 해석이 일방적으로 정해져 있지 않다. 그것은 사주명리를 정치적인 통치술의 일환으로 사용할 수도 있다는 말이기도 하다. 다시 말하지만 사주명리는 진리가 아니다. 미래에 개입하는 것도 그런 점을 이용하는 것이다. 즉, 지루하고 반복된 일상과 거기에 달라붙어 있는 오래된 욕망을 전복하려는 시도에 유리한 해석을 가해서 그 시도를 지지하고 용기를 주는 쪽으로 사주를 해석하는 것이다. 만일 어떤 욕망이 지속되고 있다면, '낯선 욕망'이 오지 않았다면, 미래에 개입할 필요가 없다. 욕망이 지속되고 있는 상황에서 특별이 더 그 욕망에 유리하거나 불리한 상황을 예측할 필요가 없다. 그건 괜한 불안감만 자극할 뿐이다. 일상에서 욕망에 충실하게 살아가다가 변수가 찾아오면 욕망을 재점검하고 다시 일상에 그 욕망을 충실하게 실현시키면 된다. 그러다가 욕망이 흔들리고 어떤 새로운 선택의 기로에 선다면 그때 사주로 미래에 개입하면 된다. 물론 그것은 전복을 지지하는 방향일 테지만. 그러고 보니 답이 정해져 있는 이상한 선택권 같다. 하지만 그 선택은 정해져 있지 않은 우발적 미래에 이제 막 탄생한 서투른 욕망을 던져 놓는 것이다. 따라서 이와 같은 결정은 오히려 사주의 결정론과 의지의 목적성을 단번에 와해시키는 열린 선택이라 할 수 있다.

예를 하나 들어보자. 2017년은 정유(丁酉)년이다. 이 두 글자는 나에게 재물과 일의 변화, 공부 등으로 인한 사회적 비활동성 등의 의미를 부여한다(왜 그런지는 앞으로 배우게 된다). 나는 나에게 찾아온 이런 운을 보고, 원고 작업에 집중하고 강의를 대폭 줄이자고 다짐했다. 공부를 글쓰기로 여기고, 재물과 일을 강의로 본다면, 올해는 글쓰기 작업에 시간을 투자하느라 강의 활동이 줄어들 것이고 그로 인해 재물의 변화, 즉 긴축재정 모드로 바뀔 것이라는 추측을 할 수 있게 된다. 물론 똑같은 것을 가지고 다르게 해석할 수도 있다. 재물이 늘어나고 학문적 성과가 생길 것이라고 해도 말이 되고, 이성과 관련된 사건과 부동산에 변화가 생긴다고 해석해도 무리는 없다. 그러나 중요한 것은 그 사람의 서사다. 맞히려고 하지 말고 개개인의 역사성 안에서 자신의 현재와 함께 사주를 해석해야 개입의 공간이 생긴다.

자기 충전의 시간을 늘리기로 결정한 것은 사주 때문만은 아니다. 나는 전에 이 책의 원고 마감을 지키지 못했다. 그래서 올해 4월 초까지 초고를 반드시 완성해야 한다는 다짐을 했다. 그런 사정과 더불어 이미 내 안에서 어떤 새로운 욕망이 일어나고 있었다. 그 전부터 자유와 휴식의 시간이 필요했지만 일의 리듬을 중단시키기가 어려웠다. 그때 마침 원고 마감이라는 절박한 상황 혹은 오묘한(?) 기회가 주어졌고, 그 분위기를 타고 올해는 강의를 줄여야겠다는 생각이 들었다.

그러나 누구나 그렇듯 쉽게 결정을 내리지 못한 실존적인 어려움이 있다. 이럴 때 사주는 새로운 욕망의 편이 될 수 있다. 정유년의 나의 운을 '올해 재물이 크게 늘어나니 쉬면 안 된다'는 쪽으로 해석하는 것도 가능하다. 그러나 욕망이 새로운 장으로 들어가려 한다면 기꺼이 그 틈을 만들어 주는 것이다. 그래서 나는 올해 운을 원고와 강의 준비의 해로 해석을 했고, 그 운에 맞게 선택을 했다. 나는 욕망을 깨웠고, 예측할 수 없는 미래에 그 욕망을 던져 놓았다. 그 욕망이 어떻게 길을 찾게 될지는 모른다. 알고 싶지도 않다. 욕망은 또 다시 전변될 터일뿐더러, 어차피 운명의 결과는 우연과 함께 변형될 테니까.

이처럼 사주가 미래에 개입하는 것은 기존의 욕망을 실현시키는 데 노력을 보태는 것이 아니라 오히려 그 욕망의 구도로부터 벗어나

다른 삶의 가능성을 모색하고 모험을 계획하는 일이다. 그것은 마치 배낭여행을 계획하는 것과 같다. 배낭여행의 일차적 목표는 갇혀진 일상을 벗어난다는 데 있다. 물론 관광도 일상을 벗어나긴 하지만, 그건 정해진 코스를 편하게 따라가는 수동적 여행이다. 배낭여행은 목적지와 코스, 경비와 기간을 스스로 선택해야 한다. 그리고 여정에서 일어나는 수많은 변수 속으로 자기를 능동적으로 던져 놓는 것이다. 기차를 놓치고, 아프고, 낯선 사람들을 만나고, 여권을 잃어버리고, 중간에 계획했던 여행지가 바뀌기도 하며, 예기치 않은 풍경과 오묘한 음식의 맛을 경험할 수 있는 기쁨을 불현듯 만난다. 배낭여행을 떠나려는 사람은 이렇게 스스로 계획해야 하고, 모든 카오스적인 상황을 기꺼이 받아들일 준비가 되어 있어야 한다. 다시 말하지만 모든 사건과 운명의 최종적 결과는 예측할 수 없다. 따라서 실존적 선택 역시 카오스 속에 던져질 수밖에 없다. 이런 상황에서 운명론적 개입이란 불확실한 세계로의 여행을 독려할 수 있을 뿐이다. 에픽테토스의 말처럼, "바라는 대로 일어나기를 추구하지 말고, 오히려 일어나는 일들이 실제로 일어나는 대로 일어나기를"에픽테토스, 「엥케이리디온」, 『왕보다 더 자유로운 삶』, 김재홍 옮김, 서광사, 2013, 39쪽 바랄 수밖에.

## 레토릭의 향연―존재를 탐구하다

사주명리는 미래를 예측하는 예언술이기도 하지만, 현재의 자아를 설명하는 존재론적 기호이기도 하다. 사주명리는 간지를 사물에 빗대는 수사(修辭)적 표현*을 통해 그가 어떤 존재인지를 알려준다. 예컨대, 사주에서 그를 '조용히 흐르는 냇물 같은 존재'라고 지시했다고 하자. 그러면 그는 이 레토릭으로부터 자신의 존재를 새롭게 규명하기 시작할 수 있다. 물론 이 뜬금없는 수사로부터 존재의 성격을 금방 알아내긴 어렵다. 그래서 대개의 사주 이론에서는 '조용히 흐르는 냇물'을 더욱 구체화시켜 설명한다. 외부의 지형지물에 따라 가던 길의 방향을 바꾸는 냇물의 속성을 빗대어, 갈등이나 장애를 돌파하기보다 피해 간다고 해석하곤 한다. 그런 설명을 통해 "아! 나는 그런 존재였구나" 라고 새롭게 표현된 자신을 이해하고 자신의 독특한 스타일을 받아들이게 된다.

이처럼 대개의 사주명리의 해법은 이 레토릭을 구체적으로 풀고 그 해석을 고정시킨다. 그 친절함으로 인해 사주를 처음 입문하는 사람들은 운명을 해석하는 데 좀더 편하게 접근할 수 있다. 하지만 확신에 찬 구체적인 진단과 고정된 해석은 한계를 설정하고 그 안에 존재를 가둔다. '냇물 같은 존재'를 어떤 책에서 '갈등과 장애를 피하려는 속성'이라고 구체화시켰다고 하자. 이 구체적 언술이 진리로 자리매김하는 순간 주체 확장의 더 많은 가능성은 사라진다. 이러한 단정이 상담가로부터 나왔다면 내담자는 사제 권력의 구도 안에 들어가게 될 테고, 내담자가 어떤 텍스트로부터 습득한 것이라면 규정된 틀을 스스로 내면화하게 될 것이다.

모든 언표는 기호다. 기호란 무엇을 지시하는 것, 혹은 나타내는

---

* 사주명리에서는 이러한 수사적 표현을 물상(物象)이라고 한다. 자연물이나 특정한 사물에 빗대어 존재의 특성을 설명하기 위해 이미지적으로 표현한 것이다.

것, 표현하는 것이다. 지나치다 본 나무 한 그루는 기호가 아니다. 그것이 무엇을 지시하고 있지 않기 때문이다. 그러나 "그 나무 밑에서 만나자"라든가, "저 나무 밑에서 쉬어 가자"고 했을 때, 그 나무는 약속 장소와 휴식이라는 의미를 지시하는 기호가 된다. 문자는 대표적인 기호다. 기능상 어떤 것을 지시하도록 만들어진 것이기 때문이다. 'ㄴ, ㅏ, ㅁ, ㅜ'라는 자음과 모음의 문자는 뿌리와 몸체, 가지, 잎 등으로 구성된 나무의 이미지를 떠올리게 한다.

그런데 기호는 대상과 정확하게 일치할 수가 없다. 아무리 훌륭한 글이라 해도 어떤 사건이나 현상, 혹은 작가의 마음을 정확하게 재현할 수 없는 것과 같다. 따라서 기호는 대상을 하나의 규정으로 묶어 둘 수가 없다. 나무는 약속의 표지이며, 휴식의 공간이기도 하고, 땔감이나 종이·가구로 이해되기도 하며, 생태 담론의 상징으로 쓰이기도 한다. 중요한 것은 그 기호가 어떤 배치에 놓여 있는가에 따라 지시하는 의미가 달라질 수 있다는 점이다. 따라서 어떤 언표도 대상(존재)을 구체적이고 고정된 규정 안에 가둬 놓을 수 없다. 만일 존재가 언어의 진술(언표)에 의해 스스로 주체를 규정해 버린다면 그것은 허구 속에 자신을 가둬 놓고 가상의 한계를 만들어 버리는 것과 같다. 한곳에 오래 묶여 있는 소는 줄을 풀어 놔도 멀리 도망가지 못하듯이 말이다.

간지는 그 사람의 운명을 드러내는 언표다. 따라서 간지 역시 기호로 작동한다. 그러므로 간지는 진리를 밝히는 전지적인 말씀이 아니라, 존재가 놓인 환경, 시공간, 사건에 따라 그를 매번 다르게 규정하는 화용론적 도구다. 따라서 간지를 이용한 해석은 어느 하나의 귀결점으로 고정될 수 없다. 사주명리는 간지를 통해 운명을 해석하므로, 사주의 해석은 구체적인 몇 가지 의견으로 고정될 수 없다.

그래서 우리는 '냇물'과 같은 수사적인 기호를 주목해야 한다. '냇물'과 같은 레토릭은 오히려 구체화된 어떤 하나의 해석에 존재를 한정시키지 않고, 다양한 존재로 인식할 수 있게 한다. 그래서 우리가 관심을 가져야 하는 것은 '냇물'에 대한 해석을 얼마나 구체적이고 정확하게 했는지가 아니라, 그 구체적인 해석들의 원류적 기호인 '냇물' 그 자체다. 이 원류는 음양이라는 구체성으로 분류되지 않은 태극의 자리고, 기관이나 조직으로 분화하지 않은 줄기세포이며, 아직 구체화되지 않은 잠재적 주체다.

구체적인 서술은 하나의 예일 뿐이다. 우리는 그 해석들로부터 거슬러 올라와 다시 냇물이라는 수사에 집중해야 한다. 지시 대상을 구체적으로 한정시키지 않는 이러한 비유는 더 다양한 지시어로 확장할 수 있는 가능성을 지니고 있다. 예컨대 사주에서 말하는 '조용히 흐르는 냇물 같은 존재'라는 이 수사적 기호로부터 우리는 여러 가지 해석의 가능성들을 도출해 낼 수 있다. '갈등과 장애를 피하려는 속성'이라는 해석 외에도, 유연한 처세로 상황을 잘 이해하고 나아간다고 해석할 수도 있고, 분위기를 탄다거나, 복잡한 상황을 리듬을 타면서 해결해 나간다는 뜻으로도 확장할 수 있다.

물론 이러한 자의적인 해석 자체가 중요한 것은 아니다. 전문가가 내린 A라는 해석 대신 스스로 B의 해석으로 대체하는 것이 무슨 의미가 있겠는가. 그것은 자기 합리화의 또 다른 버전이라고 할 수 있다. 그럴 바에야 누군가가 규정해 준 새로운 자기를 만나는 것이 나을지도 모른다. 자기 해석의 핵심은 한 번의 대체적 해석이 아니라, 자기의 사주를 계속 해석할 수 있는 기회를 갖고, 그때마다 매번 다른 해석을 할 수 있어야 하는 것이다. 어떤 사건을 겪거나, 시절 인연이 바뀌거나, 혹은 문득 떠오를 때, 자기 사주를 다시 들여다보고 이미 익숙하게 해석되었던 기존의 의미들을 버리고 다르게 펼쳐진 이 조건에서 새롭게 해석할 수 있어야 한다.

그것이 자의적인 해석의 반복이라도 괜찮다. 그렇게 스스로에게 내린 존재의 규정이 매번 바뀌는 것을 경험하다 보면 적어도 자기를 규정하고 있던 견고한 기존의 해석에 거품이 빠지는 것을 경험하게 될 것이다. 존재의 규정이 바뀔 수 있는 근거가 있다. 자기 사주를 들여다보고 싶다는 욕망이 일어나는 시점은 바로 규정을 바꿔야 할 시절 인연이 도래한 시점, 즉 '낯선 욕망'의 상황에 처해 있다는 증거다. 그 혼돈의 상태에서 존재는 무의식적으로 기존의 주체로부터 벗어나는 방향으로 존재를 규정하려 한다. 어쨌든 존재의 규정이 바뀌고 기존 해석의 거품이 빠지는 것은 스스로 규정한 방에 가두었던 자신을 해방시키는 일이며, 동시에 존재의 변이, 주체의 확장이 일어나도록 독려하는 것이기도 하다. 그럼으로써 우리는 또 다시 운명 안으로 개입하게 되는 것이다. 그런 점에서 사주의 레토릭은 기호의 열린 속성을 이용하여 또 다른 주체를 생성하는 중요한 매개라 할 수 있다. 매번 다른 해석을 통해 내 안의 다른 주체를 건드리게 되는 것. 그것은 8자 이외의 간지가 잠에서 깨어나게 하는 혁명의 메시지다.

매번 달라지는 사주 해석과 관련된 에피소드가 하나 있다. 나의 술친구 중에 강민혁이라는 재야 철학자가 있다. 가끔 술자리에서 그의 사주를 봐주곤 한다. 여러 상황에서 그의 사주를 꺼내들고 몇 차례 얘기를 한 것 같다. 그의 반응이 재미있었다. 사주를 봐줄 때마다 내가 매번 다른 얘기를 한다는 것이다. 운명이 매번 달라지는 것도 아니고, 중요한 운명의 비의는 매번 같아야 하는 것이 아닌가 하는 의심이 깃든 농담이다. 매번 사주풀이가 달라진 것은 우선 사주를 해석하는 방법이 여러 가지이기 때문일 터이다. 음양오행으로 볼 수도 있고, 육친(사회적 관계)이나 대운(시절 인연)으로 해석하기도 하며, 때론 물상론(사주의 기호를 이미지로 환원하여 해석하는 방법)으로 풀어 주기도 했을 것이다. 또 한 가지는 그가 가지고 있는 사주 여덟 글자의 기호가 그가 처한 상태에 따라 다르게 해석될 수 있다는 점이다. 그가 요즘 어떤 화두와 욕망을 가지고 있는가, 혹은 내가 어떤 상태인가도 중요한 변수다. 그의 화제와 나의 취기가 섞여 어떤 언어를 만들어 낼지 모르는 일. 그것은 마치 글쓰기를 할 때 글이 원래의 개요대로 나가지 않고 새로운 사유들이 충돌하며 다른 방향을 제시해 줄 때와 비슷한 상황이다. 글쓰기의 정석은 개요와 목차를 따르는 것이리라. 그 프레임을 항상 기억하고 있어야 글이 딴 데로 새지 않고 결론을 향해 제 길을 간다. 글의 논리와 설득력은 그런 일관성에서 나온다. 하지만 글을 쓰다 보면 별안간 나에게 없던 어떤 생각이 모니터와 자판기 사이를 휙 스칠 때가 있다. 그걸 잡아서 문자화하다 보면 새로운 사유의 덩어리가 일어나서 목차의 진행에 어깃장을 놓는 논리를 만들어 놓는다. 그런 상황에 처음엔 당황했지만 이제는 그걸 즐긴다. 그렇게 목차와 개요가 다시 수정되면서 결론도 달라질 때가 있다. 그것이 내가 생각지도 못했던 것이라면 더 짜릿하다. 글이 달라진다는 것은 사유의 네트워크에 변형이 일어난다는 뜻일 터. 그래서 글이 주체의 변혁을 일으킨다는 것이 이런 것이 아닐까 생각해 보기도 한다.

그는 이후 그의 책에서 "사주를 풀어 가는 과정에서 '나'는 매번 새로운 인간으로 다시 태어난다"고 말했다. 그리고 사주팔자를 "기존의 '나'를 계속 무너뜨리는 기계"강민혁, 『자기배려의 인문학』, 북드라망, 2014,

265~266쪽로 규정했다. 그는 사주를 깊게 공부하진 않았지만 거기서 깊은 존재의 화두를 끌어내려 했다. 나는 그의 화두를 실마리로 운명의 기호론과 정치학을 구상했다. 상담의 수평성이란 이런 관계를 말하는 것이 아닐까 싶다. 사주를 매개로, 나의 관심과 해석이 그의 화두를 건드리는 촉매가 되고, 그의 화두와 반응이 나의 사유네트워크에 변형을 일으키는 타자적 시그널이 되는 것. 이런 수평적인 섞임이 사주를 통해 일어나는 순간, 나에게도 없고 그에게도 없는 어떤 논리 혹은 직관이 그와 나 사이를 휙 스치며 지나간다. 우리는 그것을 잡아채기만 하면 되는 것이다. 모든 사건은 유일하므로, 그런 상황은 매번 다르게 펼쳐진다. 사주가 매번 달라지는 건 이런 맥락에서다.

일반적으로 사주를 볼 때, 머릿속에 들어 있는 사주의 공식들을 쓴다. 여덟 글자를 보는 순간 그 공식들을 줄줄 읊는 것을 좋은 사주 해석이라 할 수 없다. 그건 휴대폰 애플리케이션에 저장되어 있는 건조한 풀이와 다를 것이 없다. 그 사람의 맥락과 사주의 기호들이 섞이고, 그 안으로 해석자의 신체가 녹아 들어가야 운을 해석한다는 것이 풍성하고 재미있어진다. 거기서 중요한 것은 맞히는 일이 아니다.

자기 사주를 스스로 해석할 때도 마찬가지다. 사주 여덟 글자 기호의 의미가 이미 결정되어 있는 것이라면 자기의 사주를 다시 볼 이유가 없다. 하지만 기호는 시절 인연에 따라 변형되고 치환되며 또 다른 기호를 낳는다. 세운이나 대운(1년 혹은 10년 단위로 바뀌는 운)의 변수를 두고 말하는 것이 아니다. 태어날 때부터 평생 따라다니는 원국 사주 여덟 글자만 가지고도 다채롭게 자기를 재해석할 수 있다. 그 재해석만큼 주체는 재구성된다. 이것이 사주의 레토릭으로 존재를 탐구하는 방법이며, 운명에 개입하는 또 하나의 방법이다.

정리를 해보자. 사주는 운명을 맞히는 신비의 이법이 아니라 운명에 개입하는 정치적 장치다. 그 개입이란 크게 두 가지다. 사주 해석으로 하여금 새로운 욕망을 지지하게 하는 것, 그리고 잠재된 주체를 깨우는 것이다. 이 두 가지가 인트로 말미에서 던졌던 질문에 대한 해답이다. 그런데 이 두 효과 못지않은, 아니 이 두 효과에 도달하기 전에 터득해야 할 사주의 기능이 있으니, 그건 바로 '진단'이다.

앞에서, 번뇌가 일어난 후에 기존 프레임에 대한 공허와 기화의 이완이 일어나고, 그 이완이 주체의 무정부 상태를 야기할 때 '낯선 욕망'이 생긴다고 언급했다. 그런데, 그것은 번뇌가 기존 프레임에 대한 공허를 낳을 수 있어야 가능한 수순이다. 번뇌는 오히려 전혀 다른 방향의 감정을 낳을 때가 많다. 번뇌가 일어나면 감정들이 춤을 추는 까닭에 대체로 시야가 좁아진다. 그러면 상황을 객관적으로 볼 수가 없다. 원망과 편견이 마음에서 똬리를 틀기 시작하면, 번뇌가 기존 프레임에 대한 공허와 기화의 이완으로 가지 않고 오히려 쟁탈이나 보복 등, 더욱 집착적인 항진의 상태로 가게 된다.

이때 필요한 것이, 자기의 상태 혹은 현재의 상황을 객관화시킬 수 있는 진단이다. 물론 원망과 편견이 시간이 지나면서 점점 자기를 구성하고 있던 기존의 프레임에 대한 공허로 가는 경우가 적진 않을 것이다. 하지만 어떤 경우엔 이 항진된 마음이 오래 지속되면 정신적인 치명상을 남기는 경우도 있다. 그래서 번뇌 이후에 상황을 좀 객관적으로 넓게 파악할 수 있는 방법론이 필요하다. 아니, 어떤 때라도 자기를 객관화할 수 있어야 한다.

객관화할 수 있는 좋은 방법론이 많을 것이다. 사주명리도 그 중 하나다. 사주명리는 기호론적으로 의미를 확장 생성하여 존재를 진단한다. 그 과정에서 주관적 편견이 스며들 수는 있지만 기호를 의미화하는 과정 자체가 자기를 객관화시키는 힘을 갖게 된다. 또한 사주명리는 시절 인연이라는 자연의 세력을 받아들임으로써 감정적 인과의 함수관계를 바꾼다. 이 심플하고 독특한 방법론은 현재의 상황뿐만 아니라, 하나의 사건에 대한 다양한 원인을 도출함으로써 과거를 재구성하기도 한다. 중요한 것은 이 방법론이 최상의 대안인가 하는 점이 아니라, 기존의 편협한 인과론에서 벗어날 수 있느냐의 문제다. 그런 문제를 해결하는 차원에선 사주명리는 좁은 시야에서 벗어나게 하는 비교적 간단하고 쉬운 진단의 방법론이다.

진단은 처방과 연결되어 있다. 의학의 핵심은 진단이다. 진단이 전제되지 않는 처방은 없다. 사주명리는 존재에 대한 진단이다. 그런데 처방의 실마리는 나의 존재를 스스로 파악하는 진단의 과정에서 잡힌다. 상담가에 의존하는 내담자는 진단의 과정을 몸으로 체험하지 못한다. 그래서 진단도 처방도 상담가에 의존하게 된다. 스스로 진단을 해야 한다고 말한 이유는 바로 이런 맥락 때문이다.

다음 장부터 펼쳐질 내용은 사주명리학의 기본 지식과 활용에 대한 설명이다. 그것은 앞서 얘기한 두 효과와 함께 자기 진단을 위한 해설이기도 하다. 이 책의 원래 의도대로 아주 구체적 사실을 맞히는 방식은 지양했다. 그러나 사주의 기호를 다루고 응용하는 데 있어서 활용성을 높이기 위해 기호들의 의미를 확장시키고 그 확장의 의미 생성 이치를 비교적 자세하게 밝혔다. 이 책을 통해 명리학의 기본 지식을 익힌 후에는 이 책의 내용을 넘어서는 자기 해석이 나와야 한다.

# ㄹ. 시간의 새로운 표기 : 명식 세우기

## 만세력으로 명식 세우기

이제 자기의 여덟 글자를 세워 볼 차례다. 여덟 글자의 형식을 명식(命式)이라 한다. 운명의 형식이라는 뜻이다. '사주 원국'(四柱原局)이라 부르기도 한다. '국'(局)은 국면·형세·판국이라는 뜻이므로, 사주 원국이란 '타고난 사주의 국면'이라고 보면 된다. 자기의 사주 여덟 글자를 먼저 알고 시작하면 사주 공부가 더 흥미롭다. 공부가 진행될 때마다 자기 것 먼저 확인을 하면서 보게 된다. 명식을 세우는 김에 가족이나 친구들의 명식도 같이 놓고 보면 더욱 재미있다. 사주는 바로 현실적인 상황과 연결된다. 매우 현장적인 공부다.

  명식을 세우기 위해서는 만세력이라는 책이 필요하다. 만세력을 참고하면 우리가 쓰는 숫자 달력을 간지로 변환할 수 있다. 만세력은 시중에 여러 출판사에서 발간된 것이 나와 있는데, 이 책에서는 동학사의 만세력을 참조해서 설명하겠다. 다음에 나온 사진은 동학사에서 출간된 『작은 사주 만세력』의 한 페이지다. 이 책의 기본 구조는 양력 중심으로 페이지가 구성되어 있다. 2016년의 양력 달력을 펼쳐 놓고

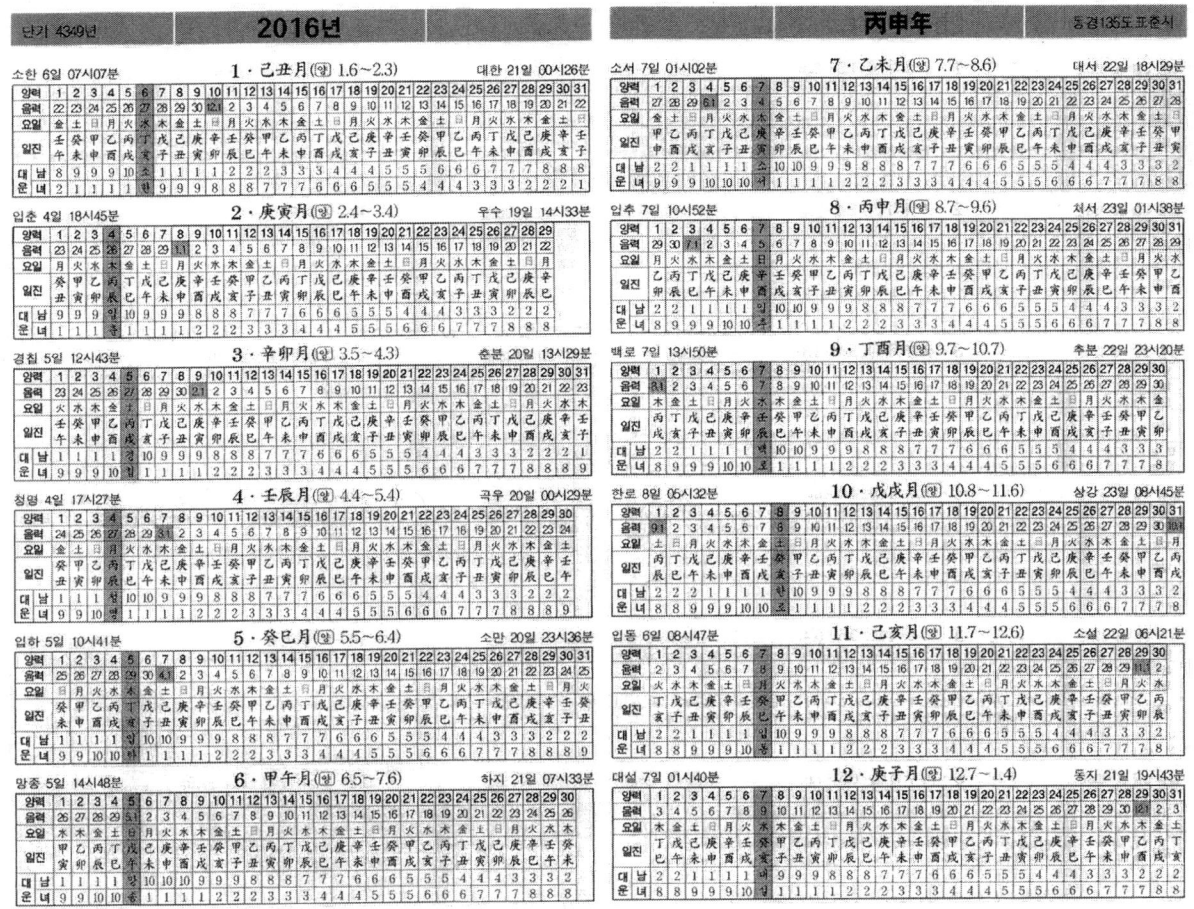

거기에 음력과 절기력을 배열하는 방식을 택했다. 우리가 흔히 보는 양력 기준의 달력이라는 점에서 익숙하기는 하지만 절기력은 양력과 다르기 때문에 이 안에서 절기의 역법을 잘 찾아야 한다.

우리가 아는 역법은 양력과 음력이다. 양력으로 한 해의 시작은 양력 1월 1일부터다. 그리고 음력의 새해는 설날, 즉 음력 1월 1일부터다. 사주명리에서 한 해의 시작은 입춘(立春)부터다. 절기력을 따른 것이다. 절기력은 황도를 24등분하여 1년의 계절성을 나타내는 역법이다. 태양의 위치와 관계가 있으니 양력이라고 할 수 있지만 우리가 지금 사용하는 그레고리력과는 차이가 있다. 사주명리는 절기 중에서 봄의 시작인 입춘을 한 해를 시작하는 때로 정했다. 대체로 양력으로 2월 4일경이 입춘이다. 즉, 이때부터 한 해가 시작된다.

이 점을 염두에 두고 앞의 만세력을 통해 명식을 세워 보자. 우선 2016년이라는 해와 옆에 나란히 적혀 있는 병신년(丙申年)이라는 간지는 시기상 완전히 일치하지 않는다는 점을 알아야 한다. 2016년은 두 페이지에 걸쳐 배열된 양력 1월부터 12월까지의 시기를 말하지만, 병신년은 올해 입춘부터 시작해서 다음 해 입춘 전까지의 기간이다. 2016년의 입춘은 2월 4일이다. 더 정확히 말하면 2월 4일 18시 45분이다. 동학사 『작은 사주 만세력』의 2월 달력 왼쪽 상단에 정확한 입절 시간이 적혀 있다. 그때부터 2017년 입춘 직전까지가 사주에서 말하는 병신년이 된다.

달도 양력달과 절기상의 달이 다르다. 사진의 만세력에는 '1. 기축월'(己丑月)이라고 적혀 있지만 여기서 1은 양력상의 1월일 뿐 기축월이 1월이라는 말은 아니다. 다시 말해 1월은 양력으로 2016년 1월이란 뜻이고, 기축월은 명리학상 그 전 해인 을미년(乙未年)의 12번째 달인 축월을 의미한다. 그것도 1월 6일인 소한부터 2월 4일 입춘 전까지이므로 기간도 1월과 매칭되지 않는다. 그러니 축월이 1월이고, 인월이 2월이라는 생각을 해선 안 된다. 굳이 숫자를 붙인다면 입춘이 한 해의 시작이니, 인월을 1월이라 해야 할 것이다. 이 만세력에서는 빨간 줄로 달의 시작을 표시한다(앞의 사진에서는 음영처리된 부분). 예를 들어 인월은 입춘과 우수의 시기를 말하는데 입춘이 2월 4일이므로 그날에 빨간 줄이 표시되어 있다. 이때부터 인월이라는 뜻이다. 인월 다음 달인 묘월은 3월 5일이다. 정확히는 3월 5일 12시 43분부터 묘월이 시작된다.

이제 예시를 들어서 생년월일시를 간지로 표현해 보자. 즉, 사주의 명식을 만들어 보는 것이다. 2016년 3월 2일(음력 1월 24일) 14시에 태어난 아이의 사주를 구성해 볼까 한다. 연월일시를 간지로 표현하기 위해 여덟 개의 칸을 마련해 보자. 숫자 대신 간지로 이 칸을 채우면 된다.

|      | 시 | 일 | 월 | 연 |
| --- | --- | --- | --- | --- |
| 천간 |    |    |    |    |
| 지지 |    |    |    |    |

우선 생년의 천간과 지지부터 채워 넣기로 하자. 3월 2일은 입춘이 지난 날이기 때문에 병신년(丙申年)이 된다. 그래서 생년에 丙申을 한 글자씩 세로로 적는다. 그리고 양력 3월 2일은 아직 경칩이 되지 않은 때이므로 신묘월(辛卯月)이 아니라 경인월(庚寅月)이다. 그래서 생월 칸에는 庚寅을 적어 넣는다. 이제 생일을 적을 차례다. 생일은 만세력에 적혀 있는 3월 2일 바로 밑에 기재돼 간지를 그대로 쓰면 된다. 2016년 3월 2일은 계미일(癸未日)이므로 癸未를 적는다. 생시는 '지지의 음양오행, 방위, 띠, 절기, 시간' 표(이 책 37쪽)에서 이미 외웠던 시간을 암기해서 쓴다. 아직 암기가 안 되었다면 다시 표를 참고한다. 14시는 미시(未時)에 해당하므로 未를 시간의 지지 칸에 적는다. 여기까지 채워 넣은 표가 다음 페이지에 있다.

| | 시 | 일 | 월 | 연 |
|---|---|---|---|---|
| 천간 | | 癸 | 庚 | 丙 |
| 지지 | 未 | 未 | 寅 | 申 |

그런데 한 칸이 아직 완성되지 않았다. 생시의 천간 자리가 그렇다. 이 자리는 시간 조견표를 보고 채워 넣는다. 오른쪽의 표가 바로 생시(生時)의 천간(天干) 조견표, 줄여서 '시간(時干) 조견표'이다. 이 조견표는 대부분의 만세력에도 실려 있다. 그 전에 꼭 알고 가야 할 것이 있다. 연월일시의 각 칸에 해당하는 곳의 명칭이다. 생시의 천간을 줄여서 '시간'(時干)이라고 한다. 그 밑의 생시의 지지는 줄여서 '시지'(時支)라고 한다. 이런 식으로 생일의 천간을 '일간'(日干), 생일의 지지를 '일지'(日支)라고 부르며, 계속해서 생월의 천간을 '월간'(月干), 생월의 지지를 '월지'(月支), 생년의 천간을 '연간'(年干), 생년의 지지를 '연지'(年支)라 한다. 그리고 연간과 연지의 아래 위 글자를 합쳐서 연주(年柱)라 부른다. 생년의 기둥이라는 뜻이다. 생월의 두 글자는 월주(月柱), 생일의 두 글자는 일주(日柱), 생시의 두 글자는 시주(時柱)가 된다.

| | 시 | 일 | 월 | 연 |
|---|---|---|---|---|
| 천간 | 시간 | 일간 | 월간 | 연간 |
| 지지 | 시지 | 일지 | 월지 | 연지 |
| | ↓ 시주 | ↓ 일주 | ↓ 월주 | ↓ 연주 |

　　　　　　　　　　　　　　　　　　　　　運命의 해석, 사주명리

## 시간 조견표

| 일간 | 갑기(甲己) | 을경(乙庚) | 병신(丙辛) | 정임(丁壬) | 무계(戊癸) |
|---|---|---|---|---|---|
| 23:30~01:30 | 갑자 | 병자 | 무자 | 경자 | 임자 |
| 01:30~03:30 | 을축 | 정축 | 기축 | 신축 | 계축 |
| 03:30~05:30 | 병인 | 무인 | 경인 | 임인 | 갑인 |
| 05:30~07:30 | 정묘 | 기묘 | 신묘 | 계묘 | 을묘 |
| 07:30~09:30 | 무진 | 경진 | 임진 | 갑진 | 병진 |
| 09:30~11:30 | 기사 | 신사 | 계사 | 을사 | 정사 |
| 11:30~13:30 | 경오 | 임오 | 갑오 | 병오 | 무오 |
| 13:30~15:30 | 신미 | 계미 | 을미 | 정미 | 기미 |
| 15:30~17:30 | 임신 | 갑신 | 병신 | 무신 | 경신 |
| 17:30~19:30 | 계유 | 을유 | 정유 | 기유 | 신유 |
| 19:30~21:30 | 갑술 | 병술 | 무술 | 경술 | 임술 |
| 21:30~23:30 | 을해 | 정해 | 기해 | 신해 | 계해 |

표에서 일간이라 함은 생일의 천간을 말한다. 앞의 사주 예에서는 일간이 계수(癸水)이므로 조견표에서 오른쪽 끝에 있는 무계(戊 혹은 癸)를 찾은 후 그 세로 칸을 따라 밑으로 내려가다 보면 미시(未時)에 이르게 되는데 거기에 '기미'(己未)라고 적혀 있다. 즉, 시간(時干)이 기토(己土)가 되는 것이다. 그렇게 완성된 여덟 글자를 다시 적어 보면 다음과 같이 된다.

|      | 시 | 일 | 월 | 연 |
|------|----|----|----|----|
| 천간 | 己 | 癸 | 庚 | 丙 |
| 지지 | 未 | 未 | 寅 | 申 |

　　연습 삼아 하나의 명식을 더 구성해 보자. 이번엔 2016년 3월 16일 20시에 태어난 아이의 사주다. 먼저 생년은 입춘 이후이므로 당연히 병신(丙申)년이 된다. 생월은 경칩과 청명 사이(3월 5일~4월 4일)에 위치하기 때문에 묘월이 된다. 만세력에 적힌 대로 월간과 월지에 신묘(辛卯)를 채워 넣는다. 그리고 생일 역시 만세력에서 3월 16일 밑에 있는 간지를 찾아서 빈칸을 채운다. 정유(丁酉)라고 되어 있다. 생시는 20시가 술시(戌時)에 해당하므로 시지에 술(戌)을 채운다. 그리고 시간은 조견표에서 찾는다. 일간이 정화(丁火)이므로 '정임' 부분을 찾은 뒤 밑으로 내려가면서 술에 해당하는 시간을 찾아 보니 '경술'(庚戌)시가 나온다. 이렇게 여덟 글자를 채우면 된다.

|      | 시 | 일 | 월 | 연 |
|------|----|----|----|----|
| 천간 | 庚 | 丁 | 辛 | 丙 |
| 지지 | 戌 | 酉 | 卯 | 申 |

　　그런데 조금 어려운 부분이 있다. 생일이 절기상 달이 시작되는 날과 같을 때가 그렇다. 예를 들어 생일이 2016년 3월 5일이라고 하자. 2016년 3월 5일에는 경칩이 들어 있다. 경칩을 기점으로 해서 인

월(寅月)에서 묘월(卯月)로 넘어가는 것이다. 그러므로 이때는 생월의 간지를 정할 때 기준을 입절 시간까지 맞춰야 한다. 2016년의 경우, 묘월이 시작되는 경칩의 입절 시간은 12시 43분이다. 만일 3월 5일 13시 10분(A)에 태어났다면 경칩의 입절 시간을 지났기 때문에 생월이 신묘월이 될 것이다. 그런데 태어난 시간이 12시 30분(B)이라면 같은 오시(午時)라 할지라도 아직 경칩 시간을 넘지 않았기 때문에 경인월이 된다.

### A. 2016년 3월 5일 13시 10분

|  | 시 | 일 | 월 | 연 |
|---|---|---|---|---|
| 천간 |  |  | 辛 | 丙 |
| 지지 |  |  | 卯 | 申 |

### B. 2016년 3월 5일 12시 30분

|  | 시 | 일 | 월 | 연 |
|---|---|---|---|---|
| 천간 |  |  | 庚 | 丙 |
| 지지 |  |  | 寅 | 申 |

이렇듯 두 사주의 월주는 절기상 새로운 달이 시작되는 입절 시간을 경계로 서로 달라진다. 그러나 일주가 바뀌는 것은 아니다. 날의 시작은 절기와 관계없다. 하루의 시작은 자시(子時)다. 즉, 전날 23시

30분부터, 오늘 23시 30분까지가 사주상 하루의 시간이다. 위의 두 사주 모두 자시를 훌쩍 넘은 오시(午時)이기 때문에 A와 B 모두 일주는 3월 5일 밑에 적혀 있는 병술(丙戌)로 본다. 그리고 오시 위의 시간은 조견표대로 갑오를 적어 넣으면 된다.

**A. 2016년 3월 5일 13시 10분**

|  | 시 | 일 | 월 | 연 |
|---|---|---|---|---|
| 천간 | 甲 | 丙 | 辛 | 丙 |
| 지지 | 午 | 戌 | 卯 | 申 |

**B. 2016년 3월 5일 12시 30분**

|  | 시 | 일 | 월 | 연 |
|---|---|---|---|---|
| 천간 | 甲 | 丙 | 庚 | 丙 |
| 지지 | 午 | 戌 | 寅 | 申 |

이렇게 해서 두 사주는 월주가 달라지고 나머지 부분은 같게 된다. 경칩 말고도 청명, 입하 등 월초 절기에 태어난 사주는 시간에 따라 월주의 변동이 생긴다.

입춘의 경우는 월주뿐만 아니라 연주도 달라질 수 있다. 병신(2016)년의 시작인 입춘의 입절 시간은 18시 45분이다. 이 시간 이 전에 태어난 사주와 이후에 태어난 사주를 비교해 보자. C는 2016년 2월 4일 18시에 태어났고, D는 2016년 2월 4일 19시에 태어났다고 가

운명의 해석, 사주명리

정하자. D의 명식을 세우는 것은 크게 어렵지 않다. 입춘을 지난 시간이므로 연주에는 병신을, 월주에는 경인을 적고, 2월 4일에 해당하는 간지인 병진(丙辰)을 일주에 적고, 시간 조견표를 참고해서 19시에 해당하는 유시(酉時)를 찾아 시주에 정유(丁酉)를 채워 넣으면 된다.

C의 경우는 아직 입춘이 안 됐기 때문에 병신년도, 경인월도 아니다. 생년은 그 전 해인 을미년이 되고, 생월은 인월 전인 축월, 즉 월주에 기축(己丑)을 적어 넣어야 한다. 그런데 생일은 절기와 관계 없이 자시부터 시작되므로 D와 마찬가지로 병진(丙辰) 일주가 되며, 생시 또한 정유시가 된다.

### C. 2016년 2월 4일 18시 00분

|     | 시 | 일 | 월 | 연 |
| --- | --- | --- | --- | --- |
| 천간 | 丁 | 丙 | 己 | 乙 |
| 지지 | 酉 | 辰 | 丑 | 未 |

### D. 2016년 2월 4일 19시

|     | 시 | 일 | 월 | 연 |
| --- | --- | --- | --- | --- |
| 천간 | 丁 | 丙 | 庚 | 丙 |
| 지지 | 酉 | 辰 | 寅 | 申 |

이 외에도 만세력에서는 대운수(大運數)라는 것을 찾아볼 수 있는데 그 얘기는 대운 편에서 하기로 하자. 지금까지 양력이나 음력의

생년월일시를 가지고 만세력에서 여덟 글자의 간지를 찾아냈다. 요즘 은 만세력이 없어도 인터넷이나 모바일앱 상에서도 만세력을 볼 수 있다. 책보다 더 편하게 명식을 구할 수 있다. 생년월일시만 기재하면 자동으로 여덟 글자가 뜬다. 그러나 기계이기 때문에 계산상의 오류 가 나지 않는다는 보장이 없다. 그리고 만세력을 보고 여덟 글자를 찾 지 못한다면 전자식 만세력이 오류인지 아닌지를 확인할 길도 없다. 기계 장치를 애용한다 할지라도 사주명리 공부를 하는 사람이라면 적 어도 만세력 책을 보고 자기 사주를 뽑을 줄 알아야 한다.

## 일간(日干)과 현존재

만세력으로 여덟 글자의 원국을 완성했다면 이제 남은 건 팔자(8개의 간지들)에 대한 해석이다. 그 내용은 다음 장부터 본격적으로 시작된 다. 그 전에 한 가지 관심을 가지고 있어야 할 부분이 있다. 8간지는 모 두 어떤 세력을 갖는다. 같은 글자도 있을 수 있지만 대부분 다양한 글 자의 조합들로 사주의 원국을 이루게 된다. 그래서 글자마다 각기 다 른 해석을 통해 하나의 존재를 설명한다. 다른 식으로 말하면, 내 안 에 8개의 서로 다른 존재의 특이점들이 들어 있다고 볼 수도 있다. 하 나의 특징으로 한 사람을 규정할 수 없다. 여덟 글자는 서로 다른 기운 의 성향을 가지고 있고 다양하게 펼쳐지는 운명의 파노라마를 만들어 낸다. 8개의 간지는 모두 나의 것인 동시에 내 안의 8개의 타자성이라 할 수 있다.

|  | 시 | 일 | 월 | 연 |
|---|---|---|---|---|
| 천간 | 乙 | 庚 | 己 | 乙 |
| 지지 | 酉 | 寅 | 丑 | 未 |

그런데 8개 중에서도 명주(命主)라고 하는 팔자의 리더가 있다. 일간(日干)이 그 역할을 한다. 위 명식에서 진하게 표시된 부분이 일간이다. 일간은 8자를 이끌며 운명의 방향성을 제시한다. 사주를 보러 갔을 때, 흔히 "당신은 나무다" 혹은 "물이다"라고 말하는 것이 이 일간의 오행을 두고 하는 말이다. 위의 사주에서 일간은 경금이다. 경금은 오행상 금에 해당하기 때문에, 금이나 바위로 그 사람의 전체 방향성을 비유적으로 설명할 수 있다. 자세한 내용은 4장과 5장에서 배우게 될 것이다.

명주가 일간이 아니라 연간이었던 시절이 있었다. 오대(五代)<sup>중</sup> 국 당(唐)나라 멸망 후 송(宋) 건국 이 전의 다섯 왕조. 양, 당, 진, 한, 주 **때** 인물인 서자평(徐子平)이 연(年) 중심의 사주를 일(日) 중심으로 해석하기 전까지, 운명의 중심은 한 해였다. 명주를 연(年) 중심으로 보는 것은 사람들의 생활사가 농사와 밀접하게 연관되어 있었기 때문이 아닐까 싶다. 특히 벼농사는 경작 시스템이 1년 주기로 이루어져 있어서, 사람들의 라이프 스타일도 크게 1년 단위로 조직된다. 절기력을 쓰는 것도 농사일과 밀접하게 관련이 있다. 농사일은 때가 중요하다. 어느 때에 파종을 해야 하고 거름을 주어야 하고 거두어야 하는지, 때에 맞는 일을 진행해야 한다. 연간 중심으로 운명을 해석한다는 건 이러한 라이프 스타일과 관련이 있다.

명주가 연간에서 일간으로 옮겨 가면서 운명의 중심이 한 해가 아니라 하루로 바뀌었다. 1년 단위의 라이프 스타일은 공동체적 신체, 즉 함께 힘을 합쳐서 일하고 함께 싸우는 공적 존재로서의 운명과 함께 이루어진다. 고대의 농경사회에서는 협력적 작업이 농사일에 국한되지 않았다. 항시 경제적 약탈과 전쟁이 끊이지 않았기 때문에, "농경을 영위하여 살아가는 사람들은 무장된 힘을 조직하여야 했다".허진웅, 『중국고대사회』, 홍희 옮김, 동문선, 1991, 102쪽 파종과 추수 그리고 추수 때를 기다려 약탈하려는 세력으로부터 식량과 목숨을 지키려는 투쟁은 개인의 운명이 아닌 공동체적 운명이었으며, 그것은 1년 단위의 주기성을 갖는다.

반면 하루 단위의 라이프 스타일은 개인의 사생활과 더 밀접하게 연결되어 있다. 그것은 '하루'에 대한 인식론적 발견에서 시작한다. 하루를 살아간다는 인식은 '나'라는 개인이 해가 뜨고 지는 하루의 생멸을 독자적으로 지각할 때 일어난다. 즉, 현실에 존재하는 자기와 자기 존재를 둘러싼 자연과 인간들, 그리고 그 의미들에 대한 물음이 개인적 생활사에 대한 인식과 더불어 일어날 때 비로소 하루를 인식할 수 있다. 그것은 존재에 대한 물음이 있어야 한다. 공동체적 신체와는 다르다. 하루 안에는 공동체적 생활도 포함되지만, 잠을 자고 일어나고 가족을 챙기고 가끔 혼자서 생각하기도 하는 개인적인 생활이 전반에 깔려 있다. 거기서 하루를 살고 있는 존재에 대한 질문이 생긴다. 예를 들어, 하루가 시작되고 저무는 리듬은 마치 인생의 축소판처럼 느껴진다. 하이데거는 존재에 대해 질문하는 자, 즉 "물음이라는 존재 가능성을 가지고 있는 그런 존재자"마르틴 하이데거, 『존재와 시간』, 이기상 옮김, 까치, 1998, 22쪽를 '현존재'라고 불렀다. 명주가 연간에서 일간으로 옮겨

간 것은 이러한 현존재의 탄생을 예고한다고 할 수 있다.

시대적 배경도 이를 뒷받침한다. 당나라가 망하고 주온(朱溫)주전충이 후량(後梁)을 건국한 이래로 중국 땅에는 불과 73년 동안 16개의 정권이 단명했다. 이를 5대 10국 혹은 5대 11국이라 부른다. 그만큼 서자평이 살았던 오대는 미증유의 난세라 여겨질 만큼 극심한 혼란을 겪었던 시대다.

이미 당나라 때부터 균전제가 붕괴되기 시작했고, 신흥지주층이 장원을 대거 소유하면서 백성들의 생존을 위협하고 그들의 삶을 혼란에 빠뜨렸다. 균전제는 성인이 된 백성들에게 토지를 골고루 나눠 주는 제도였다. 이 제도가 무너지고 신흥지주층들이 대토지를 소유하면서 송대에 이르러서는 백성들이 땅을 잃고 지주에게 강하게 예속되어 거의 농노와 흡사해졌다. 이런 혼란 속에서 자기 땅을 기반으로 한 지역공동체의 삶은 해체되기 시작했고 개인의 운명은 1년 단위의 안정된 공동체적 삶에서 벗어나 급변하는 시절 속에 던져졌다. 이제 생존해야 하는 하루하루의 단위 안에서 절실함과 허무, 인간과 자연, 그리고 존재와 실존에 대해 좁고도 넓게 생각했을 것이다. 일간이 명주가 된 데에는 이러한 시대적 배경도 있었다.

또한 하루라는 시간 단위는 '현재'라는 시간성과 가장 체감적으로 친밀하다. 물리적 시간으로서의 현재는 지정될 수 없을 만큼 짧은 시간이다. 그러나 해가 뜨고 해가 지는 깨어 있는 시간 동안 우리는 작은 일생을 경험한다. 인생의 축소판인 이 하루는 어제라는 전생과 내일이라는 후생의 사이에 있는 현생이다. 현생을 현재라는 시간으로 바꾸면 우리가 경험하는 현재는 하루가 된다. 오늘 하루를 사는 것이 인생의 축소판이므로 하루를 어떻게 사는가가 그 사람의 운명을 보여 주는 바로미터라고 볼 수도 있다. 일간이 명주인 것은 여러 모로 의미가 있다. 열 가지 일간(천간)에 대한 자세한 내용은 5장에 있다.

2부
음양오행

# 3. 음양오행과 세력 판단

명식은 간지로 이루어져 있으므로 사주의 해석이란 결국 간지에 대한 해석이라 할 수 있다. 그래서 사주 해석에는 간지의 음양오행적 특성과 간지 간의 관계성을 가지고 여러 가지로 해석하는 방법이 존재한다. 그것들이 앞으로 전개될 책의 내용이다. 우리는 앞으로 간지를 음양오행으로 환원시켜 보기도 하고, 자연물(물상)에 비유해 설명하기도 하고, 상생상극의 관계론(육친)으로 풀어보기도 하며, 시간에 따른 인연 조건(대운) 등을 살펴보기도 할 것이다.

이번 장에서는 먼저 음양오행과 관련해서 명식을 해석하는 방법을 공부해 보도록 하자. 음양오행은 사주를 이해하는 가장 근원적인 시스템이다. 물론 22글자의 의미를 모두 음양오행으로 포착할 수는 없다. 하지만 사주 해석의 핵심이 관계론인 만큼 음양오행 특히 오행의 상생상극 시스템은 사주를 풀려면 반드시 알아야 한다. 우선 음양과 오행의 대략적 개념을 살펴보자. 물론 이 전 장에서 외워야 한다고 했던 간지의 음양오행 배속은 암기하고 있어야 한다.

## 음양의 개념

| 음양의 조건 | 양(陽) | 음(陰) |
|---|---|---|
| 밝기 | 명(明) | 암(暗) |
| 온도 | 열(熱) | 한(寒) |
| 승강 | 상승(上昇) | 하강(下降) |
| 이합집산 | 발산(發散) | 수렴(收斂) |
| 천지 | 하늘 | 땅 |
| 하루 | 낮[晝] | 밤[夜] |
| 계절 | 봄, 여름 | 가을, 겨울 |
| 방위 | 동, 남 | 북, 서 |
| 성별 | 남(男) | 여(女) |
| 강도 | 강(强) | 약(弱) |
| 생멸 | 생장(生長) | 소멸(消滅) |
| 속도 | 동(動) | 정(靜) |
| 크기 | 대(大) | 소(小) |
| 해와 달 | 해 | 달 |
| 오행 | 목(木), 화(火) | 금(金), 수(水) |
| 천간의 음양 | 甲, 丙, 戊, 庚, 壬 | 乙, 丁, 己, 辛, 癸 |
| 지지의 음양 | 寅, 辰, 巳, 申, 戌, 亥 | 子, 丑, 卯, 午, 未, 酉 |

중국 고대에 편찬된 한자 사전인 『설문해자』(說文解字)에 따르면 음양은 각각 산의 북쪽과 남쪽, 즉 음지와 양지를 뜻한다. 그늘과 양지라는 밝기의 기준은 서늘함과 따뜻함으로 그 의미가 확장될 수 있다. 이런 의미의 확장은 자연학적인 보편성에 근거한다. 같은 조건에서 빛이 있는 곳은 그늘진 곳보다 따뜻하다. 그래서 명(양)과 암(음)이 열(양)과 한(음)으로 의미가 확장될 수 있다. 또한 온도가 높을수록 물의 증발이 잘 일어난다. 증발된 물이 식으면 수증기는 물로 응축된다. 상승과 하강, 발산과 수렴은 이런 논리로 이해하면 된다.

남녀를 양과 음으로 나누는 것은 기(氣)의 차원에서 설명할 수 있다. 한의학적으로 남자는 기를 발산하는 성향이 강하다. 자기의 영토를 확장하고 정력을 소비하는 방식으로 세상과 관계를 맺으려 하기 때문이다. 그래서 항상 양기가 모자라 허덕인다. 여자는 발산보다는 수렴하는 방식으로 산다. 영토 밖이 아니라 영토 안에서 세력을 과시하는 편이다. 그래서 작은 변화를 세심하게 포착한다. 그 과정에서 감정이 울체될 가능성이 많다. 감정의 울체는 월경의 시스템과 맞물려 혈(血)과 관련된 병리현상으로 나타나기도 한다. 남자를 양, 여자를 음에 배속하는 데는 이와 같은 연유가 있다.

봄·여름이 양이고, 가을·겨울이 음이라는 말도 이제 이해될 것이다. 기온상으로도, 기운의 발산과 수렴의 차원에서도 봄·여름은 양이 되고, 가을·겨울은 음이 된다. 따뜻한 동남이 양이고, 서늘한 북서가 음이라는 것도 같은 맥락이다. 이 외에도 의미와 해석을 다양하게 확장해서 음양을 구분하는 기준을 얼마든지 다양하게 설정할 수 있다.

다만 음양의 이분법이 상대적이라는 점을 주의해야 한다. 예컨대 밝음(명)은 어두움(암)의 상대적인 개념이다. 양은 음의 대상에 비

운명의 해석, 사주명리

해서 밝은 것이고, 음은 양에 비해서 어두운 것이다. 그래서 서로 상대하는 짝이 중요하다. '현주엽은 키가 크다'는 말은 음양적으로 틀리다. 비교되는 대상이 없기 때문이다. 예를 들어 '현주엽은 유재석에 비해서 키가 크다'라고 말해야 한다. 또한 현주엽의 키는 서장훈에 비해선 작다. 그러니 그가 언제나 큰 것은 아니다. 이처럼 음양의 판단은 어떻게 짝을 지을 것인가에 달렸다. 음양 공부의 초식은 이렇게 음양의 범위를 유연하게 설정하는 데서 시작된다. 그것은 이치에 대한 공부인 동시에 삶의 유용한 전략이 된다.

또한 음양이 시간의 흐름에 따라 변한다는 점도 중요하다. 예를 들어 낮은 밤으로 움직이고, 밤은 낮으로 이동한다. 음양의 이러한 유동성 때문에 음양은 고정된 상황을 판단하는 것보다 어느 방향으로 움직이고 있는가를 고려하는 것이 우선되어야 한다. 예를 들어 양의 계절 봄·여름은 음의 계절인 가을·겨울을 향해 가며, 가을·겨울은 다시 봄·여름으로 움직인다. 이것을 인생의 상황에 비유하자면, 어둡고 고독한 음의 상황은 밝고 역동적인 양의 상황으로 움직이며, 이 활동성은 다시 음적인 상황을 맞이한다. 좀 다른 분위기에서 보자면, 느리고 평화로운 음의 상황은 부산하고 혼란스러운 양의 상황으로 이행되며, 망동하는 양의 기운은 다시 안정된 음의 상황으로 변하게 된다. 요컨대 음양은 계절처럼 늘 움직이며 교대한다.

명의는 예후를 볼 줄 안다. 병의 전변과 치료 과정의 흐름을 읽어낼 수 있다. 하나의 고정된 상황이 아닌 흐름의 방향과 변화의 리듬을 읽어 내는 것. 그것이 음양을 사유하는 핵심이다. 사주를 볼 때도 음양의 흐름이 중요하다. 예컨대 재물운이 활발하게 일어날 때도 있고 막힐 때도 있다. 공부운, 자식운, 애정운 등도 마찬가지로 음으로 양으로 유동한다. 문제는 이 운들이 모두 같은 리듬을 타는 건 아니라는 점이다. 재물운은 공부운을 제어하며 일어난다. 공부운은 먹을 복을 극하면서 찾아온다. 자식운은 남편운과 상극이다. 모든 운은 이런 식으로 다른 운들과의 관계 속에서 상생·상극하며 도래한다. 그러니 사주를 통해 변화의 리듬을 읽어 내려면 중첩된 음양의 여러 방향성을 통찰할 수 있는 시야가 필요하다. 따라서 사주를 보고 길과 흉을 한마디로 정의 내려선 안 된다. 때론 양수겸장으로 오도 가도 못하는 시절이 올 때도 있다. 그럴 때도 출구는 있다. 운명은 항상 샛길을 열어 둔다. 사주에서 엇갈리는 리듬과 운의 관계성이 그런 이치를 말해 주고 있다.

## 오행의 개념

| | 목(木) | 화(火) | 토(土) | 금(金) | 수(水) |
|---|---|---|---|---|---|
| 오행물상의 특성 | 곡직(曲直) | 염상(炎上) | 가색(稼穡), 매개 | 종혁(從革) | 윤하(潤下) |
| 계절(1) | 봄 | 여름 | 각 계절의 환절기 | 가을 | 겨울 |
| 계절(2) | 봄~초여름 | 초여름~ 늦여름 | 늦여름~ 초가을 (장마철) | 초가을~ 초겨울 | 초겨울~ 초봄 |
| 방위 | 동 | 남 | 중앙 | 서 | 북 |
| 색(色) | 청(靑) | 적(赤) | 황(黃) | 백(白) | 흑(黑) |
| 초목의 성장 | 새싹 | 무성 | 성장의 멈춤 | 열매 | 씨앗, 발아 |
| 온도 | 온(溫) | 열(熱) | 평(平) | 양(涼) | 한(寒) |

운명의 해석, 사주명리

| 육기(六氣) | 풍(風) | 서(暑)/화(火) | 습(濕) | 조(燥) | 한(寒) |
|---|---|---|---|---|---|
| 조화 | 생(生) | 장(長) | 화(化) | 수(收) | 장(藏) |
| 오덕(五德) | 인(仁) | 예(禮) | 신(信) | 의(義) | 지(智) |
| 천간(天干) | 갑을(甲乙) | 병정(丙丁) | 무기(戊己) | 경신(庚辛) | 임계(壬癸) |
| 지지(地支) | 인묘(寅卯) | 사오(巳午) | 진술축미(辰戌丑未) | 신유(申酉) | 해자(亥子) |

　　오행은 사물과 현상을 다섯 가지로 나누는 시스템이다. 다섯이 된 연원을 음양의 분화와 관련지어 설명할 수 있다. 우선 계절로 예를 들어보자. 앞서 살폈듯이, 봄과 여름은 양이고, 가을·겨울은 음이다. 봄·여름은 모두 양이지만 이 둘을 또 다시 음양으로 구분해 보면 봄은 양 중의 음이고, 여름은 양 중의 양이다. 이런 식으로 가을은 음 중의 양이고 겨울은 음 중의 음이 된다. 이렇게 음양을 각각 이분하면 4개의 국면이 만들어지는데 이를 사상(四象)이라고 한다. 4개로 나눠진다 해도 봄과 여름의 양적 기운은 가을과 겨울의 음 기운과 구분된다. 봄·여름은 상승과 생장의 방향성을 갖지만 가을·겨울은 하강, 수렴 등으로 전환되는 까닭이다. 그래서 이 두 기운을 매개하는 중간항이 등장하는데, 사상에 이 중간항을 합해서 오행이라 한다. 공간적인 측면에서도 오행의 발생 이치를 이해할 수 있다. 사상은 사시(四時) 외에도 네 개의 방위, 즉 동서남북을 의미하기도 한다. 이때는 네 방위가 성립되기 위한 중심이 필요하다. 그리하여 중앙이라는 하나의 기준을 더해 오행이 발생되었는데, 이 다섯 가지 각각의 이름을 '목, 화, 토, 금, 수'라 부른다.

앞의 표를 통해서 목화토금수를 계절과 방위, 색, 온도 등의 자연의 보편적 이치를 통해 감각적으로 연결시켜 보자. 목(木)은 '나무(木) ─ 곡직(曲直) ─ 봄 ─ 동쪽 ─ 청색 ─ 새싹 ─ 온(溫) ─ 바람[風] ─ 생(生) ─ 인(仁)'(표의 순서대로)으로 계열화된다. **봄**은 **바람**과 함께 찾아온다. **따뜻한** 봄바람은 만물을 깨우며 **새싹**을 움트게 한다. 이 생동의 기운은 태양이 올라오는 **동쪽**의 이미지와 통한다. 이를 표상하는 대표적인 자연물이 **나무**다. 나무는 곧게 때론 구불구불하게(곡직曲直) 가지를 뻗으면서 성장한다. 나무 크기도 성장하지만 겨울이 지나고 봄이 되면 가지에서 새싹을 틔워 새로운 푸른 잎을 **생산**하기도 한다. 이 탄력적인 성장의 동력이 봄과 동쪽의 기운과 연결된다. 덕목으로는 목을 **인**(仁)과 연결한다. 인의 덕은 생명을 기르는 봄의 기운과 닮았다. 이렇게 연결된 이미지들을 대표해서 목(木)이라 일컫는다.

화는 '불(火) ─ 염상(炎上) ─ 여름 ─ 남쪽 ─ 적색 ─ 무성 ─ 열 ─ 더위 ─ 성장[長] ─ 예(禮)'의 계열을 따른다. **여름**의 **무더운** 기온은 **붉게** 타오르는(**염상**炎上) 불과 태양이 내리쬐는 **남방**의 이미지를 닮았다. 여름의 초목은 더욱 **성장**해서 **무성**해진다. 불꽃놀이를 떠올려 보자. 목이 발사된 폭죽의 속도감 있는 직진이라면 화는 정상에 오른 폭죽이 터지며 넓게 퍼지는 산포성과 닮았다. 성장의 속도는 목보다 늦지만 그 번성의 사이즈는 광대한 것이 화의 이미지다. 덕목으로는 **예**(禮)에 속한다. 지극한 예는 많은 사람들을 불러 모으고 냉랭한 기운을 따뜻하고 활기 있게 만든다.

토는 '흙(土) ─ 가색(혹은 매개) ─ 환절기(혹은 장마철) ─ 중앙 ─ 황색 ─ 성장의 멈춤 ─ 평(平) ─ 습(濕) ─ 화(化) ─ 신(信)'으로 연결된다. 토는 목화와 금수를 **매개**하는 중간항이다. 봄·여름과 가을·겨울 사이에 있다고 볼 수도 있다. 그렇게 토가 한 계절을 점유한다면 1년을 다섯 계절로 나누게 되고, 그 기간은 대략 **장마철**을 끼고 있는 늦여름이 될 것이다. 늦여름의 무더위와 장마로 대기는 습하다. 습기는 무겁고 축축하다. 이때는 몸도 축축 늘어진다. 이런 습한 무게감이 화의 발목을 잡는다. 끝없이 팽창하려는 화의 상승과 발산의 기류에 습기가 무게를 더해 **성장이 멈추도록** 종용하고 양기가 더 이상 진행되지 못하도록 한다. 토를 매개로 해서 양의 상승이 음의 하향세로 전환된다. 그것이 자연의 원리다. 해가 중천으로 솟으면 저물기 시작한다. 양이 극에 이르면 음으로 돌아선다. 그런 점에서 토는 양과 음을 **조화**시키는 기운이라 할 수 있다. 한편, 습기는 만물 생성의 근원이다. 습기를 머금고 있는 **흙**은 초목의 씨앗을 잘 길러 낸다. 이러한 성질을 **가색**(稼穡)이라고 한다. 심을 가, 거둘 색. 이름 그대로 심고 거두는 **누렇고** 습한 흙의 특성을 잘 드러내는 말이다. 토의 덕목인 **신**(信)은 믿음직한 넓은 땅과 연결된다. 씨앗을 심을 때 새 생명이 땅 위를 뚫고 나올 것이라는 믿음이 일어난다. 콩 심은 데 콩 나고, 팥 심은 데 팥 난다. 그것이 토의 신(信)이다.

금은 '쇠(혹은 바위)−종혁(從革)−가을−서쪽−백색−열매−서늘함[凉]−건조[燥]−수(收)−의(義)'의 기호들로 표상된다. 흔히 가을 기운을 숙살지기(肅殺之氣)로 표현한다. **가을**은 수확의 계절이다. 찌는 듯한 여름이 지나고 **서늘한** 가을이 오면 팽창했던 기운이 **수렴**되면서 **열매**는 단단해지고 다 익은 열매는 땅으로 떨어지는데, 이때 **건조**한 가을 기운으로 열매의 꼭지가 마르면서 가지로부터 분리된다. 다자란 자식이 부모로부터 독립하듯이 나무는 성숙한 과실을 자신의 몸으로부터 분리시키는데 이 애정 어린 단절의 힘을 숙살지기라 한다.

가지에서 떨어져 나온 열매는 스스로를 나무로 성장시킬 수 있는 씨앗을 가지고 있다. 가지로부터 떨어져 나와야만 새로운 신체로 거듭난다. 이는 **쇠**의 제련을 통해서도 설명할 수 있다. 평상시 쇠는 서늘하고 단단한 상태의 물질이지만 불이 가해지면 제련되면서 다른 형태로 변신한다. 이런 모습을 **종혁(從革)**이라 하며, 이는 숙살지기로 인한 존재의 변환과 통한다. '종혁'이란 말 그대로 '변혁을 따르다'라는 뜻이다. 변혁은 묵은 것들을 베어 내며 일어난다. 즉 숙살지기가 필요하다고 볼 수 있다. 하지만 변혁은 처리해야 할 많은 과제를 남긴다. 프랑스혁명에서처럼 혁명 이후에 새로운 독재자가 집권을 하고, 도시가 파괴되는 혼란을 겪을 수도 있다. 그래서 종혁은 성숙의 시간을 필요로 한다. 그것이 금의 또 다른 상징인 '서쪽'의 이미지와 통한다. 해질녘 서쪽으로 해는 '가을'과 함께 마무리, 성숙 등의 의미로 확장할 수 있다. 또한 열매는 달지만 그 과정은 쓰다. 단단함은 하루아침에 이루어지지 않는다. 금의 덕목인 **의(義)**는 의로움이다. 의(義)의 강인함과 냉정함과 결단력은 가을의 서늘함과 금의 정결함, 혁명성을 닮았다.

　　수는 '물(水) – 윤하(潤下) – 겨울 – 북쪽 – 흑색 – 씨앗 – 차가움[寒] – 장(藏) – 지(智)'로 연결된다. '겨울밤의 강'을 떠올려 보자. 달도 보이지 않는 **차디찬 겨울**밤, 강은 검은 빛을 띠고 유유하게 흐른다. 차가운 이미지는 **북쪽**과 겨울을 상징하며, **검은**색은 가늠하기 어려운 미지의 분위기와 통한다. 요컨대 '수'는 겨울밤의 강처럼 차갑고 어두우며, 유동하고 있으나 드러나지 않는 매우 음적인 기운을 상징한다. 이렇듯 만물을 적시며 아래로 흐르는 물의 이미지를 **윤하(潤下)**라고 이른다. 나무의 성장으로 비유하면 '수'는 **씨앗**에 해당한다. 열매는 씨앗을 가지고 있다. 동물이 열매를 먹어야, 혹은 땅에 떨어진 열매를 미생물과 벌레가 먹고 나서야, 비로소 씨앗은 땅에 정착하여 새로운 나무가 될 수 있다. 이 공생의 관계 안에서만 존재는 생명력을 얻는다. 수의 덕목은 **지(智)**다. 지혜는 유연하고 깊이 스며드는 물을 닮았다. 지는 분별과 표상의 경계를 지우며 심연으로 들어가게 하는 덕이기도 하다.

## 오행의 상생상극

목화토금수, 각각의 특이성도 중요하지만 오행에서 더 중요한 이론은 이들 오행이 상호 관계하는 상생상극의 원리다. 차서<sup>시간의 순차와 공간적</sup><sup>질서</sup>로 보자면 목은 화를 거쳐 토, 금, 수로 이어진다. 계절이 봄에서 여름, 가을을 지나 겨울로 흐르는 것과 같다. 그리고 겨울이 다시 봄을 낳는 것처럼 수는 다시 목으로 이어진다. 따라서 목화토금수를 배열하려면 원형, 또는 오각형의 순환 고리로 표현해야 할 것이다(아래 그림 참조).

'목→화→도→금→수' 그리고 다시 목으로 이어지는 순서를

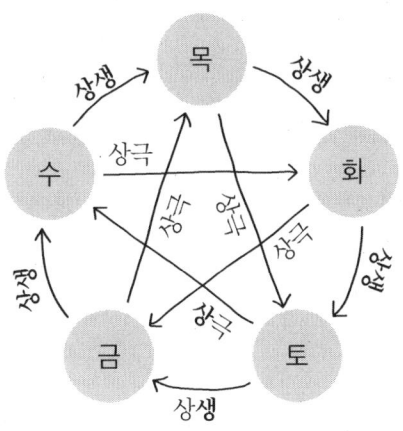

상생(相生)이라 한다. 목이 화를 낳는 계보가 직선적인 시간을 따르지 않고 목의 4대 손인 수가 다시 목을 낳는 기이한 순환이 일어난다. 이러한 원형의 계보를 갖는 까닭에 서로를 낳는다(상생)고 표현한다. 시간은 다시 돌아오지 않은 채 흘러가지만 다시 봄은 돌아온다. 물론 같은 봄이 아니다. 수가 다시 목을 낳지만 그 목은 그 전과 다르다. 같고도 다른 아이러니. 이것이 자연의 이치인 까닭에 인간의 역사도 반복되고 삶도 반복된다. 하지만 동일성을 깨는 작은 차이들이 변화와 운동을 만들어 낸다.

그 변화의 원동력이 바로 상극이다. 상극은 이웃하고 있는 하나의 마디를 건너뛰어 만들어진다. 이웃의 건너편. 거긴 타자의 자리다. 이웃하고 있는 두 항은 상생 관계에 있다. 목 입장에선 수와 화가 그렇다(수생목, 목생화). 그러나 목과 이웃하고 있지 않은 항 또한 두 곳이 있다. 토와 금이다. 상생의 순서를 건너뛰고 도약해서 마주한 존재. 목에겐 이들이 불편하고 낯선 타자다. 하지만 오행의 순환고리에서 상극의 타자는 순환의 동력을 만든다. 예를 들어, 금이 목을 극하면 목은 화를 낳아 금을 제어한다(화극금). 금의 극이 없었다면 화를 생하는 일이 없다. 수가 목을 생하는 것도 필요하지만 순환을 하기 위해선 금의 상극이 필요하다. 봄은 여름을 낳는다. 봄이 그 자리에 있으면서 여름이 생겨나는 것이 아니라 봄이 붕괴된 자리에 여름이 들어서는 것이다. 봄이 고정되고 갇혀 있다면 계절이 순환되지 않는다. 순환은 타자로 하여금 편하고 쉬운 관계성을 해체시키는 데서 출발한다. 그런 점에서 상극은 새로운 동력이며 출구다.

오행은 상생상극의 시스템 안에서 발견된다. 목을 봄이나 곡직 등으로 설명할 수도 있고, '수생목, 목생화, 목극토, 금극목'이라는 생극 관계로 설명하기도 한다. 사주에선 이 생극 관계로 육친 등 핵심적인 이치를 설명하고 있다. 그렇기 때문에 초심자들은 5가지 상생과 5가지 상극 관계를 잘 암기해야 한다. 상생은 '목생화, 화생토, 토생금, 금생수, 수생목'이고, 상극은 '목극토, 토극수, 수극화, 화극금, 금극목'이다. 이 열 가지 경우가 입에서 술술 나오도록 연습해야 한다.

음양오행을 대략적으로 살폈다. 초심자들은 앞의 음양오행의 개괄을 반복해서 읽어 보길 바란다. 간지의 원류가 음양오행에서 비롯된 것이고, 또 사주 해석에서도 음양오행은 늘 직관적으로 빠르게 이해되어야 하는 기본 개념이기 때문이다. 오행에 대해서는 '4장 오행의 기호'에서 더 자세히 설명했다. 지금은 이 정도로도 음양오행의 기본 개념을 이해하는 데 충분하다. 대신 오행 표는 모두 외워야 한다.


## 쉽게 판단할 수 있는 음양의 세력


간지를 외우고 음양오행의 개념을 이해했다면 이제 여덟 글자를 음양오행의 틀 안에서 해석하는 방법을 배워 보자. 잘 외워지지 않고, 이해가 잘 되지 않아도 일단 같이 따라가 보자. 다른 내용을 통해 그 전의 개념과 내용이 더 잘 외워지고 이해되는 경우가 많다. 우선 간지를 음양과 오행으로 환원시켜야 한다. 37쪽의 표를 참조하여 자기 사주의 여덟 글자가 어떤 오행으로 환원되는지 확인해 보자.

다음의 1-1의 팔자를 오행으로 환원시킨 것이 1-2의 표이다(간지를 오행으로 바꾸는 훈련을 반복해서 밑에 적지 않아도 바로 오행을 파악할 수 있어야 한다). 이 사주는 목이 3개, 화가 3개, 토가 1개, 수가 1개로 이루어져 있다. 또 음양으로도 분류해 보자. 간지를 음양으로 구분하는 방법은 두 가지다.

**1-1**

| 坤* | 시 | 일 | 월 | 연 |
|---|---|---|---|---|
| 천간 | 癸 | 丙 | 丙 | 甲 |
| 지지 | 巳 | 戌 | 寅 | 寅 |

* 곤(坤)은 여성을 뜻한다. 반면 남성 사주는 건(乾)이라는 글자로 표현한다.

**1-2**

| | 시 | 일 | 월 | 연 |
|---|---|---|---|---|
| 천간 | 水 | 火 | 火 | 木 |
| 지지 | 火 | 土 | 木 | 木 |

첫째, 간지 자체의 음양 구분이다. 예컨대 양목이 있으면 음목이 있다. 양목은 갑(甲)과 인(寅)이고, 음목은 을(乙)과 묘(卯)다. 이런 식으로 음양을 구분했을 때, 양의 천간은 갑(甲)·병(丙)·무(戊)·경(庚)·임(壬)이고, 인(寅)·진(辰)·사(巳)·신(申)·술(戌)·해(亥)는 양의 지지이다. 을(乙)·정(丁)·기(己)·신(辛)·계(癸)는 음의 천간, 자(子)·축(丑)·묘(卯)·오(午)·미(未)·유(酉)는 음의 지지다.

두번째 방법은 간지를 오행으로 환원해 목화(木火)를 양으로 금수(金水)를 음으로 보는 것이다. 이때 양에 속하는 간지는 천간으로는 갑목(甲木)·을목(乙木)·병화(丙火)·정화(丁火)가, 지지로는 인목(寅木)·묘목(卯木)·사화(巳火)·오화(午火)가 된다. 오행이 금수로 음에 속하는

운명의 해석, 사주명리

간지는 천간에는 경금(庚金)·신금(辛金)·임수(壬水)·계수(癸水), 지지에는 자수(子水)·신금(申金)·유금(酉金)·해수(亥水)가 있다.

1-1의 사주는 첫번째, 두번째 방법 모두 양(陽)의 기운 쪽으로 더 기울어져 있다. 간지 자체의 음양으로 보아도 병화 2개, 갑목 1개, 술토 1개, 인목 2개, 사화 1개로 양의 간지가 음의 간지인 계수 1개보다 훨씬 많고, 목화와 금수로 음양을 나누어 보아도 역시 그렇다. 한마디로 이 사주는 '양적(陽的)이다'라고 할 수 있다.

그러면 양적이라는 의미를 어떻게 해석할 것인가? 빛의 밝기를 기준으로 했을 때 양은 음에 비해 밝다. 그렇다면 이 사주를 단순히 밝은 사주라고 이야기할 수도 있다. 무엇이 밝은 것일까? 성격이 밝은 것일까? 앞날이 밝은 것일까? 또, 성격이 밝다는 것은 구체적으로 어떤 것일까? 앞날이 밝다는 것은 무얼 뜻하는 것인가? 돈을 잘 번다는 것인지, 아님 명예를 얻는다는 건지, 경제적으론 빈곤하지만 마음만은 편안하다는 건지… 이 수많은 의문들을 이 여덟 글자만으로 시원하게 해결할 수 있을까? 그렇지 않다. 다시 말하지만 이 사주를 가진 사람이 우리나라에만 적어도 몇십 명은 된다. 따라서 이 사주를 양적인 팔자라고 말할 순 있지만 그 양의 기운이 어떻게 펼쳐지는지는 사람마다 다르다.

여기서 필요한 것이 삶의 서사다. 지금까지 살아온 역사와 환경은 어느 누구도 같을 수 없다. 직업, 교우, 가족 관계, 건강 상태 등 모두 다른 지반 위에 놓여 있다. 설사 삶의 스토리가 비슷할지라도 살아온 공간과 거기서 만났던 사람들에 대한 디테일한 감각은 모두 다르다. 그러므로 팔자의 해석은 개인의 서사와 연결되어야 한다.

1-1 사주의 주인공은 평생교육센터에서 일하는 평생교육사다.

매일 직장에서 교육 프로그램을 짜고 강사를 섭외하고 일반대중을 모집하고 교육행사를 진행한다. 교육이라는 것은 무지의 어둠을 밝히는 일이다. 지천에 널려진 약초도 모르면 다 풀일 뿐이다. 보고 있지만 보이지 않는 것이 어둠이라면, 풀 무더기에서 무엇을 구분해 낼 수 있는 눈이 생기는 것이 밝음에 해당된다. 이 사주 주인공이 평생교육사로서 일을 하고 있으니 그녀의 양기운은 교육과 관련해서 펼쳐진다고 할 수 있다.

이 친구의 밝고 솔직한 성격도 양기와 연결시킬 수 있다. 하지만 이런 연결을 공식처럼 쓰면 곤란하다. 양적인 사주라 해도 음울해 보일 때가 있고, 음적인 사주도 얼마든지 밝아 보일 수 있다. 물론 그 속은 어떨지 모르지만. 이 사주 역시 그렇다. 밝은 성격이라는 언표가 활용되기 위해선 타인이 느끼는 것이 그런 건지, 스스로가 그렇게 감각하는 것인지 등의 상황적인 고려가 선행되어야 한다. 양적인 성격, 혹은 밝은 성격이란 기호가 어떤 장에서 해석될 것인가가 중요하다.

이런 경우는 어떨까? ⓐ는 첫번째 방법, 즉 간지 자체의 음양으로는 모든 간지가 양이다. 그러나 두번째 방법, 목화/금수의 기운으로 음양을 따지면 목화가 하나도 없어서 음적이다.

ⓐ

| 坤 | 시 | 일 | 월 | 연 |
|---|---|---|---|---|
| 천간 | 庚 | 壬 | 庚 | 庚 |
| 지지 | 戌 | 申 | 辰 | 申 |

ⓑ

| 乾 | 시 | 일 | 월 | 연 |
|---|---|---|---|---|
| 천간 | 乙 | 丁 | 丁 | 壬 |
| 지지 | 巳 | 未 | 未 | 午 |

이런 경우도 있다. 첫번째 방법에서는 음의 간지가 많지만, 두번째 방법에서는 목화가 금수보다 많기 때문에 양적이라 할 수 있다. ⓑ의 사주는 다산 정약용의 사주다.

일반적으로 사주에서는 오행을 매우 중요하게 여기므로 오행 각각의 음양을 따지기보다는 목화가 많은가 금수가 많은가를 두고 직관적으로 음양의 판단을 내린다. 그래서 토·금·수가 많은 ⓐ의 경우, 금수의 가을·겨울 기운을 지각하는 동시에 음적이라고 지각하며, 목화가 많은 ⓑ의 경우에는 사주가 양적이라는 느낌을 갖게 된다.

그런데 ⓐ나 ⓑ에서처럼 두 가지 방법에서 음양의 판단이 각각 다를 경우엔 두 가지 모두를 고려할 필요가 있다. 간지의 음양으로는 양적이지만 오행적으로는 음적인 사주(ⓐ의 경우)는 예를 들어 어떤 일을 할 때 매우 빠르고 동적으로 현장에 적응하는 편이지만, 시간이 지날수록 음적인 금수의 성향으로 인해 조용해지고 정적인 태도로 바뀐다. 간지의 음양으로는 음적이지만 오행적으로 양적인 사주(ⓑ의 경우)는 현장에선 좀 느리고 조용한 편이지만 시간이 지날수록 목화의 역동적인 성향이 드러나면서 거침없고 빠른 태도로 변한다.

이것이 쉽고 빠르게 사주가 음적인지 양적인지 판단을 내리는 방법이다. 이 방법은 본격적으로 사주를 해석하기 이 전에 순간적으로 전체의 그림을 파악하는 데만 유용하다. 사주 해석 전체에 있어서 일종의 애피타이저라고나 할까. 따라서 앞으로 배우게 될 더 다양한 방법을 통해서 음양의 해석을 보충해야 할 것이다.


## 오행의 세력 판단


음양의 판단이 사주를 큰 틀에서 이해하는 방법이라면, 오행으로 사주를 해석하는 방법은 더 다채롭고 세밀하다. 자기의 사주 중에서 어떤 오행의 세력이 더 강하고 어떤 오행이 약한지를 판단하여 사주를 해석한다.

| 坤 | 시 | 일 | 월 | 연 |
|---|---|---|---|---|
| 천간 | 癸 | 丙 | 丙 | 甲 |
| 지지 | 巳 | 戌 | 寅 | 寅 |

앞에서 소개했던 사주다(92쪽, 1-1). 이 사주는 화가 3개, 목이 3개, 수가 1개, 토가 1개로 구성되어 있다. 쉽게 판단하자면, 이 사주는 화와 목의 세력이 강하고 나머지 세력은 약하다고 평가할 수 있다. 그리고 뒤에 서술될 '4장 오행의 기호'에서 화와 목의 성향을 읽어 내고 응용하면 된다. 그러나 모든 사주가 이렇게 음양의 세력이 확연히 드러나는 것은 아니다. 많은 경우, 음양이 섞여 있고 오행도 골고루 있어서 이 사람이 음적인지 양적인지, 오행 중 어느 방향으로 치우쳐 있는지 초심자가 판단하기는 무척 까다롭다. 그래서 세 가지 방법으로 음

양오행의 강약을 판별할 수 있는 방법을 소개하려 한다. 특히 오행 세력의 강약을 판단하는 것이 중요하다.

가장 쉽게 할 수 있는 방법은 오행의 개수를 세는 것이다. 음양의 세력을 판단하는 두번째 방법에서 목화가 많은지 금수가 많은지로 음양을 판단한 뒤, 오행별 개수를 세서 각 오행의 세력을 판단하는 방법이다. 앞서 1-1의 사주에서 음양 세력을 판별한 방법(92~93쪽)을 참조하면 된다. 하지만 이 방법은 오행이 어느 한쪽으로 치우친 경우에만 가능하다.

당연한 얘기지만 개수가 많을수록 세력이 강하다고 말할 수 있다. 물론 강하다는 말과 잘 쓰인다는 말은 다르다. 오행은 상생과 상극의 시스템 안에서 움직인다. 때문에 어느 한 오행의 세력이 강하면 생극의 세력 균형이 깨지면서 오행 순환에 문제가 생길 수 있다. 예를 들어 목기운이 너무 강하면 금이 목을 제어하기 힘들다. 또한 화를 생하는 것도 문제가 생긴다. 자연물로 비유하자면 커다란 나무를 작은 칼로 벨 수 없고 작은 불씨에 장작을 산더미처럼 쌓아서 불을 꺼뜨리게 되는 셈이다. 사주에 목이 많은 사람은 목기운을 제어하지 못한 자신노 통제하지 못하는 여러 상황이 발생한다. 세력이 너무 강하면 오행의 성향이 왜곡되거나 과장되어 드러날 가능성이 많다. 구체적인 오행의 특성은 4장에서 확인하면 된다.

간지의 위치별 점수를 계산하는 방법도 있다. 이것은 초심자들에게 유용한 방법이다. 그러나 사주를 해석하는 데 좀 익숙해지면 지양해야 할 방법이다. 편리하긴 하지만 수치의 높낮이로 운명을 해석하는 것은 오히려 해석의 유연성을 방해할 수 있다. 또한 간지의 위치에 따른 득세(통근)로 어떤 오행 혹은 개별 간지의 세력이 강한지를 판단하는 방법도 있다. 이것은 『자평진전』(子平眞詮)이라는 고전에서 사용했던 방법으로 천간과 지지가 서로 오행적으로 연결되어 있는지, 그리고 가장 강력한 세력을 가진 간지 중 하나인 월지에 어떤 오행과 간지가 있는지를 세력의 기준으로 본다. 개수를 세는 방법을 제외한 이 두 가지 방법을 살펴보자.

### ① 오행의 점수 계산법

|  | 시 | 일 | 월 | 연 |
|---|---|---|---|---|
| 천간 | 癸(3) | 丙(4) | 丙(3) | 甲(3) |
| 지지 | 巳(4) | 戌(4) | 寅(8) | 寅(3) |

|  | 시 | 일 | 월 | 연 |
|---|---|---|---|---|
| 천간 | 水(3) | 火(4) | 火(3) | 木(3) |
| 지지 | 火(4) | 土(4) | 木(8) | 木(3) |

위의 명식에서 괄호 안의 숫자는 해당 간지의 오행 점수를 의미한다. 연간·연지·월간·시간은 각 3점, 일간·일지·시지는 각 4점, 월지는 8점이다. 이 사주로 점수를 따져 보면 수는 3점, 화는 11점(3+4+4), 목은 14점(3+3+8), 토는 4점이 된다. 개수로는 목과 화가 3개로 동일했지만 점수로 계산하면 목의 점수가 더 높다. 이는 천간과 지지 그리고 각 자리마다 세력의 강도가 다르기 때문이다. 가장 점수가 높은 곳은 월지다. 다른 곳의 점수가 3~4점인 걸 감안하면 두 배 이상 되는 높은

점수다. 월지는 태어난 달을 의미하며 계절을 나타내는 지표다. 축월(소)은 양력으로 1월 초에서 2월 초까지다. 늦겨울이다. 미월(양)은 양력 7월 초에서 8월 초 사이다. 이때는 여름이다. 두 월지에서 온도차가 확 느껴지지 않는가. 소띠 해와 양띠 해에서는 기온적인 차이를 말할 수 없다. 하지만 월지가 가지고 있는 기온적 특이성은 그 사람의 기운에 크게 반영된다. 그래서 월지는 강하다. 나중에 소개하겠지만 월지를 중심으로 사주를 해석하는 방법도 있는데 사주 해석에 매우 중요한 이론이다. 어쨌든 각각의 자리를 점수로 환산한 다음 오행별로 더해 오행의 세력을 가늠할 수 있다.

다른 사주로 점수를 다시 계산해 보자.

| 坤 | 시 | 일 | 월 | 연 |
|---|---|---|---|---|
| 천간 | 壬 | 乙 | 甲 | 癸 |
| 지지 | 午 | 丑 | 子 | 酉 |

| | 시 | 일 | 월 | 연 |
|---|---|---|---|---|
| 천간 | 水(3) | 木(1) | 木(3) | 水(3) |
| 지지 | 火(4) | 土(4) | 水(8) | 金(3) |

점수를 계산해 보면, 수(水)가 총 14점(3+8+3)으로 가장 높은 점수다. 그 다음은 목으로 7점(4+3)이고 토와 화가 4점, 그리고 금이 3점이다. 이 사주의 주인공은 오행 중에서 수의 성향이 가장 강하다고 볼 수 있고, 목이 그 다음 세력을 형성한다. 강함과 약함의 정도를 표면화하기 위해 점수의 강약 분포 정도를 제시하겠다.

| f | 17 ~ 32 | 태과(上) |
|---|---------|---------|
| e | 14 ~ 16 | 태과(下) |
| d | 12 ~ 13 | 평기(上) |
| c | 9 ~ 11 | 평기(中) |
| b | 6 ~ 8 | 평기(下) |
| a | 3 ~ 5 | 불급 |

태과(太過)란 기운이 넘친다는 뜻이다. 넘치는 것은 덜어내야 한다. 한의학에서는 허(虛)와 실(實)을 모두 병증으로 본다. 모자라는 것(허)도 병이지만 남는 것(실)도 삿된 기운으로 작용한다. 사주에서도 마찬가지다. 한 오행이 넘친다는 것은 다른 오행이 부족하다는 뜻이다. 그러면 생극의 균형이 깨진다. 여기서는 e와 f에 해당한다. 같은 오행이 이렇게 많은 점수를 차지할 때는 이 기운을 좀 빼 주는 것이 바람직하다. 그렇지 않으면 오행이 한쪽으로 치우쳐서 불균형하게 된다. 일반적으로 음양오행은 순환과 흐름의 유동성을 어떻게 확보하는가에 따라 길흉을 따진다. 부족한 것보다 넘치는 것이 더 문제다. 이 해당 오행은 평생의 화두가 되어야 할 것이다.

불급(不及)은 모자란다는 뜻이다. 이 표에서는 a의 경우다. 또한 이 표에는 없지만 특정 오행이 하나도 없는 경우도 불급이라 할 수 있다. 그런데 하나만 있어도 위치에 따라서 세력이 강하게 쓰일 수 있기 때문에 a의 경우를 모두 불급이라고 단정하기는 어렵다. 이에 대한 설명은 바로 다음에 나오는 '②위치에 따른 간지의 세력 판단, 통근' 내용을 참조하길 바란다.

평기(平氣)란 모자라지도 남지도 않는 상태를 말한다. 이 표에서

운명의 해석, 사주명리

는 b, c, d에 속한다. b 역시 위치적인 문제를 따져야 하지만 지금은 세력이 a보다 강해진 상태라고 보면 된다. 배치가 잘 되어 있다면 제법 강한 힘을 발휘하기도 한다. c는 해당 오행이 다른 오행과 적절하게 관계하면서 운명의 주도권을 놓고 긴장관계를 펼칠 수 있는 세력이다. d는 해당 오행이 세력이 운명의 흐름을 결정하게 될 가능성이 많다. 매우 강하게 욕망과 현실의 상태를 좌우한다.

### ② 위치에 따른 간지의 세력 판단, 통근

이 방법은 명리학의 고전인 『자평진전』의 방법론을 응용한 것이다. 하지만 『자평진전』 등의 명리 고전에서 전제하고 있는 결정론은 피하려 한다. 이 책에서 의도하고 있는 '운명에의 개입'이라는 과제를 수행해야 하기 때문이다. 이 과제에는 기호론적 확장과 서사와의 결합이 필요하다. 고전적인 방법과 맞히기 식의 명리 해석은 이 책과 잘 맞지 않다. 우리의 목표는 족집게 도사가 되는 것이 아니라 개입의 달인이 되는 것이다.

먼저 통근(通根)이라는 용어를 알아두자. 통근은 말 그대로 '뿌리로 통했다'는 뜻인데, 이는 천간과 지지의 연결성을 의미한다. 즉, 천간의 오행과 지지의 오행이 같을 때(위치와 상관없이), 또는 천간의 오행과 같은 지장간(支藏干)이 어떤 지지 안에 있을 때 '뿌리를 내렸다' 혹은 '통근'했다고 말한다. 이때 뿌리를 내리는 주체는 천간이 된다. 결국, 통근은 천간이 잘 사용될 수 있는지의 여부를 묻는 것이다.

통근을 이해하려는 지장간(支藏干)을 먼저 알아야 한다. 지장간은 '지지 속에 저장되어 있는 천간' 혹은 '지지 안에 마련된 천간의 자리'라는 뜻이다. 하나의 지지에는 두 가지 이상의 천간이 숨어 있다.

예를 들어 인목 안에는 무토, 병화, 갑목이 들어 있다. 오행으로만 따지자면 목 안에 천간의 토, 화, 목의 기가 녹아 있는 것이다. 나머지 지지의 지장간도 표를 통해 알아보자. 아래 표를 완전히 외우는 것이 필요하다. 축계신기, 인무병갑… 이런 식으로, 입으로 반복해서 외우는 것이 가장 좋다.

| 지지 | 子 | 丑 | 寅 | 卯 | 辰 | 巳 | 午 | 未 | 申 | 酉 | 戌 | 亥 |
|---|---|---|---|---|---|---|---|---|---|---|---|---|
| 여기 | 壬 | 癸 | 戊 | 甲 | 乙 | 戊 | 丙 | 丁 | 戊 | 庚 | 辛 | 戊 |
| 중기 |  | 辛 | 丙 |  | 癸 | 庚 | 己 | 乙 | 壬 |  | 丁 | 甲 |
| 본기 | 癸 | 己 | 甲 | 乙 | 戊 | 丙 | 丁 | 己 | 庚 | 辛 | 戊 | 壬 |

지장간은 여기(餘氣), 중기(中氣), 본기(本氣)로 나누어진다. 여기는 앞선 지지가 남긴 여분의 기다. 예를 들어, 축토의 여기는 계수다. 앞선 지지인 자수의 기가 남아 있기 때문이다. 자수는 음수이므로 천간에서는 계수에 해당한다. 묘목의 여기는 갑목이다. 그 앞에 있는 인목의 기운이 남겨진 것이다. 인목은 양목이므로 천간으로는 갑목이다. 그런데 두 지지의 여기는 조금 다르다. 인목과 신금이 그렇다. 인목의 여기는 무토다. 위의 설명대로라면 앞선 지지가 음토인 축토이므로 같은 음토 천간이 기토가 되어야 할 것이다. 신금도 그렇다. 앞선 지지가 음토인 미토이므로 신금의 여기는 기토가 되는 것이 맞을 것 같은데, 둘 다 여기가 무토다. 그것은 인신사해(寅申巳亥)에 해당하는 지지가 각 계절과 방위를 시작하는 자리에 있기 때문이다(193쪽 그림 참조). 계절과 방위를 시작하려면 강렬한 힘이 필요하기 때문에 여기를 모두 양으로 삼은 것이다.

운명의 해석, 사주명리

본기는 해당 지지의 오행, 음양이 모두 같은 천간이다. 예컨대 자수에 해당하는 천간은 계수이고 사화에 해당하는 천간은 병화다. 지장간 중에서는 본기의 세력이 가장 강하다. 중기는 삼합(三合)이라는 개념과 관련이 있다. 삼합에 대해서는 '9장 운명의 변수: 합과 충'에서 자세히 설명하겠지만 간단히 말하자면, 삼합은 지지 세 개가 서로 연결되어 하나의 오행으로 수렴하려는 속성이다. 즉 해묘미가 합해져서 목이 되고, 인오술이 합쳐져서 화가 되며, 사유축은 금, 신자진은 수가 된다. 이 중에서 가운데에 있는 '묘, 오, 유, 자'가 중요한데, 중기는 해당 지지가 삼합의 가운데 글자를 추구한다는 것을 나타낸다. 예를 들어 축토는 삼합에서 사유축에 속한다. 이때 축토는 유금으로 수렴되기 때문에 축토의 중기가 유금에 해당하는 천간인 신금이 되는 것이다. 진토는 신자진에 속하므로 자수로 수렴되기 때문에 중기가 계수이며, 미토는 해묘미에 속하여 묘목에 해당하는 을목을 중기로 삼았고, 술토도 같은 방식으로 오화에 해당하는 정화를 중기로 삼았다. 그런데 정작 자오묘유는 중기가 없다. 삼합의 수렴처인 가운데 자리에 있기 때문이다. 예외적으로 오화만이 중기(기토)를 가지고 있는데 그것은 삼합의 관계 때문이 아니라 화기를 조절하려는 의도 때문이다. 오행 중에 가장 조심해야 할 기운이 화다. 화는 갑자기 위로 흩어져 버리기 때문에 오행의 생극 시스템의 조화를 벗어나는 경우가 있다. 그래서 여기와 본기 모두 화기를 가지고 있는 오화에 기토 중기를 부여함으로 다음 스텝인 토의 출구로 안내하도록 한다는 의미가 있다.

다시 통근으로 돌아오자. 통근은 천간이 지지의 지장간과 결합하는 것이다. 이렇게 결합된 천간과 지지는 천간에만 있거나 지지에만 있는 오행보다 세력이 더 강하다.

①

| | 시 | 일 | 월 | 연 |
|---|---|---|---|---|
| 천간 | | 甲 | | |
| 지지 | | | 寅 | |

②

| | 시 | 일 | 월 | 연 |
|---|---|---|---|---|
| 천간 | | 甲 | 甲 | 乙 |
| 지지 | | | | |

③

| | 시 | 일 | 월 | 연 |
|---|---|---|---|---|
| 천간 | | 甲 | | |
| 지지 | | | 卯 | |

①번 사주를 보자. 인목의 지장간은 甲, 戊, 丙이다. 일간의 갑목이 인목의 지장간 중 본기에 해당하는 갑목에 뿌리를 내렸다. 다시 말해 갑목은 통근을 했다. 이렇게 천간과 지지가 통근되면 ②번 사주처럼 천간이나 지지에만 위치해 있는 것보다 삶에서 목의 영향력이 더 크게 작용한다. 세력의 크기로 따지면 본기에 통근하는 것이 여기나 중기에 뿌리를 내리는 것보다 강하다. 위의 표에서 보면 ①번은 ③번보다 강하게 통근한 것이다. 특히 월지와 결합하는 것은 더 중요한데, 그 얘기는 조금 후에 하기로 하자.

ⓐ

| | 시 | 일 | 월 | 연 |
|---|---|---|---|---|
| 천간 | | 戊 | | |
| 지지 | | | 寅 | |

ⓑ

| | 시 | 일 | 월 | 연 |
|---|---|---|---|---|
| 천간 | | | | 戊 |
| 지지 | | | | 寅 |

운명의 해석, 사주명리

ⓒ

|  | 시 | 일 | 월 | 연 |
|---|---|---|---|---|
| 천간 |  | 丙 |  |  |
| 지지 | 午 | 寅 |  |  |

ⓓ

|  | 시 | 일 | 월 | 연 |
|---|---|---|---|---|
| 천간 |  | 丙 |  |  |
| 지지 |  |  |  | 寅 |

물론 여기와 중기에 해당하는 지장간과 지지의 오행이 같은 경우에도 통근했다고 말한다. 그러나 본기보다는 그 힘이 약하다. ⓒ의 경우엔 병화가 오화의 지장간과 인목의 지장간에 동시에 결합되어 있다. 그러나 같은 오행인 오화와 좀더 강하게 결합했다고 볼 수 있다. 같은 오행이 끌어당기는 힘은 세다. ⓓ의 경우는 천간과 지지의 거리가 좀 멀다. 특히 연지는 천간과의 결합이 비교적 약한 편이다. 힘이 가장 센 지지는 점수상으로도 가장 높은 월지다. 월지에 결합된 ⓐ의 경우가 무토의 기운이 가장 강렬하게 작용한다. 물론 왼쪽의 ①의 경우가 더 강하게 결합되어 있다. 정리하면, 월지와의 결합이 가장 강하고, 그 다음은 시지나 일지가 세고, 연지와의 결합이 가장 약하다. 순위에 큰 의미는 없으나 월지의 영향력이 강하다는 사실은 알아 두는 것이 좋다. 꼭 일간이 아니어도 통근을 이야기할 수 있다. ⓑ의 경우엔 연간의 무토가 연지의 인목 지장간 중에서 여기인 무토에 통근되어 있다.

이렇게 통근, 즉 천간과 지지의 만남을 중요하게 여기는 이유는 무엇인가? 천간은 하늘이고 지지는 땅이다. 이 상징성으로부터 천간과 지지의 결합은 명령-수행, 지휘-실무, 이론-실전, 사유-현장, 욕망-조건, 관념-실재 등의 짝으로 응용될 수 있다. 『자평진전』에서는 지지(특히 월지)에 뿌리를 내린 천간을 고을 군수에 비유한다. 그렇다면 그때 결합한 지지는 관청의 실무자들이 될 것이다. 즉, 천간은 명령을 내리고 지휘하는 역할을, 지지는 그것을 수행하는 역할을 한다고 비유할 수 있다. 또는 욕망과 사유가 천간이라면 그것들이 펼쳐질 조건과 현장은 지지가 된다. 욕망이 현장을 만났을 때 삶의 동력이 증폭된다. 그래서 통근은 마음의 방향성이 현실화되는 행운적인 측면이 있고, 이로 인해 자기 힘을 극대화시키려 하는 강인함을 불러올 수 있는 강점이 있다.

하지만 동시에 그것은 같은 이유에서 매우 고집스럽고 잘 타협하지 않으며 교만한 태도를 갖게 되기도 한다. 사회적인 성공이나 실패의 여부 등 현실에서의 구체적 상황은 이런 점들이 어떻게 함수관계를 갖느냐에 따라 달라진다. 강인한 힘과 속도가 사회적 성공에 유리한 고지를 먼저 점령할 수 있는 기회를 주기도 하지만, 과도한 힘과 자존심은 소통의 문제를 일으켜 다음 스텝을 멈추게 할 수도 있고, 아예 고립된 영토 안에 갇혀 있게 되기도 한다.

마찬가지로 통근되지 못한 간지 역시 길흉의 관점에서 판단할 수만은 없다. 별 볼 일 없을 것 같은 외톨이처럼 고립된 간지의 영향력은 생각보다 크다. 천간의 명령을 받지 못한 지지는 시절 인연에 의해 갑자기 방향성이 생기고 삶의 활력과 욕망을 불러일으킬 수 있다. 또한 지지에 뿌리를 내릴 수 없는 힘없는 천간 역시 시절 운으로 뿌리를 내릴 수 있는 기회가 오면 불현듯 현실의 조건이 달라지는 것을 경험하게 된다. 그런 식으로 오는 운들은 오히려 체감지수가 더 높다. 동일한 욕망과 조건을 가끔 벗어나는 그런 일탈은 때론 번뇌를 일으키지만 잘 이용하면 지루한 삶의 출구나 운명의 선물이 되기도 한다. (통근에 관련된 활용 예시는 이 책 9장을 참고하기 바란다.)

# ㄴ. 오행의 기호

점수화와 통근을 통해 오행의 강도를 가늠해 보았다. 그것은 앞으로 등장하게 될 '세력이 강한' 혹은 '약한'이라는 언표의 기준이 된다. 지금부터 설명할 '오행의 기호'는 사주를 해석하는 데 있어 가장 기초가 되는 것이다. 앞에서 오행의 개념을 대략적으로 살폈지만 여기서는 각 오행별 특징을 자세하게 다룬다. 오행의 세력을 위의 방법으로 파악을 했다면 자기가 가지고 있는 강한 오행을 어떻게 해석할 것인지, 약한 오행은 어떻게 드러나는지 해석을 해야 한다. 그 해석은 우리가 앞서 외운 오행 표에 근거한다. 예를 들어, 수는 '물(水)—윤하(潤下)—겨울—북쪽—흑색—씨앗—차가움[寒]—장(藏)—지(智)' 등으로 상징된다. 만일 수의 세력이 강하다고 했을 때, 우리는 이런 특성들을 이용해서 해석의 근거를 찾아야 할 것이다. 그리고 물이나 겨울 같은 자연학적인 상징들로부터 삶의 언어가 확장되어 나와야 한다. 예컨대, 물의 흐름은 융통성이나 지혜 등으로 의미 변환시킬 수 있어야 사주 해석이 가능하다. 지금부터 공부할 내용이 바로 그런 확장과 변형, 즉 오행 기호의 용도 변경에 대한 것이다. 목—화—토—금—수 순서로 시작할 텐데, 그 전에 몇 가지 알고 가야 할 사항이 있다.

표현 중에 어떤 오행의 기운 혹은 세력이 강하다는 말은 점수로 보면 대체로 c(평기 下) 이상의 점수에 해당하며 해당 오행이 일간일 경우는 b도 포함될 수도 있다. 또한 통근이 된 오행도 역시 강한 세력이라고 볼 수 있다. 하지만 그보다 더 중요한 것은 이 기호들의 해석이 자기 삶의 이야기와 섞여 들어가는 것이다. 강약으로만 설명할 수 없는 구체적인 자기 역사는 보다 다양한 방식과 논법으로 접근해야 할 것이다. 아래 펼쳐질 오행의 해석법은 그런 변주의 시작이라고 보면 된다. 처음엔 좀 어렵기도 하고 궁금증도 계속해서 생길 것이다. 해석이 한 번에 이루어지기를 바라지 말고 천천히 따라오면 된다.

## 목(木)의 기호

| 木 | 곡직, 새싹, 가지 | 직진 : 목극토, 돌파, 사건 사고<br>우회 : 타협, 적응력, 유연성<br>속도 : 도약, 편협<br>시작 : 마무리 부족 |
| | 봄, 따뜻함(溫), 인(仁) | 순수함 : 동심, 솔직함, 어리석음, 객기<br>이타심 : 배려, 아집 |

### ① 곡직, 새싹, 가지

• **직진** 곡직(曲直)은 굽거나 직진한다는 뜻이다. 일반적으로는 사리의 옳고 그름을 이르는 말로 알려져 있지만 여기선 나무의 **가지**가 뻗어 나가는 형상으로서 목(木)의 대표적인 상징이라고 보면 된다. 나뭇가지는 곧게 자라기도 하고 덩굴처럼 구불구불 휘감으며 크

기도 한다. **직진**을 하건 **우회**를 하건, 나무는 끊임없이 **돌파**하며 앞으로 나아가려 한다. 이러한 성질을 **곡직**이라 한다. 곡직은 '**목극토**'(木剋土)로부터 시작된다. 씨앗이 나무가 되려면 **새싹**이 땅을 뚫고 올라오고, 뿌리는 땅을 헤치며 나아가야 한다. 곡직의 자유로움은 이렇게 땅을 극복하는 과정을 거치고 난 다음에 획득된다. 그래서 목기운이 강한 사람들은 돌파력이 강하다. 씨앗을 둘러싸고 있는 흙처럼 꽉 막혀 보이는 조건을 확 뚫고 나간다. 물론 목의 성향만이 삶의 난제들을 돌파할 수 있다는 것은 아니다. 다른 오행도 각기 다른 방식으로 현재의 상황을 돌파한다. 또 목의 돌파력이 강하다고 해서 문제를 잘 풀 수 있는 것도 아니다. 그 돌파력이 때론 여러 가지 사건·사고를 초래하게 된다. 그래서 목이 강한 사람이 때를 기다리지 못하고 서두르면 문제를 해결하기는커녕 일을 그르치기 쉽다.

목이 없는 경우엔 상대적으로 돌파력이 약하다. 여기에 화까지 없다면 더 약해진다. 목이 강하면 에너지를 집중시켜 한동안 강하게 밀어붙일 수 있지만 에너지를 다 쓰고 나면 끝마무리가 잘 안 되는 경향을 보인다. 또한 목이 강한 경우, 초반에 강하게 밀어붙이고 즉흥적으로 일을 시작하는 반면, 목이 없으면 의욕이 즉흥적으로 일어나기 어렵고 시작할 때 망설이는 경우가 많다. 그러나 목이 강한 경우보다 상대적으로 오래 지속하는 경향이 있다. 목이 강하면 초반에 에너지를 많이 사용해서 뒤끝이 약하지만 목이 약하면 에너지를 초반에 낭비하지 않고 끝까지 쓸 수 있기 때문이다. 목화가 없다고 해서 발심과 추진력이 부재하다는 뜻은 아니다. 토, 금, 수는 목화와는 좀 다른 방식의 발심과 추진력이 있을 뿐이다. 물론 속도는 목화에 비해 좀 느리다. 하지만 힘 조절을 잘하면 오히려 더 오래 힘을 낼 수 있다.

•우회 목이 직진하고 돌파하기만 하는 것은 아니다. 우회할 수 있는 능력도 있다. 속도에 의해 일을 그르치게 되거나 돌파하기에 너무 강한 토기운을 만났을 경우, 목이 강한 사람은 적절하게 **타협**하고 현실에 **적응**해 가는 **유연성**도 가지고 있다. 수기운도 유연성의 측면에선 탁월하다. 차이가 있다면, 수의 유연성은 본성이고 목의 유연성은 미봉책에 가깝다. 수는 원래 막히면 돌아가고 고이면 스며들어 자신을 바꾼다. 하지만 목은 앞에 놓인 장애물을 헤집고 넘어가야 속이 풀린다. 유연한 처세로 넘어간다 해도 속에 응어리가 뭉쳐 있다. 그래서 목의 유연성을 미봉책이라 하는 것이다. 피하기는 했지만 화끈하게 돌파했어야 했다는 숙제가 목에게는 항상 남아 있기 마련이다. 언젠가는 마음에서 풀어야 할 숙제다.

•속도 목의 빠른 **속도**는 미세하고 복잡한 상황을 가로지르며 멋지게 **도약**할 수 있게 한다. 하지만 그 때문에 전변과 숙성에 필요한 기다림의 시간을 놓치기도 한다. 화 역시 성급하게 행동해서 경솔한 결과를 낳기 쉽다. 목화는 동적으로 치닫는 양의 속성을 가지고 있기 때문이다. 단 목이 한두 가지에 대해 집약적으로 속도를 내는 반면, 화는 전방위적이라는 점에서 다르다. 화는 모든 일에 속도가 빠르고 부산하다. 감정을 쓰는 것도 목화의 양상은 비슷하지만 좀 다르다. 목과 화 모두 감정의 속도를 제어하지 못한다는 것은 비슷하다. 하지만 목은 특정한 사건에 대해 집착하는 반면, 화는 다혈질적으로 감정이 폭발하는데 그 대상과 사건이 모호한 편이다. 그래서 목의 분노는 특정한 사건을 중심으로 **편협**하지만 일관성 있는 논리를 내세우는 반면, 화의 분노는 논리가 흩어지고 비유와 감정만 남게 된다.

•시작  목은 새싹의 기운을 지녔다. 언제든 치고 나갈 준비가 되어 있다. 그래서 별안간 무언가를 시작하기를 잘한다. 오래 생각하지 않고 순간적으로 결정을 내리는 성향이 있다. 그래서 세상일을 너무 깊이 생각하지 않고도 그때그때 부딪히면서 얼마든지 살아갈 수 있다. 선택에 있어서 불필요한 고민을 하지 않아도 되니 사회적으로 유리한 입장에 놓일 가능성이 크다. 사회는 기회를 스스로 만들어 가는 사람들에게 우선 열려 있기 때문이다. 하지만 이러한 성향으로 인해 과도하게 무언가를 시작하기만 하고 **마무리하지 못한 채** 전전긍긍하는 사태가 벌어지기도 한다. 미덕이 악덕이 되는 건 종이 한 장 차이다. 타고난 성향은 어쩔 수 없지만 선택과 책임은 본인에게 있다.

### ②봄, 따뜻함(溫), 인(仁)

•순수함  오행을 계절과 연계하면 비교적 쉽게 이해할 수 있다. 목은 봄이다. 봄은 만물을 깨어나게 하고 얼었던 대지를 녹인다. 이런 이미지는 따뜻함이나 인(仁)의 미덕으로 상징되고 **순수함**이나 **이타심**으로 확장해서 해석할 수 있다. 순수함은 **동심**(童心)과 통한다. 솔직하게 드러내고 정교하게 계산하지 않는 어린아이와 같은 마음은 사람들에게 두려움을 주지 않는다. 불교 용어 중에 보시(布施)란 말이 있다. 남에게 베푸는 행위를 말한다. 보시에는 법시(法施), 재시(財施), 무외시(無畏施) 세 가지가 있다. 법시는 가르침을 베푸는 것이고, 재시는 재물을 나누어 주는 것이며, 무외시는 두려움을 없애 주는 보시다. 이 중 무외시가 가장 귀한 보시라고 한다. 목의 순수한 동심의 기운은 그 자체로 무외시를 실천하고 있다고 볼 수 있다. 존재 자체가 보시라니 이 얼마나 귀한 일인가. 동심은 어린아이들만 가질 수 있는 것이 아니

다. 타인에게 두려움을 주지 않고, 진실한 인간성을 느끼게 할 수 있는 능력이야말로 큰 축복이 아닐 수 없다.

하지만 중요한 것은 용법이다. 가지고 있는 것을 어떻게 쓰느냐에 따라 축복도 재앙도 될 수 있다. 동심은 때론 **어리석음**이나 **객기**로 비춰지기도 한다. 아이들이 욕망을 절제하지 못하는 것처럼 목기운은 때때로 하고 싶은 것을 참지 못한다. 성숙되지 못한 설익은 욕망은 속도 조절 능력을 잃고 세상으로 분출된다. 그래서 목기운이 강하면 쉽게 결정하고 나서 금방 후회하거나, 하고 싶은 말을 맥락 없이 막 쏟아내기도 한다. **솔직함**의 미덕을 방패 삼아 자신의 섣부른 욕망을 정신없이 배설하는 것이다.

●**이타심**  **이타심**의 경우도 마찬가지다. 목은 봄이 만물을 깨워 성장시키는 덕성을 간직하고 있어서 오덕으로는 **인**(仁)에 속한다. 그래서 목의 기운을 가진 사람은 타인을 배려하고 염려하는 어진 마음을 가지고 있다. 그러나 어진 마음이 목의 속도와 서투름에 의해서 적절하게 쓰이지 못할 때도 있다. 예컨대, 그 마음을 받아들일 준비가 안 되어 있는 사람에게 자신의 **배려**를 강요하는 경우가 그렇다. 자신의 배려가 선행이라는 생각을 가졌을 때는 더욱 위험하다. 배려하는 마음은 내 안에서 자연스럽게 일어나는 소통의 기운이다. 하지만 그 마음이 선악 굴레 안에서 실천된다면 곤란하다. 신앙이나 이념의 강권처럼, 자기가 선한 행위라 믿는 행위가 때론 폭력이 될 수 있기 때문이다. 그건 배려가 아니라 **아집**이다.

| 火 | 염상(炎上), 여름, 열, 예(禮) | 열정 : 자신감, 다혈질, 자기본위, 기운 소모, 이기주의<br>밝음 : 분석, 분별, 교육, 질서, 환대, 경솔, 매뉴얼, 상처 |
|---|---|---|
| | 성장(長), 무성 | 양적 팽창 : 번영, 일, 사회 활동, 영역 확대, 배짱, 마무리 미흡, 수렴 부족, 단층적 사고 |

### ① 염상(炎上), 여름, 열, 예(禮)

•**열정**   여름은 덥고 습하다. 무더위를 피하는 가장 쉬운 방법은 시원한 곳에서 가만히 지내는 것이다. 하지만 이열치열로 몸 안의 양기를 땀과 함께 배출해서 더위를 극복하기도 한다. 그래서 '여름' 하면 정열적인 축제나 신나는 바캉스가 떠오르는지도 모른다. 화의 상징인 염상(화염의 기운이 위로 타오르는 것)과 여름도 **열정**과 **자신감**, **다혈질** 등으로 확장된다. 화기가 많으면 열정적이다. 물론 화기만 열정이 있는 것은 아니다. 오행 각각의 열정들이 존재한다. 다만 양상이 좀 다르다.

목의 열정은 자기의 욕망이 닿는 곳에서 빠르고 강하게 밀어붙이는 힘이다. 열정이 결과를 만들어 내는 능력은 탁월하나 현장 지배력이 부족하다. 화는 적극적으로 현장을 지배하려 한다. 그러나 경솔하고 성급하게 처리하다 보니 일을 그르치기 쉽다. 그래도 가장 열정적으로 보인다. 토의 열정은 속도는 느리지만 우직함과 끈기로 버티면서 간다. 단, 자기 논리에 합당하다고 여기는 한에서다. 금의 열정은 매듭을 만들고 구획지으며 자신의 영역을 구축하면서 발휘된다. 수의 열정은 내면에서 맴돌기 때문에 잘 드러나지 않는다. 그래서 열정의 힘이 내부에서 길러졌다가 때를 만나면 폭발적인 힘을 발휘하게 된다. 밖에서 볼 땐 아무것도 안 하고 쉽게 얻은 것 같지만 실은 노력과 열정이 감춰져 있을 뿐이다.

화의 열정은 적극적으로 현장을 지배하려고 하며 그 욕망의 실현을 위해 에너지를 강렬하게 사용한다. 그런 양기의 발산력 때문에 다른 오행보다 열정이 더 드러나 보이는 것이다. 열정이 대체로 목화 기운에서 발산되는 에너지로 상징되는 것도 양적(陽的) 발산 때문이다. 그런데 열정(熱情)은 말 그대로 애정을 불태워 열을 발산하는 일이다. 열기는 위로 올라가 자신감을 고양시키고 좀더 항진되면 다혈질적인 성격을 유발하는 요인이 된다. 그것은 몸 안의 정기를 태워서 생기는 에너지이므로, 열정은 늘 **기운의 소모**를 불러온다. 그래서일까. 화기운이 강한 사람은 찐하게 불태워 일하고 나서 픽 쓰러지는 경우가 많다. 양적으로 항진되면, 그 발화가 강렬할수록 시간 감각이 무너지고 음적인 수렴과 통찰력이 약해진다. 그래서 속도와 강도를 잘 제어하지 못하고 체력이 다하도록 밀어붙이는 것이다.

•**밝음**　화는 뜨겁기도 하지만 **밝음**의 이미지도 함께 가지고 있다. 밝은 곳에서는 사물을 **분별**하기 쉽다. 빛은 넓게 퍼진다. 태양은 땅을 비추고 촛불은 방을 밝힌다. 희미하고 분간할 수 없던 것들이 확연하게 드러난다. 그 빛은 우리에게 문명을 선사했다. 문명은 혼돈 가운데 질서를 만들고, 사물을 분류하고, 현상을 **분석**하며, 경험을 개념화하고, 제도와 규약을 만들어 냈다. 화의 기운이 있는 사람들이 **교육과 언**

론 계통의 일에 능력을 발휘한다고 보는 시각도 이렇게 무언가를 밝히고 분별하는 일과 이미지가 통하기 때문이다. 잃어버린 물건을 잘 찾거나, 사람의 인상착의를 잘 파악하는 능력도 화의 기운이다. 이 역시 밝음이라는 특징과 연결되어 있다. 불이 자연의 제약을 벗어나게 해준 문명의 발원인 것처럼, 화는 사람답게 살 수 있는 지적 조건을 마련한다.

하지만 분별하고 개념화하려는 시도들은 자칫 강압적이고 배타적인 계몽의 덫에 걸리기 쉽다. 분류는 매우 자의적인 것이다. 그 중에서 계절과 밤낮 등 자연현상과 같은 과학적 분절은 비교적 주관적 편견이 들어갈 여지가 적다. 그러나 선과 악, 좌파와 우파, 로맨스과 불륜을 나누는 것은 객관적 타당성을 가지기 힘들다. 푸코의 말처럼 우리 사회에는 '분할과 배척'미셸 푸코, 『담론의 질서』, 이정우 해설, 새길, 2011, 17쪽의 원리가 존재한다. 자의적인 분류가 권력을 가지면 그 분류에 따라 윤리와 상식이 한정되고, 기준에 합당한 담론 외에는 배척된다. 화의 속성은 이런 딜레마에 빠질 우려가 있다. 화기운이 강한 사람은 명쾌하게 분류하고 분류된 공식을 당당하게 지켜 낸다. 하지만 그 경계를 신앙적으로 고착화시키면 자칫 **경솔**하고 교만한 정답(?)을 습관처럼 남발할 수 있다. 이런 행동을 사람들이 좋아할 리 없다. 결국 관계가 틀어지고 **상처**만 남는다.

**예**(禮)를 화의 속성으로 해석할 때에도 그러한 이중성을 염두에 두어야 한다. 공자는 제후들이 무력을 바탕으로 왕을 자칭하고 나섰던 대혼란기를 무도(無道)의 세계라고 규정하였고, 이를 해결하기 위해 인(仁)을 내면적 근거로, 예를 형식적 **질서**로 삼았다. 여기서 예라는 덕목은 혼란과 갈등의 어둠을 밝혀 줄 하나의 빛이다. 그러나 다른 제가(諸家)들이 유가를 비판할 때 반드시 근거로 들었던 것도 바로 '예'이다. 예컨대 묵가는 유가의 상례(喪禮) 문화가 죽은 사람을 위하여 산 사람의 활동을 해치는 유해한 풍습이라고 비난하며, 가벼운 장례를 장려했다. 이처럼 예는 질서와 인습의 두 얼굴을 가지고 있다. 화의 속성도 이와 비슷하다. 화기운이 강한 사람은 대체로 사람들을 잘 환대한다. 모르는 사람에게 더욱 그렇다. 그런 점에서 예를 잘 갖추고 있다고 말할 수도 있다. 그러나 그 사람이 자기 안의 질서에 들어오지 않았을 때 환대는 끝난다. 레비나스는 초대한 손님만 받아들이는 것은 환대가 아니라고 했다. 조건적 환대는 타자를 받아들이는 것이 아니라 자기 동일성의 연장일 뿐, 거기에는 타자도 환대도 없다는 것이다. 화기운은 빛을 닮았기 때문에 넓게 받아들일 수 있는 미덕도 지녔다. 그러나 한편으로는 수용의 과정에서 시시비비를 가려 자기의 질서 안으로 편입시키거나 배제하려는 속성이 강하다. 그래서 화기운이 강한 사람은 두루 친하지만 정작 서로에게 스며들어 마음을 나눌 상대는 없는 경우가 많다. 자기 안의 질서와 윤리의 **매뉴얼**을 강요하기 때문이다. 이는 바로 예가 묵은 풍습으로 변하는 경우이며, 타자에게 자기 동일성을 요구하는 일이다. 그것을 환대라 할 수는 없다.

### ② 성장(長), 무성

• **양적 팽창** 여름의 숲은 **성장**이 극에 이른다. 하늘이 보이지 않을 정도로 나뭇가지와 잎이 **무성**하게 펼쳐져 있고 열매는 쑥쑥 커진다. 화는 성장과 **번영**의 상징이다. 그 **양적 팽창**의 의미를 쉽게 이해하려면 이렇게 여름의 숲을 떠올리면 된다. 지지에서 화가 속하는 글자는 사화(巳火)와 오화(午火)다. 일 년 단위로 보자면 여름이고, 하루 단위

로 보면 한낮이다. 여름이건, 태양이 중천에 떠 있는 시간이건, 그때는 대개 **일**을 열심히 하는 시간이다. 또한 그 무렵이 태양이 강렬하게 비추고 양기가 천지에 가득하므로, 이때 일을 하는 것이 자연의 양기의 덕을 많이 볼 수 있다. 사주에 화기가 강하다는 것은 이런 양기의 활동력이 강렬하다는 뜻이고, 그런 강렬함은 일, 즉 **사회적인 활동**에 유리하다는 의미이다. 그만큼 일할 기회가 많아지고, 관계와 활동 **영역이 확대**되며, **배짱**도 생긴다.

또 활동이 많아질수록 체력은 빨리 고갈된다. 그러니 양적으로 팽창하는 만큼 음적인 수렴력은 떨어지게 된다. **마무리가 미흡**해지는 것도 이 때문이다. 마무리는 체력의 집약적 사용과 깊은 사고가 동반되어야 한다. 하지만 화기운을 강렬하게 쓰면 빨리 지치고 **사고가 단층적**이 된다. 깊은 사고를 하기가 어렵기 때문에 마무리도 깔끔하지 않다.


## 토(土)의 기호

| 土 | 중앙, 매개 | 안정 : 중앙, 매개, 관용, 고지식, 회피, 중심 집착, 부조화 기피, 숨겨진 감정 |
|---|---|---|
| | 가색(稼穡), 환절기 | 전환 : 기다림, 느림, 우직함, 성실, 끈기, 마디, 환절기, 신뢰(信)<br>자기 세계 구축 : 권력, 자존심, 신용<br>묘고 : 우둔, 비밀 |

### ① 중앙, 매개

•**안정** 토의 방위적 위치는 중앙이다. **중앙**은 가운데에 고정된 장소가 아니라, 사방을 **매개**하는 동시에 사방 어느 곳으로도 확장할 수 있는 포괄적인 개념이다. 정부청사는 서울에도 있고, 과천이나 세종시에도 있다. 어느 지역에 위치해 있건, 중앙에 해당한다. 중앙이 위치의 문제가 아니라 전국을 포괄하고 있다는 개념적인 설정이기 때문이다. 또한 땅이 만물을 아우르는 덕을 지녔다는 이미지도 중앙의 개념과 연결된다. 이렇게 토는 중심의 확장성, 흙의 포용력을 함축하고 있으며, 방위의 치우침이 없는 **안정**적인 기반을 바탕으로 **관용**의 미덕과 함께 설명된다. 임상적으로도 토의 세력이 강한 사람은 **고지식**한 면도 있지만 사람들을 잘 연결하고 의견을 잘 수용하며 관용을 잘 베푼다. 특히 상대가 잘못을 인정했을 때는 더욱 마음이 넓어진다.

하지만 관용은 때로 **회피**나 억압으로 둔갑하기도 한다. "그동안 많이 참았다." 참았다가 폭발하는 것을 어찌 관용이라 말할 수 있는가. 관용은 서로의 감정적인 울체를 풀고 현실을 극복해 가는 방향으로 사용될 때 비로소 미덕이 된다. 설사 마음에 응어리가 남았다 해도 자기 수행의 과제와 책임으로 해결해야 관용이 실천되는 것이다. 그냥 참는 것은 관용이 아니다. 그건 회피이고 억압이다. 심지어 상대는 아무것도 모르고 있다가 나의 폭발에 갑자기 불벼락을 맞는 경우도 있다. 그동안 회피해 온 감정은 원망과 피해의식으로 증폭되고, 상대는 별안간 유죄를 추궁받는다. 참는 행동도 안정적인 위치를 차지하려는 토의 욕망에서 비롯된 것이다. 토는 세력이 강할수록 **중심에 대한 집착**이 강해지는 경향이 있다. 비근한 예로 토의 성향을 가진 사람은 음식점에 가도 중앙에 앉으려고 한다는 말이 있다. 중앙을 차지하려는 욕망은 조화와 안정에 대한 무의식적 지향 때문이다. 그래서 쉽게 갈등 상황을 만들지 않는다. **부조화에 대한 기피**, 그것이 **감정을 묻어 두는 행동**, 즉 참거나 회피하려는 성향을 강하게 하는 원인일 수도 있다. 이 지점에서 관용의 덕은 회피와 원망의 시간차 공격으로 변질될 수 있다. 그 이중성을 잘 살펴야 할 것이다.

### ②가색(稼穡), 환절기

•**전환**　가색은 심고 거둔다는 뜻이다. 흙의 가장 핵심적인 기능은 무엇을 길러 내는 것이다. 씨앗을 새싹으로, 새싹을 열매로 **전환시**키는 것은 토의 가장 중요한 능력이다. 씨앗이 새싹을 내고 열매를 거두기까지 토는 중요한 역할을 한다. 씨를 뿌리고 거두는 과정엔 **기다림**이 필요하다. 토의 행동이 **느린 데**에는 이런 연유도 있다. 『맹자』에 '알묘조장'(揠苗助長)이란 말이 있다. 중국 송나라 때 어떤 농부가 벼가 잘 자라지 않아 걱정하다가 모를 잡아당겨서 자라는 것을 도와주었다. 물론 벼는 모두 말라 죽었다. 좋은 종자를 심는 건 나의 역할이지만, 성장시키는 건 땅의 몫이다. 그건 내가 개입할 수 없다. 기다려야 한다. 조바심에 벼를 잡아 뽑으면 쭉정이가 된다. 자식을 교육하거나 일을 도모함에 있어 급하고 경솔한 개입을 경계할 때 자주 인용되는 말이다. 이처럼 토의 전환 능력은 기다림을 바탕으로 발휘된다. 그 인내의 속성이 성실함과 연결된다. 또한 작은 씨를 땅에 심고 기다리면 그 기대를 저버리지 않고 싹이 난다. 그래서 토는 신의(信義)를 상징하기도 한다.

흙이 가색의 전 과정을 **우직**하게 겪어 내듯이, 토의 기운이 강한 사람은 **성실**하고 **끈기** 있게 견디어 내는 힘이 있다. 모든 과정에는 **마**

디가 존재한다. 일 년이라는 시간에도 봄·여름·가을·겨울 네 계절이 바
뀌는 사이에는 **환절기**라는 마디가 있다. 토가 과정을 견뎌 낸다는 말
은 이 마디를 넘어가는 것을 의미한다. 마디는 낯선 시공간이다. 여러
기운들이 뒤죽박죽 섞여서 익숙한 리듬을 깨고 복잡한 상황을 만든
다. 이것은 일종의 시련이라 할 수 있다. 환절기에는 감기도 잘 걸리지
않는가. 몸도 변화의 마디를 힘겹게 넘어가고 있는 것이다. 하지만 그
마디를 지나면 다른 상황이 펼쳐진다. 이처럼 마디는 시련이지만 견
디어 내는 과정을 통해 도약의 발판이 된다. 토기운이 많은 사람은 인
생이 좀 **혼잡**하다. 건너야 할 마디가 많은 것이다. 그러나 그 상황들을
헤치고 나갈 수 있는 능력도 가지고 있다. 그런 힘이 타인에게 **신뢰**를
준다.

•**자기 세계 구축**  하지만 모든 흙이 다 식물을 잘 키워 내는 것은
아니듯이, 토의 세력이 강하다고 해서 모두 토의 미덕을 잘 활용할 수
있는 것은 아니다. 토의 기운이 강한 사람은 **자기 세계를 구축**하려 하
는데, 그 세계를 지키기 위해 매우 독재적인 성향을 드러내기도 한다.
토는 중심이고 만물의 기반이다. 정치적으로도 중앙은 권력자들의 자
리였다. 예를 들어, 중국 황제는 중앙(토)을 상징하는 황색 옷을 입었
고, 사각형으로 지어진 궁성의 한가운데에서 살았다. 토가 강한 사람
에게는 **권력**에 대한 지향 그리고 강한 **자존심**이 내재되어 있다. 토가
보여 주는 성실과 신뢰, 기다림의 미덕도 자기 세계를 구축하는 데 방
해가 되지 않는 범위 내에서 가능한 편이다. 자기 세계의 시스템이 안
정화되지 않으면 어떤 전환도, 기다림도, 신뢰도 없다. 거기선 변덕과
포기, 좁은 계산과 잔머리 등 토의 우직함과는 거리가 있는 성향도 얼

마든지 발견될 수 있다.

•묘고(墓庫) 또한 씨를 묻기만 하고 싹을 내지 못하는 경우도 있다. 이건 토의 **우둔함**이라고 할 수 있다. 씨를 가두고 있어 봐야 아무짝에도 쓸모없다. 우둔한 소유욕이 순환의 맥을 끊어 놓는 것이다. 토의 세력이 강한 사람은 가끔 아무짝에도 쓸모없는 것들을 품고 놓지 않으려는 성향이 있다. 예컨대 별것도 아닌 **비밀**, 무겁고 비장한 대의 명분, 부풀려진 상처, 고집스럽게 지켜 온 선악의 기준 등이다. 그것이 전환의 시련에 대한 두려움에서 나왔건, 자의식이나 자존심에서 비롯되었건, 중요한 점은 그 우둔함 때문에 순환의 고리에 들어설 수 없다는 것이다. 심었으면[家] 거두는 것[穡]이 토의 덕목이다. 묻어 두기만 하는 토의 잘못된 습성을 사주에서는 묘(墓) 혹은 고(庫)라 한다. 전환되지 않는 **묘고**의 고정성은 다른 오행의 기운을 말살시킨다.

## 금(金)의 기호

| 金 | 쇠, 수(收), 의(義), 종혁(從革) | 날카로움 : 원리원칙, 구조화, 논리적, 마무리, 절제, 단절<br>정의감 : 호전적, 무관, 비판, 냉정함<br>제련 : 혁명 |
|---|---|---|
| | 가을, 열매 | 결실 : 실리적, 현실감각, 이해타산, 좁은 계산, 명분 |

### ①쇠, 수(收), 의(義), 종혁(從革)

•**날카로움**  금(金)을 상징하는 대표적인 자연물은 바위와 **쇠**, 두 가지다. 그 중에서 바위는 가공되지 않은 자연물이지만, 쇠는 광석으로부터 제련을 거쳐서 정제되어야 비로소 만나게 된다. 즉 쇠는 자연물이지만 인공적인 공정이 가미된 물질이다. 쇠는 문명의 발달 단계에서 매우 중요한 요소다. 철제 무기와 농기구를 가진 부족들이 석기를 가진 부족들을 정복했고, 강한 도구와 많은 인력을 통해서 농업 생산량을 더 늘릴 수 있었다. 농업 생산량이 늘어남에 의해, 모든 사람들이 생존을 위한 생산 현장에 뛰어들지 않아도 되었다. 잉여생산물은 유목에서 정주(定住)혁명을 이끌어 냈고, 계급을 발생시키고, 예술가와 학자를 만들어 냈다. 자연물인 금속을 인공적으로 제련하면서부터 정치와 문화 등의 문명화가 본격적으로 시작된 것이다. 제련된 철은 주로 무기나 농기구로 쓰였다(건축물에 철조를 이용한 것은 근대 이후의 일이다). 철제 무기와 농기구가 석기보다 강력한 힘을 발휘할 수 있었던 것은 더 날카롭고 견고하기 때문이다. 석기는 날카롭게 만드는 데 한계가 있다. 날카로울수록 쉽게 부서지기 때문이다.

오행 중 금(金)의 상징인 쇠의 역할도 이런 **날카로움**과 관련이 있다. 가을은 숙살지기(肅殺之氣)의 계절이다. 열매가 익으면 꼭지가 마르고 바람에 의해 쉽게 떨어진다. 이 절단을 일어나게 하는 날카로운 기운을 숙살지기라 한다. 그런 가을의 이미지와 쇠의 강하고 예리함이 연결되어 금의 속성이 탄생한다. 그래서 사주에서 금기운을 많이 가지고 있는 사람들을 날카로운 이미지와 연결시켜 해석한다. 그것은 **원리원칙, 논리, 구조화, 정의감, 마무리, 절제, 의리, 냉정함, 구획, 단절**의 성향으로 확장할 수 있다.

금의 세력이 강하면 **원리원칙**적이고 논리가 선명하다. 원칙과 논리로 사건을 해석한다. 의미를 부여하기 전의 모든 사건은 카오스다. 어떻게 분할하고 대립시키는가에 따라 사건은 재구성된다. 금기운은 혼돈의 세계를 선명하게 구획하고 명쾌하게 정리한다. 가벼운 예로, 금이 많은 사람이 표 그리기를 좋아하거나 정리를 잘하는 등 **구조화**에 강한 면모를 나타내는 것도 이와 관계된다. 화의 기운이 가장 표면적인 층위의 세계를 굵직굵직하게 분류한다면, 금기운은 심층의 중첩된 의미까지 세부적으로 분류하고 구조화시킨다. 그래서 금과 화의 기운이 강한 사람은 과학 분야에서 능력을 잘 발휘할 수 있다. 분획과 구조화의 성향이 과학에서 필요한 분석적 사고에 유리하게 작용하기 때문이다.

•**정의감** 그러나 화에서 설명했던 것처럼 분할은 배척을 낳는다. 경계를 긋고 그 안으로 들어오지 못한 타자를 배척함으로써 **냉정**하고 독단적인 정치적 위계를 낳는다. 특히 금의 경우는 그 경계의 기준이 **정의감**에서 비롯되었을 가능성이 높다. 날카로움의 본능은 자신 안의 윤리적 모호함을 참지 못한다. 윤리적인 확신은 대체로 공공적인 것을 우위에 두기 마련이다. 그리고 그 확신이 정의감을 낳게 된다. 그래서 금의 분할은 더욱 강해 보인다. 국경과 성을 지키는 장수처럼 용맹하고 대담하다. 금기운이 강한 사람이 **호전적**이며 **무관**, 즉 군인, 경찰, 그리고 **비판**에 강한 법조계 등에 잘 맞는다는 말도 이런 공공적인 정의에 대한 확신 때문이 아닌가 싶다. 이렇듯 사사로움이 아니라 공적 정의를 염두한 것이므로, 금의 분할이 더 배타적일 가능성이 높다. 공적 정당성이 부여된 칼이 더 무서운 법이다.

•**제련**   그러나 금은 **제련**에 의해 단번에 다른 모습으로 변할 수 있다. 그게 화극금의 원리다. 금의 형태는 정해져 있지 않다. 화에 의해서 제련되어 여러 형태로 변한다. 금이 가지고 있는 정의감도 그렇다. 어떤 뜨거운 감정이 정의롭게 생각했던 기존의 마음을 녹이면 다른 정의감이 생겨난다. 그래서 시비판단의 근거가 확실할수록 더욱 조심해야 한다. 그 근거가 언제 녹아서 변하게 될지 모르기 때문이다. 그리고 이것이 화와 비교했을 때 가장 크게 다른 점이기도 하다. 화는 금처럼 예리하게 구분하지 않는다. 쉽게 분류하고 또 잘못되었다 싶으면 쉽게 판단을 뒤집는다. 그래서 깨달음의 수준도 표면적인 것을 벗어나지 못한다. 겉으로는 바뀐 것 같지만 자신도 알 길이 없는 심연의 습속을 건드리기란 여간 쉽지 않다. 금의 경우는 다르다. 판단의 근거가 중층적인 의미망을 기반으로 하는 까닭에 웬만한 충격에 쉽게 바뀌진 않는다. 그러나 어떤 자극에 의해 자신의 논리가 강렬하게 전복되면, 그 힘이 존재를 녹여 그 사람의 심연까지 바꿔 놓는다. 금은 **혁명**적으로 전체를 변화시킨다. 그것을 **종혁**이라 한다. 물론 종혁의 내용과 수준 등은 천차만별일 테지만.

한 가지 더 부연하자면, 금은 **논리**에 의해 움직이는 경향이 강하다. 쇠와 논리 모두 인공적인 속성과 통한다. 금속은 자연물로부터의 추출과 제련의 공정이 있어야 하고, 논리 역시 소통의 인위적인 형식인 언어를 통과해야만 이루어진다. 그것이 금의 강점이자 약점이다. 만약 금기운이 강한 사람을 설득하려면 논리와 정당성을 이용해 보는 것도 괜찮다. 사적인 이익보다 공공적인 측면과 윤리를 강조하고 정의감을 앞세우면 설득하기 유리할 것이다.

### ② 가을, 열매

•**결실** 금은 매우 **실리**적인 기운이다. 쇠와 열매가 광석과 나무에서 분리된 실리적인 **결실**이라는 것을 환기하면 이해가 쉽다. **현실감각**이 있다는 말도, 때론 **이해타산**을 잘 따진다는 비난도 이런 실리적인 본능과 관계된다. 흥미로운 것은 사상사적 측면에서, 실리[利]가 금의 또 다른 특징인 정의[義]와 대척점에 있다는 점이다. 동중서(董仲舒)는 "인(仁)의 사람은 의(義)를 올바로 행하고 리(利)를 도모하지 않는다"(『한서』 「동중서전」)고 하였고, 주자는 이 의견을 따르면서, 리(利)를 천리(天理)의 대립항, 악의 기원으로 간주했다. 이에 따르면, 리(利)는 사사로운 인욕에 다름 아니므로, 이것을 공적 정의감과 나란하게 둔다는 건 모순된 일로 보인다. 그러니 금의 속성에서 정의[義]와 실리[利]를 같이 묶을 수 있을까 하는 문제가 생긴다.

하지만 삶의 영역에서는 얼마든지 양립할 수 있다. 예컨대, 공적인 영역과 사적 영역을 정확하게 나누는 데서 의와 리는 공존한다. 주나라의 예법 가운데 "큰 들짐승을 포획하면 공(公), 즉 공실(公室)에 바치고, 작은 날짐승을 잡으면 사(私), 즉 자신의 것으로 남긴다."『주례』, 「하관시마」; 장현근, 『관념의 변천사』, 한길사, 2016, 514쪽에서 재인용는 말이 있다. 공사의 구분을 철저히 나누면 의리(義利)가 대립하지 않는다. 공적인 영역에서는 거침없이 정의를 내세우고, 사적으로 취해도 되는 부분에서는 거리낌 없이 쟁취하는 사람이 그런 경우라 볼 수 있다. 공적 정의감을 실현하는 데 있어서 실리적인 방법을 취하는 것도 정의와 실리가 공존할 수 있는 경우다. 여기서의 실리란 사사로움이 아니라 구체적이고 즉물적인 실천 방식을 말한다. 또한 정의감이라는 것이 사적 만족감(실리적 자존감)을 달성하도록 하는 매우 실리적인 선택일 수 있다는 측면에서도 의와 리는 서로 간섭하지 않는다.

이렇듯 의와 리가 양립할 수 있기 때문에, 금기운이 강한 사람은 의롭지 못한 일에 큰 목소리를 낼 수 있다. 사적인 영역이 떳떳하기 때문이다. 그것은 일종의 **명분**이고 자존감이며 삶을 추동하는 매우 중요한 가치다. 또한 사회적 정의를 실천하기 위해서도 꼭 필요하다. 하지만 사적 떳떳함과 공적 정의감은 스스로를 심판자의 위치에 올려놓기 쉽다. 그 자리에서 정의의 이름으로 또 다른 정치적 독단을 행사하려 한다. 색깔만 바뀌었을 뿐, 도그마는 반복되는 셈이다. 이것이 금이 경계해야 할 권력성이다.

## 수(水)의 기호

| | | |
|---|---|---|
| 水 | 저장(藏), 씨앗, 발아, 겨울 | 휴식 : 무거움, 우울증, 자폐적, 희망, 응축 |
| | 윤하(潤下), 지(智), 흐름 | 지혜 : 심층적 이해, 배려, 종교, 철학, 비세속적<br>술수 : 음모, 계산, 일확천금, 주색잡기<br>유연성 : 융통성 |

### ①저장(藏), 씨앗, 발아, 겨울

•**휴식** 겨울은 **저장**과 **휴식**의 계절이다. 나무는 잎을 떨어뜨려 영양분의 소모를 최소화하고, 동물 역시 동면에 들어 에너지 낭비를 줄인다. 농사철이 지나면 농부들은 월동 준비를 한다. 시래기를 달고, 겨

운명의 해석, 사주명리

우내 소먹이로 쓸 볏짚을 모아 두기도 한다. 입동 무렵에는 김장을 한다. 입동엔 치계미라는 미풍양속도 있다. 동네 노인들을 모셔 놓고 살찐 미꾸라지로 추어탕 같은 기름진 보양식을 대접했다. 노동의 계절이 지나면 소모된 기혈을 보충하고 추운 겨울을 견뎌 내야 한다. 자연과 사람 모두 저장과 휴식을 통해 겨울을 보냈다. 지금은 겨울에도 활발하게 활동할 수 있는 여건이 되었지만, 몸에 새겨진 겨울 기운은 여러 가지 방식으로 발현된다.

사주에 수가 많으면 저장과 휴식으로 대표되는 겨울의 기운을 많이 가지고 있는 셈이다. 휴식의 시간이 다른 사람보다 많이 필요하다고 말할 수도 있다. 이들은 충분한 휴식을 취하지 않으면 몸이 **무거워**진다. 휴식은 동력을 회복시키는 일이므로 휴식이 부족하면 진액을 순환시키지 못해 몸이 무거운 것이다. 물론 너무 많은 휴식도 몸을 무겁게 한다. 이때는 기(氣)가 늘어지기 때문이다. 습기가 많은 날이나 어둡고 추운 겨울에도 몸이 무거워질 수 있다. 몸 안의 수기운이 동하기 때문이다. 그렇기 때문에 수가 많은 사람에게는 **우울증**도 흔하다. 이것이 수가 많은 사람들의 딜레마다. 이들에게 긴 휴식은 번뜩이는 아이디어를 만들고 삶을 역동시키는 중요한 충전의 시간이다. 씨앗이 발아하기 위해선 땅속에서 잠재력을 키우는 기간이 필요한 것처럼, 이들에게도 고독과 사색의 시간이 필요하다. 하지만 이 때문에 자칫 염세적이고 우울한 기분이 잘 일어나기도 한다. 겨울의 어둡고 음적인 기운이 밝은 기운을 억누른 탓이다. 충분한 휴식과 함께 습기(濕氣)의 생산을 예방하는 적절한 활동이 필요하다. 휴식이 지나치면 **자폐적**이 되고, 활동이 지나쳐서 휴식을 못 취하면 몸이 무겁다. 한의학적으로는 몸에 습기가 찼을 때 대개 몸이 무겁게 느껴진다. 습기는 비장(脾腸)에서 만들어지는데 몸을 잘 움직이지 않아 대사의 동력이 떨어지면 습기가 흩어지지 않아 몸이 무겁게 된다. 따라서 지나친 휴식도 병이 된다. 쉬는 것과 활동하는 것이 균형을 이루도록 시간을 정해놓고 일과 휴식을 취하는 것이 하나의 팁이다.

물이 흐르기 위해서는 땅이 기울어져야 한다. 물은 기운 곳으로 흐르기 때문이다. 기울기는 위치에너지, 즉 동력을 만들어 낸다. 요컨대 물은 동력과 함께 흐른다. 그리고 기울기(동력)가 끝나는 곳에서 물은 고인다. 물이 외부의 동력을 얻지 못해서 아래로 고이면 응축된다. 응축은 흐름이 정지된 까닭에 유연하지 않으며 정적이고 고요하다. 흐르지 않는 물은 변질된다. 부패되거나 발효가 일어나기도 한다. 그런데 부패와 발효는 또 다른 시작을 예고한다. 물이 고인 웅덩이에서는 미생물과 동식물이 생겨난다. 즉, 새로운 생태계 혹은 새로운 순환의 장이 만들어지는 것이다.

고인 물이 꼭 썩는 것만도 아니다. 가장 크게 고인 물은 바다다. 바다는 고여 있지만 썩지 않는다. 기울기(동력)가 끝났지만 워낙 넓다보니 그 안에서 새로운 동력이 생성되었기 때문이다. 바람은 표층수를 움직이고, 염분과 수온차는 심층수를 움직인다. 이러한 해류와 함께 바다는 스스로 흐르며 생명이 숨 쉬는 순환 시스템을 구성한다. 결국 기존의 동력이 제거되어 응축된 물은 다른 동력과 결합하여 새로운 장을 연다.

응축의 또 다른 이미지를 가진 **씨앗**의 경우도 그렇다. 씨는 과실의 못 먹는 부분, 즉 동력을 잃고 땅에 버려진 찌꺼기다. 그러나 씨 안에는 새로운 탄생을 위한 정보와 잠재된 에너지가 응축되어 있다. 그 상태로 땅속에서 인고의 시간을 기다려 새싹을 낸다. 다른 방식의 동

운명의 해석, 사주명리

력을 가동하는 것이다. 이렇게 수는 씨앗과 통하는 데가 있다.

　씨앗이 땅속에서 보내는 응축의 시간은 일종의 **희망**의 시간이다. 얼마 지나지 않아 발아의 보람을 낳기 때문이다. 수의 성향을 가진 사람도 씨앗처럼 늘 희망을 가슴 안에 품고 있다. 희망은 삶을 추동하고 은밀한 기쁨을 일으킨다. 희망은 아무리 어려운 고난 속에서도 숨겨진 출구를 찾아내게 한다. 아직 발아되진 않았지만 언젠간 싹이 트고 나무로 성장할 것이다. 그 기대가 살아갈 힘을 준다. 하지만 동시에 희망은 현실을 결핍의 시간으로 만들기도 한다. 지금은 아니야. 기다리면 좋은 시절이 올 거야. 그러나 지금 살아가고 있는 곳은 바로 여기다. 이 삶의 현장을 있는 그대로 직시하지 못하면 오늘은 없다. 오늘을 유예한 채 내일에 살고자 한다면 내 삶의 현장은 다른 힘이 주도하게 된다. 부유하듯 누군가의 힘에 의해 이리저리 이끌려 다니는 인생. 그것이 노예의 삶이 아니고 무엇이겠는가. 사주에 수를 가지고 있는 사람들은 희망의 씨앗이 현재의 삶과 어떻게 조우하는지, 그리고 어떻게 지금 여기에서 현실화시킬 것인지 연구해야 한다. 좋은 삶을 꿈꾸는가. 그러면 그 삶을 지금 실현시켜야 한다. 지금 할 수 없는 것이라면 그것은 헛된 희망이고 망상이다. 희망의 수위를 낮추라는 것이 아니라, 지금 할 수 있는 일을 선택해서 현장을 장악할 수 있는 힘을 기르라는 뜻이다. 생명의 에너지를 불확실한 미래에 모두 투자하고 나면 현장에서 쓸 힘은 남지 않는다. 운명의 힘은 현장을 장악하는 데서 나온다. 희망도 잘 쓰기 나름이다. 현실 운영의 추동력으로 쓸 수도 있고, 현실 회피와 망각의 환각제로 쓸 수도 있다. 어떻게 사용할 것인가, 그건 선택할 수 있다.

## ② 윤하(潤下), 지(智)

•지혜  물의 특징은 **흐른다**는 것, 그리고 밑으로 스며든다는 것이다. **윤하**(潤下)라는 말이 그렇다. 물은 밑으로 흘러 젖어든다. 이러한 성향 때문에 수는 쉽게 경계를 넘는다. 경계를 넘고 스며들어 상대와 하나가 되려는 것이 바로 수의 욕망이다. 이런 능력이 현실에서 가장 가치 있게 발휘되는 것이 **심층적 이해력**이다. 화가 표층에 대한 폭넓은 이해력을 가졌다면, 수의 이해력은 보이지 않는 영역까지 포괄한다. 심층적 이해와 이를 반영한 실천이 만나면 '지혜'가 된다. 따라서 지혜란 보이는 영역에서 분석한 즉물적 계산이 아니라, 보이지 않는 관념적인 부분까지 고려한 심층적인 계산을 바탕으로 한다. 그래서 수기운이 적절하게 있으면 사람들과 잘 어울리는 편이다. 상대의 표면적 행동뿐만이 아니라, 속 깊은 곳까지 이해하고 **배려**하려는 시도가 상대의 마음을 열게 하기 때문이다. 융통성 혹은 유연성도 수의 이러한 본성과 연결된다. 목의 유연함이 처세의 일종이라면 수의 유연성은 본능적이다. 그러나 한편으론 그런 본능이 음흉하다는 느낌을 주기도 한다. 특히 목화의 기운은 이런 기운을 답답하게 여기거나 이해하지 못하는 경향이 있다.

보이지 않는 영역에 대한 관심은 **비세속적인 공부**와 관련되기도 한다. 예컨대 **종교, 철학**, 점복술, 정신분석 등이다. 이 학문들의 특징은 심연의 정신세계를 탐구한다는 것이다. 보이는 것과 보이지 않는 세계를 함께 섞어 전체를 담론화하며 논리와 직관을 동시에 작동시킨다. 예를 들어, 정신분석에서의 의식은 무의식의 반영이다. 의식은 빙산의 일각이다. 보이지 않는 더 큰 세계에 대한 탐구가 있어야 의식을 해석할 수 있다. 그리고 그 해석에 있어서 논리와 직관이 같이 동원된다.

• 술수  젖어들고 섞이는 물의 특징은 삶에서 현실적인 전략 혹은 술수로 쓰이기도 한다. 현실에서 사욕을 취할 일이 있을 때, 수는 겉모습을 감춘다. 사욕이 공공성보다 좁고 탁하다는 생각이 스스로를 부끄럽게 하기 때문이다. 물이 좁은 공간에 갇혀서 고이면 탁해진다. 그래서 물은 흐름을 길하게 여긴다. 이 본능적인 감각이 사욕의 계산에서 자신을 감추도록 조종한다. 그런가 하면 떳떳하고 자랑스러운 일도 감추려 한다. 공적을 드러내는 것 또한 수의 본능과는 거리가 멀다. 그러다 보니 **계산적**이라는 소릴 듣기도 한다. 드러나지 않는 전략과 전술, 심연에서 작동하는 이 알 수 없는 계산법은 사람들의 눈총을 받는다.

은밀한 것은 질투와 호기심의 대상이 된다. 감추려는 욕망과 들추려는 욕망 사이에서 관계는 왜곡된다. 오해와 험담이 어두운 곳에서 떠돌고 그 공간에서 미움과 망상이 생산된다. 결국 탁함을 감추려 하다가 더 탁해지는 상황이 초래되는 셈이다. 계산을 하지 않는 사람이 어디 있겠는가. 목화의 계산은 심플한 편이다. 이기적인 계산을 해도 그것이 잘 드러나기 때문에 목화의 이기심은 오히려 질타의 대상에서 곧잘 벗어난다. 그러나 수의 계산은 은밀하므로 잘 드러나지 않는다. 그래서 그 계산이 사욕과 거리가 있다 해도 사람들은 그 이면에 더 이기적인 무언가를 계획하고 있다고 생각한다. 은밀함의 역효과라고나 할까. 하지만 구린 게 있으니까 숨기는 것이라는 시선이 대부분 맞다. 숨길수록 더 짜릿한 법이다. 거기에 하나씩 사욕을 담다 보면 끝이 보이지 않는 탐욕의 세계에 빠지게 된다. 그래서 수기운이 너무 많으면 도박이나 복권, 주식 등 **일확천금**에 눈이 멀거나 **주색잡기**에 빠질 우려가 있다. 물은 스며들기만 하지 않는다. 때론 넘쳐서 범람하기도 한다. 숨기고 은닉하는 것이 미덕이 될 수 있는 경우는 많지 않다. 수는 사소한 것부터 드러내는 훈련이 필요하다. 그래야 안팎으로 흐를 수 있다. 그런 유동성이 오히려 수의 본능을 잘 지키는 일일지도 모른다.

•**유연성**  물은 일정한 형태가 없다. 물을 담고 있는 그릇이나 지형의 모양에 따라 생긴 모습도 다르게 보인다. 계곡의 물은 소박하고 맑은 이미지를 가지는 반면, 큰 호수는 넉넉하고 여유 있는 이미지를 갖는다. 같은 민물이라도 어떤 지형에 있는가에 따라 쓰임도 상징성도 다르다. 물의 이런 가변성은 '**유연성**'이라는 언표로 변주할 수 있고, 유연성은 인간관계 안에서 '**융통성**'의 의미로 사용할 수 있다.

융통성은 고지식함에 비해 미덕으로 인식되기도 하고, 때론 정도(正道)에서 벗어난 부도덕함으로 비춰지기도 한다. 또한 그것은 답답한 형식주의를 부드럽게 벗어나는 조용한 혁명이기도 하지만, 회피와 냉소의 이기적인 습관을 반복하는 것일 수도 있다.

3부
하늘·땅·사람

# 5. 천간의 기호

사주를 '간지학'이라고도 한다. 사주팔자가 천간과 지지로 이루어져 있기 때문이다. 간지가 음양과 오행으로 환원되긴 하지만 간지의 기호가 가지고 있는 의미의 범위는 그보다 훨씬 더 크다. 오행으로만 보면 갑목과 을목, 인목과 묘목이 모두 목에 배속되지만, 이 네 간지는 각각의 차이를 가지고 있다. 그 미묘한 차이들을 찾아낼 수 있다면 더 풍성한 해석을 할 수 있다. 따라서 간지는 사주명리의 시작과 끝이다. 초보적으로 간지의 글자와 음양오행을 읽어 내는 데서부터 간지 안에 담긴 이미지를 개인의 서사와 함께 풀어내는 고급 해석까지, 간지는 사주 해석의 핵심 기호다.

앞으로 천간 10개, 지지 12개를 두 챕터에 걸쳐 소개할 것이다. 일단 간지에 대한 이 책의 설명을 잘 읽어 보고 박스에 있는 키워드들은 외우는 것이 좋다. 그것은 여기에 설명해 놓은 간지 각각의 개념적 정의 외에도 다르게 응용할 수 있는 밑거름이 될 것이다.

운명의 해석, 사주명리

## 갑목(甲木)의 기호

| | 목의 기호 | |
|---|---|---|
| 갑(甲) | 큰 나무 : 수목원, 초봄의 용출력 | 초봄의 용출력 : 생동력, 순수함, 어리숙함, 돌발행동, 객기, 기분파, 마무리 부족<br>독립에 대한 의지 : 자수성가, 성공, 자존심, 귀찮음, 선두<br>인정욕망 : 현실적 성취, 회피, 용두사미, 봄의 리더십, 희망, 부러짐, 좌절 |

갑목(甲木)은 오행 중에서 목에 배속된다. 따라서 목과 관련된 기호들을 공유한다. 즉 봄의 따스한 기운과 새싹의 빠른 속도, 순수함과 이타심 등 목의 개념들이 갑목에게도 공통적으로 나타난다. 그런데 갑목은 양목이므로 음목인 을목에 비해서 속도가 더 빠르고 역동적이다.

### ① 초봄의 용출력

스프링처럼 튀어 나가는 **초봄의 용출력** 또한 갑목의 이미지다. 갑목의 용출력은 어린아이의 생동력을 닮았다. 이런 생동력을 **순수함**이라 해도 좋고 **어리숙함**이라 해도 된다. 갑목의 아이 같은 성향은 **돌발행동**에서 두드러진다. 소세키의 소설 『도련님』의 주인공인 '나'도 그런 순박과 **객기** 사이를 오간다. 초등학교 때 2층에 있던 '나'에게 한 녀석이 대뜸 시비를 건다. "거기서 뛰어내릴 용기는 없을걸? 이 겁쟁이." 나쓰메 소세키, 『도련님』, 오유리 옮김, 문예출판사, 2001, 9쪽 '나'는 그 말을 듣곤 바로 뛰어내렸다가 허리를 다친 일이 있었다. 집에서 호되게 야단을 맞자 한다는 말이 "그럼 다음에는 허리는 삐지 않게 뛰어내릴게요"란다. 가관이다. 갑목은 이렇게 별 생각 없이 돌발 행동을 하는 경우가 있다. 그러고 나서도 큰 문제 없다는 듯이 쉽게 넘겨 버린다. 쿨한 척하고 폼 내는 것을 좋아하기 때문이다. 한마디로 **기분파**다. 기분에 따라 움직이기 때문에 지속성은 부족하기 마련이다. 그래서 대개 **마무리를 잘 맺지 못하는** 편이다. '도련님'은 기요가 주인공인 '나'를 부르는 호칭이다. 기요는 어렸을 때부터 같이 살았던 나이가 지긋한 하녀다. '나'는 비록 무뚝뚝하지만 기요에게만큼은 특별한 애정을 가지고 있다. 이런 점도 갑목의 성향과 닮았다. 갑목은 자기의 기분을 잘 맞춰 주는 일부 가까운 사람에게는 강한 유대감을 갖는다. 만일 그 사람이 약한 존재라고 생각되면 더욱 친근감을 과시하는데, 그런 수평적인 관계가 스스로를 위대하게 느끼게 해주기 때문이다. 그러나 이런 관계는 오히려 역차별을 초래하거나 또 다른 방식의 위계를 낳게 한다. 혹은 자기 사람을 만들어 관계의 장을 협소하게 만드는 경우, 더 넓게 교류할 수 있는 기회는 막히게 된다.

### ②자수성가

갑목의 물상(物象, 이미지)은 큰 나무, 수목원 등이다. 갑목이 키가 크고 위로 쭉쭉 자라는 큰 나무의 이미지를 가지고 있는 것은 목 중의 양이기 때문이다. 양은 음보다 크고 단단하다. '큰 나무'는 **자수성가, 성공, 리더십**의 의미로 확장할 수 있다. 자수성가란 스스로의 힘으로 어떤 성취를 이루었다는 뜻이다. 대체로 부모의 경제적 지원 없이 사회적으로 성공한 사례를 두고 자수성가란 말을 쓴다. 하지만 어디까지를 경제적 지원으로 볼 것이며, 또 성공이란 어떤 상태에 이르는 것인지, 그 기준은 모호하다. 여기서 자수성가의 의미는 독립하려는 욕망,

혼자 뚫고 가려는 의지 정도로 보면 된다.

갑목에게 의존적인 상황은 **자존심**을 구기는 일이다. 또한 의존적인 상황에서 받게 되는 간섭도 무척 **귀찮아**한다. 『도련님』의 주인공도 그런 성격을 가졌다. 주인공이 중학교를 졸업하던 해에 부모님이 돌아가시자 형은 집을 팔고 재산을 정리해서 그가 다니는 회사 근처로 가겠다고 했다. 그러나 '나'는 형에게 얹혀서 살 생각이 없었다. "형에게 밥을 얻어먹으면 형이 말하는 대로 따라야 할 텐데 그렇게 사느니 차라리 내가 우유 배달이라도 해서 먹고살겠다고 마음을 굳게 먹었다."<sub>나쓰메 소세키, 앞의 책, 17쪽</sub> 형의 말이 귀찮고 자존심도 상한다. 홀로 서려는 것은 이런 맥락에서다. 어쨌든 갑목이 **독립에 대한 의지**가 강한 것만은 틀림없다. 물론 이런 성향이 갑목에만 있는 건 아니지만, "내가 알아서 해"라고 말하며 쉽게 결정해 버리는 이런 태도는 갑목에 가깝다. 특히 천간의 글자는 현실적 조건이나 상황보다는 욕망의 방향이라고 볼 수 있다. 그러므로 갑목이 있는 사람에게는 자수성가의 조건이 되려는 징조와 기미가 욕망과 함께 일어나는 것이라 볼 수 있다. 갑목을 갖고 있지 않다고 자수성가를 할 수 없는 것도 아니고, 갑목이 있다고 해서 도움을 받지 않는 것도 아니다. 하지만 갑을 가지고 있는 사람은 그렇지 않은 사람에 비해 크고 빨리 자라는 나무의 성장 동력을 가지고 있다고 말할 수 있다. 그 힘은 자립 의지, **선두에 서려는 마음**, 인정욕망 등을 낳을 가능성이 높다.

### ③인정욕망

갑목은 인정욕망이 강한 편이다. 앞서 가면 자연스레 주목을 받게 되고, 주목을 받을수록 인정욕망이 더욱 샘솟는다. 인정욕망 역시 갑목에만 들어 있다고 볼 수는 없다. 다른 간지에도 당연히 인정욕망의 성향이 있다. 다만 욕망의 양태가 다를 뿐이다. 예컨대, 같은 목의 계열인 을목 역시 인정욕망이 있으나 갑목보다 은밀하고 구체적이다. 갑목이 전체를 대상으로 단번에 자신을 드러내려 한다면 을목은 구체적인 관계로부터 자신을 알리는 방식으로 각개격파한다. 은밀하다는 점에선 계수의 인정욕망도 을목과 닮았다. 그러나 계수는 음수이므로 젖어드는 성질이 있다. 을목은 은밀하지만 표면적인 관계에서 더 깊이 들어가지 못하는 반면, 계수는 상대의 마음속으로 파고들어 자기편으로 만들려 한다.

이처럼 어떤 욕망은 사람들에게 공통적으로 잠재하지만 드러나는 양태는 다른 경우가 많다. 그럼에도 그 특징을 유독 한 글자에 배속하려는 것은 그 욕망과 성향이 그 글자의 기운과 같은 방향성을 가지고 있기 때문이다. 갑목은 천간의 시작이며 오행상으로는 목에 속한다. 땅을 뚫고 나온 초봄의 새싹처럼 위로 직진하며 성장하려는 용출력을 가졌다. 드러내려 한다는 점에서 인정욕망은 갑목의 방향성과 같다. 인정욕망이 갑목과 연결되는 것은 이런 맥락에서다.

한편 갑목의 본성과 인정욕망의 방향이 같다는 것은 기운이 한쪽 방향으로 치우친다는 뜻이 된다. 그래서 인정욕망이라는 성향은 갑목을 설명해 주는 동시에 실천적 윤리를 지시하기도 한다. 계수의 예를 들어 보자. 계수의 성향은 낮게 흐르고 스며드는 물처럼 음적이고 유동적이다. 이런 특징들로 우리는 계수를 비교적 객관적으로 이해할 수 있다. 더불어 계수 자신은 그 특징을 인지함으로써 더 음적인 불균형이 일어나지 않도록 수행의 방향을 설정할 수 있다. 계수를 가리키는 기호가 해석과 실천의 역할을 동시에 하는 것이다. 그런 점에서 계수에게 인정욕망은 계수의 성향을 말해 주는 주요 특징은 아니다. 오히려 자꾸 가라앉으려는 본성과 반대 방향인 까닭에 약간 균형을 맞추는 길항 작용을 한다고 말할 수 있다. 물론 인정욕망이 미덕이 되긴 어렵지만 계수가 극복해야 할 침잠의 욕망에 비해서는 그리 우려되는 것은 아니다. 하지만 갑목은 본성의 방향과 인정욕망의 방향이 같기 때문에 기운이 편중된다. 한의학적으로 치우친 기운은 병리다. 일방향성의 치우침을 견제와 조정으로 바로 잡아야 순환이 된다. 그래서 갑목의 인정욕망은 그 치우침에 대한 경계로서의 실천적 지시어라 할 수 있다.

갑목의 인정욕망은 사회적 성공으로 이어질 가능성이 높다. 갑목의 본성인 용출력이 욕망에 힘을 실어 주고 **현실적인 성취**로 실현되도록 추동하기 때문이다. 하지만 그 대가는 크다. 성취의 맛을 본 갑목은 성취되지 못한 것에 대해 심한 결핍감을 갖거나 회피하려는 경향이 있다. 물론 이것은 비단 갑목의 문제만은 아니다. 이렇다 할 실패 없이 사회적 성취를 이룬 사람들은 좋은 의미로 '자신감'을 갖게 되는데, 이런 자신감이 자신의 부족함을 받아들이기 어렵게 하기도 한다. 열심히 해도 잘 안 돼! 이런 말은 일반인들에게 너무나 익숙한 넋두리다. 그래서 이들에게 잘 안 되는 것은 그리 큰 스트레스가 되진 않는다. 그러나 성공의 길 위에서 산 사람들에게 '열심히 해도 잘 안 되는 경우'란 있어서는 안 되는 강렬한 스트레스다. 그래서 그런 일은 회피하려 하는 경향이 강하다. 잘하지 못하는 자신을 오랫동안 지켜볼 자신이 없기 때문이다. 이런 상황이 특히 갑목에게 잘 일어날 수 있는 것은 갑목이 큰 나무처럼 성장에 대한 욕망을 강하게 가지고 있기 때문이다.

아무리 경쟁에서 좋은 결과를 낼 수 있고, 주어진 일을 성실하게 잘 처리할 수 있다 해도, 잘 안 되는 일도 많다. 예컨대 '글쓰기' 같은 경우엔 열심히 해도 실력이 단기간엔 잘 늘지 않는다. 최고의 글을 쓰고 싶지만 글이란 것이 정답이 있는 것도 아니고 시험처럼 100점을 맞을 수 있는 것도 아니다. 사람 간의 관계 또한 자기 마음대로 되지 않는다. 어떤 경우엔 관계를 개선시키기 위해 최선의 노력을 하지만, 그럴수록 더 깊은 미궁으로 빠지기도 한다. 이럴 때 갑목은 처음엔 정면 돌파하는 것처럼 보이지만 결국은 **회피**하는 길을 택한다. 갑목은 실패를 성찰의 기회로 삼기보다 외부의 탓으로 돌리며, 스스로의 한계를 넘기보다 잘할 수 있는 다른 일을 찾으려 한다(이런 성향은 병화, 사화에서도 공통적으로 드러난다). 이러한 전략은 자기비하에서 벗어나지 못하는 이들이 본받을 만한 처세이기도 하다. 그러나 **용두사미**처럼 시작만 창대하고 끝으로 갈수록 미약한 갑목에게는 고질적인 습속이다. 몇 번 잘할 수는 있어도 오랫동안 잘하기는 정말 힘들다. 혼자 속도를 내어 달려가다가 지치면 곧 회피해 버리는 사이클을 반복하다간 건강도 친구도 다 떨어져 나간다.

리더십 또한 이런 식으로 사용한다면 제대로 힘을 발휘하기가 어렵다. 갑목은 조직을 운영하는 데 사심이 적고 순수한 열정이 있다는 미덕이 있지만 어리석고 서투르다. 쉽게 변덕스런 감정과 선택이 올라오고, 옳고 그름의 판단이 섣부르며, 사람을 이해하는 깊이가 얕은 편이다. 이런 이유로 갑목의 리더십을 **봄철의 리더십**이라고 한다. 봄은 막 걸음마를 뗀 아기와 같다. 아기는 사심이 없고 순수하지만 변덕스럽고 서툴다. 봄철의 리더십이란 이를 빗댄 것이다. 패기와 **희망**이 있지만 리더의 역할을 하려면 다른 능력들이 더 필요하다.

세상엔 노력해도 내 마음대로 안 되는 일이 허다하다. 잦은 실패

운명의 해석, 사주명리

와 어쩌다 한 번의 작은 성공, 이 정도의 소박한 성적표가 우리가 할 수 있는 최선이다. 일상적인 실패로부터 삶과 운명에 대해 배우고, 기대하지 않던 작은 성공으로부터 보람과 기쁨을 얻는다. 이 배움과 보람의 연쇄가 새로운 운명의 가능성을 열고 삶의 의지를 추동시킬 것이다. 갑목은 여기서 일상의 실패를 당연한 것으로 받아들이는 훈련이 필요하다. 그러나 일상에서 속도조절을 하거나 반대 벡터의 성찰과 훈련을 받아들이기란 쉽지 않다. 운전을 할 때 속력을 높이면 시야가 좁아지는 것처럼 빠른 속도로 성공가도를 달릴 때도 마찬가지로 시야가 좁아지기 때문이다. 그렇다면 할 수 없다. 기다리는 수밖에. 갑목은 을목과 달리 굳센 나무로 표상된다. 높이 솟은 나무는 강한 바람에 부러진다. 밟혀도 다시 일어서는 잡초의 이미지를 가진 을목과 달리, 갑목은 한 번에 크게 좌절하거나 부러지는 일이 있다. 그때가 바로 자신과 주변을 돌아볼 절호의 기회다.


## 을목(乙木)의 기호

| | 목의 기호 | |
|---|---|---|
| 을(乙) | 덩굴(넝쿨)식물, 작은 초목 | 생존력 : 도움 받음, 적응력, 변이, 굴신, 유연성, 즉흥적 실리, 겸손, 배려<br>탈중심 : 변칙, 지방, 현장적, 미시적<br>조수(潮水)의 관계 : 이해타산, 실속, 고립<br>확장과 접속 : 침투력<br>유연한 추진력 : 섬세함, 융통성, 온유, 행동보다 말 |

을목(乙木)도 갑목과 함께 목에 배속되므로 목의 기호가 생성하는 의미를 일부 공유한다. 따뜻한 마음, 속도감, 마무리 부족, 순수함, 객기 등의 목의 의미들이 을목에게도 드러난다. 특히 을목은 음목이기 때문에 갑목에 비해 우회하는 능력, 즉 타협, 적응력, 유연성이 뛰어나다. 또한 갑목보다는 속도가 빠르지 않다.

### ①생존력

영화 〈터미널〉은 뉴욕의 한 공항을 배경으로 한다. 빅터 나보스키(톰 행크스 분)는 동유럽의 작은 나라 크로코지아(영화적 설정)에서 온 평범한 남자다. 뉴욕 JFK 공항에 도착한 나보스키는 입국심사를 거부당한다. 비행기로 오는 동안 그의 고국에 쿠데타가 발생했고 일시적으로 유령국가가 되었기 때문이다. 고국으로 돌아갈 수도, 공항을 나갈 수도 없게 된 그는 공항 환승 라운지에서 지낼 수밖에 없는 신세가 되었다. 영어를 못해 말도 통하지 않았고 설상가상으로 공항 관리국에서 지급한 식권까지 잃어버렸다. 지나는 사람들은 많지만 무인도나 다름없는 공항에서 그는 자신의 힘만으로 생존해야 했다. 그러던 중 공항 내 카트를 제자리에 갖다 놓으면 동전이 나온다는 사실을 알게 된 그는, 사람들이 동전을 찾지 않고 그냥 내버려 둔 카트를 찾아 동전을 모아서 끼니를 때웠다.

누구나 생존을 위협하는 상황에서는 살 궁리를 한다. 을목은 그런 상황에서 여느 간지보다 **생존력**이 뛰어나다. 지지에 속하는 자수(子水) 역시 생존력이 뛰어나기론 둘째 가라면 서럽다. 서로 다른 점은 있다. 자수는 자기 혼자의 힘으로 살아갈 최소한의 조건을 만들어 간다. 소비를 줄이고 생활을 단순하게 만들어 생존력을 높이는 것이다. 반면, 을목은 나보스키가 발견한 빈 카트처럼 제도의 허점을 발견한다든가, 사람들의 도움을 유도한다든가 하는 방식으로 생존력을 발휘한다. 요컨대 자수는 가난하게 홀로 서고, 을목은 **다른 존재의 도움**으로 풍족한 환경을 만들어 낸다. 국장의 방해로 카트를 사용할 수 없게 된 때에도 그는 남녀 직원 간의 사랑을 연결해 주는 대가로 음식대접을 받거나 운이 좋게 공항의 내부 공사에도 취직되어 꽤 풍요로운 생활을 영위한다.

을목은 작은 초목과 덩굴 식물의 이미지에 가깝다. 큰 나무를 떠오르게 하는 갑목과 비교해 보면 사이즈가 작고, 더 부드럽고 유연한 느낌이다. 생존력도 갑목보다 강하다. 화분에 있는 화초보다는 강한 생존력을 갖고 있는 야생에서의 풀에 가깝다. 〈터미널〉의 나보스키처럼 몇 차례 생존을 위협하는 상황에서도 자기의 삶을 지키고 다시 일상을 일으키는 잡초 같은 생명력을 갖는다. 을목을 대표하는 물상인 덩굴의 이미지를 떠올려 보자. 덩굴은 일정한 모양으로 자라는 것이 아니라, 주변의 지형지물을 이용해서 가지를 뻗고 휘감아 성장한다. 한마디로 어디로 갈지 방향을 예측하기 어렵다. 을목도 그렇다. 환경에 따라 색깔을 바꾸는 카멜레온처럼, 그 상황에서 가장 잘 **적응**할 수 있도록 자기를 **변이**시킨다. 이러한 **굴신**(屈伸)<sup>굽히고 펴는 것</sup>과 **유연성**은 **즉흥적으로 실리**를 취하는 데 도움이 될 뿐만 아니라, **겸손**하고 **배려**심이 많은 사람으로 비춰지므로 더욱 생존에 유리하게 작용한다.

### ②탈중심

덩굴처럼 수평으로 뻗어 나가는 을목의 형상을 들뢰즈와 가타리는 '리좀'이라고 불렀다. 리좀은 수목형 나무와 달리 뿌리식물인 고구

마처럼 수평으로 자라면서 덩굴을 뻗는다. 거기엔 본뿌리로부터 하나의 구조가 일어나는 것이 아니라, 예측 불가능한 방식으로 뻗어 나가면서 불연속적으로 뿌리가 나고 새로운 땅과 접속한다. 수목형 사유가 하나의 중심으로 수렴된다면, 리좀적 사고는 중심을 제외하고 시작된다. 그런 탈중심적인 리좀적 성향이 을목과 닮았다. 을목은 중심을 향해 가는 것이 아니라 중심으로부터 외부로 약간 삐딱하고 **변칙**적인 욕망을 뻗어 나가려 한다. 대도시보다는 **지방**으로, 전체의 구조보다는 **현장적이고 미시적**으로 욕망의 가지를 침투, 확장시킨다.

### ③ 조수(潮水)의 관계

한편으론 을목에 대한 평가가 그렇게 곱지만은 않다. 사주 연구가들은 을목을 두고 '장사치'(서민욱), '수전노'(낭월) 등으로 표현하기도 하고, 인색하고 인간미가 떨어지며(배창희), 계산을 해서 손해 날 것 같으면 거절한다(서민욱)고 단정하기도 한다. 또는 조금 완화된 표현으로 '실속파'(강헌)라는 표현을 쓰기도 한다. 한마디로 **이해타산**을 잘 따진다는 뜻이리라.

겸손한 사람 앞에선 뭐든 퍼주고 싶은 게 사람의 마음이다. 그런데 돌아서서 생각해 보니 뭔가 많이 손해를 본 느낌이다. 그것이 아주 미묘해서 흠을 잡기도 민망한 상태가 되면 사람들은 그냥 피해 버리고 만다. 을목의 인덕은 이렇게 초기에 밀물처럼 왔다가, 점차 썰물처럼 빠져나가 버리는 **조수(潮水)의 관계**가 반복된다. 권력을 가지고 있을 때도 패턴은 비슷하다. 권력의 속성상 권력자들은 그 힘을 이용해서 자신의 이익을 도모하려고 한다. 그런데 을목은 그 방식이 독재적이거나 강압적이지 않다는 인상을 주고 싶어 한다. 그래서 상대에 대해 배려하면서도 자신의 이익을 최대화시키려 한다. 상대는 을목의 배려에 대해 긍정적으로 평가하지만 시간이 갈수록 뭔가 손해를 보고 있다는 느낌을 받는다. 처음부터 강압적인 경우보다 이런 경우 실망감으로 상대의 마음은 더욱 불편해진다.

물론 이런 상황에 대해 을목을 대변할 수 있는 말은 있다. 예컨대, 그것이 나름의 생존 방법이니 생존하기 어려운 때에 그렇게 사는 것이 무슨 흉이 되겠는가, 라는 것이다. 그에겐 그것이 최선의 삶일 터이니 말이다. 하지만 수전노 소리를 듣는 것은 생존을 위해 필사적으로 자기를 변이시키는 때가 아니라 이미 살 만해졌을 때다. 생존의 위협에서 벗어났는데도 여전히 이익을 도모하고 있다면 인색하다는 소리를 들을 수밖에 없다. 그것이 꼭 금전적인 부분만을 의미하는 것은 아니다. 관계, 지식, 명예 등을 이익의 관점에서 계산하고 **실속**을 챙기려는 마음이 일어나는 것도 이에 해당한다.

또한 생존에 유리한 조건을 자신의 덕으로 공을 돌리는 것도 공분을 산다. 식물은 자기 혼자의 힘으로 생존할 수 없다. 초목이 생존하기 위해서는 흙과 물 그리고 이들의 생태적 그물망을 형성하는 지의류(균류와 조류를 포함) 등이 있어야 한다. 특히 지의류는 식물과 밀접하게 공생 관계를 형성하고 있다. 따라서 초목을 설명할 때는 이런 생태망을 함께 고려해야 한다. 을목도 그렇다. 을목의 생존력은 그와 연계된 보이지 않는 존재들에게 적지 않은 신세를 지고 있다. 명리학 고전에서도 을목은 갑목을 의지한다고 했다. 큰 나무가 옆에 있으면 휘감아 오르기 때문이다. 을목의 의존적 특성을 잘 설명하는 구절이다. 따라서 을목이 공생과 연대로부터 얻은 이익을 자신의 능력 때문이라고 주장하는 순간 주변의 존재들로부터 고립될 수밖에 없다.

### ④확장과 접속

이런 딜레마를 벗어날 수 있는 열쇠는 아이러니하게도 을목의 성향 안에서 찾을 수 있다. 휘감아 오르며 끝없이 외부로 향하는 리좀적 침투력과 변이의 능력을 작은 이익을 위해서가 아니라, 새로운 돌파구를 만들고 다른 관계성을 만드는 데 쓸 수 있다면 말이다.

나보스키가 공항 직원들에게 신뢰와 존경을 받게 된 사건이 있었다. 나보스키의 이웃 나라에 사는 한 남자가 아버지에게 줄 약을 사들고 공항검색대를 통과하다가 잡혔다. 규정상 처방전이 없는 약은 통과될 수 없었다. 약을 뺏기게 될 상황에서 그는 난동을 부렸다. 약을 뺏기지 않으려 칼까지 들고 저항했다. 이때 국장이 통역을 위해 나보스키를 불렀다(그동안 나보스키는 살기 위해 영어를 익혔다. 과연 뛰어난 생존력이다). 나보스키는 그와 여러 이야기를 나눴다. 그 과정에서 그 남자는 칼을 내려놨고, 순간 경찰이 그를 덮쳤다. 약을 뺏기고 울부짖으며 끌려가는 그의 뒷모습을 보고 있던 나보스키가 갑자기 사람들을 멈춰 세웠다. 그러고는 자기가 잘못 들었다고 주장했다. 사실은 그 약이 아버지 약이 아니라 염소 약이라고. 크라코지아에선 '아버지' 발음이 '염소'처럼 들린다고 했다. 그는 입국 서류에서 동물용 약품은 허가증이 필요 없다는 규정을 생각해 낸 것이다. 결국 그 남자는 그 약을 가지고 귀국할 수 있었고, 나보스키는 국장의 미움을 잔뜩 샀다. 을목은 이런 식으로 제도나 규정의 허점을 잘 찾아낸다.

정의감은 누구에게나 있다. 금에게만 있는 것이 아니다. 을목은 정의감도 이렇게 실천한다. 좀 우스개를 섞어서 말하자면, 이럴 때 갑목은 인륜이 먼저지 규정이 먼저냐면서 집요하게 따져 물을 것이고, 병화는 이 사람을 끌고 가려면 내 목을 먼저 치라고 무력시위를 할 것이다. 신금은 불합리한 제도 개선을 위해 국회와 해당 관청에 민원을 넣고, 임수는 국장의 어깨에 손을 얹고 좋은 말로 계속 설득하려 할 것이다. 한편 계수는 이런 급박한 상황을 만들지 않는다. 이미 국장과 친분을 쌓아 놓은 상태라 뒤에서 조용히 독려하여 그를 풀어주고 상황을 종료시킬 것이다.

이와 같은 을목의 예리한 시선은 정해지지 않은 길을 만들어 가는 넝쿨의 본능을 닮았다. 지형지물에 따라 넝쿨의 길이 정해진다. 저항하는 남자에게 주어진 길은 두 가지다. 다시 뉴욕으로 돌아가 처방전을 구해서 오든가(아마도 그런 경로는 불가능할 것이다), 약을 포기하고 비행기를 타든가. 나보스키는 그 사이의 길을 냈다. 비록 거짓말이었지만 아무도 다치지 않았고 약도 가져갈 수 있었다. 물론 나보스키는 그 행동으로 인해 불이익을 받았다. 하지만 그는 그 특별한 능력을 자기의 작은 이익을 도모하는 데 쓰기보다는 자신을 더 넓은 공생의 장으로 **침투**시키는 데 사용했다. 국장은 더욱 그를 괴롭혔지만 공항 직원들은 모두 그의 편이 되었고 그를 응원했다. 심지어 국장의 수하인 경찰들까지.

나보스키는 지루하게 반복되는 공항의 일상에 담쟁이처럼 침투했다. 담쟁이는 하얗게 칠해진 모던하고 단정한 벽들을 무질서한 그들의 분지들로 덮는다. 그리하여 벽은 더 이상 외부를 차단하는 경계로서가 아니라 담쟁이로 덮여진 원시의 둔덕 혹은 언덕이 된다. 벽은 넘어서는 안 되는 금기의 대상이지만, 언덕은 너머의 세계를 탐색하고픈 욕망의 대상이 된다. 나보스키는 침투력과 생존력을 일부는 자신에게 그리고 나머지는 사람들을 위해서 썼다. 타인을 위해 사용한 것은 윤리적 미덕일 수도 있지만 을목의 또 다른 삶의 방식, 즉 자기의 영토를 넘어서 공생의 장 안으로 섞여 들어가고자 하는 침투의 욕망을 따르는 것이기도 하다. 마치 담쟁이가 뿌리를 내린 곳에 머무르지 않고 끊임없이 영역을 벗어나 다른 존재와 섞이려 하는 것처럼 말이다. 을목은 그 **확장과 접속**의 본능을 닮았다. 그 본능을 따르지 못했을 때 을목은 공허하고 아프다. 자기의 생존을 위해선 영역을 지켜야 한다. 그러나 생존이 위협되지 않아도 주택 구입, 자식 교육, 노후 준비 등 여러 이유를 들어 자기의 이익을 지속하려 한다. 그럴수록 관계는 더욱 고립되고 몸과 마음은 답답해진다. 나보스키는 '수전노'와는 반대의 길을 갔다. 그것은 어쩌면 을목의 반대 성향이 아니라 을목의 힘을 다른 방식으로 변용한 것일지도 모른다. 즉, 사욕과 고립이 아니라 공생과 자유의 길을 열었던 것. 그것은 많은 을목들이 도전해야 할 사유의 모험이며 동시에 그들의 본능을 찾는 것일지도 모른다. 그건 선택의 문제다.


#### ⑤ 유연한 추진력

을목도 목에 배속된다는 점을 잊어서는 안 된다. 그래서 목의 속도와 추진력을 공유한다. 하지만 그 정도가 매우 유연하다. **유연한 추진력**이라고나 할까. 사람들을 이끌어갈 때도 갑목과는 다른 특유의 **섬세함**이 있다. 항상 주변 사람들을 소소하게 챙기면서 **융통성** 있게 분위기를 맞춰 간다. 또한 따뜻하고 **온유**한 성정을 가지고 있기 때문에 사람들이 쉽게 마음을 연다. 하지만 **행동보다는 말**이 앞서고 뒤끝을 깔끔하게 처리하지 못하는 편이라 신뢰를 쌓기가 쉽지는 않다.

## 병화(丙火)의 기호

| 병(丙) | 화의 기호 | |
|---|---|---|
| | 태양,<br>용광로,<br>산불 | 질서와 혼돈 : 명료함, 도취, 무모함, 맹렬<br>함, 혁명, 극단, 아폴론과 디오니소스<br>가속성 : 번영, 열정, 체력 소진, 마무리<br>부족<br>실수 : 사건 사고<br>도전 : 다이내믹한 운명, 빛 |

병화(丙火)는 오행상 화(火)에 배속되므로 화의 기호가 생성하는 의미의 일부를 공유한다. 즉, 열정과 자신감이 넘치고 자기본위로 삶의 방향을 결정하며 배짱이 있고 단충적이다. 정화에 비해서는 화의 강렬함이 더 강하다고 볼 수 있다.

### ①아폴론과 디오니소스

병화는 태양과 용광로의 이미지를 갖고 있다. 태양은 어둠을 밝혀 **질서**를 만들고 생명을 유지시킨다. 용광로는 이글거리는 불덩이 안으로 웬만한 물건들을 다 녹여 버리는 **혼돈**의 상징이다. 태양은 **명료함과 질서와 절도**\*라는 양적(陽的)인 분면으로, 반대로 용광로는 분리되고 명료해진 것들을 합쳐 버리는 무질서함, 어둠 속에서 **맹렬하**게 타오르는 **도취와 무모함**, 그리고 기존의 세계를 녹여 다시 제련하

---

\* 질서와 절도는 분별하고 구획하는 명료함을 바탕으로 하기 때문에 양적인 측면이라고 보는 것이다.

려는 **혁명** 등으로 상징된다.

멜 깁슨이 열연했던 〈브레이브 하트〉는 스코틀랜드의 민족적 우상인 '윌리엄 월리스'의 실화를 재현한 영화다. 영화 속 그의 삶과 행보가 병화를 닮았다. 13세기 말, 스코틀랜드는 잉글랜드의 전제군주인 롱섕크의 탄압을 받고 있었다. 월리스는 스코틀랜드의 독립을 위해 저항군의 지도자가 되어 잉글랜드와 전쟁을 시작한다. 월리스는 영주의 폭정에 아버지와 아내를 잃었다. 그의 저항은 처음엔 가족을 잃은 맹렬한 복수심으로부터 시작되었다. 복수는 구체와 명료함의 세계를 하나로 녹여 버리는 용광로와 같다. 그것은 법과 질서, 이성의 균형을 무너뜨리는 도발과 도취의 감정이다. 하지만 그의 저항은 마을, 그리고 스코틀랜드의 자유를 위한 투쟁으로 확대되어 갔다. 큰 규모의 투쟁에는 반드시 조직을 이끌 수 있는 질서와 지략 그리고 비전이 필요하다. 그것은 광활한 대지를 비추어 사물을 명료하게 드러내는 태양을 닮았다.

니체의 용어를 빌려 설명하자면, 병화의 이런 두 가지 성향은 무모함과 충동, 전율과 흥분의 **디오니소스**(용광로)적인 측면과 명료함, 질서, 법률, 아름다운 꿈(가상)으로 상징되는 **아폴론**(태양)적인 측면이라 할 수 있다. 니체는 『비극의 탄생』에서 그리스인들의 예술은 "아폴론적인 것과 디오니소스적인 것의 이중성과 결부되어 있다"프리드리히 니체, 『비극의 탄생』, 박찬국 옮김, 아카넷, 2007, 47쪽고 말했다. 그에 의하면, '아테네의 비극'이 훌륭한 것은 이 두 가지의 요소가 다 들어 있기 때문이다. "디오니소스적인 것과 아폴론적인 것은 항상 새롭게 잇달아 탄생하면서 서로를 고양"같은 책, 85쪽시킨다. 아폴론은 질서정연하고 윤리적이며 평정한 세계다. 니체는 이런 세계를 일종의 꿈이라고 말한다.

진짜 리얼한 세상은 어둡고 고된 혼돈의 심연이다. 아폴론적인 것은 이런 어둠의 세계를 아름다운 가상의 세계로 바꿔 놓는다. 당면한 고된 현실로부터 인간을 개인의 공간으로 도피시키는 것이다. 반면, 디오니소스는 가상적 미봉책의 베일을 벗겨 내고 직면한 현실에 직접 참여할 수 있게 한다. 그러나 디오니소스적인 것은 질서와 윤리를 부수고 전율과 황홀감에 도취되기 때문에 주체를 어두운 혼돈의 심연으로 들어가게 한다. 그것은 일상과 조직을 위협할 만큼 극도로 거칠고 위험하다. 때문에 여기서 다시 아폴론적인 것이 요구되는 것이다. 길도 없고 지도도 없는 거친 평야, 거기가 실재하는 디오니소스의 세계다. 하지만 또 살아가기 위해서는 길을 내고 지도를 만든다. 그것이 질서화되면 아폴론적인 세계가 혼용되는 것이다. 그렇지만 그것이 가상의 질서임을 깨닫고 또 다시 디오니소스의 대지로 미끌어진다. 이것이 디오니소스적인 것과 아폴론적인 것이 새롭게 잇달아 탄생하는 것이다.

병화는 이 두 성향을 **극단**으로 치닫게 하는 경향이 있다. 아폴론적인 질서와 디오니소스적인 일탈이 서로 길항하며 조화와 균형을 이루기보다 한편에서는 새로운 질서로 구현될 유토피아적 세계를 꿈꾸고, 한편으론 도취와 전율의 광란으로 일상을 몰아간다. 어느 때는 규율과 질서에 따른 공정함과 안정성의 명분을 주장했다가, 어느 때는 혁명이라는 이름으로 무모한 일을 벌이기도 한다. 그래서 병화에겐 이 둘을 어떻게 섞을 것인가 하는 과제가 주어져 있다.

### ②가속성

병화는 추진력이 매우 강하고 속도도 빠르다. 포기도 빠르다. 안 되겠다 싶으면 빨리 손을 뗀다. **가속성**은 사회적 경쟁에서 유리하다. 또한 사유와 행동의 속도가 빠르면 **열정**을 고양시키고 의욕을 추동시키기도 한다. 이런 효과는 사회적인 **번영**을 가져올 가능성을 높인다. 특히 해야 할 일이나 좋아하는 일은 밤을 새서라도 끝장을 보는 열정을 가지고 있는데, 그러다가 **체력을 심하게 소진시키거나 병을 얻기도** 한다. 체력이 고갈되면 **마무리가 잘 안 된다**. 번아웃이 되지 않도록 일의 양을 조절하는 것이 필요하다.

### ③실수

가속도는 일상에서 다양한 **실수**를 일으킨다. 사소한 말실수에서부터, 남녀 문제, 심지어 폭력 사태에 이르기까지, 크고 작은 **사건 사고**가 끊이지 않는 편이다. 꼭 일간이 아니더라도, 원국에 한 개만 있어도 앞선 감정과 판단 때문에 섣부르게 무언가를 저지르고 난 뒤에야 실수를 알아차린다. 또 병화는 금방 타올랐다 꺼지는 불이라, 실수에 대해 금방 잊어버리거나 실수라고 생각하지 않는다. 병화는 그런 타고난 정신력(?) 덕분에 기억이나 상처에 연연하지 않을 수 있다. 하지만 동시에 성찰을 통한 자기 객관화의 기회를 매번 놓칠 수 있다는 한계도 있다. 자기 실수에 대해 과도하게 의식하고 죄책감을 갖는 것도 문제지만, 반복된 실수를 꼼꼼하게 들여다보지 않는 것은 자기 삶에 대한 직무유기이고 교만한 자세다.

### ④도전

병화는 도전 정신이 강하다. 사람들은 쉽게 도전하지 않는다. 도전을 가로막는 많은 장애물들을 의식하기 때문이다. 병화는 도전하려는 마음이 일어나면 장애물에 크게 구애받지 않는다. 그건 나중에 생각할 일이라 여기고 당장 모험을 감행한다. 그것도 한 번도 겪어 보지 못했던 전혀 다른 길로 뛰어드는 경우가 많다. 정치판, 공동체, 공부, 귀농, 예술, 사업 등 분야도 다양하다. 그 과정에서 사건 사고가 계속 일어나겠지만 그 도전 정신은 자신의 **운명을 다이내믹하게** 만들고, 다른 사람에겐 **용기와 빛**이 된다. 임수의 도전도 거침이 없다. 하지만 임수는 매우 현실적인 계산 위에서만 그 모험을 실행한다는 점에서 병화와 다르다. 이런 차이 때문에 병화는 사건이 많고, 임수의 모험은 그렇게 짜릿하진 않다.

## 정화(丁火)의 기호

| 정(丁) | 화의 기호 | |
|---|---|---|
| | 촛불, 달빛, 조명 | 예(禮) : 밝음, 친절, 배려, 형식적 법도, 법식과 절차, 반목, 범주화된 예법<br>희소성 : 한정된 공간, 쾌활함, 빛<br>미시 권력 : 권력욕, 의존적, 대리자, 위험한 유혹<br>뜨거운 내면 : 삶의 추동력, 화병의 불씨 |

정화(丁火)도 병화와 같이 화에 배속되기 때문에 화의 의미를 일부 공유한다. 다만 병화보다는 화의 맹렬함이 상대적으로 약하고, 밝고 따뜻한 느낌이 더 많다. 그러나 내면에는 다혈질적인 화의 본성이 잠재되어 있다는 것을 놓쳐서는 안 된다. 화의 특성 중 분석하고 교육하는

분면의 성향이 두드러지고 예의와 질서를 중요시한다.

### ①예(禮)와 형식

정화는 **예(禮)**와 **배려**의 아이콘이다. 처음 사람을 대할 때부터 **밝고 친절**하고 따뜻하다. 병화의 첫인상과는 다르다. 병화는 정화보다 더 솔직하고 강렬하다. 그 강렬함이 크게 드러날 때는 조금 불편하게 느껴지기도 한다. 그에 비해 정화는 자기를 낮추고 상대를 돋보이게 하며, 상대가 편안한 마음을 갖도록 배려한다. 그러나 몸에 배어 있는 이런 따뜻한 예절이 다 진심에서 우러나오는 것은 아니다. 그렇다고 거짓된 행동이라고 말하기도 어렵다. 몸에서 이런 **형식적 법도**가 습관적으로 반응하는 것이다. 예의 속성이 그렇다.

"예라는 글자 속의 풍(豐)은 제기(祭器)를 나타내며, 예의 기원은 신들에 대한 제사이고, 나중에 인간관계 전반을 규율하는 것으로 의미가 확대되었다고 설명해 왔다."미조구치 유조 외,『중국 사상 문화 사전』, 김석근 외 옮김, 책과함께, 2011, 438쪽 이런 기원으로부터, 예는 제도와 정책, 신분 질서 등의 정치·사회 관계의 형식적 상징으로 사용되었다. 즉, 예는 형식적 절차와 법식을 가장 중요한 가치로 둔다. 정화도 **법식과 절차**를 중요하게 여긴다. 이러한 습관은 사회생활에서 매우 유리하게 작용할 때가 많다. 사람들에게는 질서를 중요하게 여기는 사람은 어디를 가나 기본은 한다는 무의식적인 신뢰가 있기 때문이다.

하지만 법식과 절차가 모든 관계에서 우호적으로 작용하는 것은 아니다. 특히 인간관계라면 문제가 좀 다르다. 정화에게는 인간관계도 하나의 예법이다. 우정에 대한 예법, 사랑에 대한 예법, 공부에 대한 예법. 그런데 자기 안의 예법에서 벗어나는 경우엔 갈등이 유발

된다. 자기 법도를 지켜 가는 것을 문제 삼을 필요는 없다. 그러나 그것을 상대에게 강요하는 순간, **반목**이 시작된다. **예법**은 진리가 아니라 어떤 조건 안에서 **범주화**된 것일 뿐이다. 개인적으로 내면화한 법도와 절차를 마치 누구나 지켜야 하는 진리인 것처럼 다른 사람들에게도 그 윤리를 강요하거나 회유하게 된다. 그 노력이 잘 먹히지 않을 때, 큰 스트레스가 따른다. 정화의 인간관계는 이 지점에서 발목을 잡히는 경우가 많다.

### ②희소성

태양이 광활한 대지를 비추는 반면, **촛불**과 **조명**은 **한정된 공간**만을 비춘다. 이런 **희소성** 때문에 대낮의 태양에 대해 감사하기보다 한밤중의 등불이나 촛불을 더 중요하게 느낀다. 필요한 곳에 등장하여 스스로 빛이 되는 것, 그것이 정화의 본성이다. 정화가 병화보다 더 밝아 보이고 **쾌활**해 보이는 이유이기도 하다. 빛이 인식 가능한 한정된 공간에 집중되기 때문이다. 어찌 보면 참 현실적이고 실속 있는 빛이라 할 수 있다. 빛나야 할 곳에서 빛이 되는 이런 정화의 속성은 일본 영화 〈간장 선생〉을 떠오르게 한다.

〈간장 선생〉의 배경은 일본의 항복을 눈앞에 둔 1945년, 일본의 어느 섬마을이다. 여기서 의사로 활동하고 있는 아카기의 별명이 바로 '간장 선생'이다. 당시 유행성 간염이 국민의 주요 사망 원인이었던 때라, 진료할 때마다 '간염'이라고 진단을 내려서 붙여진 별명이다. 아카기는 발로 뛰는 의사다. 여기저기 아픈 사람들 때문에 그는 늘 뛰어다닌다. 그는 작은 시골 마을의 의사이면서도, 마음 한편에는 간염균의 원인을 밝혀내고 간염을 정복하려는 거시적인 열망을 가지고 있었다. 그 열망은 군의관으로 전쟁에 나간 아들이 전사를 하면서 더욱 불타오른다. 아카기는 아들의 전사 소식과 함께 간염의 원인을 알아냈다는 아들의 편지를 받게 된다. 그는 죽은 아들에게 맹세했다. 남은 여생을 간염 박멸에 헌신할 거라고. 그는 현미경을 구입해서 간염 연구를 시작한다. 표본을 채취하기 위해 간염으로 죽은 사람의 시신을 무덤에서 파내는 일도 서슴지 않는다. 연구가 계속되던 어느 날, 다카하시 할머니가 아프다는 전화를 받았다. 그는 부서진 현미경을 다시 구하러 가려고 왕진을 내일로 미뤘다. 하지만 그날 밤 다카하시 할머니는 죽는다. 그는 절망했다. 아들의 제단 앞에서 그는 이렇게 독백했다. "이치로, 뭐가 뭔지 모르겠어. 이제 난 어쩌면 좋을지 정말 모르겠구나." 그때 누군가 문을 두드린다. 건너편 섬에 사는 여자아이다. 아버지가 다 죽어 간다고 밤중에 바다를 건너왔다. 그것도 미군 비행기를 피해 배 밑에서 바다에 몸을 숨기면서 온 것이다. 아카기는 현미경을 창밖으로 내던진 뒤 왕진가방을 들고 길을 나선다. 그의 방에 걸린 액자에는 이런 문구가 쓰여 있었다.

"개업의는 발이 생명이다. 한 다리가 부러지면 다른 다리로 달리고 두 다리가 부러지면 손으로 달리고 죽기 살기로 달리고 또 달리고 죽을 때까지 달려야 한다."

만일 아카기가 간염 연구를 계속했다면 더 많은 사람들을 살릴 수도 있었을 것이다. 거시적인 가치도 중요한 것이다. 그러나 아카기에게는 눈앞의 환자가 더 소중하다. 죽어 가는 환자에게는 큰 태양도 필요하지만 지금의 어둠을 밝혀 줄 등불이 더 절실하다. 섬이라는 한

운명의 해석, 사주명리

정된 공간 안에 머물지만 누구보다 빛나게 살고 있는 간장 선생이 정화의 모습과 닮았다.

정화는 여러 모습으로 **빛**이 된다. 마을의 공동체를 만들기도 하고, 작은 규모의 세미나에서 빛나는 유머를 선물하기도 한다. 자신의 장기로 사람들을 즐겁게 하는 사람이 있는가 하면, 언론과 출판을 통해 숨겨져 있던 사실을 들춰내기도 한다. 단 그 규모는 크지 않고 소소하게 일어난다.

### ③미시적 권력

그런데 모두가 기댈 수밖에 없는 그 희소한 가치는 때때로 **권력의 욕망**을 부추긴다. 〈미스트〉는 SF 재난영화다. 갑자기 다른 차원의 공간이 열리면서 거대 괴물들이 마을에 나타나는데, 주인공과 그의 아들이 마침 슈퍼마켓에 갔을 때 괴물들의 공격이 시작된다. 바깥에 안개가 자욱하게 깔리고 사람들은 슈퍼마켓의 셔터를 내리고 그 안에서 피신하게 된다. 그리고 영화 대부분의 장면이 이 중형 슈퍼마켓에 집중되어 있다. 알 수 없는 괴물에 의해 사람이 죽고 사람들이 두려움에 떨고 있을 때, 한 여인이 성경구절을 외우며 사람들을 선동하기 시작한다. 처음에는 사람들이 그녀를 무시했지만 그의 불길한 예언이 현실이 되자 점점 그녀의 선동에 빠져들기 시작한다. 급기야 그녀는 사람들 중의 한 명을 예수를 팔아 넘긴 유다로 몰아 그를 괴물에게 희생제물로 바친다.

형식이 예를 일으키는 것과 같이, 한정된 희소가치는 스스로 몸값을 높인다. 정화의 등불과 같은 가치 역시 이런 한정된 공간에서 촘촘하게 권력화된다. 병화의 권력 욕망이 공간을 벗어나 거시적으로 작용한다면, 정화의 권력은 정교하고 미시적으로 행사된다. **미시 권력**은 거대한 힘에 **의존**되어 있다. 작은 공간의 권력자는 스스로 절대자임을 천명하려 하지 않는다. 더 큰 힘에 기대어 **대리자** 노릇을 한다. 감옥에서의 큰 힘은 법률과 규칙이며, 병원의 큰 힘은 병리이며, 학교에서의 큰 힘은 선생님 말씀이다. 교도관은 법칙에 의거하여 수감자들을 강제하고, 의사는 병리학적 이론을 토대로 환자들을 회유하고 협박하며, 반장은 선생님 말씀에 의거하여 아이들을 제압한다. 〈미스트〉의 광신도 역시 신의 이름으로 사람들을 선동한다. 미시 권력을 이용하는 자는 큰 힘의 대리인을 자처하며 큰 힘과 나머지 구성원 사이에 자신을 위치시킨다. 그런 위계적 구도 안에서 큰 힘에게는 의존하고 나머지 구성원들에게는 그 힘을 대리하여 안전하게 권력을 행사하려 한다. 간장 선생의 빛나는 노력도 권력을 얻는 순간 광신도가 될 수있다. 위대한 힘엔 **위험한 유혹**이 따른다. 그래서 힘을 가진 자에게는 항상 책임이 따르는 것이다. 만일 위계적이고 의존적인 굴레에 갇혀 있다고 생각된다면, 당당하게 홀로 자기의 길을 밝히며 한정된 공간을 떠나는 것이 정화의 운명적 과제다.

### ④ 뜨거운 내면

병화가 양화(陽火)라면 정화는 음화(陰火)다. 불은 기본적으로 양의 속성을 갖고 있다. 음적인 화라는 것은 그런 속성이 크게 드러나지 않고 잠시 숨겨져 있음을 의미한다. 그래서 정화는 표면적으로는 온화하지만 **내면엔 뜨거운 화염**을 가지고 있다. 그것은 성욕일 수도 있고, 음악이나 미술 등에 대한 열정일 수도 있다. 세상을 바꾸는 혁명적 실천이기도 하고, 학문이나 기술에 대한 발심이기도 하다. 이런 욕망들이 겉으로는 크게 드러나지 않지만 심연에서 폭발력을 발휘한다. 그리고 그 불꽃같은 경험은 어떻게 사용하는가에 따라 **삶의 근원적 추동력**이 되기도 하지만 **화병의 불씨**가 되는 경우도 있다.


## 무토(戊土)의 기호

| 무(戊) | 토의 기호 | |
|---|---|---|
| | 넓은 땅 :<br>산, 벌판, 넓고<br>척박한 땅 | 황무지와 야생초 : 척박, 이동, 거친 생명력, 우발적 상황, 넓은 스케일, 생존 기술, 개간, 면허<br>포용과 아집 : 교조적, 방식의 강요<br>진격의 리더십 : 높은 강도 요구, 큰 조직의 리더십, 융통성 부족<br>확장 : 신용, 무리수<br>끈기 : 공부, 외국어, 시험 |

무토(戊土)는 오행상 토(土)에 배속되므로 토의 기호가 생성하는 의미의 일부를 공유한다. 매개하고 조화하는 리더십을 발휘하거나 우직하고 성실한 성향이 그런 점들이다. 기토에 비해선 더 강한 양적 역동성이 있으며 그것이 우직함과 섞여 고집스러움으로 표현되기도 한다.


### ① 황무지와 야생초

무토는 **큰 산, 드넓은 벌판**에 비유된다. 사람의 손길이 닿지 않은 산과 벌판은 텃밭에 비해서 척박하다. 그러나 거기에도 야생의 나무와 풀들이 자란다. 야생의 생명들은 돌볼 필요가 없다. **척박**한 땅에서도 뿌리를 내려 강인하게 살아간다. **황무지와 야생초**. 이 두 개의 이미지가 무토 운명의 바탕이 된다. 황무지는 야생 그대로 펼쳐져 있다. 그곳은 정주의 공간이 아니라, 이동과 배회, 유목 혹은 유랑의 공간이다. 거기서 살아남으려면 야생초 같은 **거친 생명력**이 필요하다. 야생초는 멋있지도 않고 이름도 없다. 가혹한 환경에서 살아남기 위해 가장 실용적인 모습을 하고 있다. 어떤 일이 벌어질지 예측할 수도 없고 매번 **우발적인 상황**에 맞춰 생존해 내야 한다. 무토의 욕망과 운명은 이 황무지와 야생초의 관계로 설명할 수 있다.

『서유기』의 삼장법사로 알려진 중국 당나라의 고승 현장(玄奘). 그는 불교 경전을 가져오기 위해 627년 천축(인도)으로 떠났다가 인도에서 많은 경전과 불상을 가지고 645년 장안으로 돌아왔다. 그가 17년 동안 답파한 나라는 110개 국에 이른다. 그의 여정은 출발부터 쉽지 않았다. 26세 때 천축으로 떠나기로 하고 나라에 청원했으나 받아들여지지 않았고 우여곡절 끝에 "장안을 출발하여 양주 땅에 도착하자 황제의 칙령에 의해 강제소환을 당할 처지에 놓인다. 하지만 그는 이미 돌아갈 수 없었다. 결국 법을 어기고 국경을 넘는다".고미숙,『고미숙의 로드클래식, 길 위에서 길 찾기』, 북드라망, 2015, 90쪽 17년 동안 약 2,000km를 직접 걸어서 다녔다. 중앙아시아와 인도의 불교 유적지 가운데 그의 발길이 닿지 않은 곳이 없을 정도다. 갈 때는 고비 사막을 건넜고, 올 때는 타클라마칸 사막을 횡단했다. 도저히 걸어서 지날 수 없는 위험한 곳이다. 특히 타클라마칸 사막은 '죽음의 사막'이라 불린다. 현장의 전기인『대자은사삼장법사전』(大慈恩寺三藏法師傳)에는 이 사막을 지나며 겪은 고초가 실려 있다.

막하연(莫賀延)이라는 사막에 도착했는데 길이가 800여 리(1리는 약 450m)이며, 옛날에는 모래 강, 즉 사하(沙河)라고 불렀다. 위에는 날아다니는 새도 없고 아래는 달리는 짐승도 보이지 않으며 물과 풀도 전혀 없었다. 이때는 나의 그림자만을 바라보며 오직 관음보살과 『반야심경』을 외웠다. …… 백여 리를 가다가 길을 잃어 야마천(野馬泉)을 찾았지만 찾을 수 없었다. 푸대의 물을 따라 마시려고 했는데 그것이 무거워서 손을 놓쳐 엎어지고 말았으니, 천리 길에 필요한 것이 일순간에 텅 비어 버리고 말았다. 어디로 가야 할지를 몰라서 동쪽으로 발길을 돌려 제사봉(第四烽)으로 가려고 십여 리를 갔다. 그러다가 이런 생각이 들었다. "천축에 이르지 않으면 동쪽으로는 한걸음도 되돌아가지 않겠다고 발원(發願)했었는데 지금 어찌하여 돌아가는가? 차라리 서쪽으로 가다가 죽을지언정 어찌 동쪽으로 돌아가 살겠는가!" 이에 고삐를 돌려 관음보살을 되뇌며 서북으로 전진했다.강신주 외, 『동양의 고전을 읽는다』, 휴머니스트, 2006, 322쪽에서 재인용

현장은 오직 불법 하나만 생각했다. "불법(佛法)을 위해 불법(不法)을 감행"고미숙, 앞의 책, 90쪽했고, 죽음을 무릅쓰고 사막을 건넜다. 그것이 이웃 나라에 있었다면 좀 편하게 가져왔을지도 모른다. 아니면 멀리 인도에 있다 해도 교통수단이 발달했었더라면 수월하게 다녀왔을 것이다. 하지만 그 불법과 경전의 가치가 빛나는 것은 죽음의 사막을 포함하고 있기 때문인지도 모른다. 『서유기』에서도 삼장법사 일행은 81난을 다 채워야 불경을 가져갈 수 있었다. 사막 한가운데 이르면 되돌아갈 수도, 주저앉을 수도 없다. 다시 걷는 수밖에 없다. 궁극

의 도와 법은 천축이 아니라 그 걸음 하나하나에서 일어나고 있다. 어쩌면 현장에게 더 중요했던 것은 불경이 아니라 사막이었는지도 모른다. 고생 끝에 얻은 불경은 일종의 덤이다. 사막을 건너는 것은 고행이라기보다 욕망의 실현에 가깝다. 시킨다고 할 수도 없고, 참아내는 것만으로도 어렵다. 황량하고 위험한 대지를 모험하려는 시도는 욕망에서 나온다. 나는 현장법사도 그런 기질을 가졌다고 본다. 불경스런 말일지 모르지만, 불법을 향한 강렬한 신심 저변엔 황무지를 건너고 다른 세계를 체험하고 싶은 무의식적 욕망이 깔려 있지는 않았을까.

이런 성향의 욕망이 무토에 가깝다. 무토의 욕망은 척박하지만 넓은 황무지를 향한다. 기토가 땅의 크기보다 비옥함에 초점을 두는 것과는 다르다. 좁은 환경은 **넓은 스케일**의 무토에겐 너무 답답하다. 그래서 거칠지만 넓게 바라볼 수 있는 황무지를 선호한다. 좁고 넓다는 것에는 비단 공간뿐 아니라 대인 관계망, 업무 범위, 사유, 지식 등 그가 관계하는 모든 대상을 포함한다. 황무지에서 살아가려면 척박함을 이겨 내는 야생초 같은 **생존 기술**이 필요하다. 무토는 스스로 황무지를 **개간**해서 생존할 수 있는 능력을 갖추고 있다. 예컨대 시험을 통해 **면허**, 자격을 얻거나 직업을 구하고, 외국어나 기술을 터득해서 생존 기반을 닦아 놓으려 최선을 다한다. 꼭 직업과 관련된 것이 아니더라도, 거친 환경에서도 버티어 낼 수 있는 내공을 키우려 한다.

### ② 포용과 아집

무토는 포용의 아이콘이다. 대지의 넓은 스케일을 닮은 까닭이다. 대지에는 야생화와 같이 기획되지 않은 것들이 태어나고 소멸한다. 무토의 **포용** 대상은 이렇게 예측할 수 없는 많은 것들이다. 무토는

운명의 해석, 사주명리

어떤 사건도, 어떤 사람도 수용할 자세가 되어 있다. 하지만 받아들이고 처리하는 방식은 매우 견고하며 고집스럽다. 처음엔 친절하다가 어느새 **교조적인** 자세로 변하거나, 사람들의 의견을 열린 마음으로 받아들이지만 해결하는 방식은 **자신의 방식을 강요**한다. 또는 충고를 진심으로 경청하면서도 습관을 바꾸지 않기도 한다. 그 주장과 습관이 너무 강해서 때론 포용적인지 **아집**인지 가늠이 안 될 때도 있다.

### ③진격의 리더십

무토의 리더십은 불도저 같다. 척박한 땅에서 몸소 얻어 낸 생존의 기술로 무리를 이끈다. 그 경험치 안에선 무토의 선택이 언제나 적절하다. 그러나 때론 그런 리더십이 구성원들에겐 가혹할 때가 있다. 척박한 땅에서 살아남기 위한 전략은 강도가 세기 때문이다. 그래서 무토는 **구성원들에게 요구하는 수준이 높다.** 그러나 누구나 척박한 환경에 있지 않다. 일의 완성도에 대한 감각도 다 다르다. 무토는 이것을 잘 이해하지 못한다. 기왕이면 잘 해야지, 왜 그렇게 하느냐고 다그친다. 무토의 **융통성 없고** 불도저 같은 리더십을 잘 따르는 구성원은 장족의 발전을 이룰 것이다. 그러나 신체적으로 잘 맞지 않는 사람은 같이 일하기 힘들 수도 있다. 그리고 무게감에 비해서 의외로 잔소리가 많은 것도 아랫사람을 피곤하게 할 수 있다. 그러나 토 특유의 균형감과 조율의 능력을 잘 살릴 수 있다면 많은 구성원들을 잘 관리할 수 있다. 큰 조직에서 필요로 하는 리더십이다.

### ④확장

땅은 **신용**의 상징이다. 콩 심은 데 콩 난다. 팥이 날 리가 없다. 믿고 기다리면 심었던 씨앗이 싹을 틔운다. 그런데 무언가를 심을 수 있는 땅은 무토가 아니라 기토(己土)에 해당한다. 기토에서는 의도했던 것을 기대할 수 있다. 무토는 척박한 벌판이기 때문에 무엇을 심거나 하는 일이 없다. 그냥 자연적인 조건에서 우연히 생겨난다. 그래서 무토의 신용은 의도했던 것을 기대하기 어렵다. 무토는 늘 타자가 기대했던 것 이상이나 이하를 보여 준다. 무토는 자기에게 주어진 임무를 시키는 대로 하기보다, 새롭게 **확장**하고 기획하여 더 풍부하고 완벽하게 세팅된 구조로 내놓으려 노력한다. 그러나 무토는 척박한 땅이기 때문에 의도한 것이 생각대로 잘 완성되는 편은 아니다. 그래서 힘에 부친 나머지 종종 중간에 그만두는 일도 있다. 또는 일을 성사시키기 위해 과도한 힘을 사용하기도 하는데, 그 과정에서 **무리수**를 두는 경우도 많다. 그 결과 건강을 잃기도 하고 관계에 문제를 일으키기도 하며 돈을 과도하게 쓰기도 한다.

### ⑤ 끈기

무토의 속도는 느리다. 토의 성향이 그렇다. 심고 거두는 동안 기다림의 시간이 필요하듯, 무토는 한 템포 느리게 반응하고 판단한다. 그 대신 무토는 끈기라는 강점을 가지고 있다. 어떤 결심을 하면 끝까지 밀어붙여 반드시 하고자 하는 것을 이루고야 만다. 특히 끈기는 **공부**를 하는 데 아주 유리한 덕목이다. 번뜩이는 재치나 아이디어보다는 지구력으로 승부를 본다. 이런 성향은 **외국어**나 장기간 준비가 필요한 **시험**(국가고시 등)에 강한 면모를 나타낸다. 이런 공부는 특별한 재능보다 끈기가 필요하다.

## 기토(己土)의 기호

| | 토의 기호 | |
|---|---|---|
| 기(己) | 좁고 비옥한 땅 : 텃밭, 정원 | 영역의 한계 : 안정감, 자기 관리, 변수 통제, 약한 대처력<br>가치의 최대화 : 자긍심, 화병<br>정착과 작은 시도 : 정착, 디테일<br>수동적 대인 관계 : 좁은 시야<br>카운슬러 : 상담, 종교인, 비밀, 상처 투사 |

기토(己土) 역시 무토와 함께 토에 속하기 때문에 토의 의미를 일부 공유한다. 기토는 무토에 비해 양적 역동성은 약하나 무토보다 훨씬 안정적으로 매개하고 조화하는 능력을 가지고 있다. 기토 역시 성실하고 신용이 있으며 기다릴 줄 아는 여유 혹은 답답함을 가지고 있다.

### ①영역의 한계

기토는 **텃밭**이나 **화분의 흙**에 비유할 수 있다. 기토는 무토의 척박함과는 다른 **비옥한 땅**이다. 계획한 대로 무엇을 심을 수도 있고, 의도한 대로 거둘 수 있다. 그런데 비옥한 대신 땅의 사이즈가 작다. 척박하지만 광활한 무토와는 상황이 반대다. 기토는 한정된 땅 안에서는 자기의 역량을 최대로 발휘할 수 있다. 그러나 그 영역을 빠져나가면 제 힘을 잘 쓰지 못한다. 그것은 실력이 부족해서라기보다는 자신감이 떨어지기 때문이다. 그래서 **좁은 영역**을 고수한다. 그것이 항상 자신에게 유리하게 작용할 거라는 생각에서다. 그러한 기토의 특성을 단편적으로 보여 주는 영화의 한 장면이 있다.

〈로마 위드 러브〉는 우디 앨런이 만든 로맨틱 코미디 영화다. 옴니버스식 구성으로 다양한 에피소드가 등장한다. 그 중 재미있는 에피소드 하나. '지안칼로'는 로마에서 장의사를 하는 인물이다. 그는 샤워를 하면서 노래하길 좋아한다. 우연히 이 노래를 들은 오페라 디렉터인 제리(지안칼로의 사돈)가 그에게 무대 공연을 제안한다. 여러 번의 거절 끝에 그는 오디션을 보기로 결정한다. 마침내 지안칼로는 공연 관계자가 참석하는 오디션을 보러 갔다. 그러나 기대와 달리 샤워할 때만큼의 목소리가 나오지 않았다. 제리와 지안칼로는 모두 실망했고 다시 집으로 돌아왔다. 그런데 집에 돌아와 샤워를 하면서 노래를 다시 불렀을 때, 다시 그의 멋진 목소리가 울려 퍼졌다. 순간 제리는 묘안을 생각해 낸다. 제리는 지안칼로의 데뷔 무대에 샤워 부스를 설치했고, 지안칼로는 사람들 앞에서 샤워를 하며 노래를 불렀다. 공연은 성공적이었다. 우스운 소재이긴 하지만 이 장면은 기토의 영토성을 잘 설명해 준다.

한정된 영역은 **안정감**을 준다. 기토는 이 안정감 속에서 자신의 영역을 더욱 비옥하게 만드는 데 노력한다. 그래서 기토는 **자기 관리**도 잘하는 편이다. 그러나 시절은 항상 변수를 동반한다. 어떤 변수는 피하거나 막을 수 없는 큰 힘으로 오기도 한다. 안정감과 비옥함의 욕망이 변수를 반길 리 없다. 그래서 기토는 늘 **변수를 통제**하려고 노력을 하는 데 에너지를 많이 쏟는다. **주변 상황에 대한 대처 능력이 떨어지기** 때문이다. 물론 변수를 돌이킬 수 없을 때 기토도 수긍을 잘 하는 편이다. 하지만 그 과정에서 이미 많은 스트레스를 겪게 된다. 안정을 추구하려는 욕망과 변수에 대한 번뇌는 동전의 양면처럼 붙어 다닌다. 그것은 스스로 만든 감옥과 같다. 비옥한 땅을 일구고 그 땅이 안정적으로 지속되길 원하는 자는 목책을 쌓고 스스로 갇힌다. 비옥하지만 비좁다. 그것을 지키려는 안간힘이 자기를 가두기 때문이다.

### ②가치의 최대화

그렇기 때문에 기토는 한정된 공간에서 더 많은 이익을 창출하기 위해, 그 땅의 **가치를 최대화**시킨다. 열심히 밭을 갈고 거름을 주어 땅을 더 비옥하게 만든다. 그리하여 땅은 좁은 면적에 비해 많은 수확을 기대할 수 있게 된다. 그래서 기토는 자기의 텃밭에 대한 **자긍심**이 크다.

그러나 아무리 비옥하다 해도 밖에서 볼 땐 그저 평범한 땅일 수 있다. 더구나 거기에 건물을 세우거나 다른 용도로 땅을 사용한다면 비옥함의 가치는 퇴색될 수 있다. 기토 입장에선 이 땅이 얼마나 가치 있는 땅인지에 대해 강조할 것이다. 그러나 건물을 세우는 입장에선 그 땅에서 작물이 어떻게 자라는지 별 관심이 없다. 어차피 땅을 파고 골조를 세워야 하기 때문이다. 여기서 의견 차이가 생긴다. 무토의 경우는 땅이 넓고 척박하기 때문에 자기 땅에 대한 가치를 적절한 수준에서 결정하지만, 기토는 그 땅에 자신의 개인적인 열정과 감정을 투사한다. 그래서 그 가치가 인정되지 않으면 스트레스를 많이 받는다.

예를 들어, 같은 일을 시켜도 기토는 매우 꼼꼼하고 정확하게 처리하려고 하며, 거기에 덧붙여 좋은 성과까지 내려고 최선을 다한다. 상사의 입장에선 일을 잘하니 참 기특하다. 그러나 그 일을 아무리 잘했다 하더라도 매번 그 이상의 가치를 인정하기 어렵다. 오히려 그렇게까지 잘할 필요가 없다고 말해 주고 싶다. 그렇게 해봐야 급여를 더 주는 것도 아니니, 무리하게 에너지를 낭비하지 말라고 말이다. 부담스럽기는 동료의 입장도 마찬가지다. 기토가 너무 잘하다 보니 상대적으로 위축감이 든다. 이래저래 기토의 설 자리는 좁아진다. 이것이 기토의 딜레마다. 자기는 열심히 한 것밖에 없는데 결과는 비참하다. 억울하고 답답하다. 그래서 **화병**이 잘 생긴다. 화병은 울증과 화증의 결합으로 생긴다. 울증은 무언가가 꽉 막혀 있는 것이다. 잘했는데 욕을 먹는 것 같아 억울한 마음이 생기고 그것이 가슴에 맺히는 것이다.

### ③정착과 작은 시도

이러한 딜레마를 해소하려면 시야를 넓히고 비옥한 땅을 벗어나 길을 나서야 한다. 그러나 그게 잘 안 된다. 비옥한 땅을 일구고 거기서 **정착**하려는 기토의 본성을 바꾸기란 쉽지 않다. 하지만 누구나 본성을 견제하는 다른 벡터가 있어야 한다. 그것이 수행의 방향이다. 무토처럼 황무지를 배회할 순 없지만 최소한 새로운 작물을 심어 보는 등의 **작은 시도**는 할 수 있다.

'작은 시도'의 구체적인 응용은 각자의 상황에 맞게 도전하면 된다. 예컨대, 직장을 다니면서 짬을 내서 공부를 한다거나, 운동을 시작할 수도 있다. 그런데 중요한 것은 그것을 지속하는 힘이다. 기토는 뭐든 비옥하게 만들고자 하기 때문에 여러 일을 겸하기엔 시간이 모자랄 수 있다. 그러다 보면 몸이 지쳐서 오래 지속하지 못한다. 작은 시도는 그야말로 소박한 시도일 뿐이다. 처음부터 너무 열심히 할 필요가 없다. **디테일**에 목숨을 걸면 금방 지쳐서 그만두고 싶다. 일단 시도한 일을 큰 스트레스 없이 지속시키는 것이 중요하다. 그러면서 큰 그림들을 그려 가야 한다. 그래야 스스로 동기부여를 하면서 공부에 재미가 붙기 시작한다. 그래서 다음 스텝을 스스로 여는 것이 '작은 시

운명의 해석, 사주명리

도'의 목표다. 누구의 도움이 없이도 동기를 부여하고 능동적으로 계획을 세우는 것이 기토에게는 특히 중요하다.

### ④ 수동적 대인 관계

기토의 발목을 잡는 것 중에 가장 문제가 되는 것은 **수동적 대인 관계**다. 남의 눈치를 보거나, 타인의 결정을 비판 없이 수용하거나, 누군가에게 의존하는 습관이 대표적이다. 그 고리를 끊어 버리지 않으면 삶이 피곤해진다.

비옥한 땅에만 집착하면 **시야가 좁아진다**. 더 큰 땅을 볼 수 없다. 크게 보지 못하면 타인의 해석에 이끌리게 된다. 직접 가 본 적이 없으니, 나그네의 이야기에 의존할 뿐이다. 나가려고 하지만 걱정이 많다. 비옥함을 유지하기 위해서는 이곳을 지켜야 한다고 생각하기 때문이다. 의존의 대상도 다양하다. 배우자, 자식, 부모, 친구, 스승, 동료, 상사. 의존적인 대인 관계가 반복되면 두려움이 생긴다. 의존하고 있던 상대가 없어진 자리에 대한 두려움. 그 결여의 공간에서 오도 가도 못하고 있다. 그러나 **결여의 공간**은 새로운 욕망의 출발점이다. 기토는 남의 눈치와 의존적 관계에서 벗어나려는 용기가 필요하다.

### ⑤ 카운슬러

기토는 다른 사람의 말을 잘 들어 주고 그의 감정을 잘 헤아린다. 특히 남의 상처를 잘 감싸 준다. 그것은 자신의 **상처를 투사**하기 때문이다. 그래서 **상담이나 종교** 등의 분야에 잘 어울린다. 또한 **비밀**을 많이 간직하려는 습성도 상담에는 도움이 된다. 하지만 영역의 한계가 있다. 이미 여러 번 경험했고 해석했던 루트를 벗어나면 맥락을 놓친다. 어떤 상황이건 자기의 경험 안으로 끌어들여 해석한다. 속된 말로 '깔때기'식 논리다. 목책을 부수고 황무지를 경험하는 것이 다른 차원의 맥락을 이해하는 데 도움이 될 것이다.


## 경금(庚金)의 기호

| | 금의 기호 | |
|---|---|---|
| 경(庚) | 바위, 무쇠,<br>중장비,<br>단단한 물질 | 강한 신념 : 소신, 의지, 추진력, 결단력<br>구조화 : 명분, 원리원칙, 믿음, 정의감<br>혁명 : 현실화, 거시적 혁명<br>결실 : 실리, 독선<br>승부욕 : 활력<br>동료애 : 융통성 부족, 비판적, 비타협적,<br>　　　　약한 사교력 |

경금(庚金)은 오행상 금(金)에 배속되므로 금의 기호가 생성하는 의미의 일부를 공유한다. 원리원칙적이고 구조화를 잘 시키고 정의감을 가지고 호전적으로 세상과 맞서려 한다. 경금은 거시적 혁명과 현실적 이해타산 사이에서 갈등하는 금의 모습을 닮았다. 신금에 비해서는 논리적 날카로움이나 절제력이 약하다.

### ① 강한 신념

영화 〈매트릭스〉는 기계가 인간을 지배하고 있는 미래를 배경으로 한다. 인간과의 전쟁에서 승리한 기계는 인류를 몰살시키지 않고,

죽은 자를 액화시켜 산 자에게 주입하면서 인간을 재배하기 시작했다. 그런데 인간을 재배하는 일은 그렇게 쉽지 않았다. 육체에 영양분을 주는 것만으로는 인간이 잘 성장하지 못했다. 그래서 인간의 정신을 깨워 가상세계를 인간에게 만들어 주었다. 이 가상의 세계를 영화에서는 '매트릭스'라 부른다.

그런데 이 매트릭스가 가짜라는 것을 깨닫고 인큐베이터에서 깨어난 자들이 있었다. 그들은 기계를 피해 숨어 지내면서 인류를 구원할 인물인 '그'를 찾아다닌다. 여기서 가장 중요한 역할을 하는 캐릭터가 '모피어스'라는 존재다. 그는 '그'라고 확신하는 네오를 가상에서 현실로 데리고 온다. 모피어스의 과제는 네오가 스스로 '그'임을 깨닫도록 하는 것. 모피어스는 네오를 예언자인 오라클에게 데리고 간다. 네오는 그 만남에서 자신이 모피어스가 찾던 '그'가 아니라는 걸 알게 되지만, 모피어스는 "네가 들은 건 너만 알고 있으면 돼"라고 말하며 네오의 고백을 애초에 차단한다. 모피어스는 자신의 **강한 신념**을 흔들 수 있는 장애물들을 제거하며, 소소한 오류가 있어도 **소신**을 가지고 자신의 **의지**를 끝까지 밀어붙인다. 그런 **추진력**과 **결단력**이 경금을 닮았다.

### ② 구조화

그런 의지가 지속되려면 단단한 관념적 구조가 존재해야 한다. 경금은 바위, 무쇠 덩어리 등 차갑고 단단한 금속이나 바위를 상징한다. 금속과 바위는 자연물 중에서는 가장 단단한 물질이다. 금의 일반적인 속성이기도 한 경금의 이러한 특징은 단단한 프레임을 상징하는 **구조화**의 역량으로 그 의미가 확장될 수 있다. 즉, 경금은 자기의 세계를 구조화하려 한다(신금도 비슷한 성향이지만 경금이 좀더 강하다). 어떤 상황이나 사건을 해석할 때 구조화된 프레임을 갖추고 들어가는 것을 선호한다. 혹은 새롭게 구조화시킨 뒤 사건을 해석하려 한다. 그 틀이 갖추어져 있지 않으면 불편함을 느끼는 경향이 있다. 그만큼 경금은 자기 틀을 충분히 이용한다. 그것은 아이돌 가수의 몸에 붙어 있는 안무와 같다. 그들에게 춤은 젓가락질처럼 자연스럽다. 툭 하고 건드리면 자연스럽게 몸에서 반응한다. 경금은 일상의 모든 일을 그렇게 장인의 포스를 가지고 임한다. 그렇기 때문에 자신 있는 분야의 일을 맡기면 충실하게 해낼 수 있다.

자기 세계를 구조화하기 위해서는 **명분**과 **원칙** 그리고 **믿음**이 필요하다. 그런 확신이 없으면 구조적 프레임은 금방 흔들리고 말 테니까. 모피어스에게는 '인류의 구원'이라는 **정의로운** 명분이 있었고, 한 번 믿은 것은 끝까지 믿는다는 원칙이 있었다. 영화의 후반부에 네오가 모피어스를 구해 내자, 모피어스는 트리니티에게 이젠 네오가 '그'인 것을 믿을 수 있겠냐고 말한다. 그때 네오가 오라클의 의견을 얘기하려 하자, 모피어스는 네오의 말을 막고 이렇게 답한다. "오라클은 네가 들어야 할 말을 한 것뿐이야. 네오, 너도 나처럼 알게 될 거야. 갈 길을 아는 것과 길을 걷는 것의 차이를." 이는 오라클이 설령 네오를 '그'로 인정하지 않더라도 나의 믿음은 변하지 않는다는 뜻이다. 그래서 그에겐 길을 아는 것은 중요하지 않다. 길을 걷는 것, 즉 자기의 신념으로 길을 만들어 가는 것이 중요하다.

### ③혁명

새로운 구조화는 **혁명**으로부터 시작된다. 금의 계절인 가을은 열매(자식)를 성숙시켜 기존의 구조물인 나무(어미)로부터 분리시키는 시기다. 열매가 나무로부터 **분리**되는 것이 가을의 혁명이다. 혁명은 분리다. 가정의 혁명은 자식이 부모로부터 독립하는 것이고, 주체의 혁명은 오래된 감정적 인과로부터 자유로워지는 것에서 시작된다. 분리된 열매는 새로운 판 위에서 운명이 시작된다. 그 열매의 과육은 동물에게 먹히고 소화가 되지 않은 씨는 똥으로 배설되어 다시 땅에 뿌리를 내린다. 그것이 가을에 일어나는 혁명과 새로운 구조화이다. 모피어스는 매트릭스라는 허구의 세계로부터 벗어나려는 혁명성을 도모하는 동시에, 그 혁명을 **현실화**하기 위한 구조화 작업, 즉 조직을 만들고 명분을 부여하며 역량을 한데 모으는 데 최선을 다한다.

모피어스의 노력은 헛되지 않았다. 기계로부터 인간의 영역인 시온을 지켜냈고 평화가 찾아왔다. 그리고 영화는 끝난다. 그러나 큰 혁명이 끝나는 순간, 우리에겐 미시적 혁명이 기다리고 있다.

경금은 **혁명을 거시적인 차원에서 조망**하며, 거대하고 보편적인 모순을 일거에 전복하면 좋은 세계가 펼쳐질 것이라는 환상을 갖는다. 하지만 삶은 여기서부터다. 어쩌면 혁명의 순간이 가장 위험할지도 모른다. 기존의 것이 전복된 자리엔 새로운 도그마의 축대가 건축되기 때문이다. 그래서 혁명은 계속되어야 한다.


#### ④ 결실

경금은 매우 **실리**적이고 **결실**에 대한 집중력이 대단하다. 하지만 모든 신념이 다 현실화되는 것은 아니다. 그럴 때는 과감하게 기존의 구조를 벗어나는 것이 필요하다. 그렇지 못하면 자기가 만든 구조에 갇혀 **독선**적이고 지루한 논리를 반복하게 된다. 신념이 현실화되었다

해도 마찬가지다. 같은 방식으로 맺은 결실은 생명력이 약하다. 전쟁이 끝나면 모피어스의 명분은 사라져야 하는 것처럼, 이제 기존의 구호는 통하지 않는다. 『손자병법』에서는 한 번 쓴 전법은 다시 사용하지 않는다고 했다. 지루한 신념과 오래된 가치는 삶을 추동시키지 못한다. 일상의 의욕은 젓가락질처럼 능란한 기술이 아니라, 미지의 영역에 대한 서툰 도전에서 나온다. 그것이 훨씬 실리적인 전략이다.

### ⑤ 승부욕

경금의 집중력은 **승부욕**에서 비롯되는 경우가 많다. 경금은 경쟁과 승부가 있는 곳에서 집중력과 실력이 높아진다. 그래서 경금에겐 같이 일하고 공부하는 환경이 **활력**을 증진시키기에 더 유리하다. 하지만 일과 공부의 경지가 높아질수록 그런 경쟁은 의미가 없어진다. 더 중요한 것은 자기와의 대결이다. 표층에서 활보하던 사유가 얼마나 심연으로 내려갈 수 있을지, 또는 견고한 사유의 구조를 어떻게 벗어날 수 있을지에 주목해야 한다. 그건 승부욕으로 실천될 수 있는 일이 아니다. 오히려 그 구도에서 벗어나야 가능한 일이다.

### ⑥ 동료애

경금은 **융통성이 부족**하다. 단단한 금의 특성 때문이다. 그래서 많은 사람을 사귀지 못한다. **비판적**이고 **비타협적**인 면도 사교적인 성향의 방해 요소가 된다. 하지만 **약한 사교 능력** 대신 소수의 사람들과 강한 **동료애**를 형성한다.

## 신금(辛金)의 기호

| | 금의 기호 | |
|---|---|---|
| 신(辛) | 보석, 칼, 날카로운 금속 | 미시적 혁명 : 소소한 깨달음, 일상적 정의감<br>예민함 : 침착, 세심한 배려, 업무적 신뢰, 날카로운 신경, 잔소리, 실수 용납 안함, 빈틈 없음<br>복수 : 계획적 복수, 자기에 대한 설욕 |

신금(辛金)은 금의 속성 일부를 공유한다. 신금은 칼의 이미지를 가지고 있어서 경금의 비해 더 날카로운 느낌이다. 더 논리적이고 비판적이며 냉정하다. 정의감과 혁명의 욕망도 미시적으로 일어나고 경금보다 감정의 오르내림이 더 세심하다.

### ① 미시적 혁명

신금도 경금처럼 구조화, 명분, 정의감, 실리, 논리, 원리원칙 등과 맥을 같이 한다. 다만 그것을 실천하는 양상이 좀 다를 뿐이다. 구조화는 더 치밀하고, 명분은 더 논리적이며, 정의감의 폭은 좁다. 전체적으로 경금보다 밀도는 높지만 미시적인 느낌이다. 혁명의 사이즈도 작은 편이다. 하지만 신금은 일상에서 작은 깨달음들을 자주 경험한다. 경금이 한 번에 크게 바뀌는 반면, 신금은 자기의 견고함이 해체되는 것을 자주 겪는다. 이 **소소한 깨달음**들이 일상의 중요한 지혜로 사용된다. 자기주장도 강하다. 그러나 경금이 자기 주장을 쉽게 굽히지 않는 반면, 신금은 정당한 논리와 유연한 회유에 쉽게 설득된다. 그것은 유연함이라기보다는 **미시적인 혁명**이라 할 수 있다. 경금은 무쇠이고, 신금은 칼이다. 불에 제련되는 것을 혁명이라 한다면, 경금은 무디지만 쉽게 녹지 않고, 신금은 날카롭지만 불에 쉽게 녹는다. 이것이 경금과 신금의 차이다.

### ② 일상적 정의감

잭 런던의 단편소설「들길을 가는 사내에게 건배」의 배경은 북극이다. 개썰매를 끄는 사내들이 한 오두막에 모여서 이야기를 하고 있었다. 그때 한 낯선 남자가 오두막으로 들어왔다. 강렬한 인상의 그 남자는 개썰매를 끌고 이틀 동안 매서운 추위 속을 달려왔다. 오두막 주인은 자기를 '잭'이라고 소개하는 그 남자에게 먹을 것을 주고 쉬게 했다. 잭은 얼마 쉬지도 못하고 짧은 인사를 남기고 급하게 오두막을 나섰다. 잭이 나간 지 15분도 되지 않아 기마경찰이 들어왔다. 경찰은 잭을 쫓고 있었다. 잭이 해리 맥팔랜드에게서 4천 달러를 강탈했다는 것이다. 경찰은 자기의 썰매개들이 너무 지쳐서 더 이상 못 갈 것 같다며 개 다섯 마리를 빌려 달라고 요구했다. 대신 5천 달러를 주겠다고 했다. 주인은 거절했다. 경찰의 회유와 협박에도 그는 강경했다. 경찰은 어쩔 수 없이 문을 나섰다. 경찰이 나가자 주인은 잭에 대한 이야기를 꺼냈다. 잭은 자신이 번 돈이 전부인 4천 달러를 조 카스트렐에게 주며 천변의 광구를 사 달라고 부탁했다. 그러나 조 카스트렐은 그 돈을 맥팔랜드의 술집에서 도박으로 다 날려 버렸다. 카스트렐은 다음 날 눈 속에서 죽어 있었다. "불쌍한 잭은 이 겨울에 아내와 한 번도 본 적 없는 아들에게 갈 계획을 품고 있었어. 그래서 자기 동료가 잃어버린 딱 그만큼—4천 달러—을 취한 거야." 주인은 조용해진 사람들

운명의 해석, 사주명리

에게 잔을 높이 들었다. "오늘 밤 들길을 가는 사내에게 건배. 그의 식량이 떨어지지 않기를. 개들이 쓰러지지 않기를. 성냥불이 잘 붙기를. 신이 그를 돕고, 행운이 함께하기를. 그리고… 기마경찰에게 혼란이 있기를."잭 런던, 「들길을 가는 사내에게 건배」, 『잭 런던』, 고정아 옮김, 현대문학, 2015, 21쪽

이것이 신금이 자기 정의를 실현하는 방식이다. 경금은 거시적인 명분에 정의감을 발휘하는 반면, 이런 미시적인 상황에 대해서는 무감각한 편이다. 소설 속 주인이 경금이었다면 아마도 경찰에게 잭의 행방을 알려 주었을지도 모른다. 그러나 신금은 거시적인 정의보다는 소설의 집주인처럼 **일상적이고 작은 정의**를 실현한다.

### ③예민함

신금은 공부와 일을 **침착하고 꼼꼼하게** 하고, 대인 관계에서도 상대를 **세심하게 배려**한다. 그런 성향 때문에 사람들은 신금에게 일을 믿고 맡긴다. 그런 **업무적 신뢰가 쌓이다** 보면 그의 필요성이 더 절실해진다. 그럴수록 그 존재의 힘도 커진다. 그런 점은 확실히 사회생활에서 힘을 장악하는 데 유리하다.

신금이 그린 성향을 지속적으로 실천할 수 있는 건 **예민함** 때문이다. 칼의 뾰족함으로 비유할 수 있는 날카롭고 예민한 감각과 감정이 신금의 특징이다. 그런데 일이 잘 안 풀리거나 대인 관계가 의도대로 되지 않을 때 **신경이 날카로워진다.** 그리고 **잔소리도** 많아진다. 일이건 관계건, 상대의 **실수를 용납하지 않는 것**은 물론 자신의 실수도 용서할 수 없다. 그래서 때론 날이 선 논리적 다툼이 생기기도 한다. 혹, 그 감정이 사회생활에서 표현될 수 없거나 참아야 할 때는 가슴 깊은 곳에 생채기를 남기기도 한다. 또한 **빈틈을 매우 싫어한다.** 자신 안의

프레임(그것이 학문적 구조이건, 삶의 명분이건)에 빈틈이 생겨 논리적으로 이해할 수 없는 부분을 견디지 못한다. 구조화는 언어에 의한 네트워킹에 의해 형성된다. 즉 어떤 구조화도 완벽하고 우아한 진리의 계명이 아니다. 그것은 단지 인위적인 개념의 파편들이 날실과 씨실로 만나서 만들어진 프레임일 뿐이다. 따라서 모든 프레임은 모순과 역설의 공허한 빈틈이 존재하기 마련이다. 때론 노력해도 잘 이해하기 어려운 일이 벌어지기도 한다. 하지만 신금에겐 그것을 그냥 지켜볼 수 있는 여유가 필요하다.

어쨌든 신금의 이런 꼼꼼함과 빈틈없음은 예민함에서 비롯된다. 그것은 일을 하는 데 있어서 큰 장점이지만 스스로 피로함을 낳게 된다. 결국 체력이 문제다. 예민하게 살피려면 에너지가 많이 든다. 몸과 마음이 지치면 오래 버틸 수가 없는 법이다. 그런 체력적인 문제로 인해 신금의 능력이 한곳에서 지속적으로 발휘되지 못할 때가 많다. 그 예민함을 좀 무디게 하면 달라지긴 하겠지만 그렇지 못하다면 한곳에 오래 있으면서 체력을 고갈시키는 것보다 잠시 손을 떼고 좀 멀리서 관망하는 것이 나을지도 모른다. 물론 어떤 스타일이건 극복해야 할 미션은 있다.

### ④복수

중국 초나라 사람 오자서(伍子胥)는 자기 아버지와 형을 죽인 평왕에게 복수하기 위해 갖은 고초를 겪어 가며 치밀한 **계획**을 세운다. 오나라의 합려를 보좌하며 오나라를 강국으로 키워 초나라를 함락시켰으나, 이미 평왕은 죽은 뒤였다. 오자서는 평왕의 무덤을 헤치고 시체를 꺼내서 채찍으로 시체에 300여 차례 매질을 했다. 여기서 나온

운명의 해석, 사주명리

고사가 굴묘편시(掘墓鞭屍)다. '굴묘편시'까지는 아니지만 신금의 복수는 오자서의 스타일을 닮았다. 소박한 복수라도 오랫동안 계획하며 잊지 않고 복수의 날을 세운다. 그런데 신금은 그런 복수의 감정을 자기 자신에게도 쓴다. 복수라기보다, 실패한 **자신에 대한 설욕**이랄까. 신금은 스스로에게 실망한 부분을 잊지 않고 "두고 보자"라고 다짐한 뒤, 칼을 갈고 보란 듯이 자기를 넘어서는 힘이 있다. 잘 쓰면 삶을 추동하는 힘이 되지만 지나치면 다친다.

## 임수(壬水)의 기호

| 임(壬) | 수의 기호 |  |
| --- | --- | --- |
|  | 바다, 강, 큰 물 | 선택적 포용 : 거친 흐름, 거친 유동성, 폭넓은 대인 관계, 느긋함, 음흉, 되받아침<br>교감과 과감한 도전 : 즉흥적, 시행착오<br>자기 통제 : 통제 조건, 사명감, 즐거움, 지구력<br>유연한 리더십 : 약한 거부감, 급류 |

임수(壬水)는 오행상 수(水)에 배속되므로 수의 기호가 생성하는 의미의 일부를 공유한다. 수의 유연성을 가지고 있되, 계수보다 거칠게 흘러가며 물의 지혜, 술수, 휴식의 이미지도 함께 공유하고 있다. 넓게 흐르는 물이라 계수보다 더 여유가 있고, 계수보다는 무겁고 우울한 감정에 잘 빠지지 않는 편이다.

### ①선택적 포용

임수는 바다나 큰 강의 이미지를 떠올리면 된다. 바다처럼 넓게 포용하고, 강물처럼 유유하게 **흐르되 거침이 없다.** 이런 이미지는 임수의 대인 관계를 잘 보여 준다. 임수는 사람들을 폭넓게 사귀고, 부드럽게 리드한다. 그 스케일은 무토를 연상케 한다. 다른 점은 무토 보다 훨씬 더 유연하다는 것. 무토가 상대를 있는 그대로 받아들이면서도 그 과정에서 갈등을 겪어 내고 적응하는 스타일이라면, 임수는 상대의 성향 중에서 감당할 수 있는 것만 취해서 관계의 교집합으로 삼는다. 어떤 사람과도 교집합은 형성될 수 있는 법, 그래서 임수는 매우 **광범위하게 대인 관계를** 형성할 수 있다. 하지만 상대가 그 교집합을 넘어 자신에게 침투해 오면 상당한 불편함을 느낀다. 예상을 넘어서는 세력에 대해선 처음엔 **느긋하게,** 때론 좀 **음흉하게** 눙치고 넘기려 하다가, 자기가 감당할 수 없는 수준이 되면 제법 강하게 **되받아친다.** 그런 점에서 임수의 포용력이란 **선택적 포용**이라 할 수 있다.

### ②교감과 과감한 도전

임수의 포용력이 선택적이라고 하지만 그 역치의 범위는 넓다. 수의 특징인 유연성 혹은 융통성과 양(陽)의 성질이 섞여 있기 때문이다. 계수가 가랑비처럼 상대에게 서서히 젖어들며 **교감**하고 포용한다면 임수는 소나기처럼 한번에 온몸을 적시면서 교감하고 포용한다. 한마디로 통이 크고 속도가 빠르고 넓은 교감력이라고 할 수 있다. 그 교감으로 임수는 **즉흥적**으로 자신의 실존적 선택을 바꾸기도 한다.

흥보 아내가 한시도 쉬지 않고 품을 팔아도 늘 굶는 처지를 비관하여 목을 매려고 했다. 그때 흥보가 말리며 자기가 죽겠다고 하자 흥보 아내가 겁이 나서 그의 손목을 붙들었다. 둘이 서로 통곡하며 울고 있을 때, 한 스님이 나타나 연유를 물었다. 사연을 들은 스님은 탄식을 하고는, 집터 한곳을 알려주고 "이 터에 집을 짓고 편안하게 지내오면 가세 빨리 일어나고 자손이 영화롭고 만세까지 이어지리다" 하였다. 그리고 기둥 자리가 될 네 곳에 막대기를 박아 주고 홀연히 사라졌다. 흥보는 있던 집을 헐고 스님이 일러 준 자리에 다시 집을 지었다. 여전히 배는 주리고 입을 옷은 없었지만 모진 겨울을 죽지 않고 살아났다. 봄이 되자 그 집에 제비가 찾아와 집을 짓게 되었고, 큰 뱀이 제비 새끼들을 잡아먹고 있는 걸 흥보가 발견하고 마지막 남은 제비를 구해 주게 된다. 그 제비가 어느 날 비행 연습을 하다가 다리를 다치게 되자 흥부는 제비 다리를 치료해 준다. 나중에 그 제비가 박씨를 물어다 준다는 뒷얘기는 다 아는 스토리일 것이다.

양상은 좀 다르지만 어떤 천간의 성질이건 약한 존재를 도와주고 싶은 마음은 다 가지고 있다. 그런 측은지심이 비단 임수만의 교감 능력은 아닐 것이다. 임수의 특성은 그보단 스님과 만나는 장면에서 두드러진다. 아무리 측은한 상황이라도 누군가의 손길이 도움이 되려면 극복하려는 자기 힘이 있어야 한다. 새가 알을 깨고 나올 때 어미가 밖에서 쪼고 안에선 새끼가 동시에 껍질을 쪼아야 한다. 이를 줄탁동시(啐啄同時)라 한다. 사제지간에서 스승의 자극과 자기 한계를 깨려는 제자의 노력이 맞물려야 한다는 뜻으로 쓰인다. 마찬가지로 복도 그냥 얻을 수 있는 게 아니다. 자기 극복의 힘이 있을 때 그 복을 취할 수 있는 기회가 온다. 스님의 제안은 복을 받기 위한 하나의 관문이다.

"어허, 신세 가련하오. 부귀 주인 따로 없어 적선하면 따라오니 무지한 중의 말을 만일 듣고 믿을 테면, 집터 하나 알려줄 터 소승 뒤를 따르시오." 홍보는 "크게 기뻐 천 번 만 번 감사하며 중의 뒤를 따라가니, 개국(開國)해도 좋을 배산임수(背山臨水) 형국이요, 무성한 나무들과 빼어난 대나무밭 빙 둘러 싸인 곳에 집터를 가늠하니 명당자리 분명"하다. 지푸라기라도 잡아야 하는 상황이었지만 당장 먹을 것을 주는 것도 아니고, 일거리를 주는 것도 아닌데 홍보는 집을 허물고 다시 짓는 수고로움을 기쁘게 받아들였다. 그것은 스님의 제안을 수동적으로 따른 것이 아니라 기회의 발판을 통해 능동적인 자기 극복 의지를 내디딘 것이라 할 수 있다.

임수의 태도가 이와 닮았다. 임수는 위기의 전환점에서 어떤 기회와 빠르게 교감하고 단호하게 방향을 바꾼다. 계수도 비슷한 성향을 가지고 있지만 고민하고 결정하는 데까지 매우 오랜 시간이 걸리는 반면, 임수는 어떤 것에 꽂히면 **과감하게 도전**한다. 또한 그 결정에 미련을 두지 않고 성실하고 꿋꿋하게 운명을 다시 시작한다. 그것은 시절의 기회를 놓치지 않고 자신의 운명으로 가져갈 수 있는 탁월한 능력이다. 물론 같은 이유에서 임수의 결정은 너무 즉흥적이고 **시행착오**를 많이 하기도 한다. 그래서 자기와 맞지 않는 시류의 흐름을 탔다가 고생을 하는 경우도 많다. 한번 직감적인 교감이 일어나면 답답할 만큼 의심하지 않으며 결국 끝장을 보고 나서야 후회하기도 한다.

### ③자기 통제

임수는 **자기 통제력**이 강하다. 다만 강압적인 것이 아니라, 직감적으로 교감되고 해야 하는 일이라고 느낄 때 스스로를 통제한다. 누군가에게 강압적으로 통제될 때는 오히려 뛰쳐나간다. 누구도 임수를 통제하진 못한다. 스스로 통제할 수 있는 **조건**을 만드는 수밖에 없다.

일에 대한 **사명감** 혹은 책임감, **즐거움**, 목적의식 등이 있을 때 강하게 동기부여가 되며, 조금 힘들어도 **오래 버틸 수 있다.**

### ④유연한 리더십

임수의 리더십은 처음부터 강하게 제압하는 타입이 아니다. 항상 **유연**하고 부드럽게 사람들을 이끈다. 하지만 생각대로 되지 않으면 거칠게 밀어붙인다. 유연하게 이끌어 가건, 거칠게 밀어붙이건, 모두 물이라는 특성을 벗어나지 않는다. 물벼락을 맞는다고 가정했을 때, 그것이 그렇게 치명적이라고 우리가 생각하지 않는 것처럼 말이다. 그래서 상대의 입장에선 **거부감이 상대적으로 덜 일어난다.** 그러나 **급류**에 휩쓸리면 꼼짝없이 당하게 되는 것처럼 임수의 리더십이 강하게 치고 들어오면 저항할 틈도 없이 일단 휩쓸려 버린다.

## 계수(癸水)의 기호

| | 수의 기호 | |
|---|---|---|
| 계(癸) | 시냇물, 가랑비, 약수, 무지개, 수증기, 신장, 진액 | 조용한 흐름 : 완곡한 유동성, 장애물 피해감, 외부 조건<br>고임 : 역량을 모음, 썩음, 탈출에 대한 의지<br>스며듦 : 존재의 침잠, 일대일 관계, 심연의 이해력, 영성과 직관의 공부<br>투명성 : 전체 조망, 윤리적 명분<br>유연함 : 융통성, 음흉, 상대 기분 잘 파악, 총명 |

계수(癸水)도 임수와 마찬가지로 수의 속성을 일부 공유한다. 유연함으로는 임수보다 더 부드럽게 흘러가고, 지혜의 측면에서도 더 심층적으로 들어가며, 임수보다 더 무겁고 우울하고 자폐적이지만, 희망을 항상 품고 사는 특징이 있다.

### ① 조용한 흐름

〈맨 프롬 어스〉(The Man From Earth)라는 잘 알려지지 않은 영화가 있다. 주인공 존이 10년 동안 재직했던 학교를 떠나기 전, 동료 교수들이 존의 집으로 몰려온다. 벽난로 앞에서 조촐한 송별 파티가 열렸고 동료들은 존에게 왜 느닷없이 그만두느냐고 이유를 묻는다. 개인 사정이라고 얼버무리던 존은 동료들의 끈질긴 물음에 조심스레 입을 연다. 자기는 구석기 시대에 태어났으며 무슨 이유 때문인지는 모르지만 35세 정도에서 노화가 멈춘 뒤 현재까지 약 14,000년을 죽지 않고 살아왔다고. 존은 10년마다 직장과 살던 곳을 떠난다고 했다. 나이 들지 않는다는 걸 사람들이 눈치 챌 때쯤 옮겨 다닌다는 것. 처음엔 농담으로 듣던 동료들은 점점 그의 이야기에 빠져들어 간다.

흘러가다 고이고 또 넘치면 흘러가는 좁은 시냇물처럼, 잠시 정착했다가 10년마다 옮겨 다녀야 하는 그의 운명이 계수와 닮았다. 계수는 졸졸졸 흐르는 시냇물, 소소하게 내리는 가랑비, 늘 새롭게 정화되는 약수에 비유된다. 시냇물은 장애물들을 비껴가면서 굽이굽이 흐른다. 이러한 **완곡한 유동성**은 임수의 거친 흐름과는 좀 다르다. 같은 물이라도 임수처럼 거대하게 흐르는 물은 장애물 따윈 크게 신경 쓰지 않는다. 졸졸 흐르는 계수와는 달리, 그냥 밀어붙이고 가던 길을 나아간다. 계수는 **장애물을 만나면 둘러가고 오목한 곳에서는 머무른다.**

외부의 지형지물에 따라 자신이 가던 길의 방향을 바꿔 가는 것이 계수의 스타일이다. 부드럽고 유연하다고 표현할 수 있지만, 어떤 면에서는 **피한다**고 말할 수도 있다. 완곡하다는 말은 그러한 성향을 가리킨다.

그래서 계수에겐 **외부 조건**이 중요하다. 환경에 따라서 운명의 선택이 달라지기 때문이다. 존의 경우도 그랬다. 환경에 따라 다양한 직업을 구해야 했고 다양한 존재로 거듭나되 크게 드러나지 않아야 한다. 많은 시절 인연을 겪다 보니, 존은 어떤 곳에선 본의 아니게 추앙을 받는 존재가 되기도 했고, 고난과 핍박을 받기도 했으며, 어떤 경우엔 감옥에 가기도 했다. 환경에 따라 삶의 편차가 심한 건 유랑하는 자의 운명인지도 모른다. 『주역』에선 유랑하는 나그네의 모습을 화산여(火山旅) 괘와 중풍손(重風巽) 괘로 설명한다. 여괘는 유랑자가 "너무 크게 되면 반드시 그 거처를 잃어버리며"(『주역』, 서괘전) 다시 떠돌아다닌다는 것이고, 손괘는 갈 곳을 잃었지만 "공손하고 순종하는 태도를 취할 수 있다면, 떠돌아 곤궁한 때일지라도 어디를 가"정이천 주해, 『주역』, 심의용 옮김, 글항아리, 2015, 1119쪽도 수용될 수 있다는 뜻이다. 두 괘를 연결하면 이렇다. 나그네가 떠돌다가 거처를 잡고 살아간다. 그런데 거기서 주목을 받고 영향력을 행사하게 되면, 여러 갈등 상황에 놓이게 되는데, 그때 유랑자는 조용히 그곳을 떠난다. 그러나 갈 곳 없고 겸손한 나그네는 또 다시 살 만한 거처를 얻게 된다. 유랑의 운명을 가지고 있는 계수도 비슷하다. 졸졸 흐르다가 오목하게 팬 곳에선 잠시 머문다. 그리고 물이 넘치면 또 다시 흘러간다. 계수는 이렇듯 외부 조건에 따라 고이고 흐르고 스며든다.

## ② 고임

특히 계수에게 중요한 운명의 변수는 오목한 지형을 만나는 것이다. 오목한 곳은 흐름을 유지하고 있던 계수가 고여 있을 수 있는 장소다. **고인다는** 건 **역량을 한군데로 모은다**는 뜻이다. 목이나 화기운 같은 양기를 모으려면 에너지가 많이 든다. 양기의 흩어지려는 성질과 반대의 벡터를 사용해야 하기 때문이다. 반면 음적인 성질(금수기운)은 수렴의 성질을 가지기 때문에 집중시키는 데 상대적으로 에너지가 덜 든다. 더구나 물은 아래로 흐르기 때문에 지형적 조건만 갖춘다면 물이 고이는 데 큰 힘이 들지 않는다. 계수의 특성이 그렇다. 자신의 역량을 집중시키는 것이 비교적 어렵지 않다. 그 역량이 제법 모이게 되면 꽤 오랫동안 지속적으로 파워풀한 힘을 낼 수 있다. 양의 기운과 달리 고인 물은 잘 흩어지지 않기 때문이다. 그래서 계수는 한 분야에 집중하면 뜻을 이루는 데 매우 유리하다. 모여든 역량이 집중적인 힘을 발휘하기 때문이다. 물이 서로 섞이듯이 존재 안에 있던 다양한 힘들이 섞여서 변칙적이고 독창적인 성과를 이뤄 낸다. 그것은 사회적 명성을 가져오기도 하고 개인적인 차원에서 독특한 취미나 재능으로 발현되기도 한다.

그러나 고인 물은 썩는다. 계수는 자기 동력이 약한 편이라 한번 고이면 스스로 흐름을 만들기가 쉽진 않다. 예를 들어 한 분야에서 실력을 쌓고 나서 일정한 성과를 얻긴 했지만 더 이상 창의적인 발전 혹은 전환이 일어나지 않을 때가 있다. 고인 물이 썩기 시작하는 시점이다. 또는 오랜 관계에서 더 이상 새로운 대화나 사건이 생기지 않을 때나, 공부가 똑같은 지점에서 맴돌거나 익숙한 것을 재탕해서 써먹을 때도 그러하다. 계수는 유독 그런 상황에서 잘 지내지 못한다. 우선 몸

운명의 해석, 사주명리

에서 격한 지루함을 느낀다. 이런 상태가 지속되면 분노가 자주 일거나 맥락 없는 슬픔에 빠지고 알 수 없는 불안함과 두려움을 느끼며 이런 정신적인 증상이 질병으로 이어지기도 한다. 그렇게 몸에서는 고여 있는 상황을 개선할 것을 요구하는데 그것을 알아채거나 개선의 시점을 선택하는 데 꽤 오래 걸린다.

그러나 궁하면 통하는 법. 그런 상황을 견디지 못하면 빠져나갈 사건이 생기기 마련이다. **탈출에 대한 의지가 기회를 만드는 것.** 계수의 경우도 그렇다. 계수가 신체적으로 지루함과 답답함을 지속적으로 감지할 때쯤, 무언가 일이 터지곤 한다. 예를 들어 직장 때문에 비슷한 스트레스가 지속될 때 나갈 수밖에 없는 사건이 터진다거나, 누군가 동업을 제안하기도 하고, 때론 급작스럽게 병에 걸리기도 한다.

그것은 마치 비가 와서 오목한 곳에 고인 물을 넘치게 하는 것과 비슷하다. 그것은 이 틈을 타서 지루함으로부터 벗어나라는 몸이 만든 기회일지도 모른다. 물론 이 기회는 더 큰 발전을 가로막을 수도 있다. 더 클 수 있는 시점에서 그만두게 되면 성장의 발목을 잡는 셈이 된다. 하지만 신체적인 답답함은 창의적인 생각을 저해한다. 더 이상 새로운 생각이 떠오르지 않는 공간에서 더 큰 발전을 기대할 수 있을지는 의심스럽다.

물론 이 기회를 활용하는 구체적인 방법은 개인에 따라 다르다. 기회를 틈타서 오목한 공간을 빠져 나갈 수도 있고, 그 공간에 남아 새로운 삶을 모색할 수도 있다. 때로는 그 답답함을 이겨 낼 수 있는 미션을 스스로에게 부여하는 경우도 있을 것이다. 어떤 방식을 택할 것인지는 개인의 스타일과 철학, 윤리 등에 달렸다.

### ③ 스며듦

어떤 지형은 흙이 잘 뭉쳐지지 않는 곳도 있다. 그런 땅은 물이 잘 **스며든다**. 계수의 특징 중 하나는 스며드는 것과 관련이 있다. 스며든다는 말은 삶의 영역에서 여러 맥락으로 설명된다. 우선, 존재를 잘 드러내지 않는다는 뜻이다. 이는 나서기 싫어한다는 것이기도 하고, 나설 때도 매우 조심스럽다는 것이기도 하다. **침잠**하고 스며드는 물의 특성과 닮았다. 그래서 많은 사람들과 동시에 관계를 맺는 것에 적극적이진 않고, 보통은 **일대일 관계**나 소수와의 관계를 선호한다. 조직에서도 사람들 속에 조용히 스며들어 있어서 있는 듯 없는 듯 존재감이 없어 보이지만 시간이 지나면서 자연스럽게 두루 친한 관계를 맺는다.

반면, 계수가 잘 섞이지 못하는 조건이 있다. 그런 땅은 스며들지 않고 잘 고이는 땅이다. 예를 들어 규율이 엄격하거나 기존의 조직원 사이에 유대감이 강한 조직에서 계수는 잘 섞이지 못한다. 한마디로 밀도가 높은 조직엔 잘 스며들지 못한다. 계수는 좀 성긴 곳, 규율이 허술하고 관계도 뒤숭숭하며 윤리가 엄격하지 않은 조직이나 집단에서 잘 섞인다.

또한 사람의 마음에 스며들고, **심연**을 탐구하는 공부를 하고 싶어 하며, 분위기에도 잘 젖는다. 계수는 사람의 감정을 잘 포착한다. 감정의 맥락을 이해하고 **상대의 심연으로 젖어든다**. 물론 상대의 감정을 이해한다는 말이 꼭 상대에게 동조하거나 찬성한다는 뜻은 아니다. 그 이해력은 상대의 마음을 위로하는 데 사용될 수도 있지만, 충고와 비판의 전제로 쓰이기도 한다. 때론 조직을 이끄는 심리술로도 사용되며, 새로운 인연을 만나는 데 쓰이기도 한다. 공부도 심연으로 파고드는 철학, 문학, 종교, 신화, 예술 등에 관심이 많다. 특히 논리 이면의 세계, 즉 **영성과 직관의 영역들을 탐구**하고 싶어 한다.

### ④투명성

계수의 또 다른 특징은 **투명하고** 맑은 물이라는 점이다. 투명한 물은 깊숙한 곳까지 조망할 수 있다. 계수의 마음엔 이런 투명함에 대한 지향성이 있다. 투명하다는 성질은 **전체에 대한 조망**, 떳떳함, **윤리적 명분** 등으로 확장해서 해석할 수 있다. 물론 전체를 조망하는 데도 층위가 있고 윤리와 떳떳함의 기준도 다 다르다. 어쨌든 계수는 늘 스스로 맑은 상태를 유지하려 한다. 탁한 상태, 미진한 마무리는 계수가 경계하는 것이다. 왜냐하면 졸졸졸 흐르는 물은 조금만 흐름이 멈춰도 곧 썩거나 탁하게 될 우려가 있기 때문이다. 그래서 항상 빠져나갈 틈새를 만들고 언제든 흘러갈 수 있도록 준비한다. 그 유동성이 자신을 썩지 않도록 하는 신체성이다. 그것은 매사에 절차적 투명함, 의견의 투명함, 업무적 투명함, 회계의 투명성 등을 중요하게 여기는 것으로 응용된다. 이는 신금의 명료함과는 좀 다르다. 예컨대 신금은 의견의 논리적 정합성을 따진다면 계수는 의견에 가려진 숨은 의도를 캐묻는다. 투명한 물속을 들여다보듯이 사람의 마음속도 그렇게 다 관찰하고 싶은 것이다. 규율과 절차를 중요시 여기는 정화와도 다르다. 정화가 절차를 지켰는지 지적할 때, 계수는 절차 자체의 공정성이나 존재 이유에 대해서 말하고 싶어 한다. 하지만 그런 말을 쉽게 던지는 스타일은 아니다. 투명성에 있어서 더 중요한 것은 대외적인 측면보다 자기 자신이다. 스스로가 자기 의견과 일의 절차, 그리고 윤리적으로 투명하다고 느끼면 만족한다. 때론 오해를 받는다 해도 스스로 투명함을 인정하기만 하면 크게 개의치 않는다. 그래서 대외적으로 오해에 대해 해명하지 않고 그냥 넘어가는 경우도 많다. 그러나 어떤 경우엔 적극적으로 항변하는 것도 필요하다.

### ⑤유연함

계수는 흐름의 강도로는 임수보다 약하지만, **유연함**에 있어서는 임수보다 부드럽다. 유연하다는 건 **융통성**, 총명함, 음흉함 등으로 확장될 수 있다. 융통성은 사회생활에서 매우 유리한 능력이다. 형편에 따라 유연하게 대처할 수 있는 여유를 갖는 것만으로도 사람들에게 호감을 살 수 있다. 하지만 융통성은 어느 순간 계수의 투명성과 부딪히기도 한다. 투명성에 대한 집념이 일어나면 계수의 융통성은 온데간데없고 어느새 꼬장꼬장한 감시자가 된다. 그래서 사람들은 계수의 마음을 잘 읽어 내지 못한다. 감춰져 있는 것은 두려움의 대상이 된다. 계수가 그렇다. 사람들은 계수를 약간 어려워하는 편이다. 그것은 무서워서라기보다 은밀하게 숨겨져 있어서 그럴 것이다. 어쨌든 투명성에 집착하게 되지 않는다면 계수는 일상에서 융통성을 발휘할 준비가 되어 있다. 문제는 융통성이 상대와 자기 자신에 대한 배려와 여유를 위한 것이 아니라, 사욕을 채우는 방편으로 쓰이게 될 때이다. 그것은 유연함이 **음흉함**으로 응용된 것이다. 이런 행동이 계속되면 오히려 유연성은 점차 사라진다. 오랜 사욕은 흉부에서 일어나 등을 경직시키고 몸을 뻣뻣하게 만든다. 몸이 경직되면 마음도 부드러움을 잃게 되며 융통성도 잘 생기지 않는다.

융통성을 잘 발휘하면 **상대의 기분을 잘 파악**하고 상대를 편안하게 하고 스스로에게 여유를 준다. 그 상태를 **총명**함이라 한다. 한약 중에 총명탕이라는 것이 있다. 이 방제에 들어가는 약재는 원지, 석창포, 복신, 세 가지다. 이 약들은 안신(安神) 작용, 즉 마음을 안정시키는 데 쓰인다. 그러니까 한의학에서 말하는 총명함이란 마음이 편안한 상태를 말한다. 긴장된 상태에서는 머리가 굳어서 잘 돌아가지 않는다. 운동을 할 때도 어깨에 힘을 빼야 하듯이, 머리를 쓸 때도 긴장을 풀어야 한다. 거기서 총명함이 나온다. 그래서 융통성과 유연함은 총명함의 근원이 된다.

## ㅂ. 지지의 기호

다음 페이지의 그림은 방위를 나타내는 사각형에다 오행을 배치하고 지지를 배속한 것이다. 오행의 상생상극을 나타내는 관계성은 보통 5각형의 그림으로 나타낸다. 이 그림은 오행의 공간과 시간을 한눈에 볼 수 있도록 만든 일종의 지형도다. 사각형은 동서남북과 계절을 가리킨다. 보통 현재 우리가 보는 지도에서는 북쪽을 위쪽에 표시하지만 동양에서는 북쪽을 아래쪽에 나타낸다. 북쪽은 수(水)에 배속되는데 수는 가장 음적이고 무거워 아래로 침잠해 가는 상징성을 담고 있기 때문이다. 북쪽이 아래로 오면 자연스럽게 남쪽은 위쪽으로 갈 것이며, 동쪽은 왼쪽에, 서쪽은 오른쪽에 위치한다.

여기에 12지지를 배열하는데 지지의 출발점인 자수는 북쪽이며 겨울 한가운데 위치한다. 겨울의 한가운데는 절기상으로 동지에 해당한다. 동지는 일 년 중 밤의 길이가 가장 긴 때이다. 음양의 관점에서 보면 음기가 가장 강할 때라고 할 수 있다. 그러나 음이 극에 이르면 양으로 돌아선다. 동지도 그렇다. 동지는 밤이 지극한 때이지만, 동시에 낮의 길이가 길어지기 시작하는 시기이기도 하다. 즉, 양이 출발하는 시점인 것이다. 그래서 지지의 시작인 자수를 여기에 위치시킨

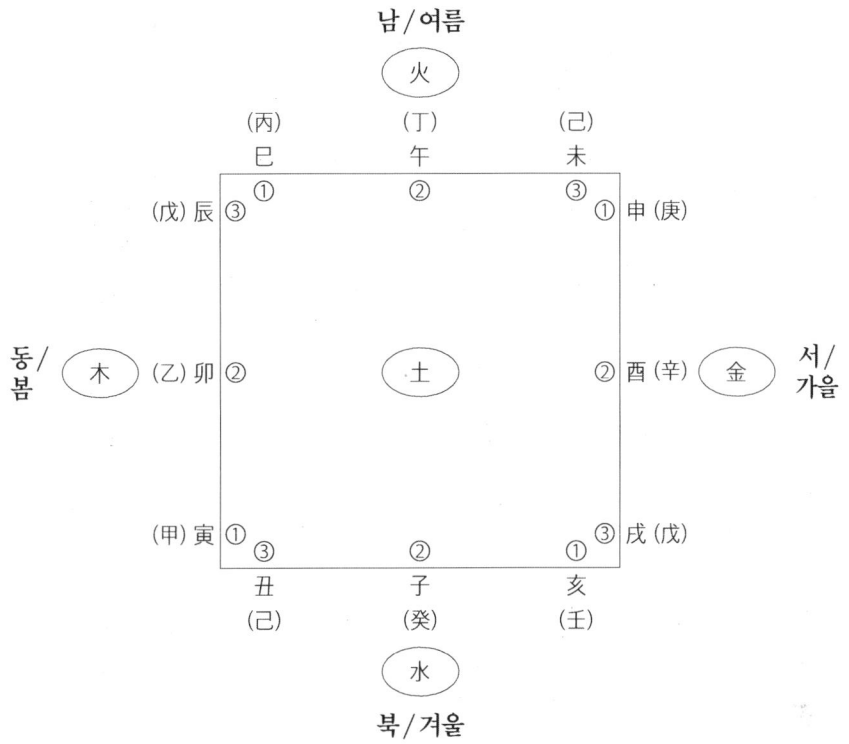

다. 자수로부터 시작된 지지가 사각형을 반시계 방향(겨울에서 봄을 향해 가므로)으로 한 바퀴 돌아 해수에서 끝나면 사각형 한 변에 3개씩의 지지가 배치된다. 그리고 각 방위의 세 지지에 ①, ②, ③ 번호를 붙여 놓았다. 각 방위의 ①번과 ②번은 해당 방위의 오행에 속하고, ③번은 토에 속한다. 북쪽의 오행 배속은 수(水)다. 여기의 ①, ②번은 해수와 자수로 수에 속한다. 그리고 ③번은 축토로서 토에 속한다. 동쪽의 ①, ②번은 인목과 묘목으로 목에 속한다. ③번인 진토는 토에 속한다. 마찬가지로 남쪽과 서쪽의 ①, ②번은 각각 화와 금에 속하고 나머지 ③번은 토에 속한다. 지지에서 토는 각 오행을 공간적으로 매개하며 각 오행 사이에 위치하고 있다. 그래서 다른 지지의 오행보다 2개가 더 많다.

지지의 음양도 살펴보자. 각 방위의 ①번은 양이고, ②번은 음이며, ③번인 토는 진토와 술토가 양, 축토와 미토가 음이 된다. 각 방위의 ①번은 해당 계절이 시작되는 시기다. 무엇을 시작하는 힘은 양기가 필요하다. 인신사해(寅申巳亥)는 양기로서 각 계절을 여는 역할을 한다. 인신사해는 역마살이기도 하다. 원래 역마살은 연지(年支)나 일지(日支)에 따라 정해지는 것이 고전의 이론이지만 여기서는 인신사해 네 글자가 각각 역마살로 작용한다는 김동완 선생의 의견을 따른다. 역마살을 가지고 있으면 양적인 활동성을 갖는다. 바쁘고 복잡하고 이동이 많은 일과 인연이 많고, 실제로 이곳 저곳을 다닐 수밖에 없는 직업에 종사하는 경우도 많다. 역마살이 많을수록 그런 성향이 더 강하다.

시작할 때 필요한 기운이 양기라면 절정에 올랐을 때 필요한 기운은 음기다. 음은 기운을 수렴시켜 소멸의 단계로 인도한다. 그것이 순환의 법칙이다. 각 방위의 ②번은 각 계절의 한가운데 있다. 계절은 ②번인 자오묘유(子午卯酉)에 이르러 절정에 오른다. 다시 말하지만 절정에 올랐을 때 필요한 기운은 음기다. 그래서 ②번은 모두 음이 된다. 이것은 목화가 양이고 금수가 음이라는 음양의 기준과는 다르다. 계절을 시작하고 끌고 가는 힘이 양기이고, 계절을 마무리하는 힘이 음이라는 관점에서 생각하면 된다. 자오묘유는 도화살이라고 하는데, 이것도 연지나 일지에 상관없이 글자 각각이 도화살로 작용한다고 보면 된다. 고전에서의 도화살은 과도하고 잘못된 성욕으로 재앙을 당하는 흉한 살로 여겨졌다. 하지만 현대 사주에서는 도화살을 사람들의 주목을 받고 인기를 얻는 매력적인 기운으로 여긴다. 그래서 연예인에게 많은 살이라고 한다. 특히 고전에서는 자오묘유가 일지나 연지로 올 때, 주목을 받을 뿐만 아니라 무리를 이끄는 장군의 역할을 한

운명의 해석, 사주명리

다고 알려져 있다.

③번, 진술축미(辰戌丑未)에서는 진술이 양이고 축미가 음이다. 일 년 중에 큰 단절 지점이 두 군데 있다. 축월과 미월이다. 축월은 한 해의 마지막인 겨울과 새해의 시작인 봄 사이에 있고, 미월은 봄·여름으로 이어지는 목화의 발산과 가을·겨울로 연결되는 금수의 수렴 사이에 있다. 크게 보아 인목부터 미토까지의 봄·여름을 선천(先天)이라 하고, 신금부터 축토까지의 가을·겨울을 후천(後天)이라 본다. 축미는 선천과 후천를 마무리 짓는 마디다. 마무리의 덕목은 확실한 소멸이다. 완전하게 소멸시켜야 새로움이 탄생한다. 즉, 음이 극에 이르면 양이 된다는 음극생양(陰極生陽)의 법칙이다. 이 법칙에 따라 선천과 후천의 마무리인 축과 미는 음이 된다. 진토와 술토는 양이다. 진토는 봄의 끝자락이고, 술토는 가을의 끝자락이다. 봄의 절정은 묘목이다. 묘목은 음이다. 봄의 절정을 수렴해야 여름을 진행할 수 있기 때문이다. 그런데 봄은 여름과 연장선에 있다. 완전한 단절이 아니라, 선천을 지속해야 하는 추동력이 계속 필요하다. 그래서 진토는 마디이지만 양이 된다. 술토도 같은 원리다. 술토는 가을의 끝자락이라 어떤 마무리가 필요하다. 하지만 가을은 후천의 시작이므로 이 기운이 겨울까지 이어지도록 가을의 끝에서 밀어 주어야 한다. 그래서 술토는 양의 기운으로 겨울을 낳는다.

진술축미는 크고 작은 사건 사고들을 동반한다. 토의 기운이 그렇다. 토는 중앙이면서 사방이다. 매개하고 조화한다는 것은 많은 일을 겪고 감당한다는 뜻이다. 그래서 진술축미를 많이 가지고 있으면 다사다난한 운명이라 말하기도 한다. 하지만 그만큼 그런 일을 감당할 수 있는 능력을 갖추고 있다는 의미도 담겨 있다. 그래서 토가 많은 사람은 강인하다. 참고로 진술축미가 연지나 일지에 있을 경우 종교나 철학, 교육 등의 정신적인 분야에 인연이 많다고 고전에서 전한다.

12지지와 더불어 천간도 함께 배열했다. 괄호 안에 쓴 것이 그렇다. 같은 오행과 음양에 맞춰 놓았다. 예를 들어, 인목과 갑목은 같은 양목이다. 이렇게 음양오행이 같으면 서로 공유할 수 있는 비슷한 점이 많다. 그래서 지지와 함께 천간이 오버랩되면서 떠오르도록 앞의 그림을 외우기 바란다. 그러면 공부하는 데 훨씬 도움이 된다.

지구가 태양을 한 바퀴 돌 동안, 즉 일 년 동안 달이 지구를 약 12번 돈다. 지지의 숫자인 '12'는 이 12번의 달의 공전 횟수와 연결되어 만들어졌다. 그래서 12지지는 12달의 계절적 흐름과 관련된 개념을 설명하는 데 많이 사용된다. 3개씩 묶어서 4계절을 나타내기도 하고, 12개를 각각 반으로 쪼개서 24개의 절기로도 사용한다. 예컨대, 인월(寅月)은 입춘과 우수, 두 절기로 구성된다. 이렇듯 시간에 흐름에 따라 변화하는 계절의 다양한 모습을 12지지라는 기호를 가지고 변주한다. 그 중 하나가 12지지를 『주역』 괘상으로 나타내는 것이다.

『주역』 괘는 8개의 소성괘와 64개의 대성괘가 있다. 소성괘는 양

## 지지의 괘상(卦象) 배속

| 子 | 丑 | 寅 | 卯 | 辰 | 巳 | 午 | 未 | 申 | 酉 | 戌 | 亥 |
|---|---|---|---|---|---|---|---|---|---|---|---|
| ䷗ | ䷒ | ䷊ | ䷡ | ䷪ | ䷀ | ䷫ | ䷠ | ䷋ | ䷓ | ䷖ | ䷁ |
| 지뢰복 | 지택림 | 지천태 | 뇌천대장 | 택천쾌 | 중천건 | 천풍구 | 천산둔 | 천지비 | 풍지관 | 산지박 | 중지곤 |
| 일양(一陽) | 이양(二陽) | 삼양(三陽) | 사양(四陽) | 오양(五陽) | 육양(六陽) | 일음(一陰) | 이음(二陰) | 삼음(三陰) | 사음(四陰) | 오음(五陰) | 육음(六陰) |

운명의 해석, 사주명리

효와 음효를 가지고 상효·중효·초효를 조합하므로 경우의 수는 8개가 전부다. 대성괘는 양효나 음효가 올 수 있는 6개의 자리가 있다. 그 경우의 수가 2의 6제곱이 되어 총 64개의 괘가 된다. 이 중 12개의 괘상이 각각의 12지지를 설명하는 데 사용된다. 이 분류법은 한(漢)나라의 맹희(孟喜)가 주장한 12벽괘설(辟卦說)이다. 여기서의 12괘들은 각각의 지지 월에 해당하는 태양의 일조 시간과 관련되어 있다. 즉, 낮의 길이가 길수록 양효가 늘어나고, 낮의 길이가 짧을수록 음효가 늘어난다. 그림을 통해 이해하도록 하자.

낮의 길이로 1년을 구분할 때 많이 쓰는 기준이 동지, 하지, 춘분, 추분이다. 동지는 낮의 길이가 가장 짧고, 하지는 가장 긴 때이다. 춘분과 추분은 낮의 길이와 밤의 길이가 같은 절기다. 동지는 자월에 배속되어 있고, 하지는 오월에, 춘분은 묘월, 추분은 유월에 배속되어 있다. 낮의 길이를 양효, 밤의 길이를 음효로 놓았을 때, 동지가 있는 자

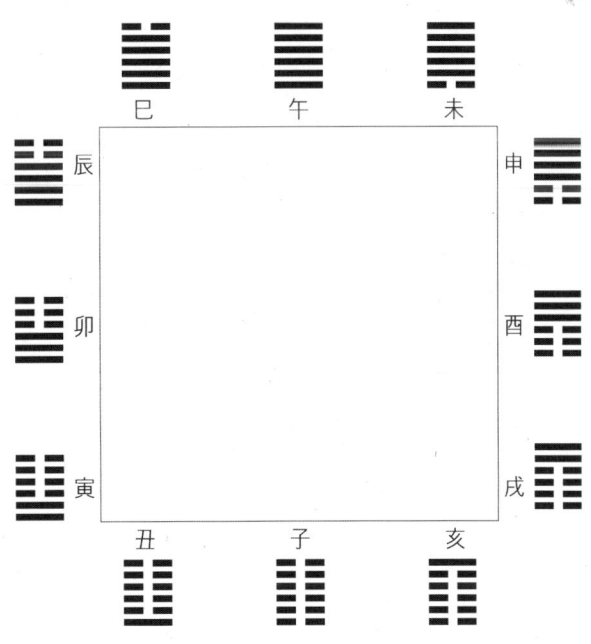

월(子月)은 밤의 길이가 가장 길므로 음효로만 구성된 중지곤괘를 놓았다. 반대로 낮의 길이가 가장 긴 하지가 속한 오월(午月)에는 양효로만 구성된 중천건괘를 배열했다. 그리고 묘월(卯月)과 유월(酉月)은 낮과 밤의 길이가 같은 춘분과 추분이 배속되어 있는 달이므로 양효가 세 개이고 음효가 세 개인 괘를 배열했다.

괘를 볼 때 효의 순서를 잘 살펴야 한다. 효는 아래서부터 위로 1부터 6까지의 순서대로 올라간다. 음효만 여섯 개 있는 자월의 중지곤괘에서 낮이 길어지기 시작하는 축월은 양이 하나 늘어나는데 아래부터 채워진다. 그다음엔 양효가 아래서부터 두 개가 올라오고 묘월의 춘분에는 양효가 아래에서 3개, 음효가 위에 3개가 있는 지천태괘가 된다. 하지로부터 밤이 길어지는 것은 음효의 증가로 표현하는데 그것 역시 아래에서부터 음효가 점점 증가하여 유월이 되면 추분이 되고 음효와 양효가 같아진다. 춘분과는 달리 음이 늘어나는 방식으로 아래에 음효 3개, 위에 양효 3개가 되는 천지비괘가 되는 것이다. 그래서 자월의 음효 6개와 오월의 양효 6개가 배열되고, 묘월과 유월은 양효와 음효가 각각 3개씩 배열되는 도상을 보여 준다.

하지만 실제로 12지지와 괘상의 배열은 바로 오른쪽 그림과 같이 표현된다. 앞선 그림은 낮의 길이가 반영된 12지지의 상태를 나타내는 것이다. 그런데 역리적(易理的) 발상은 늘 흐름의 진행 방향을 염두에 둔다. 즉, 동지가 속해 있는 자월은 동지의 상태인 중지곤괘를 배열하기보다 그 다음 괘인 지뢰복괘를 배열한다. 그것은 동지가 나아갈 방향, 그러니까 동지로부터 낮의 길이가 더 길어질 것이라는 방향성을 염두에 두기 때문이다. 그래서 앞의 그림에서 반시계 방향으로 한 칸씩 밀어서 자기 앞의 상태에 해당하는 괘상을 자기의 괘로 인정

운명의 해석, 사주명리

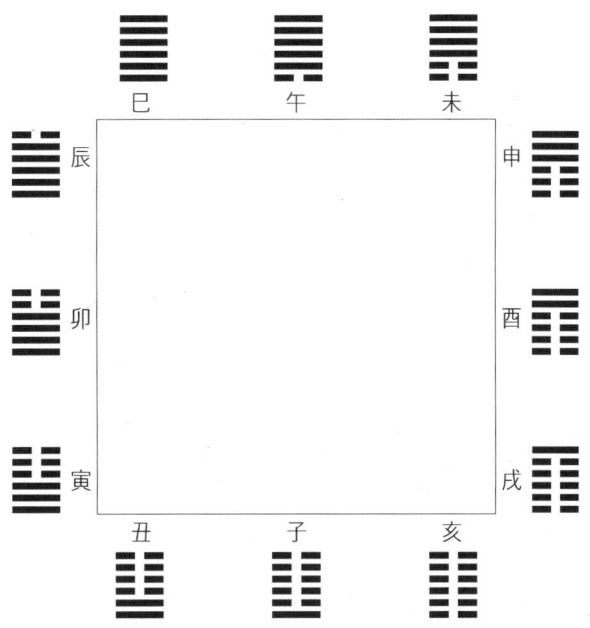

하게 되는 것이다.

　이 책에서 『주역』 괘는 계절성과 관련된 양과 음의 성장과 쇠퇴의 측면에서 지지와 함께 해석될 것이다. 또 간간이 12지지와 연결된 괘를 괘사나 효사를 이용해서 설명하기도 할 것이다. 전형적인 해석 방법은 아니지만 지지를 다방면으로 이해하는 데 한몫을 할 것임엔 틀림이 없다. 『주역』과 사주의 기호가 만나면 더 흥미로운 세계가 펼쳐질 것이다. 여기서는 사주 임상과 연계해서 비교적 쉽게 접근했다.

## 지지라는 현장

대체로 천간은 욕망과 사유의 방향성, 지지는 현실적 조건과 환경적인 측면과 관련되어 있다. 한마디로 천간은 욕망, 지지는 현장이라 할 수 있다. 물론 이 둘을 명확하게 나눌 순 없다. 욕망은 현장을 만들고, 현장은 욕망을 낳기 때문이다. 공부를 하고 싶은 마음이 있으면 도서관을 찾게 되고, 반대로 도서관에 가 보니 공부하고 싶은 마음이 생기기도 한다. 천간과 지지를 욕망과 현장이라는 구도로 나누면 사주를 해석하는 데 더욱 입체적으로 진단과 처방을 내릴 수 있다. 따라서 지지를 해석할 때는 현장의 운세라는 측면을 염두하고 해석하는 것이 좋다.

## 자수(子水)의 기호

| | | 수의 기호 |
|---|---|---|
| 자(子) | 쥐 | 번식력 : 잠재된 양기, 감춰진 욕망, 숨겨진 재능, 은밀한 시작, 빠른 눈치, 풍족한 의식주, 번다한 애정사<br>은밀한 생활사 : 실용, 실속, 절약, 근면, 소박한 사고 |
| | 맑은 물, 계곡 물, 빗물 | 계수의 성향 공유 : 음적인 총명함, 우울, 수액 대사 |
| | 얼음 | 자월(대설, 동지), 멈춤, 구도에 대한 관심, 응고, 오래된 화두, 무의식에 남은 상처, 냉정함, 정직한 마음 |
| | 지뢰복(地雷復) | 일양(一陽), 은밀한 양기, 새로운 동력, 동지(同志)의 협력 |

자수(子水)는 수에 배속되며 수의 기호가 생성하는 의미 일부를 공유한다. 특히 음수로서 계수의 속성을 많이 닮아 있다. 이와 같은 지지의 오행적 성격은 12지지 모두 같은 양상이라고 보면 된다. 따라서 이후로는 지지의 오행적 속성에 대한 설명은 생략하도록 한다.

### ① 쥐

• **번식력**  쥐는 **번식력**이 뛰어나다. 한 쌍이 1년에 1,250마리 정도를 낳을 수 있다고 한다. 그래서 예로부터 쥐는 다산을 상징한다. 새로운 생명은 양기다. 따라서 번식 행위는 양기를 태동시키는 것이다. 그런데 쥐가 번식하는 환경은 보이지 않는 곳, 어둡고 음적인 장소다. 가장 은밀한 곳에서 많은 양적인 기운들이 태동한다. 무겁고 정적인 음과 가볍고 동적인 양이 섞여 있으니 이는 **잠재된 양기, 감춰진 욕망, 숨겨진 재능, 은밀한 시작, 빠른 눈치, 풍족한 의식주** 등으로 확장 해석할 수 있다. 또한 자수의 번식력은 **애정사**, 성욕의 문제로도 연결할 수 있다. 강한 생식력은 성욕과 사랑의 감정 그리고 정력이 받쳐 줘야 한다. 그런 욕망과 힘은 애정과 관련된 다양한 사건을 만들어 낸다. 그래서 자수를 가진 사람은 연애 문제와 관련된 잡다한 번뇌가 많은 편이다. 그것은 **유혹적인** 힘을 내재하고 있기 때문이다. 음적인 성향이라 겉으로 드러나진 않지만 신체 안에 성적인 잠재력이 숨겨져 있다. 동물로 치면 페로몬 같은 물질이 많이 분비된다고 비유할 수 있다.

• **은밀한 생활사**  쥐는 늘 바쁘게 움직이므로 **근면함**의 이미지를 가지고 있고, 그만큼 의식주도 풍족하다. 겉으로 드러나진 않지만 **실용적이고 실속**이 있는 것을 취한다. 음기가 강하다 보니 화려하거나

낭비를 하는 스타일은 아니다. **생활 자체가 은밀**하고 소박하다. 겉치레를 싫어하고 생활에서 적절하게 **절약**하며 **소박하게 사람들을 사귄다.** 화려하게 드러난 곳과는 인연이 길지 않다.

### ②맑은 물

자수는 지지(地支)의 음수(陰水)다. 천간(天干)의 음수는 계수(癸水)다. 같은 음수끼리 통하는 데가 있다. 그래서 **계수의 성향과 비슷하**다. 물론 계수는 천간이고 자수는 지지라는 점에서 다르다. 천간은 대체로 욕망과 사유의 인연으로 오고, 지지는 실제적인 환경으로 도래한다. 음수는 맑은 물, 졸졸졸 흐르는 계곡물, 빗물 등의 이미지를 갖고 있다. 유연함과 유동성, 그리고 그 흐름의 가치가 발휘되는 **음적인 총명함**이 계수의 성향과 공유된다. **우울의 성향**은 계수보다 더 심하다고 할 수 있다. 지지는 천간보다 신체적이고 현장적이므로, 느닷없이 체감적인 현실로 다가오는 경우가 많기 때문이다. **수액대사에 문제가** 일어날 가능성도 높다. 신체는 70% 이상이 물로 구성되어 있다. 거기엔 혈액, 림프액, 조직액, 세포액, 땀, 눈물, 콧물, 오줌 등 많은 구조물들이 포함된다. 신체의 건강성이 물의 흐름과 전변, 온도, 흡수와 배설의 함수 관계에 달렸다고 해도 과언이 아니다. 자수와 해수, 특히 음수인 자수는 몸의 수액대사와 관련되어 있다. 자수가 천간과 통근이 되지 않은 위치에 있거나 너무 많으면 이런 수액대사에 문제가 잘 발생할 수 있다.

### ③얼음(월지 자수)

자수가 월지에 있을 때는 **얼음물로 본다. 자월**은 절기로 **대설과 동**

지에 해당한다. 이 시기의 물은 차갑게 얼어 있다. 얼음은 물을 고정시킨다. 물의 부패도 막지만 물의 흐름도 정지시킨다. 물의 사유는 유동하며 밑으로 침잠해 가는, 영적이고 비세속적인 심연을 갖고 있다. 그러나 얼음은 **유동의 흐름이 멈추어** 있는 것. 그래서 자월 사주는 **구도적인 것, 영성과 관련된 공부 등에 관심**이 많으나 지성이 유동하지 않아 실제 일상과 결합하거나 삶 속에 젖어 들지 않는다. 영성적인 지성을 추구하나 그것을 삶에 응용하기 어렵고, 자연의 이치를 탐구하지만 실제론 매우 인위적이다. 또한 물처럼 스며들어 상대를 이해하려 하지 않고, 얼음처럼 **응고되어 상대를 차갑게 분리**시키려 한다. 이밖에도 자월 얼음은 **오래된 화두, 무의식에 남은 상처, 냉정함, 정직한 마음** 등의 해석으로 확장할 수 있다.

### ④ 지뢰복

이렇게 응고된 얼음을 녹이기 위해서는 양기가 필요하다. 그러나 너무 강한 양기는 겉은 뜨겁고 속은 차가운 상태를 만들어, 오히려 얼음이 안으로 더 파고들어 가게 만든다. 이럴 때는 내면에서 일어나 크게 타오르지 않는 양기가 필요하다. 마침 자수는 저 밑에서 올라오는 **은밀한 양기**를 갖고 있다. 그것은 동지에서 비롯된 **일양**(一陽)의 기운이다. 동지는 밤의 길이가 가장 긴 때이다. 그러나 동시에 낮의 길이가 길어지기 시작하는 때다. 양기가 은밀하게 새로 만들어지기 시작하는 것이다. 이런 양기라야 안쪽에 얼어붙은 얼음을 녹일 수가 있다. 다른 지지의 자수는 이 은밀한 양기를 잘 활용하는 편이지만 월지 자수는 그렇지 않다. 이 은밀한 양기를 잘 살리는 것이 특히 월지 자수에게는 중요하다. 강렬한 양기는 외부로 향하지만 은밀한 양기는 내면에 집중된다. 월지 자수는 얼음을 녹일 수 있는, 안쪽으로 향하는 내면의 양기를 잘 활용하는 지혜가 필요하다.

이 은밀한 양기를 괘상으로 표현하면 지뢰복(地雷復)괘가 된다. 5개의 음 아래에 하나의 양이 올라오고 있는 괘가 지뢰복이다. 정이천은 복괘를 두고 "군자의 도가 회복되었"다고 하였다. 그러나 하나의 양은 약하기 때문에 도와주는 세력이 필요하다.

"하나의 양은 지극히 미약한 세력이라서, 여러 음을 능가하여 만물을 발생시킬 수는 없다. 그러므로 반드시 여러 양이 오기를 기다린 뒤에야 만물을 생성시키는 공을 이루어 한 치의 어그러짐도 없을 수 있으므로, 친구가 와야 허물이 없다. 세 양인 자(子), 축(丑), 인(寅)의 기운이 만물을 생성하는 것은 여러 양의 공이다. 군자의 도가 소멸하였다가 다시 미약하게 회복하는데 어떻게 소인의 세력을 능가할 수 있겠는가? 반드시 그 **동지(同志)들의 세력**이 점차로 성대해지기를 기다리면, 협력하여 소인들의 세력을 이길 수 있다." 정이천 주해, 『주역』, 506쪽

겨울에 얼어붙은 얼음을 녹이는 것은 봄의 따뜻한 기운일 것이다. 매년 봄은 다시 찾아온다. 다시 돌아온 봄의 따뜻한 기운. 그것을 군자의 도라 하였고 다시 돌아왔으니 '회복'이 된다. 그러나 봄은 단한 번도 동일하게 반복된 적이 없다. 1년을 주기로 다시 돌아오긴 했으나, 그건 작년과는 다른 봄이다. 그러니 군자의 도는 **새롭게 잉태되는 동력**[一陽]을 말하고, 회복[復]되었다는 것은 이 동력의 명분이 정당하다는 것을 의미한다. 시작이라는 것이 끝과 맞물려 있다는 생성

소멸(生成消滅)의 순환 고리는 주기성을 갖는 자연의 이치다. 즉, 음의 끝에서 양이 시작되고, 소인이 들끓는 곳에서 미약한 군자의 도가 일어나는 것, 그것이 생성소멸이 이어져 있는 자연의 이치에 합당한 일이라는 것이다. 그러나 미약한 양기는 도움의 손길이 필요한 법. 자연의 이치에 따르면 자수는 축토와 인목으로 이어지는 양기의 오름이 이미 계획되어 있다. 자월은 동지(冬至)를 끼고 있다. 밤의 길이가 가장 길다는 겨울의 한가운데다. 그러나 이때부터 낮의 길이가 길어지기 시작한다. 축월, 인월로 갈수록 양기가 올라온다. 정이천은 일양인 자수만으로는 양기가 오르기 힘드니 축토와 인목 동지(同志: 친구)가 함께 거들어 주면 자수의 미약한 양기를 일으키는 데 도움을 줄 수 있다고 했다. 힘이 약할 때는 친구의 도움이 절실한 법이다.

자수는 일양이라는 새로운 동력을 가지고 있다. 그것은 아직 분화되지 않은 줄기 세포처럼 잠복해 있다가 임의의 현장에서 사용된다. 별일 없이 회사를 다니다가 갑자기 정치를 하겠다고 선언을 하는가 하면, 누구도 예측하지 못했던 사람과 결혼을 선언하거나 임신을 하기도 하고, 술과 약에 의존하면서 살다가 어느 날 그것들을 끊고 수행모드로 사는 경우도 있다. 특히 어둡고 힘든 현실에 갇힐수록 자수의 동력은 점점 현실화된다. 그 방향이 전혀 예측하지 못한 곳으로 향해 간다 해도 자수는 두려움보다 알 수 없는 짜릿함이 앞선다. 그러나 그것은 혼자서 가기에는 매우 힘든 길이다. 마침 그 동력과 함께 동지들이 힘을 보태는 경우가 많은데, 그것은 자수의 도화살 때문이기도 하다.

## 축토(丑土)의 기호

| | 토의 기호 | |
|---|---|---|
| 축(丑) | 소 | 유용함 : 우직, 성실, 노동, 끈기<br>느림 : 감정의 시간차<br>고집 : 경험치, 정직함, 답답함<br>대의명분 : 공리와 평등, 희생 |
| | 습하고<br>추운 땅 | 종자 숙성 : 축월(소한, 대한), 끈기, 기억력<br>기울 : 뭉침, 억울, 우울 |
| | 지택림<br>(地澤臨) | 이양(二陽) : 용출 직전, 한끝이 모자람, 대업, 협력의 공덕, 작은 손해 |

### ①소

•**유용함** 축토(丑土)는 12지 동물 중 소에 속한다. 소는 **우직**하고 **성실**하다. 농사일에 기계가 동원된 것은 인류사에서 볼 때 극히 최근의 일이다. 그 전까지는 농사일에 소를 이용했다. 우리나라의 경우 신라 지증왕 때부터 우경이 시작되었으니까 약 1,500년 정도 됐다. 오랫동안 소는 우리 곁에서 식량 생산에 큰 도움을 주었다. 소는 버릴 게 없다는 말이 있다. 살아서는 인간의 노동을 대신해 주고, 죽어서는 머리에서 꼬리까지 전부 귀한 음식이 된다. 우리에게 이만큼 **유용**한 동물이 또 있을까 싶다. 축토는 이렇게 소처럼 성실하고 우직하며 묵묵하게 일하는 스타일이다. 오죽하면 소띠(연지의 축토)들은 평생 일복이 넘쳐서 고생한다는 말이 있을까. 그야말로 소는 **노동**의 상징이라 할 수 있다. 반대로 일을 시키는 사람 입장에서 축토는 매우 유용한 직원이다. 좀 느리지만 자기 할 일을 끈기 있게 해결하는 믿음직한 사람

이다. 자수도 근면함이 있지만 축토처럼 끈기가 있지는 않다. 자수는 쉽게 지루해하지만 축토는 지루함을 잘 느끼지 못하기 때문이다. 그래서 자수는 한 가지 일을 지속적으로 하기보다, 여러 가지 일을 산발적으로 다루는 반면, 축토는 한 가지 일을 **끈기** 있게 지속한다.

•**느림** 그 대신 좀 **느린** 편이다. 느림은 소의 성격을 반영한 것이기도 하고, 토의 성향이기도 하다. 땅에 무엇을 심으면 자라기까지 시간이 걸리지 않는가. 그래도 약속을 어기거나 늦는 일만 없다면 느린 것 자체는 별 문제될 것이 없다. 하지만 감정을 표현하는 타이밍을 놓치는 경우, 예컨대 처음엔 몰랐는데 집에 가니 기분이 나쁜 경우가 종종 있다. **감정의 시간차**라고나 할까. 토의 습성이 대개 그렇다. 그럴 때 축토는 몸속 깊은 곳에 그 기억을 묻어 두는 편이다. 그게 쌓이면 폭발하게 되는데 그러기 전에 몸이 아프기 시작한다. 특히 여성의 경우가 더 그렇다. 그때그때 가볍게 감정을 분출하는 훈련이 필요하다. 묵은 때는 잘 지워지지 않는다.

•**고집** 황소고집이라는 말이 있다. 소는 무언가를 강제로 시키면 절대로 말을 듣지 않는다. 내킬 때까지 기다려야 한다. 축토의 **고집**이 그렇다. 축토는 몸에서 스스로 감각이 일어나기 전에는, 남의 말도 잘 듣지 않고, 그럴듯한 이론도 통하지 않는다. 오로지 몸소 겪은 **경험치** 안에서만 이해하고 실천한다. 이런 점은 **정직함**의 미덕으로 생각되기도 하지만, 또한 **답답**하게 느껴지기도 한다.

•**대의명분** 축토에게는 **대의명분**이 중요하다. 물론 그것은 누가

강요한 것이 아니라 몸으로 겪고 스스로 인정한 명분이다. 사회적 정의나 조직의 이익 등 사익보다는 **공공의 이익과 평등**을 매우 중요한 가치로 생각한다. 축토는 이 가치가 삶의 영역 안에서 실현되기를 바라며 실제로 그것을 실천하기 위해 크고 작은 활동들을 하는 경우가 많다. 축토에게 그 활동들은 자기**희생**을 감수하고서라도 감당해야 할 의무 같은 것으로 다가온다. 알아주지 않아도 묵묵하게 그 의무를 채워 가는 과정에서 대개 자부심이 일어나지만 때론 손해 보는 느낌이 들 때도 있다. 손해를 본다는 느낌이 강해져도 쉽게 그 일을 놓지 못하며 그럴 때는 피해의식이 생기기도 한다. 자신이 세운 명분 안에 갇혀 버린 셈이다.

### ②습한 땅

•종자 숙성 　습토는 습하고 **추운 땅**이다. 특히 월지 축토는 더 춥다. **축월은 절기로 소한, 대한**이다. 아직 땅이 얼어 있을 때다. 그래서 **종자를 키우긴 하되 새싹을 용출시키는 것이 아니라 땅속에서 숙성**시키고 때를 기다린다. 이런 점도 느리고 꼼꼼한 성격과 통하는 이미지다. 오래 묻어 둘 수 있다는 것은 **끈기와 기억력**이 좋다는 뜻이다. 여기에 무엇을 묻을 것인지에 따라 수확물이 다르다. 오랫동안 공부를 한다면 잘 숙성된 깊이 있는 이론이 나올 것이며, 감정이나 기억을 오래 묻어 놓는다면 담음(痰飮)이나 어혈(瘀血)이 생길 것이다.

•기울(氣鬱) 　담음과 어혈은 몸 안에 뭉쳐진 물의 여분, 흐르지 않고 고인 피를 말한다. 월지 축토는 특히 이렇게 몸 안에서 단단하게 **뭉쳐지는 것들**을 조심할 필요가 있다. 그것은 차갑고 단단한 겨울 땅의

이미지와 닮았다. 뭉치는 원인은 대개 감정이 오래되어 기가 응결되었기 때문이다. 그것을 **기울**(氣鬱)이라고 한다. 몸 안에 오랫동안 쌓아 놓은 **억울함, 우울함** 등이 기울이 된다. 축토는 쌓아 두지 않는 훈련이 필요하다. 이미 쌓이고 뭉친 것을 풀기 위해선 운동이 가장 좋다. 그 다음 단계는 단선적 인과를 벗어나는 것이다. 지금 상황을 만든 건 단 하나의 원인이 아니라 다양한 원인과 예기치 못한 변수, 그리고 나의 해석체계다. 특정한 '누구' 때문이 아니다.

### ③ 지택림

자수 일양(一陽)이 씨앗이 막 발아를 시작하는 지점이라면, 축토 **이양**(二陽)은 발아된 새싹이 더 자라나 땅 위를 뚫고 올라오기(용출) **직전**의 상태라고 할 수 있다. 탁 건드리기만 하면 새싹이 곧 땅을 뚫고 나올 것 같은데, 그게 잘 안 나온다. 축토는 매번 그렇게 뭔가 **한 끝이 모자라다.** 땅 위까지의 거리가 얼마 되지 않는 것처럼 보이지만 거기서 땅 위로 나오는 것에는 나름의 도약이 필요하다. 성실한 것만으로는 한계가 있다. 어쩌면 이제까지 해보지 않았던 과감한 돌파가 새로운 도약을 가능하게 할지 모른다.

이양의 괘상은 '**지택림**'(地澤臨)이다. 임(臨)은 '임하다', '다가가다'는 뜻이다. 서괘전에서는 "일에 임하여 크게 이루므로 임괘로 받았다"(故受之以臨 臨者大也)고 임괘를 해석한다. 정이천은 그것이 "두 양효가 아래에서 자라나 성대해지려고 하므로 큰 것이 되"<sub></sub>정이천 주해, 『주역』, 419쪽는 것이라고 말한다. 자수는 양의 시작을 알린다(일양). 지뢰복괘의 일양은 미약한 군자의 도를 지니므로 동지의 협력이 필요하다. 축토의 양기는 그 협력을 위한 '다가감'이라고 보면 된다. 아직 땅을 뚫고 올라오진 못했지만 그 협력은 **대업**을 이룰 수 있는 소중한 공덕이다. 축토는 그런 **협력의 공덕**을 쌓는 일에 최선을 다한다. 그리고 축토의 영향력으로 그 일은 최대의 업적을 이룰 수 있다. 그런데 그 공(功)이 처음 시작한 자수 일양에 집중될 가능성이 많다. 에너지를 쏟은 만큼 대가가 적을 수 있다는 말이다. 하지만 그 공덕의 대가는 다른 곳에서 받게 되어 있다. 큰 틀에서 보면 손해가 아니다. **작은 손해**에 마음이 상하지 않는 여유가 필요하다.


## 인목(寅木)의 기호

| | 목의 기호 | |
|---|---|---|
| 인(寅) | 호랑이 | 역동성 : 활발, 추진력, 의욕, 리더십, 폭발적 기운, 급한 성정, 반항적 기질, 자존심, 명예, 의협심, 유능, 자유, 고독<br>큰 것에 대한 욕망 : 큰 꿈, 모험심<br>떠돌이 : 독립, 도전, 예측 불허 |
| | 큰 나무 | 갑목의 성향 공유, 극단적 승부욕, 인간 중심, 따뜻한 마음, 항상성, 성공 기회 |
| | 겨울 나무 | 인월(입춘, 우수), 봄의 시작, 순수함, 노련함 부족, 유아적 도발 |
| | 지천태<br>(地天泰) | 삼양(三陽), 서투름, 이질성과의 교류 |


### ①호랑이

●**역동성** 인목은 계절로는 봄의 시작이다. 입춘부터 인월이 시작

되므로 좀 추운 봄이다. 그러나 그 운기(運氣)는 이미 사람이 체감하기 전에 생동하며 바람을 일으켜 땅과 동물을 깨우기 시작한다. 축월 땅속 얕은 곳에서 준비하고 있던 만물의 기운이 인월이 되면서 땅 위로 튀어나와 대지로 솟아오른다. 이런 **역동**적인 기운을 12지 동물 중에 가장 용맹한 호랑이에 빗댈 수 있다.

호랑이는 하나의 목표물만 노리고 추격한다. 맹렬한 기세로 질주하는 모습이 천간의 양목인 갑목과도 닮았다. 새싹이 땅을 뚫고 올라올 때도 이런 기세가 필요하다. 인목의 운명은 강하게 하나의 장애물[土]을 뚫고 나오는 것이다. 하늘하늘한 새싹이 때론 아스팔트까지 뚫고 나온다. 그것이 바로 인목의 맹렬함이다.

그래서 인목은 역동적인 힘과 **활발함**, 그리고 **추진력**을 가지고 있다. 활발한 성격은 **의욕**을 부추기고, 추진력으로는 장애물을 치고 나간다. 그런 기운은 **리더십**으로 사용되기도 하고 때로는 **폭발**적이고 **급한 성격**이나 **반항적 기질**로 드러나기도 한다. **자존심**도 강하고 **명예**를 중시하며 **의협심**도 강하다. 일을 할 때도 현장을 빠르게 이해하고 일 처리도 정확하게 해내는 편이다. 그러나 그런 **유능함**에 비해서 협동하는 능력은 좀 약하다. 인목은 혼자 있는 시간을 좋아하기 때문이다. 홀로 질주하고 홀로 능력을 발휘하는 점이 한편으론 **자유롭**고 한편으론 **고독**해 보인다.

•**큰 것에 대한 욕망**  호랑이는 큰 사냥감을 좋아한다. 호랑이가 좋아하는 먹잇감 중 하나인 들소는 몸무게가 1톤이 넘는다. 이 거대한 동물과 싸우면서도 다치지 않아야 한다. 호랑이가 상처가 깊어서 사냥이 어려우면 굶어 죽을 수밖에 없다. 더구나 호랑이의 사냥 성공률

은 낮다. 호랑이 연구가 "조지 셸러는 호랑이가 13번 중 1번 사냥에 성공한다"스티븐 밀스, 『호랑이』, 이상임 옮김, 사이언스북스, 2006, 14쪽는 기록을 남겼다. 위험하고 사냥의 성공률도 낮은 큰 먹이를 노리는 성향은 인목도 비슷하다. 인목은 비교적 **큰 것에 대한 욕망**이 있다. **꿈의 스케일도 크고** 또 그것을 단번에 이루려 한다. 그런데 호랑이의 사냥 성공률이 낮듯이 인목의 도전도 쉽게 이루어지지 않는다. 그래도 인목 특유의 **모험심**으로 도전이 계속되면 어쩌다 한방에 크게 이루는 경우가 있다. 하지만 꿈이 클수록 현실의 결핍감은 커지기 마련이다. 작은 것으로 주린 배를 채워 가는 연습이 필요하다.

•**떠돌이** 호랑이 "어미가 발정기에 이르고 다시 짝짓기를 하게 되면, 새끼들에게는 더 이상의 가족생활이란 없다. 특히, 새끼들이 수컷일 경우 더욱 그렇다. 20~24개월쯤 되면 새끼들은 독립하여 정글을 떠돌아다닌다."같은 책, 68쪽 인목도 **떠돌이** 인생이다. 청년이 되면 **독립**하여 삶을 실험하며 나그네처럼 떠돌아다닌다. 익숙한 업무를 떠나 새로운 프로젝트에 **도전**하기도 하고, 편한 직장을 벗어나 벤처 등의 자기 사업을 시작하기도 하는데, 남들이 시도해 보지 않은 것일수록 도전하고 싶어 한다. 호랑이 중에는 "**예측불허**에다가 심지어 무모하기까지 한 녀석들도 있다."같은 책, 25쪽 인목의 도전도 비슷하다. 인목은 예측 불허의 상황을 자주 만들어 낸다. 그런 도전들이 인목에게 짜릿함을 선물하는 것이 아닌가 싶다.

반대로 인목에게 가장 답답한 상황은 의존적 환경에서 편안하게 사는 것이다. 동물원의 동물들은 정형행동을 한다. "정형행동이란, 판에 박힌 듯 의미 없는 행동을 기계처럼 반복하는 것을 뜻한다. 일종의 정신적 문제라 볼 수 있다. 일정 구간을 끊임없이 오간다든가, 몸을 앞뒤로 춤을 추듯 움직인다든가, 먹은 것을 토하고 다시 먹는다든가, 심지어 털을 물어뜯어 자신을 해치기도 한다. 야생의 삶에 적합하도록 다양한 행동을 지니고 있는 동물들이 인공적인 환경 속에서 살게 되면 얻게 되는 병이다."박하재홍, 『돼지도 장난감이 필요해』, 슬로비, 2013, 64~65쪽

맹수인 호랑이는 그런 환경이 더욱 답답할 것이다. 인목도 스스로 독립하지 못하고 한곳에 갇혀서 의존적으로 살아가면 정형행동을 보인다. 그런 인목에게 나타나는 정형행동은 자주 답답함을 느끼며 자꾸 밖으로 나가려는 것이다. 이와 함께 소화불량, 신경쇠약, 두통, 피로함 등의 병증이 생기기도 한다. 정신적으로는 더 이상 새로운 사유와 창의력이 생기지 않고 변화와 갈등을 두려워하기도 한다. 이런 상태가 지속되면 스스로 결정을 내리기가 점점 어려워지고 병증은 더욱 심해진다.

새끼들이 독립하여 정글을 떠돌아다니는 "이때가 호랑이 일생에서 두번째로 위험한 시기이다. 카란스에 의하면, 이 떠돌이 호랑이들의 연간 사망률은 30~35퍼센트에 이른다".스티븐 밀스, 앞의 책, 68쪽 그런데도 이런 모험을 감행하는 것이 맹수의 자유본능이다. 그 본능을 억제하면 정신적인 문제가 생긴다. 그것은 동물이건 사람이건 다 비슷하다. 특히 인목에게 모험은 매우 중요한 삶의 추동력이 된다.


② 큰 나무

큰 나무의 이미지는 갑목과 같다. 인목의 많은 부분이 **갑목과 닮았다. 인간 중심적이고 따뜻하고 넓은 마음**을 가졌으나, 예측 불허의 욕망으로 인해 갈피를 잡지 못할 때가 있다. **한방에 승부**를 걸려 하지만,

뜻대로 안 된다. 관건은 항상성이다. 꾸준하게 도전하는 인목은 **성공에 이르게 하는 기회**를 많이 갖는다. 기회가 많으면 성공 확률도 높다. 그러나 큰 나무는 강한 폭풍에 쉽게 쓰러진다. 이 점도 갑목과 비슷하다. 조금 멀리 보고 속도를 조절하는 지혜가 필요하다.

### ③겨울 나무(월지 인목)

인월은 절기로는 **입춘과 우수**에 해당하며, 한 해의 시작이자 **봄의 시작**이다. 하지만 실제 날씨는 겨울의 쌀쌀함이 이어지고 있는 때이다. 그래서 인월의 인목은 추위에 위축된 나무라 할 수 있다. 물론 목 기운 자체가 담고 있는 역동성을 가지고 있긴 하나, 너무 일찍 바깥 구경을 나온 새끼 강아지처럼 순수하지만 **노련하지 못한 서툰 행동**들을 보인다. 즉, 어떤 도발을 감행하기도 하지만 그 분위기가 약간 **유아적**이다. 더 큰 용기도 필요하고, 생각도 더 깊게 해야 한다. 잔기술로는 새싹이 겨울 땅을 뚫고 나오기 어렵다.

### ④지천태

태괘는 땅(☷)과 하늘(☰)이 위아래로 만나는 모습을 하고 있다. 음양의 형상으로 보자면 세 개의 양이 올라오고 있는 모습이다. 이양(二陽)이 새싹이 땅을 뚫기 직전의 상태라면 **삼양**(三陽)은 이제 막 땅을 뚫고 올라온 상태다. 그래서 아직 서툴고 순수한 기운이지만 그만큼 밝고 계산적이지 않으며 낯선 것을 잘 가리지 않는 용기가 있다. 어쩌면 이런 기운이 소통의 첫 문턱을 넘는 데는 가장 유리한 조건이 아닐까 싶다.

「단전」(彖傳)에서는 "하늘과 땅이 교류하여 만물이 소통한다"(天

地交而萬物通也)고 했다. 위가 땅이고 아래가 하늘이니, 제자리를 찾기 위해 땅은 내려가려 하고 하늘은 오르려 한다. 이질적인 것들 간의 이러한 동적 교류야말로 음양이 섞이고 만물이 소통되는 길이다. 인목은 낯선 것들에 무심하듯 강하게 접속하는 능력이 있다. 큰 저항 없이 **이질성을 받아들이고 교류**하는 그 힘은 태괘의 괘사(卦辭)에서 말한 것처럼 "길하고 형통하다"(吉亨). 다만 힘 조절이 필요하다. 소통의 첫 관문을 연 이후의 관계는 또 다른 자세가 필요하다. 인목의 기운으로만 소통하려 하면 에너지가 많이 든다. 그런 관계는 서로 피곤하다. 관계를 지속시키려면 편안하고 느긋한 기운이 요구된다.

## 묘목(卯木)의 기호

| 묘(卯) | 목의 기호 | |
|---|---|---|
| | 토끼 | 번식력 : 창조력, 풍요 온순, 인정<br>분주함과 분산력 : 실속 적음, 에너지 낭비,<br> 분산력, 탈중심, 운명의 실험<br>경계심 : 불안감, 갈팡질팡<br>학문 : 공부와 연계된 일 |
| | 작은 초목<br>덩굴식물,<br>화초, 들풀 | 을목(乙木)의 성향, 생명력, 끈기, 유연성, 성장,<br>환경을 잘 이용함, 소유, 집착 |
| | 봄의 초목 | 묘월(경칩, 춘분), 조용한 들뜸 |
| | 뇌천대장<br>(雷天大壯) | 사양(四陽), 봄의 절정, 잉여의 양기, 창의력,<br>기획, 디자인, 인테리어, 예술, 제조, 출판 |

### ①토끼

묘목은 시기적으로 봄의 한가운데 있다. 인월에 만물이 깨어나기 시작했고, 묘월에 이르면 땅 위로 나온 새싹이 양적으로 성장한다. 인목이 땅을 뚫고 직진하는 기운이라면, 묘목은 줄기에서 여러 가지를 내듯 사방으로 분주하게 퍼지는 목기라 할 수 있다. 이런 이미지가 토끼와 닮았다. 따뜻한 봄날 들판에서 분주하게 뛰어 노는 토끼를 연상하면 된다. 온순하지만 분주하고, 번식력도 뛰어난 토끼의 성향이 묘목의 이미지다.

•**번식력**  토끼도 쥐처럼 **번식력**이 왕성하다. 자수의 번식력이 음과 양이 섞여 있는 잠재된 양기를 연상시킨다면, 묘목의 번식력은 자수보다 훨씬 더 양적(陽的)이다. 자수가 자기의 욕망과 재능을 감추고 있다면, 묘목은 욕망과 재능을 밖으로 드러낸다. 그래서 **창조**적인 생각을 일에 반영하며, 그 재능을 적극적으로 사용한다. 거기에다 인목보다 **인정**이 많고 **온순**해서 사회적으로 더 활발하다. 번식의 상징인 **풍요**로움도 묘목의 기운 중 하나다. 묘목은 모든 일을 분주하게 시작하고 풍성하게 여는데, 그것을 혼자하기보다는 사람들과 함께 나누고 싶어 한다.

•**분주함과 분산력**  하지만 생각보다 **실속은 그렇게 크지 않은 편이**다. 실익이 양적으로 **분주**하게 흩어져 버리기 때문이다. 물론 그것이 손해라고만은 할 수는 없다. 풍성하게 노력한 만큼 뭐라도 얻을 것이 있으니까. 그러나 분주함이 가지고 있는 불필요한 **에너지 낭비**는 성찰해야 할 숙제다. 기운을 분주하게 쓰면 잠시 살아 있는 느낌이 들긴 하

지만, 시간이 지날수록 공허해진다. 그것은 삶의 질을 낮추는 중요한 요인 중의 하나다.

이 같은 양적인 산포성은 분산적인 사고와 다양한 삶의 방식으로도 해석할 수도 있다. 토끼는 상위 포식자에 쫓기는 피식자의 입장이므로 분산적인 시야가 반드시 필요하다. "쫓는 짐승의 눈은 집중형이고 쫓기는 짐승의 눈은 분산형이다. 성격이나 행동도 그렇다."이어령, 『십이지신 토끼』, 생각의나무, 2010, 18쪽 묘목의 성향도 비슷하다. 묘목의 사유는 하나의 중심으로 향하지 않고 다양한 **탈중심**적 가능성을 점친다. 그런 **분산력**이 수평적인 관계를 만들고 다양한 삶의 기회를 만든다. 실속이 없고 에너지가 낭비되긴 하지만 이 분산 능력은 **운명의 다양한 실험**을 가능하게 한다. 다만 더 밀고 가야 하는 용기와 힘이 필요하다. 많은 경우 분주하게 시작하다가 그만두는 경우가 많기 때문이다.

•**경계심** 묘목의 분주한 시작과 미진한 마무리는 경계심 때문이다. 토끼는 맹수와 맹금류에 늘 쫓기는 신세다. 언제 잡아먹힐지 모르는 피식자의 입장에서는 항상 긴장을 늦출 수 없다. 묘목의 경계심도 이런 이미지와 연결하면 된다. 묘목은 늘 경계하고 **불안**한 편이다. 아무것도 안 하면서 불안한 음적인 타입이 아니라, 뭘 많이 벌이면서도 조심스러운, 그런 불안함이다. 또한 **갈팡질팡**, 갈피를 잘 잡지 못하고 허둥대는 면도 있다. 경계심과 창의성, 에너지의 분산 등이 섞여서 생긴 묘목만의 기묘한 성격이다. 그런 성격이 병증으로 나타날 때도 있다. 심장의 박동이 항진되고, 잠을 잘 못 이루며, 손발이 저리거나 잘 붓고, 소화불량과 복부가 잘 붓는 증상이 그렇다. 심해지면 공황장애도 나타날 수 있다.

•**학문** 한편 토끼는 학문적인 이미지도 갖고 있다. "무를 숭상하는 정복국가의 영웅문화권에서는 호랑이, 사자들을 앞세우지만 문치교화와 덕을 강조하는 성인군자의 문화권에서는 토끼, 사슴, 학과 같은 짐승들이 맹수들을 제치고 영험한 서물(瑞物)로 각광을 받게 된다."이어령, 앞의 책, 12쪽 몽염(蒙恬)이 붓을 처음 만들었을 때 사용했던 재료가 토끼털이라는 설도 있다. 묘목의 **학문**에 대한 관심도 이런 이미지와 통한다. 묘목은 늘 공부에 관심이 많을 뿐만 아니라 **학문과 연계된 직업**을 가지려는 욕망도 있다. 흥미로운 것은 학문 자체보다 학문과 연계된 직업에 더 관심을 갖는 경향이 있다는 것이다. 그것도 약간의 불안감에서 오는 것일지 모른다. 학문에 뜻은 있지만 본격적으로 그것으로 먹고살 수 있을지, 혹은 잘해 낼 수 있을지, 그런 걱정이 앞서는 게 아닌가 싶다.

### ②작은 초목

묘목은 음목으로 천간의 을목과 공유하는 성질이 많다. 을목처럼 **작은 초목**으로 대표되는 **덩굴, 화초, 들풀** 등의 이미지를 갖는다. 그 성향 역시 **생명력**이 강하고, 끈기가 있으며, **유연**하고, **성장** 속도가 빠른 것이 특징이다. 특히 덩굴이 주변의 지형지물을 잘 이용해서 성장하듯 묘목도 **환경을 잘 이용**해서 살아간다. 동시에 덩굴이 휘감아 오르는 것처럼 묘목도 **소유와 집착**이 강한 점도 있다.

### ③봄의 초목(월지 묘목)

**묘월**은 **경칩과 춘분**을 끼고 있다. 경칩은 동물들이 동면에서 깨어나는 시기다. 인월이 봄의 시작이지만 추위가 가시지 않은 때라면, 묘

운명의 해석, 사주명리

월은 체감적으로도 봄의 기척을 느낄 수 있다. 그러한 기운을 담고 있는 월지 묘목은 조용하게 들뜨는 성향이 있다. 크게 항진되는 정도는 아니지만, 늘 **조금 들떠 있다**. 그것은 말과 판단이 살짝 앞서거나, 과도한 의미를 부여하고, 관계에서 약간 항진된 분위기를 이끌며, 미래에 대해 과도하게 긍정하고, 섣부르게 진단하고 쉽게 단정하는 등의 조금 경솔해 보이는 경향으로 드러난다.

### ④뇌천대장

**뇌천대장**(雷天大壯)은 양이 네 개이고 음이 두 개인 괘다. 음양의 형상으로 보면 사양(四陽)이다. 지뢰복(일양)부터 시작해서 양이 점점 성장해 가는 관점에서 보면 처음으로 양기가 음기보다 많아지는 때이다. 계절적으로는 묘월이란 **봄의 절정**이고, 1년을 기준으로 음양의 관점에서 보면 **잉여의 양기**가 생기기 시작하는 때이다. 음기와 양기의 차이가 크지는 않지만 이 **잉여의 양기**가 **창의력**을 발휘하고 생동감을 일으키는 에너지로 잘 쓰인다. 그래서 "대장은 양이 굳세게 성장하는 것"정이천 주해, 『주역』, 684쪽이라고 하는 것이다.

묘목은 **기획, 디자인, 인테리어, 예술, 제조, 출판** 등의 업무에서 두각을 보인다. 그러나 남는 양기는 일상을 산만하게 만들 수도 있다. 그래서 남는 양기를 조절하고 제어하는 지혜도 필요하다. 일양에서 발아하고 삼양에서 땅을 뚫었던 집중력을 잃지 않으면 산만함을 제어하는 데 도움이 된다. 새로운 욕망에 한눈팔기보다는 연속된 하나의 욕망에 전변을 일으키는 방식을 먼저 생각해 보는 것이 좋을 것 같다.

## 진토(辰土)의 기호

| | 토의 기호 | |
|---|---|---|
| 진(辰) | 용 | 이상(理想) : 비현실, 미래, 비전, 동기 부여, 승천, 과감한 결정<br>명예 : 체면치레<br>융합 : 공동체, 통합, 두루뭉술<br>지속적 도전 : 인내심 |
| | 비옥한 흙, 부드러운 흙, 넓은 논, 평야 | 결실, 자신감, 자만심, 새로운 정치력 |
| | 봄의 땅 | 진월(청명, 곡우), 변칙적 영성 |
| | 택천쾌 (澤天夬) | 오양(五陽), 척결, 새로운 통합, 계수의 역할 |

### ①용

●**이상(理想)** 진토는 12지 동물 중 용(龍)에 해당한다. 용은 12지 동물 중 유일하게 현실의 동물이 아니다. 전설과 신화 속의 동물이고 꿈속의 동물이다. 이런 **이상적이고 비현실적인 면**은 고스란히 임상적으로 반영된다. 진토를 가지고 있는 사람은 과거나 현실보다 **미래**에 관심이 많고, 항상 **비전**과 꿈을 이야기한다. 그것은 때로 현실감각을 잃어버리게 한다. 그래서 진토는 종종 허세나 망상에서 빠져나오지 못할 때가 있다.

그렇지만 그런 성향은 미래의 방향성을 설정함으로써 현실적인 삶의 실천에 생동감 있는 **동기를 부여**하기도 한다. 동기가 실천으로 이어지고 실천이 차근차근 쌓이다 보면, 하룻밤 자고 일어났더니 유명해졌다는 바이런의 말처럼, 어느 날 완전히 바뀐 환경에서 살고 있는 자신을 발견하게 된다. 그것은 아마도 성실함과 좀 느리게 찾아오는 감각 때문일 것이다. 누구나 동기를 성실하게 실천해 가면 현실적인 변화가 찾아온다. 진토는 그것을 변화가 도래하고 안정이 될 때쯤 갑자기 깨닫게 되는 것이다. 어찌 됐건, 그런 급작스런 변화는 평소엔 미꾸라지로 살다가 뇌우와 함께 하늘로 **승천**하는 용에 비유할 수 있다. 그것이 꼭 실제적이고 물리적인 환경이 아니더라도, 존재와 신체가 변했다는 느낌이 들거나 세상이 다르게 보이는 등, 지각의 차원에서 일어나기도 한다.

진토의 이상적인 비전은 때때로 현실적으론 실현하기 어렵다고 평가되는 도전을 서슴없이 감행하곤 한다. 특히 진토는 큰일이 닥쳤을 때 오히려 차분해지며 상황을 전환시킬 **과감한 결정**을 내리는 경향이 있다. 자신의 전공이나 살아온 방향과 전혀 상관없는 분야의 공부를 위해 기존의 삶을 과감하게 바꾸기도 하고, 몸담고 있는 분야에서 독특하고 새로운 길을 내기도 한다.

•**명예**　동양에서의 용은 주로 권력, 특히 왕권을 상징한다. 임금을 나타내는 말에는 용이 들어간다. 예를 들어, 임금의 얼굴은 용안(龍顏), 임금이 앉는 자리는 용상(龍床), 임금이 타는 가마는 용여(龍輿), 임금의 옷은 용포(龍袍)라고 불렀다. 진토가 그런 제왕적 권력을 추구한다고 볼 수는 없지만 **명예와 체면**을 중시하는 경향은 있다. 예를 들어 명예를 손상시키는 일은 어떤 이익이 생겨도 과감하게 그만둔다.

•융합 "용의 형상은 아홉 동물들의 부분을 따서 모은 것으로 '머리는 낙타, 뿔은 사슴, 눈은 귀(鬼), 목덜미는 이무기, 비늘은 잉어, 발톱은 독수리, 그리고 발바닥은 호랑이를 닮은 것'으로 묘사되어 있다. 이때의 아홉 수는 양수 가운데 가장 큰 숫자로 다(多)와 무한수를 상징하기 때문에 실은 모든 짐승을 합친 것이라고 해도 무방하다." 이어령 책임편집, 『십이지신 용』, 생각의나무, 2010, 16쪽

용의 몸이 여러 동물들의 신체가 섞여서 만들어졌다는 점은 만물을 아우르는 대지의 본성과 통한다. 임금을 용으로 비유하는 것도 각 지역의 백성들을 통합하려는 목적과 연결된다. 진토 역시 융합의 성향을 갖추고 있다. 그것은 사람을 모으고 하나의 **공동체**, 조직 등을 결성하거나, **통합**적인 공부의 방식 등으로 실현되기도 하고, 그냥 **두루뭉술**하게 섞어서 대충 넘어가려는 의도로 사용될 때도 있다.


•지속적 도전  진토는 자기가 벌인 일에 대해 **끝없는 도전**을 한다. 그것은 진토 속에 잠재되어 있는 지장간 무토의 역량이기도 하다. 잘 안 될 때는 잠시 쉬었다가 다시 시도하더라도 언제든 재기할 기회를 노린다. 진토는 자기 욕망의 실현과 관련해서는 **인내심**이 강하다. 좀 힘들어도 참을 수 있고 오히려 그 참아냄이 또 다른 촉매제 역할을 한다는 것을 알고 있다. 그래서 진토에게는 항상 아직 다 풀지 못한 재밌는 숙제 혹은 놀이가 남겨져 있다. 그것은 스트레스로 남겨져 있기보다 도전해야 할 짜릿한 먹잇감이라 할 수 있다.


### ②비옥한 흙

진토는 습하고, 부드러운 비옥한 땅이다. 이런 땅에는 무엇을 심

운명의 해석, 사주명리

어도 **결실**을 잘 맺는다(월지 진토는 특히 더 그렇다). 진토는 준비된 땅으로, 거기에 일정한 노력과 염원이 심어지면 비옥한 환경을 만들어 낼 수 있다. 노력한 만큼 이루어지는 귀한 땅이다. 한편으로는, 그렇기 때문에 쉽게 **자만**에 빠질 수 있다. 노력을 하면 뭔가 얻을 수 있다는 **자신감**은 삶에 활력을 주는 소중한 가치다. 하지만 더 중요한 가치는 노력해도 잘 안 될 때 문득 도래한다. "내 맘대로 할 수 있는 것이 아니구나"라는 자각은 "그러면 예기치 않은 힘들과 어떻게 섞일 것인가" 하는 전략을 낳는다. 자신감보다 더 중요한 가치는 **새로운 정치력**이다. 일이 잘 되기만 하면 자만심이 생기고, 자만심이 생기면 머무르게 된다. 그게 한계다. 하지만 실패로부터 생성된 새로운 정치력은 자기 한계를 극복하고 새로운 길을 내며 나아간다. 그런 점에서 진토에게 실패는 귀한 선물이다.

### ③봄의 땅(월지 진토)

**진월**은 **청명과 곡우**를 포함하고 있다. 하늘의 봄은 인월에 오고, 땅의 봄은 묘월에 오며, 사람의 봄은 진월에 온다는 말이 있다. 청명과 곡우야말로 진짜 봄다운 봄을 체감할 수 있는 절기다. 양력으로 4월 초에서 5월 초다. 몸에선 목기운이 활개를 치므로 밖으로 나가고 싶어진다. 시기상으로도 본격적인 나들이 철이다. 사람들은 들로 산으로 봄을 만끽하러 나간다.

월지 진토를 가지고 있다면 이 두 절기 중에 태어난 사람이다. 계절적으로는 봄의 끝이지만 체감적으로는 봄의 한가운데 있는 듯하다. 이들은 어디로 튈지 모르는 목의 분주함을 가지고 있다. 진토의 지장간에 있는 을목의 성향이 바로 그것이다. 이런 성향이 용의 이상적인 면과 결합하면 기존의 종교, 이념과는 다른 **변칙적이고 새로운 영성과 사상**에 대한 욕망이 일어나기도 한다. 월지 진토를 가진 사람 중에는 태극이나 기(氣)의 담론을 음악에 녹여 내는 사람이 있는가 하면, 도스토옙스키 소설을 매우 영적인 측면에서 해석하는 이도 있었다. 주술성을 자신의 학문과 결합하기도 하며, 신앙적인 것을 사유의 영역에서 이해하기도 한다.

### ④택천쾌

진토는 여름의 시작인 사화 직전의 지지다. 진토는 여름 직전, 봄의 따뜻함이 고조되어 있을 때의 땅이고, 진토의 지장간에는 계수를 포함하고 있어서 물을 머금고 있는 진흙이다. 그러나 청명이 지나 곡우가 되면 오히려 가뭄이 심해진다. 진토에 해당하는 쾌는 **택천쾌**(澤天夬)로, **5개의 양**과 1개의 음으로 구성되어 있다. 쾌상에서는 "여러 양효가 위로 나아가 하나의 음효를 과감하게 제거하는" 형상적 의미를 갖는다. 즉, 순서상 가장 위의 음이 이제 곧 양으로 대체될 운명에 놓여 있는 것이다. 봄은 이제 남아 있는 겨울의 기운을 **척결**하고 여름으로 과감하게 나아가려 한다. 진토가 신자진(申子辰) 삼합(三合)에서 자수의 겨울 기운을 갈무리하는 역할을 맡은 것도 이와 연결해서 설명할 수 있다.(9장 참고) 그래서 안으론 계수를 잠복하고 있으되, 밖으로는 지난 음기를 척결해야 하는 임무를 맡게 된다. 여름에 새로운 음기를 맞이하기 위해선(오화는 음기가 시작되는 달. '오화의 기호' 참조) 기존의 음기를 제거해야 하는데 이 과정에서 일시적으로 가뭄이 생긴다고 해석할 수 있다. 일시적 가뭄을 견뎌내야 하는 어려움이 있지만, 진토는 새로운 음기를 맞이하기 위해 묵은 기운을 과감하게 제거한다.

이것이 진토의 **새로운 통합** 능력이자 결단력이다.

하지만 지장간에 남겨진 **계수의 역할**도 간과해서는 안 된다. 그것은 겉으로는 **척결**되었지만 내적으로는 아주 은밀한 곳에 숨겨져 있는 묵은 음기운이다. 이 기운이 양적 행보를 끝까지 밀어붙이지 못하게 붙잡는다. 겉으로는 해결이 되었지만 끝까지 남아 있는 묵은 기운은 양날의 칼이다. 이것이 과도한 양적 항진을 다스리는 미덕이 되기도 하지만 때론 더 밀고 나가야 할 지점에서 포기하거나 멈춰 버리는 단점으로 작용하기도 한다. 이 계수가 어떤 맥락에서 쓰이는가에 따라 역할의 공과가 바뀐다. 이렇게 은밀하고 음적인 역할을 놓치는 경우가 많다. 이런 부분을 잘 다스리는 것이 관건이다.

## 사화(巳火)의 기호

| | 화의 기호 | |
|---|---|---|
| 사(巳) | 뱀 | 끌림과 꺼림 : 독성(毒性), 열기<br>맹렬한 에너지 : 명석함, 용의주도, 승진, 지략<br>　　　　　　 혹은 권모술수 |
| | 용광로,<br>폭탄 | 급한 성질, 분노조절장애, 만남과 이별의 속도가 빠름, 좁은 대인 관계, 감정적 |
| | 중천건<br>(重天乾) | 육양(六陽), 사월(입하, 소만), 양의 절정, 배수진, 추동력 |

### ①뱀

• **끌림과 꺼림** 사화(巳火)는 뱀에 해당한다. 아마도 12지 동물 중

에서 인간이 가장 꺼리는 동물일 것이다. "옛날 중국 사람들은 아침저녁으로 "뱀 있나"(有它嗎)? "뱀 없어"(無它)라는 말을 인사말처럼 주고받았다고 한다."이어령,『문화로 읽는 십이지신 이야기, 뱀』, 열림원, 2011, 8쪽 아마도 징그러운 모습과 위험한 독 때문일지 않을까. 그러나 그렇게 꺼리면서도 "웬일인지 동서고금 할 것 없이 신화, 전설, 민담에는 유난히 뱀이 이야기가 많이 등장한다. 징그러우면서도 끌리는 신비한 힘을 갖고 있다는 증거이다."같은 책, 8~9쪽

뱀이 가지고 있는 **꺼림과 끌림**의 이런 이중성은 사화에도 발견된다. 사화는 사람을 끌어당기는 어떤 매력을 가지고 있다. 그 매력이 궁금해서 가까이 가서 친하게 지내려고 한다. 그러다가 마음을 놓고 지내던 어느 날 사화는 갑자기 분노의 **독기**를 뿜어 낸다. 급작스런 공격에 상대는 손상을 입는다. 사화의 공격력은 다른 지지에 비해 상당히 치명적이다. 특히 사화가 미워하는 마음을 가지고 공격을 하면 상대에게는 더욱 강한 독기가 가해질 수 있다. 동시에 자기의 몸에도 이런 독소가 퍼지는데, 이는 **열이나 화기**의 병증으로 이행되는 경우가 많다. 몸에서 화기가 치솟으면 가슴이 두근거리고, 상체(특히 얼굴)에 열감이 오르며, 손발이 덥고, 입 안에 염증이 생기고, 잇몸이 들뜨고, 구토를 하고, 머리가 빠지고, 망상이 생기며, 잠이 잘 오지 않는 증상들이 발생한다. 이처럼 사화는 매우 강렬한 힘을 가지고 있어서 끌림과 꺼림의 간극을 잘 조절할 수 있는 지혜가 필요하다.

•**맹렬한 에너지** 한편으로, 거의 모든 독은 희석하면 약으로 쓸 수 있다. 사화가 지닌 독성의 **맹렬한 에너지**를 잘 희석해서 쓰면 **명석하고 용의주도**한 업무 능력으로 발휘된다. 그래서 사화는 어딜 가도 그 에

운명의 해석, 사주명리

너지 넘치는 능력을 인정받는다. 거기에다 책임감도 강해서 **승진**이 빠른 편이고, 스카우트 제의도 들어온다. 사화의 업무 능력은 **지략**에서 시작된다. 그냥 열심히 하는 것이 아니라 직관적인 전략과 계산을 통해 업무를 빨리 파악하고 전체를 장악하며 업무 환경을 자기에게 유리한 방향으로 바꿔 놓는다. 이런 지략은 생존에 매우 유리한 능력이다. 그리고 그런 능력을 고용주나 상사들이 높이 산다. 다만 어떤 이들(특히 동료와 부하 직원)의 눈에는 **권모술수**로 비춰지기도 한다. 이것은 음습한 곳에서 유연하고 음침하게 활동하는 뱀의 음적인 움직임과 닮았다.

### ②용광로

사화는 **성질이 급하고 분노조절이 잘 안 된다.** 끓고 있는 용광로 같이 부글대는 뜨거운 분노가 숨겨져 있다가 어느 시점이 되면 폭발한다. 그 강도가 너무 세서, 가까운 사람도 깜짝 놀라며 뒷걸음을 친다. 뱀으로 비유하면, 희석이 덜 된 맹독이라 할 수 있다. 매력적으로 끄는 힘이 있어서 가까이 갔는데 이런 폭발을 한 번 겪고 나면 매우 조심스러워진다. 그런 것이 반복되면 **만나고 헤어지는 속도가 빨라지고** 그러다가 점점 **대인 관계가 좁아진다.** 사화는 매우 **감정적**이라서 자기반성도 감정적인 뉘우침으로 끝나는 경우가 많다. 더 객관화시키고 이론화시키는 것이 맹렬함의 치우침을 개선하는 미덕이다.

### ③중천건

**사월**(巳月)의 절기는 **입하와 소만**이다. 입하가 되면 기운이 부산하게 올라온다. 논과 밭에는 볍씨의 싹이 트고 보리이삭들이 패기 시작하고, 마당에서는 지렁이들이 꿈틀댄다. 논밭에 해충도 많아지고 잡초도 부쩍 자라난다. 봄은 세 달(인월, 묘월, 진월) 동안 땅속에서 양기를 끌어내어 속도를 내서 땅위로 올렸다. 이제 사월이 되어 그 양기가 만개하기 시작한다.

만개의 극은 하지가 속한 오월(午月)이다. 하지만 하지부터 밤이 길어지고 음기가 올라오기 시작하므로, 오월의 괘는 일음(一陰)이 시작되는 천풍구(天風姤)다. 하지를 향해 가고 있는 사월(巳月)의 괘는 양효가 6개인 **중천건**(重天乾)이다. 앞에서도 언급했지만 역리적 발상은 늘 흐름의 진행 방향을 염두한다. 즉, 사화는 양의 절정에 있는 것이 아니라 **양의 절정을 향해** 있기 때문에 **육양**(六陽)의 자리에 있는 것이다.

양기로 가득 찬 사화는 물러날 곳도 없고 물러날 욕망도 이유도 모른다. **배수진**을 치고 전진할 뿐이다. 물러섬 없는 이런 힘이야말로 만물이 탄생하는 근원이다. 그러나 **추동력**은 항상성과 짝을 이루며 일어나야 한다. 그것이 나아감과 물러섬이 짝을 이루는 양과 음의 이치다. 예컨대, 운동이 그렇다. 편안한 실내에서 항상성을 유지하고 있다가 갑자기 몸을 이끌고 밖으로 나가서 운동을 하는 경우를 생각해 보자. 운동을 시작하면서 체온이 올라가고 숨을 가쁘게 몰아쉰다. 이것은 몸의 항상성을 일시적으로 위협하는 행위다. 그러나 몸은 체온을 유지하기 위해 땀을 배출하고 근육에 산소와 포도당을 공급하기 위해 심박 수를 늘려 혈액순환의 속도를 높인다. 어긋난 항상성을 유지하기 위해 몸의 여러 기능들이 활성화된다. 항상성을 어긋나게 하는 이 과정이 적절하게 일어난다면 오히려 가만히 있는 것보다 훨씬 더 건강한 신체가 될 수 있다. 그러나 너무 과하게 운동을 하면 항상성을 유지하기 힘든 지경에 이르러 심하면 생명을 잃을 수 있는 위험한 상태에 빠질 수도 있다. 그래서 추동력은 항상성을 유지할 수 있는 범위 내에서 사용해야 한다.

사화의 추동력은 오랜 습속과 자기 한계에서 벗어나게 할 만큼 강렬하다. 그러나 나는 사화의 추동력이 그렇게 쓰이는 것을 거의 보지 못했다. 대부분의 추동력은 격한 감정으로 사용되며 결국 자기 항상성을 해치는 방식으로 사용된다. 또는 도박이나 관계 중독에서 헤어나지 못하는 등, 죽음충동의 궤도를 되풀이 하는 경우도 있었다. 강한 힘을 가지고 있을 때는 힘을 사용할 줄 아는 능력도 같이 있어야 한다. 사화에게는 서투른 격정이나 무모한 열정 혹은 빗나간 정의감보다는 자기를 냉정하게 지켜보는 전략이 필요하다.

## 오화(午火)의 기호

| | 화의 기호 | |
|---|---|---|
| 오(午) | 말 | 활동력 : 약동의 힘, 폭넓은 대인 관계, 모험, 여행, 유학, 유목, 역마<br>독립 : 사업, 퇴직이나 이직, 이민, 이혼, 탈출<br>미적 감각 : 예술성 |
| | 촛불 | 밝히는 일(교육), 공공성(언론) |
| | 한여름 태양 | 오월(망종, 하지), 눈을 가린 경주마, 옆길 |
| | 천풍구<br>(天風姤) | 일음(一陰), 음적 유동성, 은밀한 유혹 |

### ①말

•**활동력** 말은 12지 동물 중 유일한 이동수단이다. 물론 북극에선 개가 끄는 썰매가 중요한 이동수단이긴 하지만, 여기선 동아시아로 한정하자. 인류는 처음에 말을 식량자원으로 길렀다. 그러나 어느 순간 급속하게 이동수단으로 길들이기 시작했다. 이동수단으로서 말의 유용성은 인류의 역사를 바꿀 만큼 컸다. 이런 말의 역동성은 오화의 **활동력**에 비유할 수 있다. 오화는 말처럼 **약동하는 힘**을 가지고 있다. **폭넓은 대인 관계**를 맺으며 낯선 사람과도 잘 어울리고, **여행**이나 **유학**, 이사 등 멀리 떠나는 모험과 인연이 깊다. 한곳에 오래 머무르려 하지 않는다. 이렇게 오화는 역마살이 아닌데도 **역마**의 기운이 있다. 초원을 달리고 싶은 말의 본능과 비슷하다.

•**독립** 오화는 독립적인 성향이 강하며, 의존적인 상황을 번거롭게 여긴다. 들판에서 자유롭게 뛰어다니는 야생마를 떠올리면 된다. 오화의 독립적 성향은 **사업, 퇴직이나 이직, 이혼, 이민** 등의 변화로 나타나기도 한다. 이런 변화는 자유를 억압하는 조건을 벗어나기 위한 **탈출**이다. 만일 같은 상황이라도 여행을 자주 하거나 낯선 사람과 마주칠 기회가 많고, 자기 주도의 생활을 하게 되면 그럭저럭 견딜 수 있다. 그러나 오화는 체질적으로 꽉 막힌 상황에서는 오래 견디지 못한다. 예컨대 엄격한 윤리와 규칙이 있는 조직이나 가족의 분위기를 참지 못한다. 이에 비해 축토의 경우는 제법 그 상황들을 오래 견딜 수 있다. 둘 다 가지고 있다면? 물론 어떤 관계 속에 존재하는가가 중요하지만 간단하게 언급한다면, 축토의 힘으로 견디는 기간이 좀 늘어나겠지만 결국 오화의 활동력은 그 상황을 박차고 나갈 것이다.

•미적 감각 말의 외모는 수려하다. 탄력 있는 근육과 길고 발달된 다리에 멋지고 균형 잡힌 몸매를 가지고 있다. 갈기를 휘날리며 달리는 모습도 아름답다. 이러한 이미지가 오화의 미적 감각, 예술성과 통한다. **미적 감각**과 **예술성**을 충분히 활용하여 디자인이나 미술 계통의 일을 하는 경우도 많다. 또한 오화는 사치하지 않으면서도 자기만의 스타일을 가지고 있다. 아무리 좋은 것이라도 자신의 스타일을 벗어나면 잘 사용하지 않는 편이다. 오화의 외모가 수려하다는 의견이 있다. 그건 근육을 단련했을 때 상대적으로 좀더 균형 잡인 몸매로 보인다는 말이다. 물론 근육이 없으면 다 비슷하다.

### ②촛불

오화는 음화로서 천간의 정화와 통한다. 정화의 촛불 이미지가 오화에게도 있다. 촛불은 공간을 밝힌다. 빛은 여러 가지 상징성이 있다. **교육과 언론**이 대표적인 예이다. 교육은 무지를 밝히고 언론은 감춰진 이야기를 **공공적**으로 밝힌다. 그래서 오화는 교육 관련 업무나 언론 계통의 직업에 적성을 보인다. 정화도 그런 성향이 있으나 정화는 천간이고 오화는 지지다. 천간은 욕망이나 계획에서 출발하지만 지지는 현실적 조건으로 도래한다. 그래서 직업과 관련해서는 천간보다 지지의 성향이 더 크다.

### ③한여름의 태양

**오월**(午月)은 절기상 **망종과 하지**를 품고 있다. 이 시기는 농사일이 가장 바쁜 시기다. 보리도 베어야 하고 모내기도 해야 하는 때이다. 낮의 길이가 가장 길어지는 하지를 끼고 있어서 **태양도 뜨겁다**. 밭일,

논일로 사람들은 '발등에 오줌 싼다'고 할 정도로 정신없이 바쁘게 지낸다. 오화는 **눈을 가린 경주마**처럼 앞만 보고 달린다. 그것이 오화가 일을 하는 방식이다.

그러나 앞만 보고 달리기 때문에 그 이외의 것을 놓칠 때가 많다. 그것은 건성으로 흘려 보낸 시대의 감각이나 세상의 이치이기도 하고, 살뜰히 챙기지 못한 겉핥기식 관계이기도 하며, 빈곤한 내면의 지성이기도 하다. 그러다가 옆으로 눈을 돌리는 때가 있다. 그때야말로 속도를 줄이고 전체를 봐야 할 시간이다. 그런데 갑자기 **옆길**로 또 내달리기 시작한다. 완전하게 길을 벗어나는 오화의 용기는 대단하다. 그러나 때로는 선택에 앞서 전체를 조망하고 미세한 조정을 하는 시간이 필요할 때도 있다. 일단 멈춰 보자.

오화가 방향을 바꾸는 이유는 작은 유혹에서 비롯된다. 익숙하지만 의식하지도 못했던 어떤 은밀한 자극이 오면, 오화는 급기야 정신 차릴 새도 없이 그 방향으로 온몸을 틀어 버린다. 은밀한 자극은 기분을 좋게 하지만 특별하게 생각하지는 않았던 것, 예를 들면 새참 같은 것이다. 한여름 뙤약볕에서 일을 할 때 가장 힘이 되는 것은 새참이다. 잠시 그늘에서 내리쬐는 볕을 피하고, 국수나 간단한 쌈 채소와 밥이 전부이지만 지친 농부들에게는 이보다 더 좋은 보약이 없다. 또 새참에 빠져서는 안 될 것이 바로 막걸리다. 국수를 먹기 전에 타들어 가는 목구멍에 우선 차가운 막걸리를 넘긴다. 그 순간 지친 온몸의 세포가 살아나는 느낌이다. 다른 때는 이 맛이 나지 않는다. 어쩌면 고된 일들이 이 새참을 위해 존재하는 것 같은 생각도 든다. 하지만 새참은 거나한 잔칫상도 아니고 저녁 나절 느긋하게 즐기는 술과 안주도 아니다. 다만 노동력을 강화시키려 잠시 허기를 달래는 노동의 일부일 뿐이다. 새참 시간이 끝나면 다시 일을 시작해야 한다. 새참에 시작한 술 한잔을 시작으로 일도 놓아 버리고 놀고 먹다 보면 본분을 잃어버리 게 된다.

### ④천풍구

이 새참 같은 존재가 **천풍구**(天風姤)괘의 초육(初六), 즉 가장 아래의 효이다. 왕부지(王夫之)는 천풍구괘를 두고 "기약하지 않았는데도 마주치는 것을 '우연한 만남'[遇]이라 하는데, 이것이 바로 구괘(姤卦)의 상"왕부지, 『주역내전』 3, 김진근 옮김, 학고방, 2014, 1076쪽이라고 말했다. 이 괘에서 가장 **밑의 효만 '음'**이다. 이것을 『주역』에서는 씩씩한 여자[女壯]로 본다. 왕부지는 이 여자가 예쁘장한 얼굴을 하고 있으며 우연하게 만난 남자들(양)에게로 가서 이들의 마음을 얻으려 한다면서, 『주역』 괘사에서 지시한 대로 그녀를 경계하라고 한다. 남녀가 만나는 데 문제될 것이 뭐 있겠는가. 하지만 여기서 경계하는 것은 "이 음의 의지가 드셀 정도로 왕성하다는 것을 알 리가"같은 책, 1077쪽 없기 때문에 "장차 그 속마음을 파고 들어가서 해충 노릇을 하며 해악을 끼"친다는 것이다. 새참이 위험할 것이 무엇이 있겠는가. 그러나 잠시 쉬는 동안 새참의 한잔 술이 오후 내내 넋을 놓게 한다면, 그는 새참을 맞이하는 자세를 다시 잡아야 할 것이다. 재미로 시작한 노름이 집안을 거덜낼 수 있는 이치와 같다. 그러니 "일찌감치 경계하여야 오히려 어지럽히 지 않을 수 있"다.

오화는 이런 식의 **유혹에 약한** 편이다. 저 밑에서 올라오는 은밀하고 고요한 음적 유동성에 마음이 끌린다. 뭐라고 표현할 수는 없지만 매력적으로 느껴지는 이미지에 몸의 감각들이 깨어난다. 그것이 어떤 방향이든지 운명을 바꾸는 어떤 중요한 선택일 수도 있다. 때문에 한 번쯤은 기존의 감각을 차단하고 다른 감각 혹은 객관적인 논리를 통해 지켜볼 필요가 있다. 잘못된 선택들로부터 운명의 배움이 시작된다고는 하지만, 같은 패턴의 실수가 반복되는 것은 그 패턴 안에 오묘한 쾌락이 숨겨져 있기 때문이다. 그래서 왕부지도 천풍구괘를 설명하면서 "이 여인과의 홀연한 만남에서 서로 희열에 젖는 이가 많을 것"이고 그러면 위의 양(陽)들이 "중위(中位)를 잃"어버릴 수도 있다고 경고한 것이다.

## 미토(未土)의 기호

| | 토의 기호 | |
|---|---|---|
| 미(未) | 양 | 온순함과 사나움<br>희생 : 영성, 신앙심, 직관, 모성애<br>객지 : 외국어, 사건 사고, 비관적, 미봉책<br>참을성 : 숨은 고집, 소외 |
| | 사막의<br>모래 | 미월(소서, 대서), 가마 속 도자기, 성급한 단정,<br>오해와 편견 |
| | 천산둔<br>(天山遯) | 이음(二陰), 열정적, 음적 주도권, 무질서, 고독,<br>비밀 |

### ① 양(羊)

•온순함과 사나움  동양에서의 양은 면양과 산양(염소)을 모두 지칭한다. 흔히 양은 여성적인 온순함을 상징하고, 염소는 사납고 남성

적인 에너지를 상징한다. 미토 안에는 이 두 가지가 혼재해 있다. 겉으로는 온순하지만 내면엔 매우 사납고 거친 성격이 들어 있다. 염소의 뿔을 생각해 보면 이해하기 쉽다. 뿔은 들이받는 용도로 가지고 있는 것이다. 여차하면 공격한다. 사주에 따라 더 깊숙이 들어가야 공격성이 나타나는 경우가 있는가 하면 표면에 그대로 드러나 있는 경우도 있다. 어느 경우건 온순함 가운데 드러나는 사나움은 상대를 놀라게 한다.

●**희생** 양은 **희생**의 아이콘이다. '희생양'이란 관용어도 있다. 오래전부터 양은 신에 대한 제물로 바쳐졌다. 서양뿐만 아니라, 중국에서도 그런 풍습이 있었다. "오늘날에도 공자 제사를 지내는 석전제 때 뿔이 있는 소 등과 더불어 양이 제수에 포함된다."이어령, 『문화로 읽는 십이지신 이야기, 양』, 열림원, 2012, 59쪽 제사는 종교적인 것과 연결된다. 미토는 **영성**을 중요하게 여긴다. 특정 종교에 대한 **신앙심**일 수도 있고 자연에 대한 영적인 기원이기도 하며, 학문과 수양의 결과로 얻은 깊은 **직관**이라고 할 수도 있다. 또한 양은 의식주를 해결하는 데 중요한 가축 중 하나였다. 털과 가죽은 체온을 보호하고, 젖과 고기는 식탁에 올랐다. 이렇게 양의 희생으로 인간은 많은 혜택을 누려 왔다. 미토 역시 희생정신이 투철하다. 하지만 희생하고 싶은 대상의 범위는 좁다. '인류를 위해 희생하겠다'기보다는 가족, 특정 조직, 친구 등에 한정되는데, 특히 남녀 모두 **자식에 대한 애정이 강하다.**

그런데 희생이란 말을 자기 스스로에게 붙이는 것은 좀 위험하다. "나는 너희를 위해 희생해 왔다." 이 말 안에는 내가 손해를 감수하면서도 상대를 위한 것이란 뜻이 들어 있다. 자기를 위한 행위를 했을 때에는 희생이라는 표현을 쓰지 않는다. 그래서 스스로 희생적이라 생각할 때는 대가를 바라는 마음도 함께 일어난다. 그 대가는 영원히 채워질 수 없고, 결국 끝없는 원망과 결여의 상처로 이어지게 된다.

•객지  미토는 **객지**와 인연이 많은 편이다. 양이 유목민들과 함께 초원의 이곳저곳을 떠돌아다녔던 것을 떠올리면 된다. 여러 이유로 고향을 떠나 객지 생활을 하게 된다. 가족과 함께 이민을 갈 수도 있고, 유학이나 취업 등의 이유로 혼자 집을 떠나올 수도 있다. 지방 발령이나 여행, 출가, 외부 강의 등과도 관련이 있다. 또한 **외국어**와도 인연이 있는데 그것은 원거리 이동에 필요한 요소와 연결해서 설명할 수 있다. 객지 생활을 하다 보면 예기치 못한 사건 사고가 늘 벌어지듯이 미토의 일상에도 늘 **사건 사고**가 일어난다. 객지에서 사건을 해결하는 일은 거의 **미봉책**이다. 그러나 미완의 해결이라 해도 사건을 해결하다 보면 나름의 삶의 지혜와 뚝심이 생긴다. 그러나 한편으론 사건 사고가 원망과 **비관**적인 마음을 일으키기도 한다. 경험이 그를 큰 사람으로 만들기도 하지만, 좁은 곳에 가두기도 한다. 특정한 현상이나 사건에 과도한 의미를 부여하거나 결벽적인 회피 반응을 보인다면 후자에 속하는 것이다. 역시 그 선택은 개인의 역량에 달렸다.

•참을성  미토는 **참을성** 혹은 끈기가 있다. 그런데 참는 행위의 양상은 다 다르다. 외국어나 공부를 하려면 끈기가 필요한데, 그런 학습에 대한 끈기로 발휘되기도 하고, 어떤 억압적 현실을 참아내기도 한다. 또 참을성은 고집스러운 성격으로 전환되기도 한다. 잘 참는 사람에게는 **숨겨진 고집**이 있다. 그 고집 때문에 소통이 안 되어 때때로 무

리로부터 **소외**되는 일을 겪기도 한다.

### ②사막의 모래

미토는 땅 중에서도 **사막과 같은 땅**에 속한다. 혹은 **가마 속 도자기**와 같은 달궈진 흙에 비유할 수 있다. 흙의 덕목은 모든 걸 수용하며, 시간을 두고 씨앗과 상호교류하며 서로 잘 살 수 있게 하는 협력과 조화에 있다. 그런데 미토는 **급하고 단정적인 선택**을 한다. 도자기는 이미 무엇을 심을 수 없는 돌과 같은 흙이다. 그래서 미토는 마치 금의 성향과 닮기도 했다. 거기에다 화의 성향도 있다. 그래서 매사에 아주 빠르게 이분법적 단정을 내린다. 그것은 우유부단하게 머뭇거리지 않는다는 점에서 미덕일 수 있지만, **오해와 편견이** 생길 수 있다는 단점도 있다.

### ③천산둔

**미월**은 **소서와 대서**를 포함하고 있다. 이 시기는 사화와 오화를 지나 여름과 가을의 경계인 미토에 이르렀지만 체감적으로 가장 더운 때이다. 미월은 봄·여름의 상승의 벡터를 가을·겨울의 하강 국면으로 전환시키는 길목에 있다. 양기가 수렴되는 전환의 과정에서 기운의 충돌도 생긴다. 그때 일어나는 무더위는 아마도 기득권을 놓지 않으려는 양기의 발악 같은 것이 아닐까 싶다.

미토의 괘상은 **천산둔**(天山遯)이다. 이 괘의 키워드는 은둔 혹은 물러남이다. 첫번째와 두번째 효는 음이고 그 위에 있는 나머지 4개의 효는 양이다. 그래서 **이음**(二陰)이라 이르는 것이다. 개수로 따지면 양이 4개고 음이 2개이지만, 음의 위치가 가장 아래인 첫번째와 두번째에 있기 때문에, 방향성으로 보자면 "음의 세력이 자라나 성대해지고 양은 소멸되어 물러나려고 한다".정이천 주해, 『주역』, 669쪽 그러나 상태는 여전히 양이 4대 2로 우세하다. 미월의 방향성이 가을로 가는 길목에 있지만 기후로는 가장 더운 것을 이렇게 설명할 수도 있겠다.

표면적으로는 양이 우세하지만 은밀한 곳에서 치고 올라오는 음의 세력에 주도권을 내주는 둔괘의 이런 형세는 미토의 성향과 닮아 있다. 미토는 매우 **열정적**이고 밝다. 특히 첫인상에서 그런 양적인 기운이 상대를 압도한다. 그러나 점점 밑에서 올라오는 **음적인 기운에 주도권**을 내준다. 그것이 음의 영역에서 일어나기 때문에 의도적으로 감지하지 않으면 스스로도 명확하게 알기 어렵다. 사람에 따라 다르게 표현되지만 몇 가지 예를 들자면, 표면적인 형식과 규율을 지키려 최선을 다하지만 실제론 **무질서**함에 마음이 끌리거나, 사람들과 함께 왁자지껄하게 지내는 것을 좋아하긴 하지만 내면을 들여다볼 수 있는 고독의 시간을 더 소중하게 생각한다.

이밖에도 겉으론 오픈되어 있는 것처럼 보이지만 무의식적으로 **비밀**스런 것을 간직하려 한다거나, 미래지향적으로 행동하지만 기억이나 경험을 매우 중요하게 여기는 경우도 있다. 냉정하게 관계를 정리할 수 있는 단호함이 있지만 의외로 상처를 깊숙하게 간직하고 살고, 천둥벌거숭이처럼 해맑게 다니지만 속 안엔 두려움이 똬리를 틀고 있다. 이것은 미토가 목화에서 금수로 벡터가 전환되는 길목에서 이정표 역할을 하고 있기 때문일 것이다.

## 신금(申金)의 기호

| 신(申) | 금의 기호 | |
|---|---|---|
| | 원숭이 | 어두운 총기 : 영리함, 재능, 우울, 신경질적, 산만함, 변덕<br>반사회성 : 위계, 적응력, 천진난만, 임기응변 |
| | 바위산,<br>무쇠 | 강한 결단력, 우월감, 주변 무시 |
| | 천지비<br>(天地否) | 삼음(三陰), 신월(입추, 처서), 정체, 전문가적 성향, 좁은 시야, 음의 주도권, 타이밍 화두 |

### ① 원숭이

• **어두운 총기**  신금(申金)은 영리하고 다재다능하다. 원숭이의 재주와 비견되는 부분이다. 하지만 **영리함과 재능**으로 곧잘 자기를 망치는 일을 저지르기도 한다. 영화 〈헐리우드 키드의 생애〉의 몇 장면을 들여다보자. 영화광인 병석은 10분 동안 1,000명에 가까운 배우들의 이름을 읊고 명장면의 거의 모든 대사를 외울 정도로 어렸을 때부터 영화에 미쳐 살았다. 그는 훗날 자신의 시나리오로 청룡영화상 각본상을 수상한다. 그러나 친구이자 그 각본의 감독인 명길은 그 시나리오가 유명한 영화들의 장면과 대사를 조금씩 베껴서 구성되었다는 사실을 발견한다. "넌 천재야. 아주 완벽한 모자이크였어. 기둥 줄거리는 〈카사블랑카〉와 〈보니 앤 클라이드〉에 교묘하게 〈나인 하프 위크〉를 섞어서 만들었고, 거기에다 온갖 헐리우드 영화의 대사를 완벽하게 콜라주시켰어. 정말로 감쪽같았지. 그래서 넌 악마야."

명길의 추궁에 병석이 항변했다.

"그래 모든 걸 다 인정할게. 하지만 한 가지만 믿어줘. 난 널 망치려 한 게 아니다. 난 널 속이려 한 게 아니야. 나도 내 자신한테 속은 거야. 모든 게 내 창작인 줄 알았어. 무슨 말인 줄 알겠니? 나 임병석이가 헐리우드 키드한테 속은 거다."

암울했던 어린 시절과 기이한 행적들이 병석의 표절을 동정하는 어떤 연결고리가 될 수 있을지는 모르겠다. 하지만 병석 스스로가 정확히 진단했듯, 이 표절은 자기의 능력에 속은 것이고 자신의 재능이 가지고 있는 권력에서 벗어나지 못한 것이다.

조삼모사(朝三暮四)의 고사를 보면 원숭이는 자기 꾀에 속는다. 신금의 재능과 지혜도 이런 오류에 빠질 수 있다. 재주는 총기(聰氣)에서 나오지만, 아이러니하게도 재주는 쓸수록 **총기를 어둡게 한다**. 재주는 다른 능력과 섞이려 하지 않는다. 삶 전체를 위한 방편이 아니라 특정 능력을 돋보이게 하려는 욕망이 담겨 있는 기술이다. 따라서 재주는 세상을 읽는 시야를 좁힌다. 시야가 좁으면 마음도 좁아진다. 그래서 자주 **우울**해하거나 **신경질적인** 반응이 일어난다. 그래서 때론 일상을 **산만**하게 살거나 **변덕**을 부릴 때가 있다.

•**반사회성과 위계**  신금은 혼자 지내는 것을 크게 힘들어하지 않는다. 특히 남자의 경우는 오히려 혼자 있는 것을 선호하는 편이다. 이런 성향은 오랑우탄의 생태에 비유할 수 있다. "대부분의 어른 암컷 오랑우탄은 생활 영역을 가지고 있다. 이 영역은 대개 중첩되지만 서로 부딪칠 일이 없도록 이웃이 있는 장소를 피해 다른 데로 옮겨 간다. 어른 수컷 오랑우탄은 이보다 훨씬 반사회적이다. 이들의 영역은 절대 중첩되지 않으며, (…) 모든 어른 수컷 침입자에 대해 공격적이다."

운명의 해석, 사주명리

데즈먼드 모리스·스티브 파커, 『또 다른 인류 유인원』, 정옥희 옮김, 시그마북스, 2011, 182쪽 신금의 **반사회성**\*은 오랑우탄처럼 적대적이거나 공격적이진 않다. 혼자 있거나 혼자 일하는 것이 편해서다. 그것은 어두운 총기와 우울감에서 비롯된 음적인 행위다. 신금은 본태적 우울을 감추려 한다. 대신 겉으로는 **천진난만함**을 내세우는데, 그것은 가면이 아니라 자기의 또 다른 모습이다. 유전학적으로는 표현형이라 할 수 있다. 우울감이 열성인자라면 천진난만함은 우성인자다. 우성이 먼저 드러난다.

이 부분은 미토와 비슷하다. 미토는 표면적으로는 열정적이고 밝지만 음적인 지향을 가지고 있다. 하지만 신금보다는 사회성이 뛰어나다는 점에선 다르다. 그리고 미토는 사회적인 역량, 즉 사람들과 섞여 사는 힘이 중요하다고 느끼는 반면, 신금은 사회적 관계가 고립된 상황에서도 크게 당황하지 않는다.

신금은 조직적인 관계에서는 잘 **적응**하는 편이고 **임기응변** 능력도 뛰어나다. 하지만 그것이 혼자 있는 것보다 즐겁지는 않다. 그래서 조직 운영에 참여하는 등의 적극적인 개입은 되도록 피하는 경향이 있다. 그럼에도 의외로 조직의 서열과 **위계**를 중요하게 여기는 편이다. 특히 여자가 더 그렇다. 이런 위계적 성향은 고릴라 집단의 위계를 닮았다. "고릴라 집단 내 암컷들은 아무 혈연관계가 없는 암컷에 대해서는 적대적으로 대하기도 한다. 이들은 자체적으로 집단 내 위계를 정하는데, 집단에 합류한 시기가 기준이 되기도 한다."같은 책, 184쪽

---

\* 신금의 성향을 반사회적이라는 말로 바꿔 쓰기에는 좀 무리가 있으나, 여기서는 혼자 있는 것을 선호하고 사람들과 잘 어울리지 않으려는 속성을 '반사회성'이라고 하자.

### ② 바위산, 무쇠

신금은 양금(陽金)으로서 천간의 양금인 경금(庚金)의 상징인 바위산과 무쇠의 이미지를 공유하며, 그 기호가 생성하는 의미 중 일부가 경금의 성향과 유사하다. 예컨대 강한 결단력, 실리적인 점 등이 닮았다. 실리에 대한 계산이 빠르며 큰 실리를 위한 작은 손해는 과감하게 감수할 줄도 안다. 계산은 곧 **강한 결단**과 실천으로 이어진다. 그 과정에서 사람들의 불만도 **무시**하는 편이라서 때론 매정하게 느껴질 때도 있다. 또한 어떤 결단은 매우 파격적이라서 주변 환경에 큰 변화를 일으키기도 하는데, 그 변화 때문에 기존의 사람들과 등을 지는 경우도 있다. 그렇다 해도 크게 위축되지 않는 편이다. 그 심리적 배경엔 **우월감**이 자리한다. 그것은 자신만이 가지고 있는 독자적인 총기를 높이 평가하기 때문이다. 자신의 총기가 옳은 결단을 할 수 있다는 믿음이 그런 과감한 결정을 내릴 수 있게 한다.

### ③ 천지비

신금의 괘상은 건괘가 위에 있고 곤괘가 아래에 있는 '**천지비**'(天地否)이다. 건은 하늘이고, 곤은 땅이다. 하늘은 위에 있고 땅은 밑에 있으니, 인목의 태괘와는 반대의 위치다. 태괘는 소통을 상징하지만 비괘는 **정체**(停滯)됨을 뜻한다. 땅이 위에 있고 하늘이 밑에 있어야 서로 교류하는데, "하늘이 위에 처하고 땅이 아래에 처하면, 이는 하늘과 땅이 단절되어 서로 교류하며 소통하지 못하는 것이니, 그래서 정체된다." 정이천 주해, 『주역』, 294쪽

정체는 불통이다. 그것은 하늘과 땅이 섞이지 않고, 하늘은 하늘대로, 땅은 땅대로 존재하는 것을 말한다. 『주역』에서는 소통을 이질

적인 것들과의 교합 능력과 관계가 있다고 본다. 비괘는 다른 것끼리 섞이지 않으니 불통이 된다. 신금의 반사회성이 이 괘와 닮았다. 그러나 한편으로 섞이지 않는다는 점은 **전문가적 성향**으로 이해할 수도 있다. 한 분야만 깊게 파는 전문성을 정체와 불통의 한 면이라고 볼 수 있다. 신금은 대체로 혼자 있기를 좋아하며 한 분야에 총명하기 때문에 현대 사회에서 미덕이라고 할 수 있는 전문가적인 역량을 발휘한다. 하지만 『주역』의 입장에서는 소인의 영역이다. 공자는 '군자불기' (君子不器) 즉, 군자는 그릇이 아니라고 했다. 그릇은 형태가 고정된 기물로, 오직 한 가지의 고정된 기능만을 가진 인재를 뜻한다. 공자는 그런 인재는 군자가 아니라고 말하는 것이다. 그렇다고 두루두루 다 잘해야 한다는 것을 의미하는 것이 아니다. 그것은 회통(會通)의 문제다. 한 가지를 잘 해도 전체를 꿸 수 있는 힘이 있다. '군자불기'가 지적하는 것은 특별한 기능, 기술에 대한 맹신과 우상화이고, 이로써 다른 가치를 보지 못하는 좁은 시야다. 리링(李零)은 그런 좁은 시야를 가진 현대 지식인에 빗대어 군자불기를 설명한다. "그릇에는 각각의 용도가 있고, 지식인의 병폐는 그러한 작은 기능에 빠져서 회통할 줄 모르는 데 있다. 그들은 그릇을 추구했기 때문에 자기 스스로 그릇이 되어 버린 것이다."리링, 『집 잃은 개』 1, 김갑수 옮김, 글항아리, 2014, 124쪽 그것이 소인의 특징이다. 소인배는 자기 재능을 과신한다. 자기의 재능을 과신하면 **시야가 좁아**지고 목소리가 커진다. 신금이 가장 경계해야 할 부분이 바로 여기다. 자신이 좋아하고 잘하는 것, 옳다고 믿는 것이 전부가 아니다. 그것은 많은 삶의 가능성 중의 하나일 뿐이다. 다른 가치도 중요하다는 것을 잊어선 안 된다.

계절적으로 신금은 가을의 입구에 있다. 절기로는 **입추와 처서**에 해당한다. 양력으로는 8월 초에서 9월 초까지다. 8월 초라면 아직 무더위가 지속되는 때이지만 입추가 지나면서 밤엔 서늘한 바람이 불어오기 시작한다. 대부분의 해수욕장도 처서가 되기 전에 폐장한다. 괘상으로 3음(陰), 즉 음효 3개가 아래쪽을 차지하고 있다. 숫자로는 양효와 3대 3이지만, 아래쪽 효들이 새롭게 생성되는 위치인 까닭에, 세력으로는 이미 **음이 주도권**을 쥐고 있다고 할 수 있다.

그런데 음이 세력을 장악했다 해도 양의 할 일이 남아 있다. 처서 무렵엔 벼 이삭이 패어야 하므로, 이때가 벼의 성장에 매우 중요한 시기다. 낮 동안 강하고 쾌청한 햇볕이 계속 내리 쬐어 줘야 한다. 그래서 농민들은 이때 비가 오는 것을 아주 꺼려한다. 처서에 비가 오면 독안의 쌀이 줄어든다는 말도 있다. 가을 추수를 위해서는 음적인 수렴력이 필요하다. 그러나 수렴과 응축이 한 번에 일어나야 하는 때가 있다. 그때를 위해 음기는 전력을 갖추고 기다려야 한다. 아직은 양기가 마무리해야 할 일이 있는 것이다.

신금을 잘 쓰는 사람은 이 기다림의 시간을 잘 견디고, 때에 맞춰 거두어들인다. 그러나 대부분의 신금은 조금 성급하거나 늦다. 마지막으로 성장시켜야 하는 시간을 기다리지 못하고 미리 마무리를 하려 하거나, 넋을 놓고 있다가 너무 늦어 버린다. 가을은 봄여름의 양기를 음기로 전환하는 계절이다. 특히 신월은 가을의 초입에서 성장 동력의 벡터를 바꿔 수렴의 방향으로 전환시킨다. 그래서 신금은 결실을 맺으려는 강한 의지를 가지고 있으나 약간 서툴다. 그것은 아직 여름이 마무리되지 않고 가을이 본격화되지 않은 시점에 있기 때문일 것이다. 그래서 신금은 **타이밍에 대한 화두**가 있어야 한다. 한 번에 완벽한 타이밍을 맞추려 하지 말고, 단계적으로 결실의 과정을 밟는 여유

운명의 해석, 사주명리

가 필요하다. 이 과정은 특히 월지 신금에게 더 중요하다. 그들은 자기 능력을 과신한 탓인지 주변의 관계성을 무시하고 시절의 흐름을 자주 놓친다. 능력이 약하다고 생각하는 사람은 주변을 잘 둘러본다. 벤치마킹도 하고 조언도 구한다. 그들에겐 한 번의 선택을 위한 타이밍이 그렇게 중요하지 않다. 늘 실패와 재도전을 통해 현장에서 시도하고 있기 때문이다. 때론 실패하는 훈련도 필요하다.

## 유금(酉金)의 기호

| 유(酉) | 금의 기호 | |
|---|---|---|
| | 닭 | 직관력 : 구도적, 직감, 의학, 시적 감각<br>호전성 : 솔직, 직선적, 상처, 힘의 대가, 의(義), 저항<br>정주적 : 정주환경 중시, 지속의 힘 |
| | 가공된<br>금속 | 보석, 칼, 과단성, 원칙, 소신, 침착, 의학, 종교, 예술, 시비 |
| | 풍지관<br>(風地觀) | 사음(四陰), 유월(백로, 추분), 가을걷이, 현실 감각, 실용적, 최대의 성과, 성과주의 / 청렴, 솔직함, 근면, 직설적 화법 |

### ①닭

•**직관력**  닭은 새벽을 열고 사람들을 깨운다. 깨운다는 말은 영적이고 종교적인 직관적 깨달음의 뜻으로도 사용된다. 역사적으로 닭은 "고대 서방 세계의 종교적 믿음과 실천 속에서 중요한 역할을 하게 되

었"고, "깨어남, 용기, 부활을 알리는 최고로 신성한 새가 되었다".앤드루 롤러, 『치킨로드』, 이종인 옮김, 책과함께, 2015, 78~79쪽 유금은 이러한 닭의 **구도적**이고 종교적인 이미지를 닮았다. 유금은 상식적인 세계를 넘어서는 **직관력**을 가지고 있다. 이성적 논리에 앞서 몸의 반응이 먼저 일어나는 **직감**도 이 직관의 연장에서 볼 수 있다. 그래서 유금은 사람의 행동과 상황을 짧게 관찰하는 것만으로 무언가를 진단할 수 있다. 또한 직관적 이미지를 언어로 포착해 내는 능력도 뛰어나 **시적 언어를 다루는 감각**이 있다.

유금의 진단 능력은 의학에서도 발휘된다. 그리스에서는 닭을 "치유와 부활을 강하게 상징"같은 책, 85쪽하는 동물로 여겼다. 실제로 닭은 **의학**에서 많은 역할을 해왔다. "수천 년 동안 여러 문화권에서 닭은 새과의 약상자 노릇을 했다. 닭의 고기, 뼈, 내장, 깃털, 볏, 육수, 알 등은 고대의 처방전에 빈번히 등장한다."같은 책, 90쪽 오늘날에도 닭은 의학적 가치가 있다. 예컨대 "볏은 실제로 관절염을 완화시키고 주름살을 펴준다. (…) 제약회사 화이자(Pfizer)는 엄청나게 붉은 볏을 가진 화이트레그혼종을 키우고 있는데 관절염 환자의 치료 성분을 얻기 위해서다."같은 책, 91쪽 그래서 유금을 가진 사람은 의학과 관련된 일을 했을 때 탁월한 능력을 드러낸다.

•호전성 닭은 보기보다 꽤 사납다. 시골에서 키우는 큰 토종닭한테는 개도 못 덤빈다. 투계에게는 일부러 닭의 본성을 깨워 싸움을 시키는데, 투계가 싸우는 모습을 보면 맹금류와 다를 바가 없다. 유금도 **호전적**이다. 작은 일에 바로 분개하기보다 분노와 공격력이 강해지는 역치에 이르러야 맹공을 펼친다. 그 역치의 개인차에 따라 급하고 요

운명의 해석, 사주명리

란하게 공격하기도 하고, 시차를 두고 조용히 역공을 펼치기도 한다.

　유금의 공격력은 상대에게 매우 강렬한 인상을 남긴다. 상대는 **솔직**하고 **직선**적인 유금의 단 한 번의 공격으로도 **상처**를 입고 떠나갈 수 있다. 혹은 공격에 맞서 다른 이들과 연대를 하거나 따돌림으로 복수하기도 한다. 때론 상대가 그 충격으로 삶의 진로를 새롭게 모색하는 계기를 마련하기도 한다. 물론 상대의 방어의 행위는 유금에게도 적지 않은 **상흔**을 남긴다. **힘의 대가**는 반드시 겪게 되는 법이다. 이 공격력을 어떻게 사용하는가가 유금의 숙제라 할 수 있다. 칼은 사용처에 따라 사람을 살리기도 하고 죽이기도 한다. 메스는 사람을 살리는 칼이고 사무라이의 검은 사람을 죽이는 칼이다(물론 메스가 죽이고 검이 살리는 경우도 있다). 유금의 공격력도 적절하게 쓰면 일깨움과 성찰의 도구가 될 수 있지만, 남용하면 좌절과 증오만 남게 된다.

　유금이 자신의 공격력을 제어할 수 없는 경우가 있다. 정의롭지 않은 처사에 대항할 때이다. 이것은 금의 성향에 속한다. 금은 다섯 가지 덕목 중에서 **의(義)**에 배속되며, 숙살지기로서 공정함에 반하는 비리와 떳떳하지 못한 것들을 제거한다. 이런 금의 성향을 빼닮은 유금은 공정성의 구조를 해치는 불순한 세력을 강하게 공격한다. 때론 세력이 약한 입장에 있어도 강렬하게 **저항**할 수 있는 용기를 내기도 한다. 하지만 정의의 기준이 개인마다 다를 수 있다는 점도 고려해야 한다. 자신의 기준만이 옳다고 여기는 순간 도그마에 빠지게 된다.


　• 정주적　인목이나 오화가 이리저리 떠도는 유목적 운명을 타고 났다면 유금은 상대적으로 **정주적**이다. 닭이 그렇듯 대개 한곳에 머무르려고 한다. 그래서 거처하는 곳과 매일 업무를 보는 곳의 **환경**을

중요하게 여긴다. 안락함, 편리성, 청결함, 디자인 등의 기준을 가지고 정주의 환경을 까다롭게 고르고 관리한다.

그런 만큼 한곳에 정착하면 좀처럼 잘 움직이지 않는다. 정주의 의미는 꼭 거주에 한정되지 않는다. 확장해서 보면, 어떤 학문을 몇 십 년 동안 지속적으로 공부하게 되는 경우도 있고(유금 인성), 한 조직에 오랫동안 속해 있기도 하며(유금 관성), 하나의 직업이나 직장에 오래 정착하는 경우(유금 재성)도 있다. 또한 한 번 사귄 친구와 오랜 시간 만나거나(유금 비겁), 예술 작품이나 글, 발명품, 식물 키우기 등 무엇인가를 생산해 내는 일을 **지속적으로 할 수 있는 경우**(유금 식상)도 정주와 관련이 있다. 인성이나 관성에 대해서는 육친(六親) 파트(7장)에서 설명한다. 육친을 공부하고 나면 더 이해하기 쉬울 것이다.

### ② 가공된 금속

유금은 천간의 신금(辛金)과 통한다. **보석이나 칼** 등 날카롭게 **가공된 금속**에 비유할 수 있다는 말이다. 날카로움은 예민함을 뜻하기도 하지만 유금에겐 **과단성**을 설명하는 상징으로 더 어울린다. 유금은 **원칙과 소신**을 가지고 과단성 있는 결정을 내린다. 그렇다고 섣불리 결정하진 않는다. 오랜 고민 끝에 결론을 내리면 과감하게 결정하고 바로 실천에 옮긴다. 결정을 한 후로는 잘 번복하지 않으며 **침착**하게 결정을 밀고 나간다. 지지에서 구현되는 날카로움의 표상은 **의학, 종교, 예술** 등의 분야와도 연결된다. 유금이 있으면 반드시 이런 분야에서 일하게 된다는 것도 아니고, 적성이 그렇다는 것도 아니다. 이미지로 연결되어 있는 것을 언표화했을 뿐이다. 자기가 유리한 쪽으로 해석하는 데 참고 자료로 쓰면 그만이다. 자기의 선택과 맞지 않으면 이런 해석은 버리면 된다. 모든 선택과 운명은 자기의 힘에서 비롯된다. 모든 자료는 일개 주석일 뿐이다.

### ③풍지관

유금은 풍지관(風地觀)괘에 배속시킨다. 신금의 비괘가 음효 3개, 양효 3개였다면, 관괘는 양효가 하나 줄고 음효가 하나 더 붙어서 **4음**(陰)이 된다. 음이 득세하니 성장이 멈추고 갈무리의 시절이 도래했다는 의미다. 유월(酉月)은 **백로와 추분**을 끼고 있다. 백로(白露)는 흰 이슬이라는 뜻이다. 이맘때쯤이면 밤 기온이 이슬점 이하로 내려가 풀잎에 이슬이 맺힌다. 이 서늘한 기운이 곧 추수 때가 다가왔음을 알린다. 추분부터는 가을걷이가 시작된다. 신월을 보내고 본격적으로 수확하는 시기가 유월부터인 것이다. 이런 가을걷이의 풍요로움을 유금의 **현실 감각**과 연결할 수 있을 것 같다. 유금은 현실에 대한 뛰어난 감각이 있다. 매우 **실용적**이며, 불필요한 기운을 줄이고 **최대의 성과**를 내는 능력을 가지고 있다. 특히 월지 유금의 경우엔, **성과주의**에 빠질 수 있는 우려도 있다. 최선을 다하는 것은 좋으나 가장 좋은 성과를 내겠다는 마음은 무리수를 두기 마련이다. 이런 결과에 대한 집착과 함께 찾아오는 것이 있다. 바로 '과로'다. 항상 과로에 시달린다면 결과에 대한 의지가 너무 항진되어 있는 것이 아닌지 살펴야 한다. 결과에 대한 미련을 버리고 꾸준히 최선을 다하면 좋은 결과가 온다. 집착적 의지가 항진되지 않도록 몸을 잘 컨트롤하는 것이 중요하다.

풍지관괘에서 관(觀)은 '보다' 혹은 '보이다'는 뜻이다. 관괘에서는 '보이다'라는 의미로 해석되는데, 왕필(王弼)은 관괘를 두고 "형벌로 사람들을 제어하여 부리는 것이 아니라, 보임을 통해서 감화시키는 것이다"왕필, 『주역 왕필주』, 임채우 옮김, 길, 2008, 171쪽라고 말했다. 그러니까 관괘에서 지시하는 '보이는 사람'은 백성을 다스리는 지위에 있는 자가 되는데, 이 사람의 품성이 명령에 의해 사람들을 지배하는 것이 아니라, 스스로 모범을 보여 교화시킨다는 뜻이다.

이것은 유금의 관계 기술 전략과 유사하다. 유금은 **청렴함과 솔직함**을 중요하게 여긴다. 숨기지 않고 솔직하게 드러내는 것은 스스로에게 떳떳하기 위해서이기도 하지만, 관계를 이끌어 가는 당당함을 갖추기 위해서이기도 하다. 사람들을 교화시킨다기보다는 할 말을 하기 위한 포석이기도 하다. 유금은 돌려서 말하지 않고 **직설적 화법**을 주로 사용하는데, 그 뿌리엔 청렴함에 대한 자신감이 있기 때문이다. 스스로 모범을 보이지 않고 상대에게 말을 하는 것을 유난히 부끄럽게 여기는 경향이 있는 것도 그런 이유에서다.

## 술토(戌土)의 기호

| | 토의 기호 | |
|---|---|---|
| 술(戌) | 개 | 배회 : 이동과 정착을 반복<br>애정과 의리 : 성실, 경쟁, 분해, 조립, 가공 |
| | 마감 | 술월(한로, 상강), 수확이 끝난 땅, 황량한 벌판, 실속 없음, 일 년의 마무리, 술시, 휴식, 하루의 마무리, 정리, 전환, 재배치 / 월지 술토 : 생각의 길을 잃음 |
| | 산지박<br>(山地剝) | 오음(五陰), 상흔(傷痕) |

### ①개

•배회  개는 인간에게 많은 도움을 주었다. 사냥을 하고 썰매를 끌고 집을 지킨다. 요즘엔 개가 냄새로 암을 찾아내기도 한다. 물론 위안을 주고 가족의 일원이 되어 주는 고마움도 빼놓을 수 없다. 하지만 인류학적으로 인간이 야생의 개를 억지로 잡아다 가축화시킨 것은 아니다. 공존을 선택한 것은 우리가 아니라고 스티븐 부디안스키는 말한다. "개는 인간에게 고용된 존재도, 노예도, 초대된 손님도 아니었다. 그저 자기 의지에 따라 인간 사회에 정착한 존재였던 것이다."스티븐 부디안스키, 『개에 대하여』, 이상원 옮김, 사이언스북스, 2005, 39쪽 개의 선조인 야생 늑대가 멸종 위기에 처한 것에 비하면 인간의 거주지 내에 자리를 마련한 개는 "진화라는 관점에서 볼 때 다른 어떤 동물과도 비교할 수 없을 정도로 커다란 성공을 이루어 냈다".같은 책, 15쪽 그런데 그것이 인간에게 유용한 존재가 되기 위한 목적으로 진화한 것은 아니다. "사실 자기 밥값을 제대로 해내는 개는 극히 일부일 뿐이다."같은 책, 16쪽

동물행동학이나 고고학 분야의 연구를 보면 수천 년 전에도 대부분의 개들은 하는 일 없이 밥만 축내는 존재였다고 한다. 맹인이나 장애인을 돕고 가축을 몰며 사냥감을 찾아내고 경주를 벌여 관객들을 즐겁게 하는 등 오늘날 열심히 제 몫을 다하는 일부 개들은 최근에 등장한 극히 진기한 존재일 뿐이다. 범죄자가 득실거리는 가문에서도 건실한 시민 몇 명은 나오는 법이 아닌가.같은 책, 16쪽

속된 말로 하면 '백수'인 개들이 훨씬 더 많았다는 말이다. "오늘날까지도 아프리카와 아시아의 여러 지역에서는 수많은 개들이 마음

내키는 대로 마을과 도시를 휘젓고 돌아다닌다. 물론 구박을 받기도 하고 병을 옮길지 모르는 위험한 존재로 여겨지기도 하며 심지어 잡아먹히는 일도 벌어지지만 그래도 번성하고 있다."스티븐 부디안스키, 앞의 책, 15쪽 어쩌면 개들의 생존전략은 이런 것일지도 모른다. 일부의 개들은 인간의 생활환경 안으로 들어가고 나머지는 인간의 거주지를 떠돌며 쓰레기를 뒤져 생존한다. 처음엔 그 어느 쪽도 개의 본성이 강하게 억압되지 않았을 것이다. 왜냐면 개를 적극적으로 받아들였던 인간도 개의 그러한 본성을 이용하고 싶어 했기 때문이다. 예컨대 사냥개들은 남아 있는 늑대의 본성을 이용해서 사냥감을 쫓는다. 젊은 개들은 열심히 달려 사냥감을 선택된 장소로 몰고 늙은 개들은 길을 가로질러 궁지에 몰린 사냥감을 낚아챈다. 길들여졌으나 생동하는 야생의 힘은 십분 발휘되었다.

술토의 성향은 개의 이런 습성과 비슷하다. 늑대의 무리에서 인간의 문명 안으로 들어온 개처럼, 술토 역시 늘 문명의 주위를 어슬렁거린다. 여기서 문명이란 사람들이 북적거리고 도시화가 이루어지고 최신 산업과 정치적 비판과 학문의 향연이 일어나는 시공간이다. 거기서 술토는 그 주변을 **배회**하며 각자의 삶을 살아간다. 야생의 본성을 꿈꾸지만 여행지의 수려한 경관을 즐길 뿐, 깊고 적막한 자연에서 살고 싶은 생각은 없다. 그렇다고 시대를 지휘하는 문명의 산정에 오르는 것도 부담스럽다. 야생의 심연과 문명의 산정 사이에서 그저 사람들이 오가는 저잣거리 이곳저곳에 영역을 표시하며 사람들을 만나고 주어진 일을 열심히 할 뿐이다.

이동의 범위도 크지 않다. 집을 크게 벗어나지 않고, 몰려다니며 동네 어귀를 돌아다니는 마을의 개들처럼, 가만히 있으면 갑갑해서

못 견디지만 그렇다고 먼 곳으로 떠나고 싶어 하는 것은 아니다. 그러다가 배회의 루트가 익숙해지면 한 번씩 거처를 옮기고 싶어 한다. 술토는 호기심을 자극하는 것이 있어야 살 수 있다. 익숙한 것은 호기심을 자극하지 않고 지루하기 때문이다. 그렇게 이동하고 정착해서는 또 그 동네를 배회하며 친한 사람들과 만나며 지낸다. 이러한 **이동과 정착을 반복**하는 것이 술토의 특징이다.

•**애정과 의리**  친한 사람들에게는 충분히 **애정**을 주고, 또 **의리**를 지킨다. 개인적인 관계에서만 애정과 의리를 지키는 것이 아니라, 사회적인 업무에 있어서도 **성실**하게 일해서 조직에 도움이 되려고 노력한다. 58년 개띠는 산업 역군의 아이콘이다. 그 나이 대가 베이비 붐 세대라서 더 그랬겠지만, 같이 일하는 사람끼리 우정을 나누면서도, **경쟁**하길 좋아하고, 또한 호기심이 많아 이런 일 저런 일을 건드리는 술토의 특성이 반영된 것이라 할 수 있다.

또한 개는 무언가를 잘 **훼손**시킨다. 그런 개의 특성은 술토의 산업적 역량, 즉 **분해, 조립, 수리, 가공** 등으로 확장시킬 수 있다. 그런 점도 58년 개띠들이 일궈 놓은 산업 부흥과 관계가 있다고 본다.

### ②마감

**술월의 토는 수확이 끝난 황량한 벌판**이다. 건질 것이 별로 없어서 **실속이 없고**, 결실을 맺기 어렵다. 이제 내년 농사를 기약하며 겨울을 준비해야 한다. 술월은 **한로와 상강**을 포함한다. 한로엔 국화차를 담그는 풍속이 있다. 그런데 국화차는 좀 차가운 편이다. 한로란 찬 이슬이 내리는 시기인데 이런 때에 차가운 차를 마시는 것이 어쩐지 잘 안 맞는 느낌이 있다. 여기에는 여름의 화기를 마감하는 의미가 담겨져 있다. 술토는 화기를 갈무리하는 자리다. 지지의 화기는 인목에서 시작되어 오화에서 왕성해지며 술토에서 갈무리된다. 국화차를 술월에 마시는 것은 여름에 남겨진 찌꺼기, 구체적으로는 봄부터 가을까지 활동한 **일들을 정리**하고 맑은 마음으로 겨울을 보내겠다는 다짐이다. 요컨대 술월은 지난 **1년 동안의 활동을 마무리**하는 시기다. 술시(戌時)도 비슷하다. 저녁 7시 반부터 9시 반 사이가 술시다. 이때는 퇴근을 하고 집에 돌아가 저녁을 먹고 **휴식**을 취하며 하루를 마감하는 시간이다. 낮에 있었던 업무와 관계 안에서 쌓인 감정들을 털어 버리고 밤에 편안한 잠을 자기 위한 **마감** 시간이다. 따라서 술토는 결실보다는 결실 이후의 상황에 대비한 **정리, 전환, 재배치**의 기운을 의미한다.

화기를 갈무리한다는 것은 어둠의 시간이 시작된다는 의미이기도 하다. 술시(戌時)를 떠올리면 된다. 저녁 7시 반부터 9시 반까지가 술시다. 해가 지고 거리에 어둠이 깔리기 시작할 때이다. 그 시간은 사물을 분간하기 어려운 '개와 늑대의 시간'이다. 저 언덕 너머로 다가오는 것이 내가 기르던 개인지 나를 해치러 오는 늑대인지 구분이 가지 않는. 그래서 그 무렵 낯선 곳에서는 길을 잃기 쉽다.

월지 술토의 경우엔 가끔 **생각의 길을 잃는다**. 많은 생각을 하고 산 것 같은데 갑자기 아무 생각이 나지 않거나, 자기가 무슨 생각을 하면서 살았는지 모를 때가 종종 찾아온다. 그런 모호한 상태는 미묘한 설렘을 일으켜 삶을 전환시킬 수 있는 기회가 되기도 하고, 알 수 없는 불안을 야기하며 정신적인 병증을 얻기도 한다.

### ③산지박

'박'(剝)은 '벗기다', '깎다', '상처를 내다'라는 뜻을 가지고 있다. 무언가를 잘 훼손시키는 술토의 특징이 생각나는 대목이다. 괘상을 보면 아래에 음효가 5개 있고(5음), 맨 위에 양효가 한 개 있다. 정이천은 "음이 아래에서부터 생겨나 점차로 자라서 극성한 형세로 발전하여 여러 음이 양을 없애 버리므로 소멸이다"라고 해석했다. 왕부지는 이 하나의 양효를 '손님' 혹은 '군자'(君子)라고 했다. 그러니 박괘는 군자를 내쫓는 형상이라 할 수 있다. 이것을 술토의 '훼손'과 연결시키면, 술토가 훼손시키는 것 중엔 '군자' 혹은 '군자의 도'가 있을 수도 있다는 말이 된다.

사주에 따라 훼손되는 대상(군자)이 달라질 수 있다. 자기를 지키는 자존감이나 자립 정신이 약해질 수도 있고(술토 비겁), 자기를 지켜 주는 동료에게 상처를 주기도 하며(술토 비겁), 가만히 내버려 두면 잘 클 수 있는 자식에게 과도한 관심을 쏟아서 부작용을 일으키는 경우(술토 식상)도 있고, 안 해도 되는 말을 해서 구설수에 오르기도 하며(술토 식상), 일의 보람을 그르치고(술토 재성), 아내의 뜻을 누르는(술토 재성) 방식으로 쓰기도 한다. 또한 남편의 기를 꺾고(술토 관성), 조직의 뜨거운 감자 노릇을 하며(술토 관성), 공부의 맥을 놓치고(술토 인성), 어머니와 서먹한 관계를 만들기도 한다(술토 인성). 이렇듯 술토는 그에게 군자가 될 수 있는 존재나 기운에 대해 **상처의 흔적**들을 남긴다.

이런 행위는 대체로 자기 복을 차 버리는 행동이 된다. 그렇지만 한편으론, 현 상태의 군자(복)를 훼손시킴으로써 그 군자와의 의존적 관계에서 해방되는 효과를 얻기도 한다. 예컨대 젖먹이 아이에겐 엄마의 돌봄이 생존적 절실함이 되지만 젖을 떼거나 사회에 편입되기 위해서는 이 둘 사이에 새로운 관계를 위한 어떤 '단절'이 필요하다. 그것은 주체가 의존적인 일대일 관계를 청산하고 자립의 지대로 나아가는 회심의 카드이기도 하다. 그 과정에서 마음 둘 곳이 없어 배회하거나 서로에게 상흔을 남기도 하지만 의존적 관계로부터의 해방이라는 측면에선 하나의 선물이기도 하다. 그 카드가 동일한 의존적 고리 안으로 다시 들어가게 하는 함정이 되기도 한다. 복을 차 버린 대가로 해방되기만 하는 것이 아니라 또 다른 의존적 억압 안으로 들어가 버리게 되는 딜레마에 빠질 수 있다. 이런 경우가 많다는 것을 잊어서는 안 된다.

## 해수(亥水)의 기호

| 해(亥) | 수의 기호 | |
|---|---|---|
| | 돼지 | 은밀한 자기 세계 : 혼자만의 시공간, 눈치 안 봄, 4차원, 예지력, 예술, 문학, 사진, 비주류 과학, 종교, 술수<br>에로스 : 출산, 느린 쾌락, 왕성한 에너지<br>조용한 파티 : 식복, 함께 먹기, 소화력<br>낙천성 : 웃음<br>재능 : 수학, 과학, 동기부여 |
| | 겨울의 강 | 해월(입동, 소설), 차가운 물, 고정된 표면, 유동하는 내면, 연구, 학자, 인내심 |
| | 중지곤<br>(重地坤) | 육음(六陰), 지속적 수렴, 새로운 주체의 탄생 |

### ① 돼지

●은밀한 자기 세계  고사를 지낼 때 돼지머리를 놓는 의식은 삼국 시대에도 있었던 오래된 풍습이다. 돼지머리를 놓는 이유는 돼지가 다산과 풍요를 상징하는 동물이기 때문이다. 또한 돼지는 12지지에서 수(水)에 배속되는 동물이다. 물은 분별과 현실의 불의 세계와 반대되는 비분별적인 현실 너머의 세계로 표상된다. 따라서 돼지머리를 놓는 것은 현실과 그 너머의 보이지 않는 세계를 연결한다는 뜻이 내포되어 있다. 예를 들어, 풍년을 비는 제천 의식에서 돼지는 보이지 않는 토지신(土地神)과 농사 현장을 연결하는 전령사 역할을 한다. 이렇듯 돼지는 보이는 세계와 보이지 않는 세계를 모두 포함하고 있는 상징적 동물이다.

해수의 세계도 이중적이다. 양수이기 때문에 임수처럼 밝고 넓은 관계를 유지하려 하면서도, 어느 시점에선 다수와 스스로 분리되어 혼자가 되려 한다. 욕망도 그렇거니와, 환경적으로도 혼자 있을 수밖에 없는 조건이 찾아온다. 그러나 자수와 달리 **남의 눈치를 보지 않기** 때문에 **혼자만의 시간**을 갖는 것을 노골적으로 드러낸다. 그런 모습이 다른 사람에게는 약간 **4차원** 같다는 느낌을 줄 수 있다. 혼자 있는 시간에 특별한 것을 하지 않을 수도 있다. 그냥 소일을 한다거나 아무것도 안 하고 지내기도 한다. 또는 은밀한 차원을 감각하려고 시도할지도 모른다. 그것이 꼭 신내림 같은 무속적 접속이 아니더라도(물론 해수는 남다른 **예지력**을 가지고 있다), **예술, 문학, 사진, 비주류 과학, 종교, 술수** 등의 영역을 혼자 공부하기도 한다. 어찌 됐건 해수는 현실의 시공간 외에 다른 차원의 시공간을 감지하고 느끼는 시간을 필요로 한다. 거기서 일정한 에너지를 충전할 수 있기 때문이다.

•에로스  돼지는 다산의 상징이다. 또한 한의학에서는 돼지고기를 정력[精]을 보하는 음식으로 여기고 있다. 해수 역시 **에로스**적인 에너지가 강하다. 에로스의 화신인 저팔계를 떠올려도 될 것 같다. 하지만 저팔계가 시도 때도 없이 과도하게 에로스를 흘러넘치게 하는 것과는 달리, 해수는 평소엔 잠잠하게 있다가 어떤 인연 조건에 딱 접속되는 순간, 안에 있던 에로스가 분출하기 시작한다. 그런 힘은 **출산**의 능력으로 드러나기도 하지만, 일이나 관계로 연결되기도 한다.

목화처럼 불이 확 붙었다가 금방 식어 버리는 것이 아니라, 차가운 진흙에서 뒹구는 멧돼지나 코뿔소처럼 오래도록 그 습기 많은 곳에서 천천히 빠져들고 오랫동안 즐긴다. **느린 쾌락**이라고나 할까. 돼지의 **왕성한 에너지**는 이런 에로스에서 나온다.

•**조용한 파티**  해수는 **식복**이 많고 음식을 좋아한다. 그러나 그것이 식탐은 아니다. 식탐은 신체의 항상성이 깨져서 생기는 일종의 병리다. 돼지도 실제로 돼지처럼 먹지 않는다. 해수의 식욕은 같이 먹는 데서 나온다. 해수는 인정이 많아서 음식을 **나눠 먹길 좋아**한다. 그래서 혼자 먹기보다 조용한 파티를 열어 같이 나누길 원한다. 음식을 나눠 먹을 때가 해수에게는 무엇보다 즐겁다. 해수가 식탐을 보이면 비위에 탈이 나는 경우가 많다. 해수는 잘 먹고 **소화도 잘** 시키는 편이라 해수가 먹고 탈이 난 것은 식탐이 생겼다는 뜻이다.

•**낙천성**  해수는 잘 **웃는다**. 음 중의 음인 자수와도 또 다르다. 음 중지양(陰中之陽), 즉 음 중의 양이 가진 특징이다. 해수의 반대편에 있는 사화도 잘 웃지만, 사화는 분별력이 강해 웃다가도 갑자기 화를

운명의 해석, 사주명리

내며 돌변한다. 해수는 돌아서서 화가 날지 모르지만 일단 웃는다. 사화와 해수 둘 다 있으면? 해수의 성향이 먼저 드러난다. 될 수 있으면 참고 긍정적으로 생각한다. 하지만 그런 낙천적인 성격도 한 번 화가 나면 무섭다. 사화도 꼼짝 못한다.

•**지능** 돼지의 지능은 생각보다 높다. "돼지에게 춤, 경주, 수레 끌기, 지뢰 찾기를 가르칠 수 있다. 심지어 주둥이로 조이스틱을 조작해 비디오 게임을 하도록 가르칠 수 있다. 이 정도의 행동은 침팬지도 터득하기 어렵다."존 로이드·존 미친슨,『동물 상식을 뒤집는 책』, 전대호 옮김, 해나무, 2011, 248~249쪽 해수의 머리도 좋다. 특히 **수학과 과학** 분야에 탁월한 능력을 보인다. 외국어 습득 능력도 뛰어나다. 그러나 할 수밖에 없는 상황이 주어지거나 **동기부여**가 있어야 능력을 스스로 개발한다.

### ②겨울 강

해수는 **입동**과 **소설**을 포함한다. 수(水)라는 물질성과 추운 계절성을 합치면 차가운 물, 겨울 강의 이미지를 떠올릴 수 있다. 얼어붙은 겨울 강은 고요하다. 하지만 얼음 밑에는 여전히 물이 흐른다. 표면적으로는 고정되어 있지만 내면에서는 유동하는 형상이 **연구자, 학자** 등의 이미지와 겹친다. 연구실에서 고요하게 칩거하고 있는 듯 하지만 내면에서는 세상을 들었다 놨다 할 것이다. 때론 그것이 진짜 세상을 놀라게 할 업적으로 드러나기도 한다. 그러나 해수는 그것과 관계없이 **인내심**을 가지고 자기 연구를 지속할 것이며, 자기의 사유가 실험되는 현장을 즐길 것이다.

특히 월지 해수의 성향이 그렇다. 월지 해수는 혼자 묵묵하게 실력을 쌓을 뿐, 그것을 잘 드러내지 않는다. 그것은 표면적으로 자신을 드러내는 것을 부끄럽게 여기기 때문이기도 하고, 실력을 더 쌓은 뒤 내놓으려는 마음 때문이기도 하다.

### ③중지곤

곤괘(坤卦)는 **여섯 개의 음효**(六陰)로 구성되어 있다. 이 다음 괘는 지수의 지뢰복괘가 될 것이다. 지뢰복은 맨 아래에 양효가 하나 올라오고 있는 형상이다. 즉, 일양(一陽)이 시작되는 것이다. 그러므로 곤괘는 일양을 발생시키는 조건이 어떠해야 하는지를 잘 보여 준다. 즉, 완전한 음의 상태, 이 음의 극한에서 양이 발생하는 것이다.

해수는 음이 극에 이를 수 있는 조건을 스스로 만들 수 있는 잠재력이 있다. 사유를 끝까지 밀어붙이는 힘, 지겨운 과정을 지속시키는 근기(根氣). 그 끝에서 어떤 양적인 생명력이 탄생되는데, 해수는 그 대가를 받을 만한 자격이 된다. 그러나 해수가 있더라도 대부분은 이런 지속적인 수렴을 일으키지 못한다. 그것은 다른 글자(간지)와 함께 운명을 구성하기 때문이다. 즉, 끝까지 밀어붙이는 과정에 을목이나 사화 등 다른 간지가 개입함으로써 해수의 능력을 가로막는다. 해수의 저력을 발휘될 수 있는 기회가 주어진다면 자기도 예기치 못한 **새로운 주체**가 생성될 것이다.

# 7. 육친 혹은 십신

육친(六親)은 명리학에서 여섯(자신과 다섯의 오행)의 친족 또는 인맥 관계 그리고 사회적 관계를 표현한 말이다. 그러니까 육친론을 통해 부모운, 배우자운, 자식운, 재물운, 학업운, 명예운 등을 살필 수 있다는 말이다. 우리가 흔히 운명론을 통해 알고 싶은 대부분의 것이 여기에 있다.

육친론에서는 일간을 중심으로 오행의 판이 짜인다. 거기서 일간과 어떤 상생·상극 관계를 맺느냐를 보고 운을 파악하는 것이다. 일단 용어부터 알아두자. 일간과 같은 오행의 육친을 비겁(比劫)이라 한다. 그리고 일간이 생하는 육친은 식상(食傷)이다. 일간이 극하는 육친은 재성(財星)이고, 일간을 극하는 육친은 관성(官星)이며, 마지막으로 일간을 생하는 육친을 인성(印星)이라 한다. 다음 페이지의 그림 1처럼 육친의 자리는 항상 같은 곳이니 자리로 기억해 두기 바란다.

뒤에서 자세히 설명하겠지만 간단히 말하면, 비겁은 자기 자신·형제·동료 등의 의미를 가지고 있고, 식상은 자식(여성에게만)·의식주·언어·시작 등을 뜻하며, 재성은 아내·재물·결과, 관성은 남편·조직·명예·시련, 인성은 공부·어머니·문서운 등과 관계가 있다.

그림 1

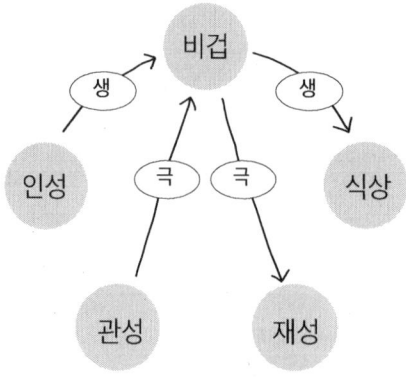

다음의 사주를 가지고 연습을 해보자.

| 시 | 일 | 월 | 연 |
|---|---|---|---|
| 庚(金) | 丁(火) | 戊(土) | 乙(木) |
| 子(水) | 酉(金) | 寅(木) | 丑(土) |

위 사주의 일간은 정화다. 화가 일간이므로 화를 그림 1의 비겁의 위치에 놓는다. 그리고 상생의 순서(화생토, 토생금, 금생수, 수생목, 목생화)대로 나머지 오행을 배치한다. 화는 토를 생하므로 일간이 생하는 식상의 자리에는 토를, 토는 금을 생하므로 다음 스텝인 재성의 자리에는 금을, 금은 수를 생하므로 재성의 다음 자리인 관성에는 수를, 수는 목을 생하므로 인성의 자리에는 목을 배치한다. 이를 그림으로 나타낸 것이 그림 2이다.

비겁은 식상을 생하며 재성을 극하고, 식상은 재성을 생하고 관성을 극하며, 재성은 관성을 생하고 인성을 극한다. 관성은 인성을 생하며 비겁을 극하고 인성은 비겁을 생하며 식상을 극한다.

운명의 해석, 사주명리

**그림 2**

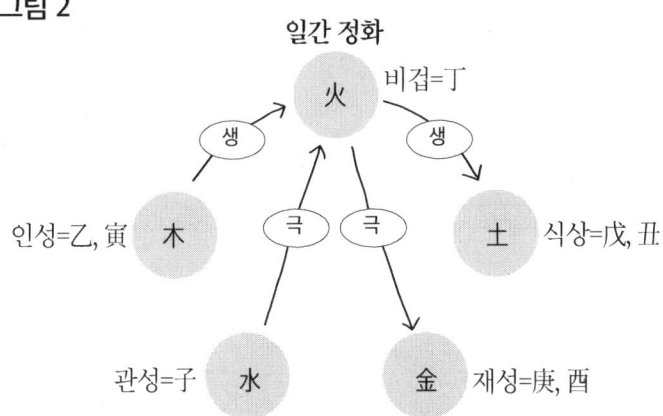

다시 말하지만 비겁을 비롯한 나머지 육친의 자리는 고정되어 있다. 다만 오행이 바뀔 뿐이다. 위의 사주에서 비겁은 화에 해당하는 것이 정화 하나뿐이다. 일간은 비겁, 식상, 재성, 관성, 인성과 별개로 구분하기 때문에 여섯 육친(六親)이 되는 것이지만, 일반적으로 일간은 비겁과 함께 취급하기 때문에 일간인 정화가 비겁의 자리에 놓이게 된다. 식상에 해당하는 토에는 무토와 축토가 있고, 이 사주에서 재성은 금이다. 그래서 경금과 유금이 재성이다. 인성은 목이 되므로 저 사주에선 을목과 인목이 인성이다.

하나 더 언습해 보자.

| 시 | 일 | 월 | 연 |
|---|---|---|---|
| 壬(水) | 乙(木) | 甲(木) | 癸(水) |
| 午(火) | 丑(土) | 子(水) | 酉(金) |

위 사주의 일간은 을목이다. 목이 일간이므로 목을 가장 위로 위치하게 해서 오각형을 그려 보자. 오각형을 그리는 이유는 초심자를

**그림 3**

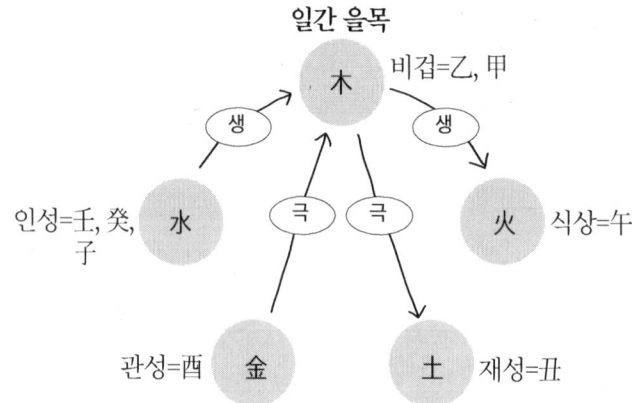

위해서다. 오각형의 구도가 생극을 한 번에 파악할 수 있고, 육친의 자리가 고정되어 있기 때문에 쉽게 육친을 파악할 수 있는 장점이 있다. 물론 익숙해지면 금방 알 수 있기 때문에 그리지 않아도 된다.

일간이 목이므로 일간인 을목과 오행이 같은 갑목은 비겁이 된다. 그리고 일간이 생하는 화가 식상이다. 이 사주에서는 오화가 식상이다. 일간이 극하는 자리인 재성은 여기선 토가 되고, 그래서 축토가 재성이다. 일간을 극하는 육친인 관성의 자리는 금이고 이 사주에선 유금이 관성이 된다. 인성은 일간 목을 생하는 수이고, 임수와 계수, 자수가 인성에 해당한다.

육친 간 세력의 판단은 오행의 세력 판단 방법과 같다. 점수법이나 통근법에 따라 강약을 따지면 된다. 예를 들어 위 사주의 수의 세력은 점수로는 14점이고 월지 자수와 연간 계수가 통근했기 때문에 매우 강하다고 볼 수 있다. 육친으로 수는 인성에 해당하기 때문에 인성도 강력한 힘을 발휘한다고 보면 된다. 중요한 것은 인성의 뜻이다. 그것은 잠시 후에 설명할 것이다.

육친이란 이렇게 일간과 관계 맺는 5가지의 경우의 수를 말한다.

운명의 해석, 사주명리

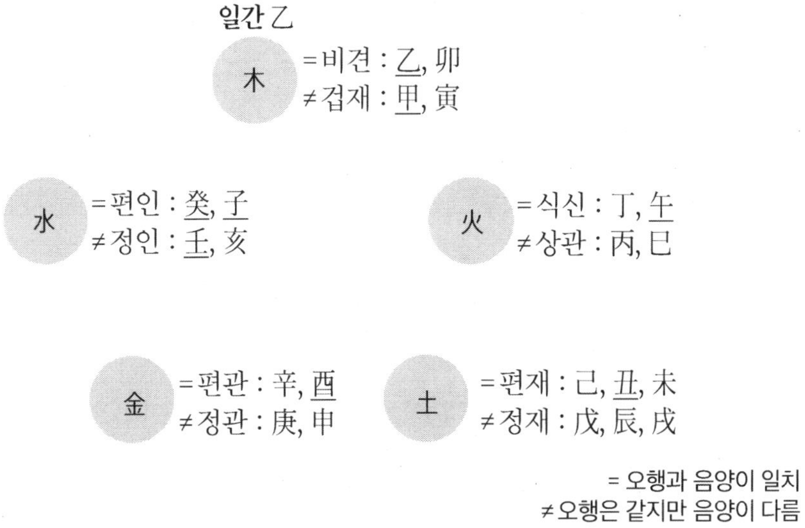

일간 乙

木 =비견 : 乙, 卯
　　≠겁재 : 甲, 寅

水 =편인 : 癸, 子
　　≠정인 : 壬, 亥

火 =식신 : 丁, 午
　　≠상관 : 丙, 巳

金 =편관 : 辛, 酉
　　≠정관 : 庚, 申

土 =편재 : 己, 丑, 未
　　≠정재 : 戊, 辰, 戌

= 오행과 음양이 일치
≠오행은 같지만 음양이 다름

즉, '일간+비겁, 식상, 재성, 관성, 인성'을 말하며, 일간을 포함해서 총 6개가 된다. 그래서 육친 혹은 육신(六神)이라 부른다. 물론 앞에서 언급한 대로 일간은 비겁으로 간주하므로 5개라고 보아도 좋다.

　그러면 십신(十神)이란 무엇인가? 그것은 5개의 육친인 비겁, 식상, 재성, 관성, 인성을 음양으로 나눈 것이다. 비겁은 일간과 음양이 같은지 다른지에 따라 비견(比肩)과 겁재(劫財)로 나뉜다. 비겁은 일간과 같은 오행이다. 그 중에서 일간과 음양도 같으면 비견, 음양이 다르면 겁재라고 한다. 위의 사주(그림 3)로 예를 들면, 일간이 을목이므로 일간은 음목이다. 이때 비견이 될 수 있는 간지는 을목, 묘목이다. 둘 다 음이다. 위 그림을 참조하면, 비견은 을목과 묘목이 될 수 있지만 이 사주에서 비견은 일간인 을목만 존재한다. 따라서 일간은 그 자체로 언제나 비견이 된다. 그리고 겁재는 같은 목이긴 하지만 음양이 다른 양목이어야 한다. 따라서 갑목이나 인목이 겁재가 된다.

　식상은 일간과 음양이 같으면 식신(食神), 음양이 다르면 상관(傷

官)이라 부른다. 식신이 될 수 있는 것은 일간 을목처럼 음인 정화와 오화다. 이 사주에는 오화가 있다. 상관은 일간과 음양이 다른 병화와 사화인데 이 사주에는 없다.

재성은 일간과 음양이 같으면 편재(偏財), 다르면 정재(正財)라고 한다. 편재는 음토와 음양이 같아야 하므로 기토, 축토, 미토가 편재가 되고, 양토인 무토, 진토, 술토는 정재가 된다.

관성은 일간과 음양이 같으면 편관(偏官)이고 다르면 정관(正官)이다. 편관은 신금(辛金), 유금이고, 정관은 경금, 신금(申金)이다.

인성은 일간과 음양이 같으면 편인(偏印), 다르면 정인(正印)이라고 한다. 편인은 음수인 계수와 자수, 정인은 양수인 임수와 해수가 된다. 이렇게 해서 5개의 육친이 10개로 분화되며 십신(十神)이라는 이름이 붙게 된 것이다. 이 공식을 잘 알아두어야 한다. 비겁, 식상, 재성, 관성, 인성만으로도 충분히 사주를 해석할 수 있지만 음양으로 나눠지는 묘미가 필요할 때가 많다.

일간이 무토인 경우에 십신의 배열이 아래 그림과 같다. 이런 식으로 10개의 일간 중 어떤 것이 와도 십신을 구별할 수 있어야 한다.

일간 戊

土
=비견 : 戊, 辰, 戌
≠겁재 : 己, 丑, 未

火
=편인 : 丙, 巳
≠정인 : 丁, 午

金
=식신 : 庚, 申
≠상관 : 辛, 酉

木
=편관 : 甲, 寅
≠정관 : 乙, 卯

水
=편재 : 壬, 亥
≠정재 : 癸, 子

운명의 해석, 사주명리

## 비겁(比劫)의 기호

| 비겁 | 육친 관계 | 친구, 선후배, 동업자, 경쟁자, 형제·자매·남매, 부하 직원 |
|---|---|---|
| | 나의 영역 | 우주와 연잎<br>자기애 : 영역 확대 욕망, 자기본위, 욕망의 발생, 변화에의 의지, 우물<br>자존감 : 자존심, 칭찬에 민감<br>고집 : 오만, 간섭과 규제에 저항<br>영역 내 대인 관계 : 사적 대인 관계, 이타심과 기대<br>미적 감각 : 호불호 명확 |
| | 협력과 경쟁 관계 | 협력, 경쟁에 강함 |
| | 재성을 극함 | 금전 사건 : 자금 운용의 단순화<br>사업 확장 : 군겁쟁재<br>배우자 갈등 : 허세 |

### ① 육친 관계

　비겁(比劫)은 비견(比肩)과 겁재(劫財)를 합쳐서 부르는 말이다. 비견의 한자는 '견줄 비, 어깨 견' 즉 '어깨를 견주다'는 뜻이고, 겁재는 재물을 겁탈한다는 뜻이다. 어깨를 견줄 수 있는 사람은 수평적인 관계에 있어야 한다. **친구**나 **동료**가 그렇다. 혹은 2촌 관계에 나란히 있는 **형제, 자매, 남매** 등도 여기에 해당한다. 이런 관계의 사람들은 서로 돕기도 하지만 서로 뺏고 경쟁하면서 살아가기도 한다. 형제가 많은 집의 자식이라면 커 가면서 이런 경험을 해보았을 것이다. 성장을 하면 잘사는 사람이 못 사는 형제를 도와주곤 한다. 이렇게 서로 뺏거나

도와줌으로써 재산의 손실이 생기는데 이를 겁재라 한다. 보통은 합쳐서 비겁으로 여기고 해석한다. 좀더 자세한 구별은 뒤에서 하기로 하자.

### ②나의 영역

•우주와 연잎   따라서 비겁은 '**나의 영역**'이 된다. 비유를 들자면, 나의 집, 내가 사는 성, 빠져나오기 어려운 우물, 나의 내면 등으로 말할 수 있다. 그 영역의 사이즈는 얼마나 될까?

옥황상제가 천상에서 날뛰는 손오공을 제압하기 위해 석가모니를 모셔왔다. 부처님은 손오공에게 내기를 걸었다. "나랑 내기 하나 하자꾸나. 네가 정말 재주가 있어 근두운을 타고 내 오른쪽 손바닥을 빠져나간다면 네가 이긴 걸로 쳐서, 다시는 병사를 동원해 힘들게 싸우거나 하지 않고 옥황상제더러 서방에 와 사시라 하고 이 궁전을 네게 양도해 주마. 하지만 손바닥을 빠져나가지 못한다면 넌 다시 하계로 내려가 요물로 살면서 또 몇 겁을 수행한 후에야 다시 겨뤄 볼 수 있을 게다." 오승은, 『서유기 1』, 서울대학교 서유기번역연구회 옮김, 솔, 2008, 217쪽 손오공은 쾌재를 불렀다. "근두운으로 단숨에 십만 팔천 리를 가는 마당에, 사방 한 자도 안 되는 그놈의 손바닥을 못 빠져나갈 리가 없지!" 손오공은 부처님 손바닥 가운데서 순식간에 사라졌다. 손오공이 바람개비처럼 돌면서 쉼 없이 앞으로 나아가고 있을 때, 저 멀리 살색 기둥 다섯 개가 푸른 하늘을 떠받치고 있는 게 보였다. 여기가 막다른 길이란 생각이 들자, 손오공은 기둥에다 '제천대성 이곳에 와 노닐다'라고 큼직하게 글씨를 쓰고 기둥 아래 오줌을 찍 갈긴 후 다시 석가여래의 손바닥 가운데로 돌아왔다. "내 벌써 갔다 왔수다. 이제 옥황상제더러 궁전을 넘기라고 하시지." 그러자 석가여래가 호통을 쳤다. "요 오줌싸개 원숭이 녀석! 넌 내 손바닥을 한 걸음도 벗어난 적이 없어!" 손오공이 부처님 손을 내려다보니 손가락에 자기가 쓴 글씨가 있었고, 원숭이 오줌냄새도 났다.

『서유기』의 한 장면이다. 손오공의 입장에선 부처님 손바닥은 끝없이 넓은 우주다. 그러나 부처님 시선에선 단지 연잎만 한 크기의 손바닥일 뿐이다. '**우주와 연잎**', 이 두 차원의 영역이 비겁의 한 의미축인 '나의 영역'이다. 이 영역은 자신이 가장 익숙하게 쓰는 행동과 언어, 삶의 방향성 안에 한정되어 있다. 따라서 나의 영역에서 바라보는 우주가 아무리 넓어도 그런 익숙한 방향성과 습관, 언어로 구성된 세계는 결국 연잎 정도에 불과하다.

•**자기애**(自己愛) 비겁은 일간과 오행이 같은 육친이다. 이는 친구나 형제 같은 육친을 이르기도 하지만 일간 자체를 담고 있어서 비겁을 '나'의 자리로 볼 수도 있다. 비겁은 세력이 강해질수록 자기의 **영역을 확대**하려고 한다. 비겁이 나 자신이라는 측면에서, 영역의 확대란 나의 사유와 욕망의 영역을 넓히려는 것이기도 하고, 때론 사업을 확장하거나 집을 크게 짓고 싶은 욕구이기도 하고, 다양한 경험과 여행을 하고 싶은 것이기도 하다. 그건 일종의 **자기애**다. 자기 영역을 넓게 만들면 더 많은 기회와 경험이 주어지고, **자기본위**에 따라 더 발전적인 자기로 거듭나려 한다. 즉, 비겁은 많은 **욕망을 발생**시키고 자기 **변화에 대한 의지**를 불러일으킨다.

그러나 진정한 자기애란 자기 영역을 확대시키는 것이 아니라 영역의 경계를 넘는 것에서 시작된다. 멀리 달아났다고 생각하겠지만 결국 부처님 손바닥 위다. 여기서 부처님 손바닥이란 초월자의 아우라가 아니라 자기 한계를 말한다. 아무리 달아나도 자기의 한계를 넘지 못한다. 그건 기존의 영역이 넓어진 것일 뿐이다. 우물을 벗어나야 하는데 우물의 사이즈를 넓히는 꼴이다. 그래서 비겁에서의 자기애는 한정적일 수밖에 없다. 중요한 건 영역의 확대가 아니라 영역 밖으로 나가는 것, 부처님 손바닥 안에서 의기양양하며 더 멀리 더 넓게 확대하려는 빈곤한 구도에서 벗어나는 것이다.

•**자존감** 그러기 위해서는 자기 역사를 구성해 왔던 오래된 습관과 결별하고 타자를 받아들여야 한다. 대체로 우리의 선택과 행동을 결정하는 건 깨어 있는 의식이 아니라 오래된 습관이다. 지루한 자기 안의 관습들로부터 벗어나지 못하면, 그의 자기애의 범위는 매우 좁고 미천하다 할 수 있다. 이때 필요한 것이 타자다. 낯설고 이질적인 기운(타자)은 불편하다. 하지만 그런 기운은 내 안의 지루하고 견고한 관습들에 균열을 일으킨다.

중요한 것은 타자를 받아들이는 능동적 자세다. 타자를 능동적으로 받아들이는 자는 비판을 받을 때 원한을 일으키는 대신 비판이 일어나게 된 인과를 새롭게 추적한다. 즉, 주목의 대상을 비판을 한 상대로부터 자기 자신으로 돌리는 것이다. 때론 그 비판이 들을 만한 가치가 없는 것이라 할지라도, 거기서 일어나는 감정을 들여다보고, 인과를 전혀 새롭게 구성할 수 있다면 존재는 다시 기존의 습관적인 감각에 균열을 일으키고 타자를 수용할 수 있게 된다. **자존감**은 그런 상황에서 일어난다. 스스로 내면의 균열을 일으키고 타자를 통해 변모하는 자아를 보는 것은 매우 짜릿한 일이다.

운명의 해석, 사주명리

반면 자기의 비대함으로 인해 타자를 받아들일 빈 공간이 없을 경우엔 자기에 대한 비판을 자기 문제로 바꿔 볼 수 있는 여유가 없다. **자존심**이 치성하여 원한 감정과 상대에 대한 비난만 남발할 뿐이다. 그것이 정당하고 필요한 비판이라 해도 이 사람에겐 지성을 받아들일 공간이 부족하다. 특히 칭찬과 위로만 받고 자란 사람은 더욱 심하다. 명리학자 김동완 선생이 비겁을 **칭찬에 민감**한 공주병과 왕자병에 비유하는 것도 그런 맥락에서다. 타인의 칭찬에서 삶의 의미와 행복을 찾는 것은 빈곤한 자기애다. 타자를 받아들인다는 것은 자기와 매우 치열한 사유의 전투를 벌인다는 것이다. 그 치열한 실존적 탐사에 공주병과 원한이 끼어들 틈은 없다. 다시 말해, 자존심과 원한 감정이 자기를 지배하고 있다면, 그건 자기와의 전투도, 습관의 균열도 일어나지 않는다는 뜻이다. 그리고 그 자리에는 오래된 것을 놓지 않으려는 고집만이 남아 있을 것이다.

•고집  고집은 대개 **오만함**과 짝을 맺는다. 오만함은 인덕을 약화시킨다. 특히 사적이고 친한 관계일수록 고집이 더 강해지는 경향이 있어서 관계는 점점 고립된다. 공적인 관계에서는 친절하고 좋은 사람으로 비춰지지만 가까이에 있는 사람에겐 고집불통이 되는 것이다. 그렇다고 공적인 관계가 편한 것만은 아니다. 편한 관계에서 고집을 부린다는 건 공적 관계가 서툴고 편치 않다는 뜻이다. 비겁은 자기의 영역을 지키려는 욕망이 앞선다. 생각의 자유로움 그리고 넓은 활동 폭이 보장되지 않으면 답답해한다.

그래서 비겁이 강하면 **간섭과 규제**가 엄격하고 조직적 위계가 치밀한 곳에서는 잘 견디지 못한다. 심신의 굴신 폭이 좁은 곳에서 자기의 영역을 지키는 방법 중의 하나는 자기 사람을 만드는 것. 그래서 주위의 사람들에게 더 배려하고 친절하게 대하려 하는 것이다. 그런데 이것이 과하면 피로도가 쌓인다. 이 친절함에 대한 피로감이 편한 관계 안에서 보상적으로 드러나는 것이 바로 고집이다. 고집을 부린다는 건 관계가 만만하다는 것이니까. 물론 비겁이 강하다고 다 그렇진 않다. 안팎으로 친절한 사람도 많다. 그건 공적 관계가 비교적 자유로운 활동이 보장 되는 경우에 그렇다. 하지만 그렇다 해도 어느 순간 자기 맘대로 하지 못하는 때가 오면 그 고집과 오만이 언제 드러날지 모른다.

비겁이 순환하려면 식상과 재성, 관성, 인성이라는 타자를 만나야 한다. 타자들은 비겁을 순환 관계의 장 안으로 인도한다. 비겁이 자신의 영역 안에만 머무르지 않고 현장과 만나고(식상), 마디를 넘어 결과를 맺으며(재성), 스스로를 객관화시켜 공동체적인 관계를 구성하고(관성), 배움과 수양을 통해 새로운 주체를 생성(인성)해 가는 과정을 거치는 것, 그것이 비겁이 타자를 통해 순환하는 방법이다.


•**영역 내의 대인 관계** 비겁은 그 자체로 '나'이기도 하지만 친구나 동료, 형제, 경쟁자이기도 하다. 비겁이 자신의 영역을 확대한다는 것은 더 많은 친구들을 만나는 것이기도 하고, 그들과 관계해서 벌어지는 사건 사고가 많아진다는 뜻이기도 하다. 그런 관계성은 주로 **사적인 영역**에서 일어난다. 자기 영역 안으로 사람을 끌어들이는 것이 비겁의 대인 관계의 방식이다. 예컨대, 집에 사람들을 초대해서 즐기는 것도 일종의 비겁의 욕망이라 할 수 있다.

다음의 사주는 개그우먼 박나래의 명식이다. 일간 정화를 비롯하여 병화 2개, 오화 1개, 총 4개의 화가 있다. 비겁이 매우 강하다고 할 수 있다. 그녀는 매일 밤 파티를 연다고 한다. 친구들을 집으로 초대해서 먹을 것을 해주고 밤새 즐긴다. 이것이 비겁이 **자기의 영역 안에서 대인 관계**를 맺는 방식 중 하나다.

| 坤 | 시 | 일 | 월 | 연 |
|---|---|---|---|---|
| 천간 | 丙 | 丁 | 丙 | 乙 |
| 지지 | 午 | 酉 | 戌 | 丑 |

조직 내에서의 대인 관계도 비슷하다. 비겁이 강하면 조직 안에서도 자신의 말과 행동을 공유할 수 있는 사람들에게 최선을 다해 잘해 주고, 대신 사람들이 자기에게 시시콜콜한 것까지 이야기해 주길 바란다. 그렇게 자신의 세력을 조금씩 넓혀 가며 여러 사적인 관계에 자신이 중요한 존재이길 욕망한다.

비겁은 형제, 친구, 동료 등에게도 자신의 감정을 이입시키는 경우가 많다. 기쁠 때 같이 기뻐하고 슬플 때 같이 슬퍼한다. **이타심**을 가지고 동료에게 마음을 더해 베푸는 것을 좋아한다. 그러나 여기에는 자기 편이 되어 주길 바라는 **기대**도 있다. 그래서 잘해 준 만큼 관심을 받지 못하면 실망을 한다. 문제는 기대치가 높은 경우다. 내가 이만큼 했으니 상대는 적어도 이 정도는 나에게 배려를 해야 한다는 비겁만의 기준이 있다. 그때는 대인 관계가 지옥이 된다. 그 기준을 못 맞추는 사람은 비난의 대상이 된다. 비겁이 강한 사람은 주위 사람들을 잘 챙기기 때문에 주위에 사람들이 북적이는 편이다. 하지만 자꾸 그 사람들이 자신의 곁을 떠난다면, 그 기준을 한 번 재고해 보는 것이 필요하다. 여기에 해당하는 많은 사람들이 대개 자기는 그런 기준이 높지 않다고 항변한다. 그러나 그건 자기 기준일 뿐이다. 스스로는 자신이 털털한 사람 같아도, 자기가 생각하는 너그러운 기준에 충족될 수 있는 사람이 많지 않다는 것을 자각할 필요가 있다.

비겁이 약하면 혼자 있기를 좋아하거나 아주 소수의 친분 관계만을 유지하려 한다. 그래서일까, 늘 고독하고 외로운 느낌을 가지고 있다. 그러나 주위에 사람이 없다는 말은 아니다. 비겁이 약하면 다른 육친이 강하다는 뜻이다. 각각의 육친 성향에 맞는 다양한 대인 관계가 존재한다.

| 坤 | 시 | 일 | 월 | 연 |
|---|---|---|---|---|
| 천간 | 庚 | 丁 | 癸 | 壬 |
| 지지 | 子 | 卯 | 卯 | 寅 |

위 사주는 비겁이 일간 하나뿐이다. 연지 인목(寅木) 지장간 중 병화(丙火)에 뿌리를 살짝 내리긴 하지만 미약하다. 이 여성분에게는 친자매들이 있지만 그렇게 친하지 않다. 친구들도 많지 않다. 뜻이 잘 맞지 않으면 쉽게 사귀질 못한다. 마음 한곳에 고독함이 늘 자리한다. 그러나 관성과 인성은 강하다. 관성은 '癸-壬-子'로 천간에 두 개의 수가 지지의 자수와 통근되어 있다. 뒤에서 설명하겠지만 관성은 조직과 관련한 사회적 관계다. 이 여성은 지방에 작은 공부 공동체를 열어 사람들과 왁자지껄하게 소통하고 있다. 개인적인 대인 관계에서는 서툴지만 공적인 조직 안에서 사람들을 만나는 것은 매우 자연스럽고 즐겁다. 또한 인성도 많다. 인성은 지지에 월지를 포함하여 '卯-卯

-寅'이 깔려 있다. 매우 강한 기운이다. 인성이 있으면 사람들로 하여금 챙겨 주고 싶은 마음이 일어나게 만든다. 그녀가 조직을 운영하느라 바쁘게 움직이는 모습을 보이면 사람들은 뭔가 도와주고 챙겨 주고 싶어 할 것이다. 목 인성이므로 급하고 돌발적이고 순진하고 서툰 행동들을 보일 때 인성이 발동한다. 사람들은 그런 순진함에 도와주고 싶은 마음을 낸다. 이런 식으로, 비겁은 약하지만 관성과 인성으로 사람들을 만나기도 한다.

•미적 감각 비겁이 강하면 **미적 감각**이 발달한다. 물론 미에 대한 기준은 모두 다르다. 예술, 대중가요, 글쓰기, 사상, 사람에 대한 인상 등 모든 면에서 미적 판단의 **호불호가 명확**한 편이다. 그러나 실제로 그렇게 행동하는 것은 아니다. 때론 싫어하는 것도 그냥 별 불평 없이 참기도 한다. 특히 동료와 무언가를 같이할 때는 약간 싫어하는 것도 크게 반대하지 않고 따르는 편이다. 그래도 여전히 아름다움과 추함의 기준은 잘 바뀌지 않는다.

### ③ 협력과 경쟁

비겁은 **협동력**을 발휘해 서로 돕기도 하지만 **경쟁**적 조건에도 뛰어난 적응력을 발휘하며 자기의 능력을 최대화시킨다. 그 중에서 비견은 협력, 겁재는 경쟁 쪽에 관심이 더 많다. 그렇다고 날카롭게 나눌 수 있는 건 아니다. 비겁과 겁재 모두 협력과 경쟁의 성향을 공유하지만 비교적 그렇게 분류되는 경향이 있다는 것이다. 비견은 무언가를 같이했을 때 일의 능률이 오르고 자기 목적에 다다르기 쉽다. 그것이 재물의 획득이건 지식의 공유건, 정신적·물질적으로 서로에게 도움이 되는 관계를 만들어 간다. 겁재 역시 이러한 협력 관계에 능하지만 비견보다는 좀더 고집스럽게 자기주장을 앞세운다. 잘 주기도 하지만 잘 빼앗기도 한다. 한마디로 비견보다 조금 더 경쟁적이다. 양적인 전투력을 가지고 있다고 할까. 그래서 겁재의 이런 강한 면모가 음적으로 치우친 사주에 양적으로 작용하여 균형감을 잡는 역할을 하기도 한다.

비겁이 과다하면 경쟁자가 많아지고 투쟁성도 강해진다. 특히 겁재는 승부욕과 질투심이 고조되어 폭력적인 성향이 드러나기도 한다. 비겁은 친구, 선후배, 동료, 형제 등에 해당하므로, 비겁이 너무 태과하면 그들 간의 관계가 복잡해진다. 예컨대 보증, 투자, 채무 등의 금전적인 사건으로 서로 갈등을 겪기도 한다. 돈 관계로 예를 든 것은 비겁이 재성(재물운)을 극하는 오행의 위치이기 때문이다. 이런 경우는 비겁이 강하고 재성이 약할수록 더 발생할 확률이 높다.

반면, 비겁의 기운이 약할 경우엔 협력과 경쟁 관계를 불편해하고 될 수 있는 대로 혼자 일을 처리하려고 한다. 이 과정에서 비겁 육친의 조언을 무시하기도 한다. 이와 반대로 사람을 함부로 믿어 버리기도 한다. 그러나 그럴수록 내 편을 만들기가 더욱 어렵다. 특히 비겁이 하나인데 고립일 경우 비겁에 해당하는 육친의 인덕이 더욱 부족해진다. 또한 비겁이 없는 사람에게 비겁운이 들어오면 활동성과 경쟁력이 강화되긴 하지만 번다하게 느껴져 스트레스를 받는다.

### ④재성을 극함

• **금전 사건**  비겁은 재성을 극하는 자리다. 재성은 재물, 일, 남자에겐 배우자와 아버지, 여성에겐 아버지에 해당한다. 그래서 비겁이

강하면, 재성을 극하기 때문에 재물, 일, 결과, 부인, 아버지와의 갈등 상황이 벌어질 수 있다. **금전적인 문제**는 보증, 투자, 채무 등으로 발생할 가능성이 많다. 예를 들어, 친구나 형제 등에게 돈을 빌려주고 못 받거나, 보증으로 빚을 떠맡는 등의 사건이 생기는 경우가 있다.

재물에 대한 욕망은 재성의 영역에만 해당되는 것은 아니다. 비겁도 재물에 대한 욕망을 포함하고 있다. 그러나 두 욕망은 다르다. 비겁은 재성을 극하는 자리다. 극한다는 것은 다룬다, 혹은 조절한다는 뜻도 있다. 재성의 욕망은 돈이 유동하는 현장에서 재물과 관련된 여러 가지 일들을 벌이고 또 직접 해결한다. 반면 비겁은 그런 돈과 관련된 현장과 잘 어울리지 않는다. 그래서 직접 재물을 다룰 경우엔 일을 **단순하게 처리**할 수 있어야 한다. 아니면 믿을 만한 동업자에게 자금 관리를 맡기는 편이 낫다. 하지만 자금 운용에는 직접 관여하지 않더라도 돈의 전체 흐름은 꿰고 있어야 한다. 자금의 유동성이 사업의 방향과 어떻게 연동되는지를 알고 있어야 한다는 뜻이다.

•**사업 확장**  비겁은 자기 영역을 확장하려는 욕망을 담고 있다. 이는 시설 인연에 따라 변동이 생긴다. 예컨대 대운이나 연운에서 비겁운이 들어오면 **사업을 확장**하고 싶은 욕망이 생긴다. 사업장도 조직이므로 관성에 속하기도 하고, 재물을 얻는 곳이므로 재성에 속하기도 한다. 따라서 관성이나 재성이 들어와도 사업을 확장하거나 임대하고 있는 장소의 규모를 늘리게 되는 기회나 그에 관한 욕망이 생긴다. 사업장은 욕망을 펼쳐 가는 곳 혹은 남에게 자랑하고 싶은 대상이기도 하므로 비겁에 해당하기도 한다. 그래서 비겁이 시절운으로 들어와도 사업을 확장하고 싶은 마음이 생긴다. 하지만 관운과 재운 때

와는 달리 비겁운이 들어왔을 때의 사업 확장은 주의해야 한다. 비겁은 재성 자리를 극하기 때문이다. 그래서 비겁이 강해졌을 때 사업을 확장하면 재성과 관성이 들어와서 사업을 확장했을 때에 비해서 재물의 손실이 있거나 회복되기 어려울 수 있다.

하지만 비겁이 강하다고 반드시 사업에 문제가 생기는 것은 아니다. 고전에는 **군겁쟁재**(群劫爭財) 혹은 군비쟁재(群比爭財)라는 말이 있다. 비겁이 무리를 이루어 재물을 놓고 싸운다는 뜻이다. 흔히 비겁은 강한데 재성이 약한 경우를 이르는 용어다. 그런데 거부들 중에는 군겁쟁재가 많다는 속설이 있다. 비겁이 많고 재성이 약하면 사업에 문제가 있을 것 같지만, 어떤 경우엔 이 경쟁심과 투쟁심이 사업적인 욕망을 극대화시키기 때문에 거부가 될 수도 있다. 항간에는 부자가 되려면 겁재가 좀 있어야 된다는 말도 있다. 그렇기 때문에 비겁이 반드시 재물을 없애기만 하는 것은 아니다.

•배우자와의 갈등  남자의 경우 자기 확장의 욕망은 **배우자와의 관계에 문제**를 야기하기도 한다. 쉬운 예로, 연운이나 월운 혹은 일진으로 비겁이 들어오면 친구들과 만나는 일이 많아지는데, 이 때문에 배우자와 다투게 되는 경우를 생각할 수 있다. 또는 자신감이 넘치다 못해 **허세**를 부리기도 한다. 그러나 그럴수록 대개 여자는 남자를 무시하게 된다. 결국 자신을 인정해 주지 않는 연인 혹은 아내와의 관계가 멀어지기 시작한다. 심하면 자존심이 더 강해져서 폭언이나 폭행 같은 일이 일어나기도 한다. 그러면 돌이킬 수 없는 지경에 이르게 될 것이다.

## 식상(食傷)의 기호

| | | |
|---|---|---|
| 식상 | 육친 관계 | 여성: 자식, 할머니<br>남성: 장모, 사위, 할머니 |
| | 비겁에서 탈출, 일간의 생 | 활동성 : 욕망이 만나는 현장, 욕망의 표출, 표현, 예술, 쉽게 일을 벌임, 잦은 이직, 현금 유동성<br>미숙함 : 과정 중시, 변칙적 시도, 기발한 아이디어, 시행착오, 반조직적 일탈<br>식욕과 성욕 : 의식주, 먹을 복, 요식업<br>사유의 재구성 : 보수적<br>언어 : 말, 말하는 직업, 표면적인 말, 과대 포장, 구설수<br>시작<br>창의력 : 미숙한 도발, 기획력, 뒷심 부족<br>행운 : 양날의 검 |
| | 식신 vs 상관 | 식신: 준비된 복, 시련에 약함 /<br>상관: 반사회적, 반항적 |

### ①육친 관계

　식상(食傷)의 육친 관계는, 여성에겐 **자식**, 남성에겐 **장모**와 **사위**에 해당한다. 남녀 모두 **친할머니**가 식상운에 속한다. 식상은 일간(자기)이 생하는 자리이다. 일간이 낳으니까 여자에게는 식상이 자식이다. 남성 사주에서 배우자는 재성 자리다. 그래서 남성 사주에서 재성을 낳는 자리인 식상은 배우자를 낳은 장모가 된다. 또한 재성은 남녀모두 아버지 운에 해당한다. 따라서 식상은 아버지를 낳은 할머니라고 볼 수도 있다.

### ②비겁에서 탈출

•**활동성** 비겁은 자기의 영역이고, 욕망이 일어나는 자리다. 하지만 욕망은 현장을 만나고 행동으로 이어져야 활성화된다. 식상은 비겁의 욕망이 활성화되는 자리다. 비겁 다음에 오는 자리이고 오행적으로 비겁이 낳는(생하는) 곳이므로, 식상을 **욕망이 낳은 현장**이라고도 얘기할 수 있다. 또는 비겁이라는 자기 영역에서 문을 열고 한 발짝 나간 곳을 식상이라고 말할 수도 있다. 이렇듯 식상은 다음 스텝으로 한 발 나아가는 **활동성**의 이미지를 담고 있다. 일반적으로 활동성이란 말은 성격이 활달하고 매사에 앞장서는 삶의 태도를 이르지만, 꼭 그런 것만은 아니다. 활동성에도 다양한 양태가 있다. 조용하고 느리지만 은은하게 양적으로 확산되는 활동성도 있다. 어찌 됐건, 활동성은 자기 안의 욕망을 표출하려는 행위다.

식상의 활동성이 바로 **욕망의 표출**과 관계가 있다. 식상이 강하면 머릿속으로만 생각하지 않고 분주하게 무언가를 만들어 내려 한다. 그것이 가구나 인테리어 등의 생활적인 것일 수도 있고 예술 작품일 수도 있다. 생명을 낳거나 기르는 일이기도 하며 글을 쓰거나 말로써 **표현**되기도 하고, 여행이나 이사 등 이동의 변화로 일어나기도 한다. 특히 식상이 강한 사람은 **예술적인 기질**을 많이 가지고 있고, 실제로 사회에서 작가, 연주자 등의 예술가로 활동하는 경우도 많다. 이밖에도 **쉽게 일을 벌인다거나, 잦은 이직**을 시도하는 것도 식상의 활동성과 관련이 있다. 사업을 하는 사람은 **현금 유동성**이 활동성에 속할 것이다. 사업에서는 현금이 돌아야 일이 활발하게 일어나기 때문이다.

•**미숙함** 식상은 비겁이라는 자기 영역을 막 벗어난 상태다. 마치

대학을 갓 졸업한 사회 초년생과 같은 입장이다. 그래서 식상은 활동성과 **미숙함**의 이미지를 함께 담고 있다. 두 개를 섞으면 미숙한 활동성이라고나 할까. 비겁에서 시작된 욕망은 식상이라는 현장과 만나고 재성으로 이어져 결과를 낸다. 이 스텝에서 보자면 식상은 과정이고 재성은 결과다. 또는 식상은 **과정을 중시**하고 재성은 결과를 중시한다고 말하기도 한다. 식상의 미숙함이란 아직 결과에 이르지 못한 과정으로서의 미숙함이다. 그러므로 식상의 활동성은 과정을 밟아 나가며 일어나는 상황들, 즉 아직은 미완성인 일의 과정 중에 일어나는 액션을 의미한다. 거기에는 **변칙적인 시도**와 **기발한 아이디어의 적용**, **시행착오와 반조직적 일탈** 등이 포함된다.

식상의 미숙함은, 시작할 때는 열심히 하는데 결과를 매듭 짓지 못하는 방식으로 드러난다. 무턱대고 일을 벌이고 나서 진행하다가 지쳐서 그만두는 것. 결과는 없이 늘 과정만 있는 셈이다. 식상이 많고 재성이 부족한 경우가 대개 그렇다. 그런 상태를 미숙하다고 한다. 매듭을 짓고 결과를 만드는 힘이 부족하면, 그의 욕망 자체가 좀 미숙해 보인다. 반대로 식상이 부족하면 활동성이 떨어지고 융통성도 부족해진다. 욕망이 있어도 사회의 현장에 쉽게 드러내지 못한다. 대신 멍석을 깔아 주면 그때서야 실력을 발휘한다.

•**식욕과 성욕**  미숙함의 이미지는 욕망 중에서도 원초적인 욕망, **식욕과 성욕** 등과도 연결된다. 그런 욕망은 마치 어린아이 같아서 적절하게 통제하지 않으면 삶이 위험해질 수도 있기 때문이다. 그래서 식상을 식욕과 성욕의 영역으로 보기도 한다. 이것을 조금 확장해 보면 삶의 기본 요건인 '**의식주**'까지 식상에 배속할 수 있다. 특히 식상은

'식'(食)과 관계가 깊다. 예를 들어, 식상이 강하면 대개 '먹는 일'과 인연이 많다. 우선 항상 **먹을 복**이 있고, 잘 먹는다. 그리고 음식점 등 **요식 관련 일**과 인연이 있을 수 있다.

한편, 식상을 '성욕'으로 보는 것은 주로 여자에 해당한다. 그리고 그것은 자식의 생산과 연계된다. 여자의 식상이 자식에 해당하는 것도 이런 맥락에서 해석할 수 있다. 남자의 식상도 배우자 자리인 재성을 낳으므로 남자의 식상과 성욕도 관계가 있긴 하지만, 굳이 남자의 성욕은 특정한 육친에 배속하지 않는데 이는 남자의 성욕은 시도 때도 없이 일어나기 때문이다.

•**사유의 재구성**   식상의 활동성은 **사유를 재구성**하려는 의욕으로 이어지기도 한다. 특히 상관이 강하면 기존의 통념과 법칙을 잘 따르지 않으려고 한다. 또한 규격화되고 정형화된 시스템을 좋아하지 않는다. 그래서 비판적인 정치 성향을 가지고 사회적으로 이론 투쟁을 벌이려 하는 경우가 많다. 하지만 그 이론 자체가 도그마가 되기도 한다. 그것은 어떤 면에선 더 **보수적인 기질**을 드러내는 근원이 된다. 그것이 아무리 혁명적인 구호라 할지라도 오래 묵은 논리는 안정과 보수를 지향하게 된다. 그 상태를 사유가 재구성되었다고 할 수는 없다. 재구성된 사유의 유통기한은 생각보다 짧다. 그것이 식상이 넘어야 할 또 하나의 과제다.

•**언어**   비겁이라는 자기 존재가 현장과 부딪히면서 나타나는 것이 식상의 활동성이라고 했다. 현장과 대면할 때 가장 필요한 것이 '말'이다. 의사표현이야말로 활동성의 근원적 요소다. 그래서 식상이

강하면 언어 구사력이 뛰어난 편이다. 말하고 싶은 건 참지 않고(못하고) 꼭 하게 되며 표현력이 좋다. 직업적으로는 **말로 하는 일**에 유리한 점이 있다(학원 사업, 강사, 사회자, 아나운서 등).

특히 상관이 강하면 머리가 비상하고 천재적인 기질을 타고나는 경우가 많다. 그러한 상관의 기질도 '말의 힘'으로 이어진다. 즉, 비범한 설득력으로 자신의 의견을 반드시 관철시키는 쪽으로 쓰게 된다. 이런 능력 때문에 연예인, 법조인, 정치인 등에게 상관이 많은 편이다.

그러나 아이러니하게도 사람들은 설득을 잘하는 사람을 좋아하는 것만은 아니다. 쉽게 설득당하면 시간이 지난 후 왠지 어디에 홀린 것 같은 느낌을 받을 수 있다. 그러면 자신을 설득했던 사람에게 배신감까지 느낄 수 있다. 그것이 상관이 강한 사람은 늘 고독한 까닭 중 하나일 것이다. 여기에 관용의 덕이 부족하면 더욱 고립될 수 있다. 상관의 힘은 존재를 역동시키고 혁명을 도모할 수 있는 거친 동력이다. 거친 힘을 다루는 데는 정교한 통치술이 필요하다. 예컨대 어떤 때는 거시적인 담론에서 벗어나 사람의 감정을 들여다본다거나 타인의 말을 경청하는 등, 주위 사람들에 대한 미시적이고 세심한 접근도 필요하다. 다음은 거의 30년을 학원 운영과 강사를 겸하면서 살아온 남성의 사주다.

| 乾 | 시 | 일 | 월 | 연 |
|---|---|---|---|---|
| 천간 | 丁 | 庚 | 癸 | 癸 |
| 지지 | 丑 | 午 | 亥 | 卯 |

식상이 '癸-癸-亥'로 월지를 포함해서 천간과 지지에 강하게 세

력권을 형성하고 있다. 수 식상은 말이 유들유들하다. 특히 해수(亥水)는 같이 모여서 음식을 나눠 먹고 이야기하는 것을 좋아한다. 수 식상에 해수가 월지이니 누구보다도 파티 혹은 회식을 즐긴다. 이 사람은 식구들을 다 모아서 왁자지껄하게 떠들면서 노는 분위기를 좋아한다. 물론 그 자신은 크게 떠들지 않는다. 자기 얘기를 할 때 수 식상(금 일간)은 조용하고 부드럽게 이야기한다. 하지만 이 사주의 주인공은 관성의 장에서는 화기운을 쓴다. 즉, 조직이나 사회적 관계 등에서 공적 의견을 말할 때는 강렬하고 화끈한 어조를 쓴다. 관성이 화이기 때문이다. 해묘(亥卯) 반합(이 책 '9장 운명의 변수: 합과 충' 참조)도 참고해 보자. 해묘가 만나서 목 재성이 된다. 즉 말의 힘이 재물을 낳는다. 강사로서는 좋은 조건이다. 다만 묘목(卯木)이 수(水)로 둘러싸여 있다. 이런 경우엔 부목(浮木)이라 한다. 물에 떠 있는 나무라는 뜻이다. 이럴 때 묘목은 나무로서의 제 기능을 발휘하기 어렵다. 그래서일까 학원 사업을 두 번 실패하기도 했다. 그러나 예전의 실패를 거울 삼아 지금은 매우 안정적으로 학원을 운영한다. 그런 체험으로부터 얻은 지혜를 꼭 붙들고 있기를 기원한다. 그것이 사주보다 더 강하다.

식상과 언어의 관계를 더 살펴보자. 식상의 말은 상투적이다. 비겁의 영역 안에서 익숙하게 반복되었던 생각에서 나온다. 그 말들이 세상과 섞이면서 풍성해지고 새로워진다. 인성(공부운)과는 반대다. 인성은 자기 안에서 잉태되고 있는 독창적인 것을 말하고 싶어 한다. 이건 방향성의 문제다. 식상은 비겁에서 출발해 재성으로 이어지는 중간에 있다. 즉 자기 영역(비겁)의 바깥을 향해 있다. 방향이 바깥으로 향해 있고 주로 에너지를 분산시키는 쪽으로 사용한다. 반대로 관성으로부터 인성을 거쳐 비겁에 이르는 라인은 에너지를 안으로, 비겁 안으로 집중시킨다. 결국 인성은 비겁에서 출발한 기운이 육친의 순환을 거쳐 최종적으로 수렴하는 자리가 된다. 그래서 식상과 기운의 벡터는 반대다. 이렇듯 식상은 욕망이 외부로 향해 있다 보니, 바깥에서 만나는 존재들과 공유할 수 있는 언어, 즉 이미 규격화되어 있는 말에 익숙하다. 식상이 학원 강사나 아나운서 직업에 잘 맞는다는 것도 이와 관계가 있다. 자기 내면의 것을 드러내지 않아도, 습득된 지식만으로 얼마든지 쉽게 말할 수 있기 때문이다.

그 외에도 식상이 너무 강하면 행동보다 말이 앞서고, **과대포장**을 하거나 자기주장을 고집하는 등 말로 인해 **구설수**에 오를 수 있고 명예가 손상될 수도 있다. 또한 말을 잘하고 싶은 욕망이 크고, 논쟁이나 말다툼에서 지는 것을 매우 싫어한다. 그렇다고 꼭 앞에 나서서 말하는 것을 좋아한다는 것은 아니다. 개인적인 대화를 훨씬 더 선호하는데 그것은 식상이 조직과 공적인 영역인 관성을 치기 때문이다. 대중 앞에서 말하는 능력과 욕망은 관성이나 재성에 더 가깝다. 한편, 식상이 약하면 자기표현 능력이 부족하고, 마음속에 있는 것을 전부 말하지 못한다.

•**시작**  식상은 비겁의 영역에서 한 발짝 내딛는 데서 출발한다. 삶과 운명은 일상의 현장에서 펼쳐진다. 발아는 땅속 씨앗에서부터 올라오지만 새싹이 땅 위로 솟아야 비로소 이 생명이 시작되는 것이다. 땅 위는 낯선 현장이다. 자신의 영역에서 벗어나 낯선 타자를 만나는 때부터 우리는 무언가를 '**시작**'했다고 말한다. 그래서 식상은 '시작'하는 곳이다. 비겁은 아무리 넓어도 우물 안이다. 16세기 중엽 영국에서 자란 두 청년, 한 사람은 왕실의 왕자였고, 한 사람은 런던 빈민굴

의 거지였다. 어느 날 우연히 왕자와 거지가 만났다. 두 사람이 사는 세계는 완전히 달랐다. 두 사람은 서로 상대의 낯선 세계를 경험해 보길 원했고, 즉시 옷을 바꿔 입고 상대의 영역으로 들어간다. 잘 알려진 마크 트웨인의 소설 『왕자와 거지』의 내용이다. 익숙한 자신의 영역에서 타자를 만나 낯선 현장을 만난다는 점에서 식상의 기호와 연결된다.

•**창의력** 계산되지 않은 **미숙한 도발**은 식상의 자리, 즉 비겁과 재성 사이라는 위치에서 일어나는 기묘한 특징이다. 비겁은 욕망이 발생하는 영역이다. 바슐라르는 욕망과 욕구를 구별했다. 욕구는 현실적인 유용성이 확인되는 경계까지다. 그 너머는 꿈의 범주이며 욕망의 영역이다. 예를 들어, 위험을 무릅쓰고 모험을 떠나는 항해사는 현실적 이익을 계산하지 않는다. "그것은 꿈꾸는 이익이지 계산하는 이익이 아니다." 가스통 바슐라르, 『물과 꿈, 물질적 상상력에 관한 시론』, 이가림 옮김, 문예출판사, 2014, 141쪽 따라서 이 경우엔 욕구가 아니라 욕망이 된다. 욕망이 일어나기 시작할 때는 현실적인 계산을 크게 신경 쓰지 않는다. 그건 일종의 꿈이다. 계산은 그 다음부터 시작된다. 현실적인 조건들이 어디로 솟을지 모르는 욕망의 무질서함을 제한하게 되는 것이다. 거기가 식상의 자리다. 식상은 비겁의 욕망을 현장 안에 국한시키며 욕망의 질서를 만든다. 거기서 한 발 더 나아가 재성의 영역에 이르면 처음 가졌던 욕망의 모습은 사라지고 매우 현실적이고 유용한 결과물과 연결되어 있는 욕구만 남는다.

식상은 욕망이 욕구가 되는 전 단계에 있다. 욕망이 현장을 만나면서 조금 억압되긴 했지만 아직 욕구로 넘어가기 전이다. 이런 욕망과 현장이 섞이면 독특한 식상의 **창의력**이 된다. 이 창의력은 현실적으로 쓸모가 많다. 비겁의 창의력은 현장이 없으므로 현실화되기 어려운 점이 있고, 재성의 창의력은 너무 속물적이고 뻔하다. 식상의 창의력은 기묘하다. 결과에 얽매이지 않으면서도 현장을 벗어나지 않는다. 그래서 사회라는 공적 공간에서 번뜩이는 아이디어와 모험적 시도로 자신의 자리를 구축한다. 직업적으로는 **기획** 부서나 참모 역할을 하는 직업에 유리하다. 물론 이익집단에서는 아이디어가 어떤 효력을 발휘하는지 결과를 추적하기 때문에 사회에서는 아이디어 외에 결과에 대한 어떤 책임감도 주어진다. 그런 책임에 대한 훈련은 식상 위주로 구성된 사주에 필요하다. 한편으론 그런 책임감이 너무 무거워서 일찍 그만두는 경우도 있다. 시작이 창대하고 **뒷심이 부족**한 식상의 특징 때문이다. 그 수위와 강도를 잘 조절해야 할 것이다.

•**행운** 식상은 **행운**의 별이다. 식복 자체가 행운이 아니던가. 옛날엔 특히 더 그랬다. 먹을 복만큼 중요한 운도 없었다. 식복 외에도, 식상이 있으면 적시에 필요한 욕구를 충족시킬 수 있는 조건이 주어진다. 주로 소소한 일에 그런 행운들이 찾아온다. 그것은 현장에 끝까지 집중할 수 있는 능력에서 나온다. 매우 꼼꼼하게 확인하고 자기의 의도가 활성화되도록 노력한다. 행운은 그냥 찾아오는 것이 아니다. 과정을 잘 지켜 나가고 현장에 충실하면 소소한 실수나 시행착오를 막고 자기 의지를 관철시킬 수 있다. 하지만 이런 능력은 동시에 시야를 좁게 할 수 있다는 한계를 지닌다. 그래서 작은 일에 얽매이다가 큰 것을 놓치는 수가 있다. 행운 또한 **양날의 검**이다.

### ③ 식신 vs 상관

식상은 식신(食神)과 상관(傷官)으로 나뉜다. 식신은 말 그대로 '음식의 신'이다. 그래서 주로 먹을 복과 관련이 있지만, 확장해서 생각하면, '식'(食)은 삶을 영위하는 기초적인 바탕을 의미한다. 명리학자 박청화 선생은 식신을 '도시락'에 비유한다. 도시락이 있다는 것은 살아가는 데 기본이 되는 조건이 갖춰져 있다는 뜻이다. 먹을 것이 **준비되어 있다는 것**. 그런 환경에서는 활동성을 보장받는다. 그래서 일반적으로 식신을 길한 육친으로 여긴다.

상관의 글자 뜻은 '정관을 상하게 한다'는 말이다. 식신과 편관이 서로 음양적으로 일치하고 상관과 정관의 음양이 같다. 그래서 상관은 정관을 직접적으로 극한다. 정관은 예로부터 일간을 적절하게 제어하여 관직에 나아갈 수 있게 하는 존귀한 자리로 여겼다. 왜냐하면 정관은 일간과 음양이 다르다. 일간을 극하는 자리지만 음양이 다르기 때문에 간접적 자극이다. 이런 자극은 자기를 다치게 하지 않으면서 스스로 제어할 수 있는 긴장감을 부여한다. 그런 자기 조절의 능력이 관직에 나갈 수 있는 힘을 기른다고 보았기 때문에 정관을 귀하게 여긴 것이다. 그래서 정관을 바로 상하게 하는 기운인 상관을 흉하게 보았다. 상대적으로 식신은 편관을 극하니 길한 것이라고 생각했다. 편관은 일간과 음양이 같으므로 일간을 직접적으로 극한다. 극한 시련이 여기에 해당한다고 볼 수 있다. 편관을 칠살(七殺)이라고 칭하는 것도 그런 이유에서다. 이런 흉한 기운을 극해 주니까 식신은 길한 것이 된다.

그러나 이런 해석은 길흉의 관점을 조금만 달리하면 얼마든지 바뀔 수 있다. 편관 같은 강한 자극은 존재의 전투력을 상승시킨다. 이 전투력은 살아가는 데 필요한 용기와 힘이기도 하다. 그래서 편관을 그렇게 흉하게 볼 필요가 없다. 따라서 상관도 나쁘다고 볼 수는 없다. 물론 상관은 정관을 극하기 때문에 방만하고 반항적인 기질의 경향성을 갖고 있다. 그러나 이 역시 길흉의 관점을 넘어서 해석해야 한다. 자유로움을 추구하는 상관의 **반사회적**이고 **반항적** 기질은 자기와 사회의 혁명을 촉발하는 기폭제 역할을 할 수 있으며, 통념의 전복을 통해 새로운 운명을 열 수도 있다. 과연 이것이 흉하다고 볼 수 있겠는가. 그렇다면 식신 또한 길한 것이라고 단정지을 수도 없다. 행운이 잘 따르는 식신의 무탈하고 원만한 운명은 **작은 억압적 요소와 시련에도 큰 불편함**을 느낄 수 있다는 점이 있다. 그러니 식신도 길한 것만은 아니다.

## 재성(財星)의 기호

| 재성 | 육친 관계 | 남성: 배우자, 아버지<br>여성: 아버지<br>여성 상대 직업(남성) |
|------|-----------|---------------------------------|
| | 일간의 극,<br>식상의 생 | 재물 : 재물 욕망, 요행, 사업, 재산 문제<br>편재 vs 정재 : 편재—불안정한 수입, 사업, 사교성, 타산적 / 정재—안정적 수입, 정규직, 현실적<br>일 : 일복, 성실, 결과, 원만한 관계, 방만한 관계 |
| | 인성을 극함 | 공부운 약해짐, 어머니와 갈등 |

### ①육친 관계

　　재성은 일간이 극하는 자리다. 남자에겐 배우자와 아버지, 여성에겐 아버지에 해당한다. 여성의 경우 관성이 남편의 자리이고 재성은 관성을 낳는 곳이므로 재성을 시어머니로 보는 설도 있다. 고전 명리학에서는 정재를 본처, 편재를 후처로 여겼지만 지금은 그런 분류법을 따르지 않는다. 다만, 정재의 안정감과 편재의 역동성을 잘 연결시켜 응용을 해볼 순 있다. 정재는 일간과 음양이 다르다. 재성의 입장에선 일간의 극을 강하게 받지 않으니 안정감이 있다. 따라서 정재에 해당하는 배우자는 성격이 유순하고 정적인 스타일과 연결된다. 편재는 일간과 음양이 같다. 편재는 일간의 극을 직접적으로 받기 때문에 역동적이다. 이는 활달한 성격의 배우자와 연결할 수 있다.

　　사주에서 배우자는 같이 살면서 성적인 교감을 나누는 상대를 말한다. 그러니까 결혼을 하지 않았지만 같이 살고 있는 애인도 배우자에 해당한다. 같이 살고는 있지만 성적 교감이 없는 경우와 성적인 교감이 있으나 같이 살지 않는 경우는 인연의 고리가 약한 배우자라 할 수 있다.

　　인연의 고리에 대해 첨언하자면, 같이 살고 금슬도 좋다고 해서 반드시 같이 오래 살 수 있는 것도 아니고, 인연의 고리가 약하다고 해서 일찍 헤어지는 것도 아니다. 또한 같이 오래 산다고 좋거나, 헤어지는 것이 나쁘다고 말할 수도 없다. 중요한 것은 헤어지는 것에 대한 강박증적인 걱정이 일상을 지배하지 않도록 하는 것이다. 헤어짐을 두려워하면 집착이 생기고 관계가 매우 무거워진다. 이런 마음으로 상담을 받을 때 사제 권력이 일어나는 것이다. 두려움은 수직적인 위계를 만든다. 스스로 사주를 풀더라도 단정하거나 구체적으로 예측하지 않아야 한다. 사주명리는 미래가 열려 있도록 성긴 예측을 미래를 향해 툭 던지고, 결과를 토대로 다양한 원인을 구성했을 때 좋은 효과를 발휘한다. 그렇지 않으면 오지 않은 미래에 갇히게 된다. 좋은 관계로 오래 유지하고 싶다면 오히려 이별의 불안이 없어야 가능하다. 상대를 믿는다고 그 불안이 없어지는 건 아니다. 해결의 열쇠는 상대에게 있지 않고 자기에게 있다. 스스로에게 질문을 던지고 고민하는 시간이 필요하다.

사주에 어떤 육친이 많다는 것은 그 육친과 관련된 여러 가지 일들이 생긴다는 뜻이다. 남자의 경우, 재성이 많을수록 이성과 관련된 여러 가지 일을 겪는다. 재성이 강할수록 여성과의 인연이 다양하게 발생하며 너무 강하면 이성으로 인한 구설수 등 많은 번뇌에 시달리게 된다. 또한 재성이 강하면 강한 부인을 얻으며 공처가로 사는 경향이 있고, 여성을 대상으로 하는 직업에 두각을 나타내기도 한다. 한편, 재성이 고립되면 주색에 빠질 우려가 있고, 아버지나 부인 및 애인에게 건강 문제가 발생할 수 있다. 또한 일찍 이별을 하게 되거나 사이가 원만하지 못하고 주말부부처럼 떨어져 지낼 수도 있다. 그리고 재성이 없으면 여성에게 집착이 생기기도 하는데 그럴수록 결혼이 늦어질 수 있다.

| 乾 | 시 | 일 | 월 | 연 |
|---|---|---|---|---|
| 천간 | 庚 | 乙 | 戊 | 丙 |
| 지지 | 辰 | 未 | 戌 | 辰 |

지지에 모두 재성이 깔려 있다. 월간에도 무토 재성이 있다. 여자

와 관련된 참 많은 일들이 있었다. 토 재성이니 다채로운 일을 겪었을 거라 예상할 수 있다. 토는 중앙이고 중립적이다. 중앙은 가운데 고립된 지대가 아니라 사방을 포함하는 개념이다. 그래서 토는 항상 어딘가에 걸쳐져 있다. 속된 말로 '잡스럽다'는 표현을 쓴다. 그런 토가 지지에 쫙 깔려 있으니 얼마나 많은 복잡한 사건들이 있었겠는가. 그러나 지금은 애 둘을 낳고 잘 살고 있다. 재성이 많아서 바람을 피울 것 같지만 그렇지 않다. 오히려 재성 많은 남자들이 결혼하면 매우 가정적인 남편과 아빠가 된다.

### ② 일간의 극, 식상의 생

재성은 일간이 극하는 대상, 즉 조절과 제어의 대상을 의미한다. 이런 기운이 있다는 것은 책임지고 맡고 있는 일이 있다는 것이다. 그리고 일의 마무리는 재물을 불러들인다. 또한 재성은 식상이 생하는 세력이므로 식상의 활동성이 진행되어 결실을 맺는 자리다.

• 재물 사회 안에서 일어나는 식상의 활동성은 대체로 재물로 결실을 맺게 된다. 그래서 재성은 식상의 생을 받은, 일과 재물의 세력이다. 재성이 적절하게 존재하면 꾸준한 **재물운**이 들어온다. 정재는 대체로 **안정된 고정 소득**이고, 편재는 **불규칙적인 수입**으로 보는 경향이 있다. 따라서 정재는 **정규직**일 가능성이 높고 편재는 **사업**적인 쪽에 인연이 있다. 그러나 재성이 너무 강하면 정재건 편재건 재물로 인한 부침이 있다. 때론 주식이나 경마 등 도박성 **일확천금에 탐욕**이 생겨 재산을 잃는 경우도 있다. 재물을 가볍게 여기는 경향이 있어서 쉽게 사업을 벌이고, 그 과정에서 성공과 실패를 반복한다. 자기 돈은 아

니지만 돈을 많이 만지는 직업(금융)이 유리하다. 반대로 재성이 없으면 장사나 영업직에 불리하다. 특히 인성이 많고 재성이 부족한 경우엔 과장된 말을 잘 하지 못한다. 이런 성향은 장사에 유리하게 작용하지 않는다. 재성이 부족하면 재물을 다루는 일에 능숙하지 못하고 돈이 들어오면 불안한 마음이 생기기도 한다. 특히 재성이 고립된 경우 재물을 과시하고 싶은 욕망에 씀씀이가 커져서 돈을 잘 모으지 못한다. 혹은 큰돈에 대한 욕망이 크고 **요행**을 바라는 마음이 생기기도 하는데 이때 돈을 잘못 투자해서 **재산 문제**로 힘든 일을 겪기도 한다.

•**편재 vs 정재 : 재물 관련 차이** 편재는 정재보다 **사업 수완**이 뛰어나다. 정재가 선천적으로 재물복을 타고났다면 편재는 후천적으로 갈고 닦아서 재물을 벌어들이는 편이다. 예컨대, 수중에 돈이 없어도 자본금을 융통해서 사업을 한다. 그리고 그러한 기반을 닦기 위해 **사교**에도 능하고 신용도 좋은 편이다. 또한 편재는 비범한 지능을 가지고 있어서 실리적 계산에 빠르고 **타산**이 맞으면 아낌없이 투자하며, 장사하는 수단과 재능이 뛰어나다. 편재는 미래를 염두해 두고 돈을 쓴다. 편재의 씀씀이는 일종의 투지다. 이해 관계가 없거나 타산이 맞지 않으면 돈을 잘 쓰지 않는다.

정재는 억지로 돈을 벌려 하지 않는 편이다. 돈을 벌 수 있는 적당한 기회와 자리가 항상 주어지기 때문이다. 재물을 **안정적**으로 보유하려 하므로 자기 소유의 부동산을 가지고 있으려 하고, 투자를 해도 안전을 가장 따진다. 경제에 대한 뛰어난 **현실감**을 가지고 있고 허황된 꿈을 꾸지 않으며 근검, 절약하여 돈을 잘 모은다. 대개 고정적이고 안정감 있는 직업군에 많다. 인색한 편이나 써야 할 때는 쓴다.

•일  재물복은 곧 **일복**이다. 재성이 많다는 것은 일이 많다는 뜻이다. 어디를 가나 일거리가 있고, 일이 없으면 자기도 모르게 찾아서 하게 된다. 그만큼 재주도 많고 **성실**하게 일을 잘한다는 뜻이기도 하다. 식상의 일이 과정이라면 재성의 일은 마무리이고, 결과를 맺는 능력에 해당한다. 식상이 강하고 재성이 약하면 시작만 하고 마무리가 안 되는 경우가 많고, 식상이 약하고 재성이 강하면 과정을 무시한 채 결과에만 집착하는 경향이 있다. 과정을 즐기지 못하면 삶이 지루해진다. 결과는 짧고 과정은 길기 때문이다. 어느 쪽이 더 충만한 삶인지 다시 계산해 볼 필요가 있다.

일이 많으면 관계도 복잡해진다. 관계가 복잡하고 다양해지면 또다시 일이 생긴다. 이런 일과 관계의 연쇄는 다양한 사람들을 만나고 인맥의 외연을 넓히려는 욕망에서 나온다. 재성이 강하면 그 **방만한 관계**를 계속 유지하려고 한다. 그런데 관계의 외연이 확대될수록 밀도는 약해진다. 게다가 재성의 대인 관계란 주로 일과 관련하거나 개인적인 관계라도 좀 타산적인 면이 있다. 그래서 관계는 많으나 정작 가까이에서 우정을 주고받을 친구는 없는 상황에 처하기도 한다.

일과 관련되어 있는 관계는 서로의 공통분모를 잘 찾는다. 공유되는 감각들이 있어야 일이 잘 진행되기 때문이다. 그래서 재성의 대인 관계는 **원만한 편**이다. 상식적인 측면에서 사고하고 중도를 지키려하며 편중되지 않으려 한다. 그래서 여러 사람을 두루 사귈 수 있고 공통의 목소리를 대변하는 사회자나 대변인의 역할을 잘 해내는 편이다. 그러나 그런 원만한 관계 속에서 많은 사람들을 만나도 자기 속에 있는 이야기를 터놓을 친구가 한 명도 없는 경우도 많다. 잘 나가던 관계가 어느 날 턱 하고 막혔을 때, 계산적이고 방만한 관계성을 한번 벗

운명의 해석, 사주명리

어나 보길 권한다.

### ③인성을 극함

재성은 인성을 극한다. 극한다는 건 압도하거나 충돌하며 인연이 약해진다는 뜻이다. 인성은 어머니와 공부, 문서 등에 해당한다. 그래서 재성이 커질수록 이들과의 관계성에 변수가 생기며 인연이 약해진다. 일(재물)과 공부만 비교해도 쉽게 이해된다. 돈을 벌려면 일을 해야 한다. 일이 많으면 공부할 시간이 없다. 특히 사업을 하거나 일의 규모가 크면 그 일과 관계된 것 외에 다른 공부에 욕망이 잘 안 생긴다. 하고 싶은데 시간이 없다는 건 핑계다. 그 사업이 잘 되건 그렇지 않건, 그것이 더 짜릿함을 주기 때문에 공부에 대한 욕망은 상대적으로 약해진다. 소설가 이만교는, 자기도 한때 소설가 지망생이었지만 지금은 평범한 샐러리맨이 되었다는 어느 대기업 직원의 고백이 마치 "나의 진짜 꿈은, 한때 나도 소설가 지망생이었던 적이 있지, 하고 말할 줄 아는 샐러리맨, 그래서 낭만성까지 갖춘 듯한, 그러나 어쨌든 경제적으로 안정된 대기업 충성-샐러리맨이 되는 것이었습니다"<sub>이만교, 『글쓰기 공작소』, 그린비, 2009, 19~20쪽</sub>라고 들렸다고 말했다. 사람들은 조금 더 관심이 있고 욕망이 가는 쪽으로 살게 된다. 재성이 많으면 재물, 사회적 교류, 업무, 결과물에 관심이 많고, 그런 환경에 놓인다. 그러면서 상대적으로 인성에 해당하는 **공부와 인연이 약해지는** 것이다. 또한 **어머니와 크고 작은 충돌이나 갈등**이 벌어질 일도 많다. 문서운도 약하다. 부동산이나 문서상의 재물, 호적 관련, 면허증, 자격증 등의 운도 약하게 작용한다.

| 관성 | 육친 관계 | 여성 : 배우자<br>남성 : 자식 |
|---|---|---|
| | 일간을 극함 | 불편함 : 욕망의 통제, 피드백, 자기 제어,<br>　　　식상을 촉발시킴<br>조직 : 사회적 관계, 직장, 규율, 서열, 권력,<br>　　　승진, 공적 관계, 넓은 (공적) 대인 관계,<br>　　　수직적 관계, 덕장, 예측 불가능<br>명예 : 권력욕, 리더십, 대의명분, 허세 /<br>　　　[편관 : 호전적 무관, 담력, 권력, 허세] /<br>　　　[정관 : 공평무사한 문관, 절제, 안정성,<br>　　　보수, 원리원칙], 비겁 육친과 갈등 |

### ① 육친 관계

　관성은 일간을 극하는 자리다. 여성에게는 배우자 자리고, 남성에게는 자식에 해당하는 자리다. 육친의 구도에서는 항상 남자는 여자를 극하고 자식은 아버지를 극한다. 자식이 남자(아버지)를 극한다는 건 이해할 만하다. 자식이 있으면 남자들은 어깨에 힘이 들어간다. 그것은 아버지로서의 권위를 세우려는 의도일 수도 있지만, 자식을 먹여 살려야 한다는 책임감 혹은 강박증으로 인한 긴장감 때문일 것이다. 권위이건 긴장감이건, 다 부담스럽다. 그래서 자식이 남자를 극한다는 말은 금방 와닿는다.

　그런데 남자는 왜 여자를 극하는 구도가 되었을까? 가부장적 사회가 낳은 권력적 구도일까? 그럴지도 모른다. 하지만 그렇게 단순한 인과로 설명하긴 부족해 보인다. 그래서 신체적 차이를 가지고 해석해보는 것도 좋을 것 같다. 사주의 생극 관계는 신체적인 특성과 관련이 있다. 남자의 신체는 양기를 퍼내는 방식으로 사용된다. 그래서 남자는 늘 양기가 부족해서 허덕인다. 그것은 정액의 사출과도 관련이 있다. 『동의보감』에서 아껴야 한다고 강조하는 '정'(精)의 개념에도 협소한 의미에서 정액의 뜻이 있다. 그만큼 남자는 양기를 발산하면서 산다. 그래서 남자의 보약은 주로 기를 보하는 약을 쓴다. 반대로 여자는 기운을 수렴하면서 몸을 쓴다. 기운이 안으로 수렴되면 쉽게 순환이 안 되고 피가 잘 굳는다. 그래서 여자에게 잘 쓰는 한약에는 주로 어혈을 풀고 활혈(活血)시키는 방제를 쓴다. 감정을 비슷하게 써도 여성의 몸에서 훨씬 피가 잘 뭉치는 것도 이런 이유에서다. 남자의 이러한 발산 기운과 여자의 수렴 기운이 만나면 화살표 방향은 자연스럽게 남자에서 여자로 향하게 된다. 생식적인 측면에서도 정자가 난자를 향해 헤엄쳐 가지 않는가.

그러면 왜 상생의 관계가 아니라 상극의 관계로 맺어진 걸까? 남자가 여자를 생하는 방향이 될 수도 있지 않은가? 배우자는 생물학적으로, 사회학적으로 가장 먼 존재이어야 하기 때문이다. 인성과 식상은 비겁과 이웃하는 항으로 일간과 가깝다. 반면 재성과 관성은 이웃하지 않는 항으로 상대적으로 먼 곳이다. 그래서 이 자리를 사적이지 않은 업무, 조직 등에 배치하는 것이다. 먼 존재는 상극하는 관계다. 불편하지만 서로 견제하고 조절하고 균형을 맞추는 존재가 여기에 배치된다. 남자와 여자, 즉 배우자 간의 관계도 여기에 속한다. 결혼은 법적으로 성이 달라야 인정된다. 근친 혼인은 유전학적으로 문제를 발생시킨다. 유럽 왕실 중 근친혼으로 유명한 합스부르크 가문은 이로 인해 유전적인 문제가 생겼는데, 주걱턱, 작은 키, 발달한 입술, 낮은 지능이 대대손손 전해진 것이다. 벨라스케스가 그린 「시녀들」이란 유명한 작품에 등장하는 펠리페(Felipe) 4세의 딸들이 거기에 해당한다. 이 딸들은 실제로 모두 다섯 살을 넘기지 못하고 죽었다. 동물들도 그렇다. 순종(純種)은 병도 많고 허약하며 수명도 짧은 편이다. 잡종(雜種)은 병도 적고 오래 산다. 역사적으로는 적대적인 관계에 있는 나라와 혼인 관계를 맺는 일도 많다. 그 관계가 서로의 공격을 제어하는 역할을 하기 때문이다. 혼인 제도를 빙자한 일종의 인질인 셈이다. 배우자는 타자다. 낯선 존재이고 함께 살면서 한몸처럼 지내기도 하지만 여전히 피 한 방울 섞이지 않은 남남이다. 그래서 부부에게는 서로 평생 손님에게 지켜야 할 환대와 배려의 의무가 있다. 또한 서로 먼 존재로서 깊이 간섭받지 않을 권리도 가지고 있다. 어쩌면 부부는 환대할 필요도 없고 서로 간섭하면서 지내는 친구 사이보다 더 멀다.

여성에게 관성은 이성 혹은 배우자에 해당한다. 관성이 강한 여성은 남성에게 인기가 많다. 직업도 남성을 상대로 하는 곳에서 능력을 발휘한다. 다른 육친도 마찬가지지만, 관성의 세력이 강할수록 해당 육친과의 인연이 강렬하게 접속되거나 복잡해진다. 관성이 강한 여성의 남자와의 관계가 그런 식이다. 관성이 강하면 남성과 강렬하게 접속하길 욕망한다. 그리고 강한 남자를 좋아하게 된다. 강한 남자란 여성의 기준에 따라 다 다를 것이다. 지적인 강인함일 수도 있고, 근육질의 힘이 센 남자일 수도 있다. 어쨌든 자신의 기준에 맞는 '강한' 남자를 만나야 관성의 강렬한 기운을 쓸 수가 있다. 사주에서 많이 있는 기운은 어떻게든 쓰려고 하기 때문이다. 만일 남자가 여자의 관성을 감당하지 못할 만큼 약하면 성에 차지 않는다. 그런 남자는 바로 퇴출 대상이다. 그런 식으로 남자를 만나다가 강렬한 사람에게 꽂히

운명의 해석, 사주명리

면 관계가 오래 지속된다. 물론 시간이 지날수록 그 남자의 강렬함이 약해지거나, 그 힘이 허세로 느껴질 때는 좋아하는 마음도 반감될 것이다. 그러면 그 남자와 관계를 유지하는 것을 견딜 수가 없다. 게다가 관성이 많다는 것은 조직운이 강하다는 것을 의미하므로 여자는 밖으로 나가서 공적인 관계를 하길 원하는데, 그 과정에서 남자와 의견 충돌이 생기면 갈등을 증폭시켜 이별하기도 한다. 그래서 관성이 강할수록 이별의 가능성도 높아진다고 볼 수 있다. 편관이 강한 여성은 한 남자에게 만족하지 않는 성향이 있다. 혹은 배우자에 대한 권태를 장사나 조직 생활로 보상하려 한다.

관성이 하나인데 통근되지 않거나 관성이 없는 경우에는 남자와 인연의 끈이 약하거나 남자로 인한 예기치 않은 번뇌로부터 고통을 받는 경우가 있다. 아니면 남자에 집착하는 경향이 있다. 원국 여덟 글자에 관성이 없다면, 지장간을 찾아봐야 한다. 만일 지장간에 관성이 있다면 약하게나마 관성이 존재한다고 할 수 있다. 지장간에도 없다면 대운에서 또 찾아본다. 가임기(대략 20~50세)에 관성이 들어오면 관성의 기운이 있다고 본다. 그것마저 없으면 남자와의 인연이 매우 약하다고 본다. 그러나 세운, 월운으로 매번 관성은 찾아온다. 특히 세운(연운)에서 관성과 식상이 들어오면 결혼운과 연애운이 강해진다.

그런데 그런 것보다 더 중요한 건 자기의 욕망을 들여다보는 것이다. 즉, 연애를 하고 싶은데 두려운 것인지, 연애를 하고 싶지 않은데 해야 한다고 생각하는 건지, 눈이 너무 높은 건 아닌지 등을 먼저 알아보아야 한다. 만약 연애를 하고 싶다면 우선 눈높이를 낮추는 것이 필요하다. 연애를 잘하는 사람들의 특징이 사람을 크게 가리지 않는다는 것이다. 완벽한 사람을 찾으려 하는 사람은 드라마에만 빠져서 세상에 존재하지 않는 사람을 찾고 있는 셈이다. 그건 연애의 초보라기보다 관계의 초보라 할 수 있다. 관계는 현장과 함께 만들어지고 변형되며 새롭게 지각된다. 밥을 먹고 대화를 하고 몸을 부딪치면서 관계의 흐름을 파악할 수 있어야 그 사람이 보이기 시작한다. 처음부터 어떤 조건이 주어지길 바라는 사람은 이런 과정이 서툰 초보들이다. 사주는 그런 관계의 통치술의 보조적인 역할을 하는 것일 뿐이다.

　　정관은 보수적인 남편, 편관은 역동적인 남편이라고 분류하기도 한다. 천간에 있다면 그런 성향의 남자를 욕망하는 것이고, 지지에 있다면 실제 그런 남자를 만날 가능성이 많다는 것이다. 하지만 임상적으로 이런 분류에 큰 의미는 없었다.

| 坤 | 시 | 일 | 월 | 연 |
|---|---|---|---|---|
| 천간 | 辛 | 丙 | 丙 | 甲 |
| 지지 | 卯 | 申 | 子 | 寅 |

　　이 여성의 관성은 월지에 있는 자수(子水)다. 자수는 흐름이 멈춘 얼음물이다. 월지에 있어서 강력한 자리에 있지만 물로서의 작용력은 약하다고 볼 수 있다. 이 여성의 남편은 아주 오랫동안 짝사랑했던 아는 오빠였다. 그 남자는 이 여성에게 별 관심이 없었다. 그러다가 그녀에게 돈을 빌리기 시작했다. 이 여성은 대출까지 해서 돈을 빌려 줬지만 남자는 갚지 않았다. 우여곡절 끝에 둘은 결혼을 했다. 그러더니 또 돈을 달라고 하고선, 이번에는 혼자 유학을 떠났다. 결국 결혼 생활 5년 만에 이혼을 했다. 그녀에게 남편은 흐르지 않는 응고된 물처럼 제

역할을 하지 못했다. 혹은 마루 아래의 쥐처럼 존재하긴 했으나 그녀의 식량만 축내는 원치 않은 손님이었다. 그 이후에는 남자를 만나지 않았지만 월지에 있는 관성이라 계속 직장운이 있었고 거기서 항상 작은 보직을 맡았다.

월지 자수의 관성이라고 다 비슷하게 사는 것은 아니다. 하지만 관성과 연관해서 잘 풀리지 않는 문제가 있다면 저 얼음을 화두로 삼고 응결된 것이 무엇인지는 한 번 들여다볼 필요가 있다. 물론 갑목(甲木)이 연간에 있고 이어 화(火)가 두 개 나란히 붙어 있어서 내면을 관찰하는 것이 어색하고 무딘 감이 있다. 양기는 밖을 향하기 때문이다. 하지만 보고자 하면 보인다. 절실하면 안 될 것이 없다. 별로 절실하지 않으면 살 만한 것이다. 크게 불편하지 않다면 그대로 살아도 크게 문제될 것이 없다. 살다 보면 작은 불편과 상처의 흔적은 조금씩 자신을 괴롭히기 마련이다. 그러다가 절실함이 올 때 시작하면 된다. 다만 빠져나오지 못할 만큼 크게 넘어질 수 있다. 특히 갑목은 큰 나무라서 한 번 쓰러지면 다시 회복하는 데 너무 많은 힘이 든다. 그래서 평소에 작은 훈련들이 필요하다. 넘어져도 스스로 일어날 수 있는 힘을 기르는 것이다. 내면으로 향하기가 어렵다면 그것이야말로 자기 훈련이 된다. 우리가 그녀의 입장이라면 사주를 이용할 수 있다. 자기 명식을 자주 해석해 보고 거기서 예측할 수 없었던 다른 존재의 모습을 발견하거나, 새로운 욕망을 끌어내어 지지해 줄 수 있다.

### ② 일간을 극함

• **불편함** 관성은 일간인 '나'를 제어하는 기운이다. '나'를 제어한다는 것은 비겁의 힘을 통제한다는 뜻이기도 하다. 비겁은 자기애가

일어나고 욕망이 증식되는 자리다. 비겁을 극한다는 것은 자기애와 **욕망을 통제**한다는 의미이다. 그것은 매우 **불편한 일**이다. 하지만 불편함은 일종의 **피드백** 장치라 할 수 있다. 불편함을 통해 자신과 상황을 객관적으로 들여다볼 수 있는 기회가 생기기 때문이다. 따라서 관성의 불편함은 무조건적인 욕망의 억제라기보다 **자기를 제어**할 수 있는 절제의 미덕이 되기도 한다. 자기 절제의 덕목은 공적인 관계에 유리하다. 또한 그런 제어가 선행되어야 타인을 이끄는 리더십이 만들어진다. 자기 하고 싶은 대로 다 하는 사람에게 공적인 관계도, 리더십도 기대하기 어렵지 않겠는가.

그런데 관성의 힘이 너무 강하면 절제가 아니라 억압이 될 수도 있다. 자기 욕망에 대한 억압은 타인에게도 강요된다. 스스로의 윤리를 타인에게 강제하게 되는 것이다. 그 과정에서 때론 폭압적으로 상대를 지배하기도 한다. 이때는 억제된 욕망에 대한 충분한 보상이 필요하다. 억압된 욕망의 문을 열어 놓으면 폭력적인 힘들이 자연스럽게 흩어지기도 한다.

관성이 일간(비겁)을 극하는 힘은 식상의 기운을 낳는 효과가 있다. 관성이 비겁을 극하면 비겁은 그 극제를 견디기 어려워 **식상을 낳는다**. 식상은 관성을 극하는 자리에 있으니 관성이 비겁을 제어하는 힘은 약해질 것이다. 이러한 전략을 '항해승제'(亢害承制)라 부르는데, 오행의 생극작용 이치를 응용한 방법이다. 집에서 놀기만 하던 백수가 아버지의 호통에 집을 나가게 되는 경우에 비유해서 이해하면 된다. 비겁이 식상을 낳지 않으면 좁은 세계 안에서 미봉책으로 권태를 무마시키며 머무르고 있으려 한다. 대개 비겁이 많고 식상이 없는 경우가 그렇다. 이럴 때 자기를 어떤 시련의 장으로 던져 버리는 전략이 필요하다. 거기가 바로 관성의 자리다. 거기서는 자기 영역의 습속이 통하지 않는다. 그래서 자연스럽게 자기 영역을 벗어날 수 있다. 관성이 비겁을 극하여 식상을 낳으니, 결과적으로 관성에는 식상의 활동적인 기운이 담겨져 있다고 할 수 있다. 특히 편관이 정관보다 더 역동적이다.

•조직   나를 극하는 기운(관성)은 개인의 사적 영역을 제한하는 힘을 갖는다. 그것은 공적 영역, 즉 '조직', '사회적 관계' 등에 해당한다. 그래서 관성의 상징 중에 대표적인 것이 조직과 사회적 관계다. 가장 대표적인 사회적 조직은 '직장'이다. 직장은 일을 하고 돈을 버는 곳이므로 재성에 해당하기도 한다. 굳이 구분을 하자면, 재성은 일·성과·재물에 방점이 있고, 관성은 직장 안에서의 **규율**과 **서열·권력·승진** 등 공**적 관계**에 초점이 맞춰져 있다. 그러나 사주를 해석을 할 때는 이를 명확하게 나누기보다 오행과 함께 전체적인 시야를 가지고 통합하고 분류해 봐야 한다.

관성의 대인 관계도 이런 공적 영역에서 일어나는 경향이 많다. 비겁의 대인 관계가 사적 영역에서 유지되는 것과는 대조적이다. 따라서 관성의 대인 관계는 친분 관계를 기반으로 한 비겁의 **대인 관계에 비해 범위가 넓다**. 친하게 지내지 않아도 큰 불편 없이 공적으로 만날 수 있기 때문이다. 또 다른 차이는 비겁의 대인 관계가 수평적인 반면 관성의 관계는 주로 **수직적**이고 위계적인 관계를 유지하는 경향이 있다. 조직 안에서는 물론이거니와 조직 밖의 사적인 관계에서도 사람들을 거느리고 지배하려는 속성을 이어 간다. 그 대신 많이 퍼주고 챙겨 주는 **덕장**으로서의 행동이 뒤따른다.

관성의 1차적 역할은 비겁을 극하는 일이다. 비겁은 자기애(自己愛)가 생기고 그에 따른 자기 변화의 욕망이 발생하는 자리다. 이걸 그냥 두면 대개는 이것저것 하고 싶은 것만 생각하고 있다가 결국 아무것도 못하거나, 자기 방식대로 시도하려고 하다가 사회적 관계의 벽에 부딪히며 포기하게 된다. 이때 필요한 것이 관성이다. 관성은 우물 안에 머물러 있던 욕망과 사유를 자기 한계를 벗어나 현장과 만나게 한다. '조직'이라는 장이 바로 그런 역할을 한다. 조직은 내 맘대로 되지 않는다. 조직은 늘 **예측하지 못하는 방식**으로 작동하며, 그것은 극하는 힘으로 나를 밀어붙이고, 거기서 나는 스스로 자기의 한계를 넘어갈 수 있는 기회를 얻게 된다.

●**명예**  관성은 자기의 존재감을 조직 내에서 찾는다. 그래서 자신의 존재감을 고양시키기 위해 보다 높은 자리에 올라가고 싶어 한다. 이것이 **명예**욕과 **권력욕**이다. 이러한 욕망은 실제로 조직을 이끌어 갈 수 있는 리더십으로 이어진다. 그리고 실제로 관성이 강하면 명예욕과 권력욕을 현실화시킬 수 있다. 사업가는 리더십을 발휘하여 사업적 성취감을 얻을 수 있고, 직장인은 승진의 가능성이 높아진다. 정관은 명예욕을 단계적으로 실현시키는 임명직에 인연이 있고, 편관은 단숨에 확보하려 하는 선출직에 인연이 깊다. 리더는 자신의 감정과 사욕을 제어하고 넓게 볼 수 있어야 하며 사태를 객관화시키는 능력이 필요하다. 그러나 관성이 지나치면 이러한 미덕이 권력적 폭압으로 변질되면서 사람들을 강제적으로 제압하려 한다. 또한 지나친 용기와 우월감은 누구도 두려워하지 않을 뿐만 아니라 사람들을 무시하게 되는 경향이 있다. 그렇게 되면 오히려 리더로서의 능력은 떨어지

게 된다.

이러한 객기는 편관에서 심한 편인데, 편관의 용맹함은 자칫 일간의 기운을 끊어 버려 횡액을 겪기도 한다. 물론 편관은 횡액을 감당할 수 있는 능력을 내재하고 있다. 그래서 편관이 득세하면 **검찰, 경찰, 군인** 등 온갖 사건 사고가 벌어지는 직업군에서 문제해결 능력을 최대치로 발휘할 수 있다. 정관은 비겁을 제어하는 정도가 편관에 비해 약하다. 편관이 **호전적인 무관**이라면 정관은 **공평무사한 문관**이라 할 수 있다. 절제와 안정성을 추구한다. 그래서 **보수적**이고 **원리원칙**적인 성향으로 행정을 담당하는 관료직에 인연이 많다. 정관의 세력이 강하면 일을 통해 명예를 얻게 되며 직장에서 꾸준히 **승진**한다. 특히 정관이 강한 데다 사리사욕에 급급하지 않으면 높은 관직을 얻을 가능성이 크다. 관성이 고립되면 통제력 결핍으로 재물을 잃거나 경쟁에서 어려움을 겪고, 명예나 관직에 집착할 수 있다.

관성은 **대의명분**에 의해서 움직이다. 개인보다 조직이 더 중요하고, 사적인 의견보다 명분에 더 가치를 둔다. 그래서 관성이 많은 사람을 설득하려면 명분을 내세우는 것이 유리하다. 명분은 **허세**를 낳기도 한다. 그래서 관성이 강한 사람들은 자기의 의견이 아니라 대중을 대표하는 듯한 뉘앙스를 풍기며 자기 주장을 내세운다. 그렇게 스스로 대의를 어깨에 짊어진 듯, 세력을 얻은 듯, 허세를 부릴 때도 있다. 허세도 편관 쪽이 더 강하다. 편관이 정관보다 더 권력적이고 담력도 세기 때문에 허세가 더 자연스럽게 나온다.

고전에서는 정관을 귀하게 여겼다. 『삼명통회』(三命通會)에서는 "정관은 육격(六格)의 우두머리가 되어 일위(一位)만 있어야 하고 많으면 좋지 않다"라고 하였다. 정관은 귀하기 때문에 많아도 좋지 않고 하나 정도만 있는 것이 좋다는 말이다. 관이 강하면 자기 제어력이 너무 강해지고 자기뿐만 아니라 비겁에 해당하는 친구, 형제, 선후배, (여자의 경우) 시댁식구를 지배하고 싶어 하거나 무시하는 경향이 있다. 그래서 **비겁 육친과 갈등**이 생기기도 한다. 정관도 너무 강하면 그렇다. 그래서 정관이 많으면 편관이 된다고 하는 말도 있다. 그래서 정관의 절제와 안정성이 드러나는 것은 1~2개 정도라고 볼 수 있다. 절제와 안정성이 다 좋다는 건 아니다. 지나침이 흉이 되고 균형감이 미덕이 되었던 시대의 평가 기준에선 그렇다는 얘기다.

## 인성(印星)의 기호

| 인성 | 육친 관계 | 어머니 |
|---|---|---|
| | 일간을 생함 | 재탄생 : 인식론적 전환, 공부<br>공부 : 타자, 삶의 운영, 공부를 좋아함, 실용적<br>문서 : 도장, 결재권, 면허증, 부동산<br>도움과 의존 : 도와주는 세력, 모성애, 의존성 |
| | 식상을 극함 | 비활동성, 의식주 문제, 실용적, 구체적 실제적 에너지, 미숙함을 깨우다 |

### ① 육친 관계

인성(印星)의 육친 혈육은 남녀 모두 **어머니**로 본다. 인성은 비겁 혹은 일간을 낳는 자리다. 인성이 있는 사람은 어머니 복이 있고 모성

운명의 해석, 사주명리

본능이 강하다. 또는 타인으로 하여금 모성본능을 불러일으키게도 한다. 그리고 모성 특유의 성향, 즉 자비심, 배려심 등이 강하고 일에 있어서도 아이를 키우는 엄마의 마음처럼 책임감과 인내심을 가지고 끝까지 해내는 강인함이 있다. 고전 사주학에서는 정인을 친모로 편인을 계모로 보았다. 지금은 이런 이론을 곧이곧대로 쓰지 않지만 친모와 계모의 고전적 이미지를 응용해 볼 수는 있다. 즉, 친모인 정인을 가지고 있는 사람의 성품은 정서적인 안정감이 있는 반면, 계모인 편인을 가지고 있는 사람은 정인만큼 안정적이지 못하며 눈치가 빠르고 힘의 집중력이 강하다. 인성이 고립되면 어머니와 인연이 깊지 않다. 혹은 어머니에게 건강 문제가 발생할 수 있다.

### ②일간을 생함

•**재탄생**  인성은 나를 낳는 기운으로 존재의 근원이자 에너지의 원천이다. 나를 낳는 생물학적인 존재는 어머니다. 그래서 인성은 남녀 모두 어머니의 자리다. 하지만 어머니가 나를 낳는 건 단 한 번이다. 사주상의 인간은 순환하는 존재다. 일간이 속한 비겁의 욕망에서 식상이라는 현장으로 나와 사회라는 거대한 장에서 일을 하고 규율을 지키고 관계의 시련을 겪으면서 재성과 관성을 거친다. 그로부터 자기 성찰과 낯선 지각, 그리고 새로운 인식의 장을 여는 것이 인성이다. 인성은 그런 **인식론적 전환**으로부터 비겁을 생하면서 다시 일간을 낳는다. 그렇게 오행의 상생적인 흐름이 다시 이어진다. 그렇게 인성은 계속해서 새로운 존재를 낳는 모태의 자리다. 그런데 어머니는 더 이상 나를 낳을 수 없으니, 이제 다른 무언가가 나를 **재탄생**시켜야 한다. 그 모태가 인식론적 전환이고, 방법론은 **공부**가 된다. 그래서 인성은

공부의 자리이기도 하다.

•**공부**  인성은 인식의 전환으로 일간을 다시 태어나게 한다. 그것이 공부다. 공부는 **타자**를 받아들이는 과정이다. 타자란 자기를 제외한 모든 것, 즉 자기 안에 없는 낯선 것이다. 살면서 우리는 많은 것들을 배운다. 생활의 지혜, 사회적 규약과 윤리, 직업적 기술, 사상과 역사 그리고 여러 분과 학문들이 타자로서 내 안으로 들어온다.

낯선 것일수록 삶의 운영 방식이 크게 바뀐다(공부는 **삶의 운영**에 영향을 미친다. 물건을 만드는 기술이건 철학적 사유건, 그것이 기존의 신체와 섞여 삶을 다르게 운영하도록 만든다). 어떤 것은 강력한 펀치로 단번에 기존의 자아를 깨뜨리기도 한다. 그건 매우 낯설지만 기존의 자아에 어떤 공명을 일으키는 파장을 담고 있는 텍스트다. 그건 책이나 말일 수도 있고, 경험일 수도 있다. 어떤 타자는 기존의 자아를 한 번에 무너뜨리지는 못하지만 기존의 운영 주체에 서서히 균열을 만들어 어느 순간 와르르 무너뜨릴 수도 있다. 이렇게 기존의 운영 주체를 죽이고 새로운 삶의 운영 방식을 갖춘 새로운 존재로 탄생하게 하는 공부가 바로 인성적인 공부라 할 수 있다. 이런 공부라야 인식의 전환이 일어나고 또 일간을 다시 태어나게 할 수 있다.

인성의 세력이 강한 사람은 새로운 것을 받아들이는 데 유리하다. 즉, 낯선 것을 받아들이는 데 큰 거부감이 없고, 오히려 약간 즐기는 편이다. 새로운 것을 받아들이는 과정이 공부라 하였으니, 이 말은 인성이 강하면 **공부를 좋아한다**는 말도 된다. 모든 공부가 그렇다는 건 아니다. 누가 시켜서 하는 공부보다는 주로 자기가 하고 싶은 분야를 찾아서 한다. 잘 찾게 되면 쉽게 놓지 않고 끝까지 가는 편이며, 아

운명의 해석, 사주명리

직 찾지 못했을 경우엔 실천하지 않고 공부의 주변을 맴돈다.

한편, 공부가 삶의 운영에 영향을 미친다는 것은 그것이 매우 현실적이고 **실용적**이라는 뜻이다. 공부는 매우 다양한 방식으로 실용성의 장을 연다. 예를 들어 수능 공부는 대학이라는 새로운 공간을 열고, 공인중개사 공부는 부동산과 관련된 직업적 인연을 만든다. 외국어를 열심히 공부하면 그것으로 직업이 되기도 하지만 그 나라를 여행하고 싶어지는 등 새로운 욕망이 일어나기도 한다. 인식론적 전환이 일어나는 공부라면 삶의 양식을 통째로 바꿀 수 있는 혁명적인 선택을 할 수도 있다. 그것이야말로 실제적인 삶의 변환이라는 점에서 인성의 공부는 실용성을 띤다.

편인은 음악, 미술 등의 예술적 감각이 있다. 혹은 무엇을 만드는 각종 취미와도 관련이 있다. 고도의 사유를 요구하는 철학 같은 분과학에 빠지기도 하고 잡기에 능할 때도 있으며, 의학 등의 전문 분야에도 관심이 많다. 아래의 사주는 관성에서 소개했던 여성의 명식이다.

| 坤 | 시 | 일 | 월 | 연 |
|---|---|---|---|---|
| 천간 | 辛 | 丙 | 丙 | 甲 |
| 지지 | 卯 | 申 | 子 | 寅 |

갑인(甲寅) 인성이 눈에 먼저 들어온다. 둘 다 편인이다. 직업은 약사이지만 한동안 키보디스트로 활동했다. 음악과 의학 계열. 편인의 성향을 다 갖췄다. 간지로는 갑목과 인목이다. 그래서 하고 싶은 일에 매우 급하고 사납게 빠져든다. 그것이 한동안 자신을 불태우다가

어느 순간 사라진다. 공부도 그런 식으로 타올랐다가 꺼진다. 꾸준한 공부를 권한다. 꾸준한 공부는 자체적으로 불씨를 가지고 있다. 그 불씨가 자수의 일양을 일으켜 얼어 있는 관성을 녹일 수 있는 동력이 될 수도 있다.

•문서 인성이 적당히 있으면 **문서**와 관련된 운이 따른다. 사업보다는 문서를 주로 다루는 직장 생활에 어울리는데 대개 결재하는 일, 즉 **도장**(印) 찍는 일과 관련한다. 예를 들어, 최종 **결재권**을 가지고 있는 자리는 인성이 필요하다. 영업직은 인성에게 잘 맞지 않는다. 영업은 식상, 재성에게 잘 맞는다. 사업을 하더라도 일반적인 상행위보다는 문서(**면허증**)를 가지고 하는 사업, 예컨대 의약학 분야, 변호사, 공인중개사 등과 잘 어울린다. 참고로 인성은 현금 유동성이 약하기 때문에 활동적인 사업엔 불리하다. 또한 문서로 된 재산도 인성에 해당하는데 **부동산**이나 채권, 주식 등이 여기에 해당한다. 그러나 부동산과 주식 등의 재산을 투기의 목적을 가지고 잦은 매매를 시도한다면 인성의 안정된 재물운은 파경을 맞이할 수 있다.

•도움과 의존 인성은 일간을 생하는 자리이므로, 나를 **도와주는 세력**(특히 정인)이라고 할 수 있다. 인성이 강하면 물심양면으로 나를 돕는 세력이 항상 존재한다. 도움을 받은 사람은 도움을 줄 줄도 안다. 인성이 강하면 자기도 모르게 어머니의 마음이 일어난다. 그러나 이 마음은 자식을 향하지 않는다(자식에 대한 애정은 주로 식상에서 나온다). 딱한 처지에 놓인 사람에 대한 **모성애** 같은 마음이다. 하지만 한편으론 도움을 받는 조건 때문에 인성은 때론 지나치게 게으르거나 **의존적**

운명의 해석, 사주명리

인 경향이 있다. 이는 인성이 과다할수록 심해진다. 대체로 결혼 전 여성은 어머니에게 의존하고, 결혼한 여성은 남편에게 의존하려는 경향이 있다. 남자의 인성 과다는 마마보이 기질을 갖는다. 부모님에게 의존적인 경향이 있고, 때론 배우자나 처갓집에도 의존하려 한다. 예컨대 사업을 하면서 부모님이나 처갓집에 손 벌리는 일이 생길 수 있다. 이렇듯 과다한 인성은 자립 정신이 약한 편이다. 자립하려는 의지를 스스로 다짐하지 않으면 혼자서는 아무것도 할 수 없는 신체가 될 것이다.

| 坤 | 시 | 일 | 월 | 연 |
| --- | --- | --- | --- | --- |
| 천간 | 庚 | 己 | 己 | 己 |
| 지지 | 午 | 巳 | 巳 | 巳 |

지지에 인성이 쫙 깔린 사주다. 인성이 많으면 모성애를 불러일으킨다. 이 여성은 자신이 의존하려고 하는 것은 아닌데 그런 상황들이 환경적으로 찾아온다. 선배는 물론이고 친구들도 그녀를 챙겨 주고 싶어 한다. 그녀는 그런 상황이 마음에 들지 않는다. 그런데 일간이 기토(己土)이다 보니 그런 말을 전하지 못한다. 자신에게 잘해 주는 사람의 입장을 먼저 생각하기 때문이다. 지지는 욕망보다는 환경적으로 먼저 찾아올 때가 많다. 그런 환경이 주어지면 욕망이 생기는 구조다. 자꾸 의존적인 상황이 만들어지면 자기도 모르게 의존적인 사람이 되어 버릴 수도 있다. 경계해야 한다.

공부도 비슷하다. 이 사주의 여성에겐 항상 공부를 하게 되는 환경이 먼저 만들어진다. 무슨 공부를 해야겠다고 결심하고 계획을 세우는 것이 아니라 누군가가 같이 공부하러 가자고 하는 식이다. 그러면 거기서 공부의 욕망이 생긴다. 그런데 그녀가 요즘엔 자기 힘으로 모든 것을 결정하기 시작했다. 직장도 옮겼고 공부도 시작했다. 그것이 어떤 운이 들어와서 그렇다고 해석하고 싶지 않다. 단지 그녀가 의존적인 관계에서 나오고 싶었기 때문이다. 욕망은 사주의 중력보다 강하다. 다만 잠시 정신줄을 놓치면 다시 돌아간다는 것을 잊어서는 안 된다.

### ③ 식상을 극함

식상이 활동적인 반면, 식상을 극하는 인성은 **비활동적**이다. 식상은 비겁의 영역을 빠져나와 새로운 세상과 적극적으로 대면하면서 많은 인연을 만든다. 식상의 이러한 적극적인 활동성으로 인해 많은 현장들이 벌어진다. 말이 오고 일이 생기며 의식주가 해결된다. 그런 일들이 더 진행되면 재물(재성)이 되는 것이다. 하지만 인성은 식상을 극하는 위치에 있다. 극의 관계란 극하는 상대와 대적적이라는 뜻이다. 대표적인 것이 식상의 활동성과 인성의 비활동성이다. 활동은 많이 시도해 본다는 것이고, 비활동은 활동을 하지 않는다는 것이 아니라 시도의 횟수가 적다는 것이다. 정치에 비유하자면, 식상은 초선 국회의원이고, 인성은 4선의 노회한 상임위 간사다. 새내기 국회의원은 국회가 개원한 뒤 숨 가쁘게 보낸다. 의정 활동도 열심히 하고 지역 현안도 잘 챙기려 하면서 정치적 포부를 실현하느라 애를 쓴다. 반면 정치 9단의 정치인은 중요한 이슈가 될 만한 핵심적 사안 몇 가지를 놓고 승부를 본다. 인성의 비활동성은 후자의 정치인 같은 전략을 쓴다.

활동이 적을수록 관계의 망이 느슨해지며 그만큼 의식주 등 삶의 기본적인 조건을 획득할 수 있는 기회도 적어질 수밖에 없다. 의식주는 식상의 표상이므로, 인성이 식상을 극해서 **의식주가 흔들린다**는 말로도 설명할 수 있다. 인성은 기회가 적은 만큼 실수를 줄이고 단번에 실속 있는 결과를 내기를 원한다. 그렇기 때문에 인성의 기운은 **실용적이며 구체적**이다. 삶에 필요한 **실제적인 에너지**를 만드는 일을 하는 것이다.

그래서 인성이 세력을 가지면 아이디어를 실현하기 위해 강한 의지를 갖는다. 일을 크게 벌이지 않고 길게 끌지도 않으며 몇 가지 규칙을 정해 단순하게 처리하려 한다. 물론 속도가 빠른 것은 아니다. 행동이 좀 느리고 게으르긴 하지만 쉽게 포기하지 않고 일을 지속하다가 어느 순간 힘을 모아서 마무리를 한다. 특히 편인은 타고난 순발력을 가지고 있어서 임기응변에 강하고 순간적으로 힘을 쓰는 일에 최적화되어 있다. 또한 적은 기회를 살리기 위해 특별한 기술을 연마하기도 하는데 이 또한 편인의 특징이다. 그런 능력은 예술, 의학, 철학, 운명학 등의 전문적 직업이나 독특한 취미로 이어지기도 한다. 정인은 편인처럼 재능과 기술이 뛰어나진 않지만 공부와 문서운으로 효용성을 생산해 낸다. 예컨대, 학위나 국가에서 주는 인허가 등으로 안정적으로 의식주를 해결하게 된다거나, 공부를 통해 삶과 운명을 주도해 나가는 실제적인 동력을 찾게 된다. 이는 의식주를 얻는 데 상대적으로 불리한 조건에서 찾아낸 방편이다.

인성이 너무 강하면 독창적이고 자유로운 사고를 실천하지 못하고 우유부단해질 수도 있다. 활동력이 더욱 약해지면서 시행착오를 겪지 않고 잘하려는 마음 때문에 오히려 어떠한 선택도 할 수 없게 된다. 그러다 보면 마음이 급해지고 일관성 없이 분주하게 살게 된다. 이런 기운은 일간을 제대로 생하지 못한다. 한편, 인성이 없으면 수렴력이 약해 실용적인 결정을 하기가 어렵다. 많은 일을 벌이나 현실성이 없고 쓸모 있게 되기 어렵다. 그래서 피해의식이 생기기도 한다.

　　이런 것도 생각해 볼 수 있다. 인성의 공부는 식상의 어리석음을 깨운다. 식상은 미숙하다. 본능에 충실하고 쓸데없는 말을 해서 구설수에 오르기도 한다. 이것을 인성의 공부가 제어한다. 공부는 어리석음을 깨는 중요한 도구가 아니던가. 식상은 인성의 공격에 재성을 낳는다. 항해승제(亢害承制)의 원리다. 즉, 공부(인성)는 **미숙함(식상)을 깨우고 하나의 결과(재성)를** 만든다. 이것이 미숙(未熟)이 완숙(完熟)으로 전변하는 과정이다.

4부
시절

# B. 대운과 세운

## 원국과 시절의 운

사주팔자는 태어난 시간성이 몸에 코드화되었다는 전제에서 출발한다. 태어난 이후에도 시간은 계속 흘러가지만 몸에 새겨진 시간의 코드인 팔자는 바뀌지 않고 몸에 고정된다. 그러나 계속해서 논의해 왔듯이, 사주 원국은 그 자체로 구체화되기보다, 원국이 놓인 배경에 따라 다르게 해석되어야 한다. 여기서 배경이란 그 사람의 환경적 시공간, 습관, 우연, 욕망 등을 말한다. 그 중에서 운명이 만나게 되는 시간성, 즉 시절과의 관계가 이번 장의 주제다.

흐르고 있는 시간의 코드 역시 팔자로 표현된다. 예컨대 이 글을 쓰고 있는 지금, 2017년 3월 20일 오전 7시 50분은 여덟 개의 간지로 이렇게 표시된다(㉠ 아이의 사주 원국).

이 여덟 글자는 위 시간에 막 태어난 아기의 운명의 상징이기도 하다. 이 시간은 아기뿐만 아니라 우리 모두가 겪고 있다. 아이에겐 첫 숨과 함께 각인되어 원국이 되고, 우리에겐 이미 새겨진 사주의 원국이 맞이하는 새로운 시간이다. 시절 인연이란 바로 이 시간을 받아들이는 과정에서 생기는 여러 함수관계의 결과다. ㉠의 아이도 태어난 후에 시간이 지나면서 자기의 원국과 다른 시절을 맞이하게 될 것이다. 아직은 자기의 원국과 현재의 시절이 같다. 그러나 지금부터 약 2시간만 지나도 다른 운을 만나게 된다. 시주가 임진에서 계사로 바뀌었다. 아이는 처음으로 낯선 시간을 맞게 되는 것이다

**㉠ 아이의 사주 원국**

|  | 시 | 일 | 월 | 연 |
|---|---|---|---|---|
| 천간 | 壬 | 丙 | 癸 | 丁 |
| 지지 | 辰 | 午 | 卯 | 酉 |

**㉡ 태어난 지 2시간이 지난 시절 운**

|  | 시 | 일 | 월 | 연 |
|---|---|---|---|---|
| 천간 | 癸 | 丙 | 癸 | 丁 |
| 지지 | 巳 | 午 | 卯 | 酉 |

한 해가 지나면 이제 시절 운의 여덟 글자는 모두 바뀌게 된다. 그런 점에서 '돌잔치'는 자신의 원국 8자를 모두 벗어난 시절을 맞게 되었다는 것을 기념하는 행사다. 낯선 사람을 만나면서 타자의 이질성을 본격적으로 받아들이게 된다. 그런데 오늘날의 돌잔치는 돈과 허례허식으로 치장되어 있다. 빌려 준 돈을 되돌려 받는 듯한 축의금 회수와 정신없고 손받이 오그라드는 돌잡이 행사로 아이도 어른도 피곤하다. 돌을 맞이하는 아이에게 적절한 타자성을 선물하고 싶다면 가까운 산과 들로 떠나는 것을 권한다. 아이에겐 시끄럽고 탁한 공간에서 이 사람 저 사람에게 안겨서 짜증나게 만드는 것보다 훨씬 낫다. 자연은 자신의 본원이자 자신이 살고 있는 곳(문명)의 외부다. 아기는 엄마아빠의 곁에서 넓게 트인 산과 들 그리고 오가는 사람들을 자연스럽게 접하게 된다. 이것이 아이가 이질적인 타자성을 받아들이는 매우 적절한 방법이라고 생각한다. 어쨌든 아기는 점점 커 가면서 자기

의 원국 팔자 외에 다른 시절의 팔자를 맞이하게 된다. 그것은 본원적 자기와 현재의 자기와의 교류이며 충돌이다.

| a. 사주 원국 | | | | b. 대운 | c. 현재의 운 | | | |
|---|---|---|---|---|---|---|---|---|
| 시 | 일 | 월 | 연 | | 시 | 일 | 월 | 연 |
| | | | | | | | | |
| | | | | | | | | |

그 교류와 충돌을 설명하기 위해 원국 8자와 현재의 8자 간의 관계를 버스 승객으로 비유해 보자. 좌석이 18칸인 버스가 자신의 운명의 버스라고 가정하자. 버스 좌석은 위 그림처럼 a, b, c로 구획된다. 이 중에서 a. 사주 원국에 해당하는 8칸은 평생 승객의 자리다. 원국이 바뀔 리 없으니 운명의 버스에서는 터줏대감 노릇을 한다. c의 현재의 운은 말 그대로 현재의 연월일시다. a는 사람마다 다 다르다. 그리고 타고난 코드라 바뀌지 않는다. c는 모두가 같이 겪는 시간이고 두 시간마다 바뀐다. 요컨대 a는 사적이고 고정된 운이고, c는 공적이고 유동적인 운이다. b는 대운으로, a와 b의 두 가지 특성이 섞여 있는 사적이고 유동적인 운이다. 즉, 사주 원국처럼 개인별 운이지만, 현재의 운처럼 정기적으로 바뀐다. 단 바뀌는 주기가 10년으로 꽤 길다.

다음 표에서 a는 올해 32살이 되는 한 남성 청년(A)의 사주팔자고, c는 모두가 겪고 있는 지금 현재의 운이다(2017년 3월 20일 오전 7시 50분 기준). 그리고 b는 이 청년이 31살부터 10년간 겪게 될 대운이다(대운을 구하는 방법은 조금 뒤에 나온다). 이 청년은 자기 운명의 버스에 18간지를 태우고 운행을 하고 있다.

운명의 해석, 사주명리

| a. 사주 원국 | | | | b. 대운 | c. 현재의 운 | | | |
|:---:|:---:|:---:|:---:|:---:|:---:|:---:|:---:|:---:|
| 시 | 일 | 월 | 연 | | 시 | 일 | 월 | 연 |
| 壬 | 壬 | 辛 | 癸 | 丁 | 壬 | 丙 | 癸 | 丁 |
| 寅 | 寅 | 酉 | 亥 | 巳 | 辰 | 午 | 卯 | 酉 |

그 중 고정석 8자리는 터줏대감 원국이고, 나머지는 유동적으로 손님이 바뀌는 자리다. c의 시주 두 자리는 그 중에서도 매우 변화가 심한 자리다. 2시간마다 손님이 바뀌기 때문이다. 지금은 임진시다. 이 시간에 어떤 운명이 어떤 리듬을 탈지 가늠해 볼 수는 있지만 2시간 만에 지나가 버리기 때문에 큰 변수를 짐작하긴 어렵다. 그래도 매일 같은 시간에 찾아오는 시지의 항상성은 주목할 만하다. 예를 들어, 사람들은 대개 일정한 시간에 출근을 하고 일정한 시간에 밥을 먹는다. 그러면 몸은 그 시간에 반복해서 일어나고 있는 일을 각인시킨다. 어떤 사람이 매일 9시에 출근을 해서 9시 반에 일을 시작한다고 하자. 아침 9시 반부터 11시 반까지는 사시(巳時)에 해당한다. 이것이 반복되면 몸에서 사화와 '일의 시작'이 무의식적으로 각인된다. 그래서 사월(巳月)이나 사(巳)가 들어간 해와 대운에는 왠지 어떤 일을 시작해야 할 것 같은 무의식적 요구가 몸에서 일어난다. 육친에 상관없이 일어나긴 하지만 육친에 따라 양태는 조금씩 다를 수 있다. 반복되는 것은 몸에 새겨진다. 그 점이 우리를 얽매이게 할 때도 있지만, 잘 활용하면 좋은 습관을 몸에 각인시키는 효과를 얻게 되기도 한다. 그것을 일정한 시간에 시도한다면 더 좋은 효과를 낼 수 있다. 예컨대 인성에

해당하는 시지에 책을 본다거나 관성의 시지에 회의를 하는 것도 좋을 것 같다. 시지를 활용하는 방법 중의 하나다.

c의 일주는 하루에 한 번씩 바뀐다. 이것을 두고 일진(日辰) 혹은 일운(日運)이라 한다. 흔히 오늘 일진이 어떻다고 할 때의 하루운을 말한다. 일진은 사주 공부를 하는 많은 사람들이 잘 이용한다. 흔하게 쓰는 방법은 육친과 합충을 이용하는 것이다. 예컨대 앞의 청년에게 오늘 병오(丙午)일은 재성이 들어오는 날이다. 이 청년은 현재 동물병원을 운영하고 있는데 재성이 들어오니 매출이나 할 일이 늘어날 것이라 예측할 수도 있고, 아직 결혼을 하지 않았으니 여성과의 인연이 생길 수도 있고 그냥 여성 손님이 많아진다고 볼 수도 있다. 듣자니 어제 소개팅을 했다고 한다. 어제는 을사(乙巳)일이니까 어제도 재성이 들어온 날이다. 그 인연이 오늘도 계속 이어질지 아니면 다른 재성의 인연 조건이 생길지는 모르는 일이다. 특히 천간에 임병충(壬丙沖)이 있어서 재성과 관련된 마음의 동요와 갈등, 욕망의 전변 등을 겪게될 수도 있으나 그것도 어떻게 일어날지는 모른다. 그가 연애에 관심을 두고 있다면 그런 방향으로 해석하거나 그런 선택을 하면 된다. 꼭 맞히려고 하지 말고 욕망이 일어나는 방향으로 진단과 처방을 내리면 된다.

c의 월주는 한 달에 한 번씩 바뀐다. 시주와 일주에 비해선 꽤 긴 시간이다. 그만큼 월운(月運)의 영향력은 크다. 사람들은 월별로 운의 느낌을 가늠할 때가 많다. 예를 들어, "이번 달엔 유난히 사건이 많았다"고 이야기하곤 한다. 그리고 월지는 시지처럼 일정한 주기를 가지고 있어서 1년을 주기로 반복적인 일이 벌어지기도 한다. 특정 달이나 계절에 몸이 안 좋아지는 경우가 그런 예에 속한다.

c의 연주는 1년을 지속하는 운이기 때문에 c의 네 운 중에서 가장 큰 영향력을 가지고 있다. 보통 연운(年運) 혹은 세운(歲運)이라고 부른다. 정월에 사주를 보러 가는 것도 이 세운을 보고 한 해를 가늠해보기 위해서다. 한 해의 기운을 잘 살펴서 일과 공부, 대인 관계, 건강 등의 운을 살필 수 있다. 세운은 특히 결혼과 연애의 운에서 체감되는 경우가 많다. 세운으로 배우자의 운이 오면 결혼, 연애, 때론 이별의 사건이 생길 가능성이 높아진다. 즉, 남성은 재성, 여성은 관성이나 식상운이 왔을 때, 남녀 관계의 사건들이 생긴다. 특히 20세에서 50세 사이에서 주로 일어나며, 이 나이를 벗어나거나 이성에 별 관심이 없으면 세운으로 그런 운이 와도 별 일이 없다.

b의 대운은 10년마다 한 번씩 바뀌는 운이다. 위의 사주에서 원국은 10년 동안 정사(丁巳)라는 간지와 함께한다. 10년을 한 버스에서 같이 지낸다고 생각하면 거의 원국과 다를 바 없는 세력을 얻게 된다. 운명에서 큰 전환점은 주로 대운이 바뀌는 시점에서 일어나는 경우가 많고, 대운이 크게 바뀌면 그 전과는 전혀 다른 삶을 살아가게 되는 경우도 적지 않다. 인생의 큰 리듬을 볼 때는 대운의 흐름을 보면 된다. 대운이 어떻게 흘러가는지, 그리고 그 흐름에 따라 운명이 변해 갈 것인지, 여러 가지 경우를 시뮬레이션해 보는 것도 재미있다. 물론 구체적으로 맞힐 수는 없다. 그래서도 안 된다. 하지만 그런 모의 예측이 문득 지금의 선택에 어떤 힌트를 주기도 한다. 예측은 항상 그렇게 삶을 추동하고 새로운 선택을 이끄는 방향으로 사용하는 것이 좋다. 예측으로 인해 두려움과 불안이 생긴다면 차라리 배우지 않는 것만 못하다.

## 대운 세우기

이제 대운을 구성해 볼 차례다. 사주 명식을 구할 때, 흔히 스마트폰의 앱이나 인터넷 사이트에서 제공하는 만세력을 가지고 사주를 뽑는다. 그때 사주 여덟 글자와 함께 10단위의 간지들이 도열되어 있는 것을 보게 된다. 그것이 바로 대운이다. 그것을 단순화시켜 표로 만든 것이 바로 밑에 있다.

| 壬壬辛癸 | 71 | 61 | 51 | 41 | 31 | 21 | 11 | 1 |
|---|---|---|---|---|---|---|---|---|
| 寅寅酉亥 | 癸丑 | 甲寅 | 乙卯 | 丙辰 | 丁巳 | 戊午 | 己未 | 庚申 |

우선 10 만큼의 차이로 숫자가 수열처럼 나열되어 있는 것이 보일 것이다. 이 숫자는 나이를 뜻한다. 1살, 11살, 21살…의 순이다. 오른쪽부터 쓴 것은 예로부터 고전 문헌에 그런 식으로 배열된 것이지 큰 의미는 없다. 왼쪽부터 쓰고 싶은 사람은 그렇게 써도 된다. 그런데 사주 원국도 연월일시가 오른쪽부터 배열되어 있으므로 그 순서를 따르는 것이 좋겠다.

숫자의 끝이 모두 1로 끝난다. 이 숫자를 '대운수'라 한다. 대운수는 사람마다 다 다르다. 2가 될 수도 있고 5가 될 수도 있다. 위 사주의 대운수는 1이다. 대운수에서 10년 단위의 운이 바뀐다. 예를 들어 위 사주의 주인공의 나이가 32살이니까 31대운 정사(丁巳) 대운을 맞이하고 있는 것이다. 이 대운이 31세부터 다음 대운인 41세까지 10년간 이어진다.

**1 · 己丑月 (양 1.6~2.3)**

소한 6일 07시07분 　　　대한 21일 00시26분

| 양력 | 1 | 2 | 3 | 4 | 5 | 6 | 7 | 8 | 9 | 10 | 11 | 12 | 13 | 14 | 15 | 16 | 17 | 18 | 19 | 20 | 21 | 22 | 23 | 24 | 25 | 26 | 27 | 28 | 29 | 30 | 31 |
|---|---|---|---|---|---|---|---|---|---|---|---|---|---|---|---|---|---|---|---|---|---|---|---|---|---|---|---|---|---|---|---|
| 음력 | 22 | 23 | 24 | 25 | 26 | 27 | 28 | 29 | 30 | 12.1 | 2 | 3 | 4 | 5 | 6 | 7 | 8 | 9 | 10 | 11 | 12 | 13 | 14 | 15 | 16 | 17 | 18 | 19 | 20 | 21 | 22 |
| 요일 | 金 | 土 | 日 | 月 | 火 | 水 | 木 | 金 | 土 | 日 | 月 | 火 | 水 | 木 | 金 | 土 | 日 | 月 | 火 | 水 | 木 | 金 | 土 | 日 | 月 | 火 | 水 | 木 | 金 | 土 | 日 |
| 일진 | 壬午 | 癸未 | 甲申 | 乙酉 | 丙戌 | 丁亥 | 戊子 | 己丑 | 庚寅 | 辛卯 | 壬辰 | 癸巳 | 甲午 | 乙未 | 丙申 | 丁酉 | 戊戌 | 己亥 | 庚子 | 辛丑 | 壬寅 | 癸卯 | 甲辰 | 乙巳 | 丙午 | 丁未 | 戊申 | 己酉 | 庚戌 | 辛亥 | 壬子 |
| 대운 남 | 8 | 9 | 9 | 9 | 10 | 소 | 1 | 1 | 1 | 1 | 2 | 2 | 2 | 3 | 3 | 3 | 4 | 4 | 4 | 5 | 5 | 5 | 6 | 6 | 6 | 7 | 7 | 7 | 8 | 8 | 8 |
| 대운 녀 | 2 | 1 | 1 | 1 | 1 | 한 | 9 | 9 | 9 | 8 | 8 | 8 | 7 | 7 | 7 | 6 | 6 | 6 | 5 | 5 | 5 | 4 | 4 | 4 | 3 | 3 | 3 | 2 | 2 | 2 | 1 |

**2 · 庚寅月 (양 2.4~3.4)**

입춘 4일 18시45분 　　　우수 19일 14시33분

| 양력 | 1 | 2 | 3 | 4 | 5 | 6 | 7 | 8 | 9 | 10 | 11 | 12 | 13 | 14 | 15 | 16 | 17 | 18 | 19 | 20 | 21 | 22 | 23 | 24 | 25 | 26 | 27 | 28 | 29 |
|---|---|---|---|---|---|---|---|---|---|---|---|---|---|---|---|---|---|---|---|---|---|---|---|---|---|---|---|---|---|
| 음력 | 23 | 24 | 25 | 26 | 27 | 28 | 29 | 1.1 | 2 | 3 | 4 | 5 | 6 | 7 | 8 | 9 | 10 | 11 | 12 | 13 | 14 | 15 | 16 | 17 | 18 | 19 | 20 | 21 | 22 |
| 요일 | 月 | 火 | 水 | 木 | 金 | 土 | 日 | 月 | 火 | 水 | 木 | 金 | 土 | 日 | 月 | 火 | 水 | 木 | 金 | 土 | 日 | 月 | 火 | 水 | 木 | 金 | 土 | 日 | 月 |
| 일진 | 癸丑 | 甲寅 | 乙卯 | 丙辰 | 丁巳 | 戊午 | 己未 | 庚申 | 辛酉 | 壬戌 | 癸亥 | 甲子 | 乙丑 | 丙寅 | 丁卯 | 戊辰 | 己巳 | 庚午 | 辛未 | 壬申 | 癸酉 | 甲戌 | 乙亥 | 丙子 | 丁丑 | 戊寅 | 己卯 | 庚辰 | 辛巳 |
| 대운 남 | 9 | 9 | 9 | 입 | 10 | 1 | 1 | 1 | 2 | 2 | 2 | 3 | 3 | 3 | 4 | 4 | 4 | 5 | 5 | 5 | 6 | 6 | 6 | 7 | 7 | 7 | 8 | 8 | 8 |
| 대운 녀 | 1 | 1 | 1 | 춘 | 1 | 1 | 1 | 2 | 2 | 2 | 3 | 3 | 3 | 4 | 4 | 4 | 5 | 5 | 5 | 6 | 6 | 6 | 7 | 7 | 7 | 8 | 8 | 8 | 8 |

**3 · 辛卯月 (양 3.5~4.3)**

경칩 5일 12시43분 　　　춘분 20일 13시29분

| 양력 | 1 | 2 | 3 | 4 | 5 | 6 | 7 | 8 | 9 | 10 | 11 | 12 | 13 | 14 | 15 | 16 | 17 | 18 | 19 | 20 | 21 | 22 | 23 | 24 | 25 | 26 | 27 | 28 | 29 | 30 | 31 |
|---|---|---|---|---|---|---|---|---|---|---|---|---|---|---|---|---|---|---|---|---|---|---|---|---|---|---|---|---|---|---|---|
| 음력 | 23 | 24 | 25 | 26 | 27 | 28 | 29 | 30 | 2.1 | 2 | 3 | 4 | 5 | 6 | 7 | 8 | 9 | 10 | 11 | 12 | 13 | 14 | 15 | 16 | 17 | 18 | 19 | 20 | 21 | 22 | 23 |
| 요일 | 火 | 水 | 木 | 金 | 土 | 日 | 月 | 火 | 水 | 木 | 金 | 土 | 日 | 月 | 火 | 水 | 木 | 金 | 土 | 日 | 月 | 火 | 水 | 木 | 金 | 土 | 日 | 月 | 火 | 水 | 木 |
| 일진 | 壬午 | 癸未 | 甲申 | 乙酉 | 丙戌 | 丁亥 | 戊子 | 己丑 | 庚寅 | 辛卯 | 壬辰 | 癸巳 | 甲午 | 乙未 | 丙申 | 丁酉 | 戊戌 | 己亥 | 庚子 | 辛丑 | 壬寅 | 癸卯 | 甲辰 | 乙巳 | 丙午 | 丁未 | 戊申 | 己酉 | 庚戌 | 辛亥 | 壬子 |
| 대운 남 | 1 | 1 | 1 | 1 | 경 | 10 | 10 | 9 | 9 | 9 | 8 | 8 | 8 | 7 | 7 | 7 | 6 | 6 | 6 | 5 | 5 | 5 | 4 | 4 | 4 | 3 | 3 | 3 | 2 | 2 | 2 |
| 대운 녀 | 9 | 9 | 9 | 9 | 칩 | 1 | 1 | 1 | 1 | 2 | 2 | 2 | 3 | 3 | 3 | 4 | 4 | 4 | 5 | 5 | 5 | 6 | 6 | 6 | 7 | 7 | 7 | 8 | 8 | 8 | 9 |

**4 · 壬辰月 (양 4.4~5.4)**

청명 4일 17시27분 　　　곡우 20일 00시29분

| 양력 | 1 | 2 | 3 | 4 | 5 | 6 | 7 | 8 | 9 | 10 | 11 | 12 | 13 | 14 | 15 | 16 | 17 | 18 | 19 | 20 | 21 | 22 | 23 | 24 | 25 | 26 | 27 | 28 | 29 | 30 |
|---|---|---|---|---|---|---|---|---|---|---|---|---|---|---|---|---|---|---|---|---|---|---|---|---|---|---|---|---|---|---|
| 음력 | 24 | 25 | 26 | 27 | 28 | 29 | 3.1 | 2 | 3 | 4 | 5 | 6 | 7 | 8 | 9 | 10 | 11 | 12 | 13 | 14 | 15 | 16 | 17 | 18 | 19 | 20 | 21 | 22 | 23 | 24 |
| 요일 | 金 | 土 | 日 | 月 | 火 | 水 | 木 | 金 | 土 | 日 | 月 | 火 | 水 | 木 | 金 | 土 | 日 | 月 | 火 | 水 | 木 | 金 | 土 | 日 | 月 | 火 | 水 | 木 | 金 | 土 |
| 일진 | 癸丑 | 甲寅 | 乙卯 | 丙辰 | 丁巳 | 戊午 | 己未 | 庚申 | 辛酉 | 壬戌 | 癸亥 | 甲子 | 乙丑 | 丙寅 | 丁卯 | 戊辰 | 己巳 | 庚午 | 辛未 | 壬申 | 癸酉 | 甲戌 | 乙亥 | 丙子 | 丁丑 | 戊寅 | 己卯 | 庚辰 | 辛巳 | 壬午 |
| 대운 남 | 1 | 1 | 1 | 청 | 10 | 10 | 9 | 9 | 9 | 8 | 8 | 8 | 7 | 7 | 7 | 6 | 6 | 6 | 5 | 5 | 5 | 4 | 4 | 4 | 3 | 3 | 3 | 2 | 2 | 2 |
| 대운 녀 | 9 | 9 | 10 | 명 | 1 | 1 | 1 | 1 | 2 | 2 | 2 | 3 | 3 | 3 | 4 | 4 | 4 | 5 | 5 | 5 | 6 | 6 | 6 | 7 | 7 | 7 | 8 | 8 | 8 | 9 |

　　대운수는 만세력에서 쉽게 알아낼 수 있다. 사진에서 일진 밑에 있는 숫자가 대운수다. 혹은 스마트폰의 만세력 어플리케이션이나 만세력 사이트에서 사주를 뽑으면 자동적으로 대운수가 계산되어 나온다. 그래서 대운수를 직접 계산할 필요가 없다. 어차피 사주 명식을 세우려면 책이든 앱이든 봐야 하기 때문이다. 물론 어떤 만세력 사이트에는 대운수를 조금 다른 방식으로 계산해 놓기도 했다. 그래서 6대운이 7대운이 되거나 하는 경우도 있다. 그런데 대운은 정확하게 그 나이에 오는 것이 아니라 조금 빨리 시작된다. 그래서 크게 문제될 것은 없다. 만일 50세인 사람의 대운이 5대운이라면 약 54세나 53세 혹은 그보다 좀더 일찍 대운의 기미가 찾아온다. 사주가 양적일 경우엔 좀더 일찍 다음 대운의 기운이 기미가 있다.

　　만일 사진의 만세력에서 양력 3월 7일이 생일이라면 일주는 무자가 되는데, 대운수는 그 밑은 숫자를 읽으면 된다. 남자의 경우 대운수는 9이고 여자의 경우엔 1이 대운수이다. 이 만세력에서 응용하여, 양력 2016년 3월 7일생. 아침 8시에 태어난 남자 사주로 예를 들자. 우선 명식을 세우고 대운수 9(여자의 경우는 1이다)를 10의 단위로 나열해 보자.

| 丙戊辛丙<br>辰子卯申 | 99 | 89 | 79 | 69 | 59 | 49 | 39 | 29 | 19 | 9 |
|---|---|---|---|---|---|---|---|---|---|---|
| | | | | | | | | | | |

위의 표처럼 대운을 나열해 놓되, 첫 대운은 9의 오른쪽에 여분의 칸을 마련한다. 여기에는 월주를 쓴다. 월주는 그 자체로 대운이 되지는 않지만 월주로부터 대운의 나열이 시작되기 때문에 대운이 시작되기 바로 전에 적어 놓는 것이 편하다. 밑의 표가 월주를 기입해 놓은 것이다.

| 丙戊辛丙<br>辰子卯申 | 99 | 89 | 79 | 69 | 59 | 49 | 39 | 29 | 19 | 9 | |
|---|---|---|---|---|---|---|---|---|---|---|---|
| | | | | | | | | | | | 辛卯 |

그 다음에는 월주로부터 간지의 순서대로 나열하면 되는데, 나열하는 순서에는 순행과 역행이 있다. 순행이란 천간은 갑(甲)부터 시작해 을(乙) → 병(丙) → 정(丁)… 순으로, 지지는 자(子)부터 시작해 축(丑) → 인(寅) → 묘(卯) → 진(辰)… 순으로 가는 간지의 본래 순

서이고, 역행이란 천간은 …정(丁) → 병(丙) → 을(乙) → 갑(甲) → 계(癸)… 순으로, 지지는 卯 → 寅 → 丑 → 子 → 亥…처럼 역순으로 가는 것을 말한다. 이것을 간지의 결합으로 보면, 甲子 → 乙丑 → 丙寅…의 순서는 순행이고, …丙寅 → 乙丑 → 甲子 → 癸亥…의 순서는 역행이다. 순행과 역행은 연간의 음양을 보고 판단한다. 남자의 연간이 양간(陽干)이면 순행이고, 음간(陰干)이면 역행이다. 여자는 연간이 양간이면 역행이고 음간이면 순행이다.

앞의 사주의 경우 남자이고 연간이 병화 양간이므로 대운의 방향은 순행이다. 그러면 신묘로부터 순행의 방향을 나열하면 되는데 밑의 표와 같다.

| 丙戊辛丙辰子卯申 | 99 | 89 | 79 | 69 | 59 | 49 | 39 | 29 | 19 | 9 | |
|---|---|---|---|---|---|---|---|---|---|---|---|
| | 辛丑 | 庚子 | 己亥 | 戊戌 | 丁酉 | 丙申 | 乙未 | 甲午 | 癸巳 | 壬辰 | 辛卯 |

만일 이 사주의 주인공이 여자라면 어떻게 달라질까. 우선 대운수부터 바꿔야 한다. 만세력을 보니 대운수가 1로 확인된다. 그리고 여자의 경우 연간 양간은 역행이므로 월주 신묘로부터 다음과 같이 나열된다. 그리고 나중에 월주 신묘를 빼면 대운만 남게 된다.

| 丙戊辛丙辰子卯申 | 91 | 81 | 71 | 61 | 51 | 41 | 31 | 21 | 11 | 1 | |
|---|---|---|---|---|---|---|---|---|---|---|---|
| | 辛巳 | 壬午 | 癸未 | 甲申 | 乙酉 | 丙戌 | 丁亥 | 戊子 | 己丑 | 庚寅 | 辛卯 |

앞서 동물병원을 운영하는 청년 A의 사주 명식으로 다시 확인해 보자.

| 壬壬辛癸<br>寅寅酉亥 | 91 | 81 | 71 | 61 | 51 | 41 | 31 | 21 | 11 | 1 |
|---|---|---|---|---|---|---|---|---|---|---|
| | 辛亥 | 壬子 | 癸丑 | 甲寅 | 乙卯 | 丙辰 | 丁巳 | 戊午 | 己未 | 庚申 | 辛酉 |

대운수는 만세력에서 일주 밑에 기재되어 있는 숫자를 참고 한다. 이 남성의 경우엔 대운수가 1이다. 1부터 10 단위로 나열한 다음에는 월주를 첫 대운 옆 빈칸에 적는다. 월주 신유를 적은 뒤, 순행인지, 역행인지를 파악한다. 그것은 연간의 음양을 확인해야 한다. 연간이 계수이므로 음간이다. 남자 음간은 역행이다. 그래서 신유로부터 역순으로 간지를 배열하면 대운이 완성된다.

운명의 해석, 사주명리

# 9. 운명의 변수 : 합과 충

## 천간합(天干合)과 천간충(天干沖)

합충(合沖)은 천간끼리, 지지끼리의 관계 방식을 말한다. 어떤 천간끼리는 합체를 통해, 어떤 천간끼리는 충돌로 인해 새로운 관계를 만들어 간다. 예를 들어 갑목과 기토가 만나면 합을 하면서 토로 변한다. 기토는 같은 토이므로 특별하게 그 존재의 성향이 달라지지 않지만 갑목은 목의 성격을 상당 부분 잃고 토의 성질로 바뀌게 된다. 둘 다 바뀌는 경우도 있다. 정화와 임수가 만나면 합이 되어 목으로 변한다. 그렇게 되면 정화와 임수는 그 존재의 본래 수성을 많은 부분 잃어버리고 목의 성질로 바뀐다. 합해서 변하는 것을 합화(合化)라고 하며, 천간합화(줄여서 천간합이라 해도 된다)는 5가지가 있다. 갑기합화토(甲己合化土), 을경합화금(乙庚合化金), 병신합화수(丙辛合化水), 정임합화목(丁壬合化木), 무계합화화(戊癸合化火). 천간 간에 충돌이 일어나는 경우도 있다. 그것을 충(沖)이라 한다. 예를 들어 갑목과 경금의 관계에서는 충돌이 일어난다. 갑경충(甲庚沖) 외에도 갑무충(甲戊沖), 을신충(乙辛沖), 을기충(乙己沖), 병임충(丙壬沖), 병경충(丙庚沖), 정계충

(丁癸沖), 정신충(丁辛沖), 무임충(戊壬沖), 기계충(己癸沖) 등의 천간충이 있다.

| 천간합 | 갑기토(甲己土), 을경금(乙庚金), 병신수(丙辛水), 정임목(丁壬木), 무계화(戊癸火) |
|---|---|
| 천간충 | 갑경충(甲庚沖), 갑무충(甲戊沖), 을신충(乙辛沖), 을기충(乙己沖), 병임충(丙壬沖), 병경충(丙庚沖), 정계충(丁癸沖), 정신충(丁辛沖), 무임충(戊壬沖), 기계충(己癸沖) |

## 천간합

천간의 합은 10개의 천간을 순서대로 배열하여 원을 만들었을 때, 마주보는 천간 간에 일어난다. 각 천간으로부터 5번째에 이르는 천간끼리의 합이다. 천간 합을 설명하는 몇 가지 설이 있는데, 그 중에서 이 원을 하늘의 모양으로 보고, 하늘에 배치된 천간 각각의 위치에 배정된 별자리들의 연결로 보는 설이 가장 일반적이다. 예로부터 하늘과 땅을 그릴 때는 천원지방(天圓地方), 즉 하늘을 둥글고, 땅은 네모나다는 이치에 따라, 하늘은 동그랗게 그리고 땅은 네모로 그린다. 처녀자리, 천칭자리, 황소자리 등 우리가 익숙하게 들어보았던 서양의 별자리처럼 동양에도 황도를 따라 28수라는 별자리가 있다. 10개의 천간은 이 28개의 별자리 중 특정 자리에 위치하는데, 밤하늘을 관찰한 결과 이들 간의 관계가 오색으로 나타난다고 전해진다. 이를 오기경천화운설(五氣經天化運設)이라 하는데, 이런 유래보다는 이들 합이 어떤

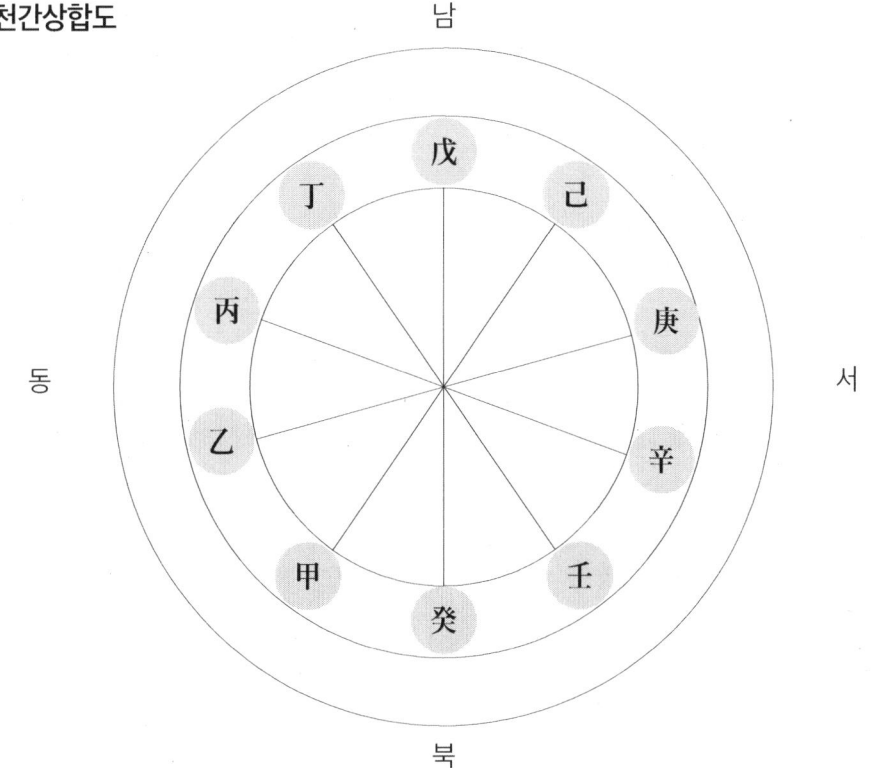

의미를 낳는지가 중요하다.

5개의 천간 합은 모두 정관, 정재의 관계로 이루어져 있다. 갑기합토의 경우를 보자. 갑이 일간이라고 가정했을 때 기토는 정재가 되고, 기토 일간으로 가정했을 때 갑목은 정관이 된다. 을경합금에서는, 을목 일간 입장에서 경금은 정관이고, 경금 일간 입장에서 을목은 정재가 된다. 병신합수의 병화는 신금이 정재의 위치에 있고, 신금은 병화를 정관으로 받는다. 정임합목에서 정화는 임수가 정관 자리에, 임수 입장에서 정화는 정재의 자리를 차지한다. 무계합화도 그렇다. 무토 일간일 경우 계수는 정재이고, 계수 입장에서 무토는 정관이 된다.

정재와 정관은 극의 관계에 있으면서 서로 음양이 다르다. 극의 관계는 이웃하는 생의 관계보다 더 낯설고 타자적이다. 대개 재성과 관성을 사회적 관계 안에서 발생하는 일, 재물, 조직 등의 의미로 규정한다. 그런 관계가 대체로 집이라는 친숙한 공간에서 벗어나 공적인 장 안에서 일어난다는 것을 보더라도 극의 관계가 비겁의 안락함과는 동떨어져 있음을 알 수 있다. 정관과 정재는 극의 관계 중에서도 음양이 다르다. 일간의 입장에서 볼 때 오행적으로는 상극이고 음양도 다르다. 따라서 정재와 정관은 일간의 영역에서 가장 먼 곳에 떨어진 두 곳이라 할 수 있다. 비겁은 일간과 오행이 같고, 인성과 식상은 일간과 생의 관계이고, 편재와 편관은 일간과 상극의 관계이지만 음양이 같다. 오직 정재와 정관만이 일간과 오행적으로나 음양적으로 다른 위상을 갖는다. 그러나 역설적으로 이런 관계 때문에 정관과 정재는 가장 귀한 취급을 받아왔다.

일간은 무의식적으로 존재의 방향을 지시한다. 정관과 정재는 이 방향성에 타자적으로 개입하여 견제하고 길항하는 역할을 한다. 그 역할이란, 운명에 대한 일간의 정치적 독단을 제어하고 주체를 편견으로부터 벗어나게 할 수 있는 균형의 통치술이라 할 수 있다. 그러한 균형감이 억압과 방임 사이에서 중심을 잡게 한다. 그래서 정관과 정재를 예로부터 사길신(四吉神), 즉 네 가지 길한 육친이라고 불렀던 것이다. 편관과 편재 역시 제어와 견제의 상극관계이긴 하지만 음양이 같은 이유로 쉽게 감정적이 될 수 있다. 예를 들어, 정관과 편관은 모두 일간을 자극하는 시련의 아이콘이지만, 정관이 편관보다 더 공적이고 객관화된 시련이다. 편관은 음양이 같아서 좀 사적이고 감정적이다. 아는 사람한테 비판을 받으면 더 기분이 나쁘게 느껴지는 것을 편관적인 것에 비유할 수 있다. 그럴 경우엔 자기를 들여다보고 성찰을 하기보다는 원망의 감정에 빠져서 시야를 좁히게 된다.

천간합은 정관과 정재의 관계로 연결되어 천간의 독주를 적절하게 제어하면서 둘 사이의 어떤 변증법적인 결과를 도출하는 시스템이다. '갑기합토'나 '을경합금'처럼 한쪽으로 세력을 흡수하는 경우도 있고, 나머지 병신합수, 정임합목, 무계합화처럼 다른 오행을 낳는 것으로 합의점을 찾기도 한다. 그것은 일종의 주체의 생성이기도 하다. 물론 원국에서 합을 하는 경우엔 그렇게 생성된 주체로서 쭉 살아가게 되는 것이므로 합이 특별하게 체감되지는 않을 것이다. 하지만 대운이나 세운으로 와서 합을 하는 경우엔 체감적으로 합의 효력을 감지하게 될 것이다.

한편, 합을 하는 순간 해당 천간은 본연의 세력이 약해진다는 점도 염두에 두어야 한다. 만일 갑목이 원국에 있는데 대운이나 세운에서 기토가 왔을 경우, 갑목의 기존 세력은 약화된다. 그 속도감과 추진력이 약해지면서 토의 느림과 조화의 힘에 압도된다. 그러면 갑목에 의해 추진되고 있던 일들이 방향을 선회하게 되는 경우가 생기기도 한다. 그것은 힘이 빠지는 일이기도 하고, 기운의 전환을 통해서 쇄신되는 측면도 있다. 이제 다섯 개의 합이 어떻게 응용되는지 하나씩 살펴보자.

### ① 갑기합화토(甲己合化土)

갑목과 기토가 만나면 토로 변한다. 이 두 결합이 제대로 이루어지려면 충이 없어야 한다. 즉, 갑과 충하는 경금, 무토, 기와 충하는 을목, 계수가 없어야 갑과 기가 만나 토로 변화한다. 갑(甲)은 큰 나무, 기(己)는 비옥한 땅을 표상한다. 갑과 기가 만나는 것을 물상(物象; 사물의 이미지)으로 설명하면, 비옥하고 좁은 땅의 큰 나무로 해석할 수 있다. 그리고 이 둘이 합을 하여 토로 변한다는 것은 이 나무의 성장과 생존의 주도권이 땅에 있다는 의미로 설명할 수 있다. 갑목처럼 큰 나무는 토양이 중요하다. 아무 땅에서나 잘 자라는 을목과는 다르다.

큰 나무[甲]의 상징성은 생동력, 객기, 독립의지 등으로 확장된다. 비옥한 땅[己]은 안정감, 정착, 수동적 대인 관계 등의 상징을 담고 있다. 갑과 기가 합하면 토가 된다는 것은 갑의 생동력이 기토의 안정감에 흡수됨을 의미한다. 또는 갑의 독립의지가 기의 수동적 대인 관계로 인해 약해지거나, 갑의 객기가 변수를 통제하려는 기의 성향에 의해 조절됨을 뜻한다. 요컨대 갑목이 기토를 만나면 도발적인 갑목의 성향은 주로 기토의 안정성에 제어된다. 봄의 용출력이 늦여름 석양 같은 편안함에 누그러진다고도 표현할 수 있다.

| 坤 | 시 | 일 | 월 | 연 |
|---|---|---|---|---|
| 천간 | 甲 | 己 | 丙 | 丙 |
| 지지 | | | | |

위 사주는 갑목이 기토와 합을 이루면서 갑목의 용출력이 제어되어 있다. 갑목의 특징인 돌발행동과 객기보다 기토의 안정성이 더 강하게 작용한다. 독립하려는 의지는 늘 있지만 결국 편하고 의존적인 방향으로 선택을 한다. 그러다가 천간에 충이 오면 다시 갑목의 돌발적인 행동이 일어난다. 평소엔 얌전한 고양이처럼 지내다가 경금, 무토, 을목, 계수가 와서 갑과 기의 연결을 약하게 만들면 갑이 도발적인 행동을 하게 되는 것이다.

위 여성은 계사년에 갑목이 기토의 영향권에서 살짝 벗어나게 된다. 계수가 기토와 충을 하기 때문이다. 이 여성은 계사년에 직장을 구했고 그 직장의 나이 많은 상사와 연애를 시작했다. 그 당시 남자친구가 있는 상태였다. 기토에게 갑목은 관성에 해당한다. 따라서 이 여성에게 갑목의 돌발행동은 관성의 차원, 즉 조직이나 남자 문제와 함께 일어나는 경우가 많다. 이 여성은 그후 그 상사와 헤어지고 을미년에 남자친구와 결혼을 했다. 을목도 기토를 충하면서 갑의 기운이 일어나게 된다.

### ②을경합화금(乙庚合化金)

을목과 경금이 만나면 금으로 변한다. 단 이 두 결합을 방해하는 충이 없어야 한다. 을목과 충하는 천간은 기토와 신금이고, 경금과 충하는 천간은 갑목과 병화다. 을은 작은 초목, 경은 무쇠와 바위를 표상한다. 을과 경이 만나서 금이 된다는 뜻을 물상으로 표현하면, 덩굴의 가지가 확장해 가는 것을 도끼로 제어하는 모습으로 설명할 수 있다. 을목의 생명력은 주위의 지형지물을 가지로 감싸면서 커 가는 것인데, 경금이 그런 확장성을 제어하는 것이다.

작은 초목[乙]은 생존력, 이해타산, 신속, 융통성 등으로 응용되고, 무쇠와 바위[庚]는 신념, 추진력, 구조화, 명분, 혁명 등으로 상징된다. 이 둘이 합쳐져 금이 된다는 것은 을의 이해타산이 명분에 의해 제어되거나, 유연하고 즉흥적인 관계가 의리와 원리원칙에 의해 발휘되지 못한다는 뜻으로 설명할 수 있고, 또는 생존과 관련된 확장성이 현실적인 조건이나 독선에 막힌다는 의미로도 해석할 수 있다.

| 坤 | 시 | 일 | 월 | 연 |
|---|---|---|---|---|
| 천간 | 庚 | 戊 | 乙 | 丁 |
| 지지 | | | | |

위 여성은 을경합화금이 되어 평소에 을의 성향이 억제되어 있다. 을목 특유의 생존력과 변이 능력보다 경금의 원리원칙적인 성향이 강하다. 육친적으로도 을목 관성은 합이 되어 약하게 작용하고 금 식상은 더욱 활발해진다. 위 사주의 주인공은 몇 년째 임용고시에 도전하고 있던 여성이다. 하나밖에 없는 을목 관성이 합으로 묶여 있어서 국가시험에 취약한 점이 있다. 대신 기간제 교사일을 오랫동안 했다. 말을 쓰는 직업으로 식상 기운을 더 많이 쓴 것이다. 그런데 을이나 경과 충을 하는 천간이 대운이나 세운으로 올 때 이 결합이 약해지면서 을목이 자신의 생존력을 다시 발휘하게 된다.

이 여성은 병신년에 임용시험을 봐서 합격을 했다. 병경충이 일어나면서 을목 관성이 경금의 올가미에서 자유롭게 풀려난 것이다. 물론 사후적인 해석일 뿐, 꼭 사주 때문에 그런 것은 아니다. 열심히 공부했고, 또 지방으로 하향지원하는 지혜를 발휘한 덕분이다. 지방으로 지원한 것은, 중심에서 벗어나는 방향으로 분지(分枝)되고 침투, 확장하는 을목의 기운과 매칭이 잘 된다. 합의 결합과 해체를 이런 서사와 연결할 수 있다는 것을 보여 주는 예이다.

### ③병신합화수(丙辛合化水)

병화와 신금이 만나면 수로 변한다. 다만 이 두 결합을 방해하는 충이 없어야 한다. 병화와 충을 하는 천간은 경금과 임수이고, 신금과 충을 하는 천간은 을목과 정화다. 병화는 태양과 용광로, 신금은 날카로운 금속을 표상한다. 병화와 신금이 만나서 수가 되는 것을 물상으로 표현하면, 용광로에서 금속이 제련되어 액체로 녹는 모습으로 설명할 수 있다. 이때 병화와 신금의 본래 모습은 잠재되고 수의 성향이 드러나게 된다.

태양과 용광로의 상징성은 맹렬함, 가속성, 명료함, 사건 사고 등으로 확장되고, 날카로운 금속의 상징성은 미시적 혁명, 예민함, 꼼꼼한 업무, 복수 등으로 확장시킬 수 있다. 이 둘이 합쳐져서 수가 된다는 것은 다음과 같다. 병화의 맹렬함과 신금의 날카로움이 그 성질을 많이 잃어버리고 수의 유연함으로 바뀐다. 또는 병화의 분석력과 신금의 논리력이 약해지면서 비논리적이고 영적인 분야에 욕망이 강해진다. 병화의 번영과 신금의 치밀한 계획이 가려지고 수의 자폐적이고 우울한 기운이 일어나는 것도 병신합수의 영향이라 할 수 있다.

| 乾 | 시 | 일 | 월 | 연 |
|---|---|---|---|---|
| 천간 | 甲 | 丙 | 丙 | 辛 |
| 지지 | | | | |

위 사주는 충 없이 온전히 병신합화수를 이루고 있다. 일간인 병화는 다른 오행으로 잘 변하지 않는 까닭에 월간 병화와 연간 신금만 결합한다고 보면 된다. 그래서 이 남성은 갑목과 병화 두 개를 가지고 있음에도 병신이 합하여 수로 바뀌므로 그렇게 양적으로 맹렬하거나 속도가 빠르지 않다. 수가 화를 극하기 때문이다. 오히려 약간 느끼하

고 느리며 살짝 음흉한 성향이 있다. 『주역』, 사주, 동양 사상, 철학 등 대체로 비세속적 공부에 관심이 많은 것도 수의 특징이라 할 수 있다. 그러나 병이나 신을 충하는 천간이 대운이나 세운으로 들어올 때는 이 결합이 약해지면서 병화와 신금의 본성이 드러나게 된다.

이 주인공은 임진년에 연애를 시작했다. 임수는 병화와 충을 하면서 병과 신의 결합을 방해한다. 그래서 병화와 신금의 활동성이 보장된다. 신금은 재성에 해당하므로 신금의 활동성으로 연애를 시작했다고 해석할 수 있다. 재밌는 것은 그 방법인데, 이들은 주위(직장) 사람들이 눈치 채지 않도록 몰래 연애를 하다가 결혼 직전에 발표를 했다. 안 들키고 몰래 연애를 할 수 있었던 치밀함은 신금의 활동성이 부활하면서 생긴 것이라 할 수 있다.

### ④ 정임합화목(丁壬合化木)

정화와 임수가 만나면 목으로 변한다. 다만 이 두 결합을 방해하는 충이 없어야 한다. 정화와 충을 하는 천간은 신금과 계수이고, 임수와 충을 하는 천간은 병화와 무토다. 정화는 촛불 혹은 모닥불, 임수는 큰 강물이나 홍수를 표상한다. 정화와 임수의 만남은 강가에 놓인 모닥불 같다. 강물이 붇기라도 하면 모닥불은 금방 꺼지고 만다. 정과 임의 합으로 목이 된다는 것은 정화의 입장에서는 모닥불에 땔감이 더해진다는 것이고, 임수의 입장에서는 물이 스며들 숲이 생긴다는 것으로 보면 된다. 숲이 물을 빨아들여 홍수를 예방하는 것에 비유할 수도 있다. 모닥불에 땔감을 잔뜩 올려놓으면 불은 처음에 주춤하거나 잘못하면 꺼지게 된다. 게다가 물을 흡수한 나무라면 모닥불은 더 약해질 것이다. 따라서 모닥불의 화력을 결정하고, 큰물의 수위를 조절할 수 있는 주도 세력은 목이 된다. 정과 임이 만나면 화와 수의 성향은 약해지고 목의 힘이 강해진다.

촛불·모닥불[丁]의 상징성은 예(禮), 배려, 형식적, 미시 권력, 의존적인 성향으로 해석할 수 있고, 강물·홍수[壬]의 상징성은 폭넓은 대인 관계, 느긋함, 유연한 리더십, 권모술수 등으로 확장할 수 있다. 이 둘이 목으로 변한다는 의미는 다음과 같다. 정화의 형식적 예절이 아니라 목의 탈형식적이고 순수한 배려가 되고, 임수의 느리고 유연함은 목기의 빠르고 거친 속도로 변한다. 또한 정화의 의존적 성향은 약해지고 목의 독립적인 기운이 강해지며, 임수의 권모술수는 목의 돌파력으로 바뀐다. 물로 변하고 바뀐다는 말은 합화(合化)의 뜻일 뿐, 원국에서 합이 되는 것이므로 원래 태어나면서 그런 바뀐 성향으로 살아가게 된다.

| 乾 | 시 | 일 | 월 | 연 |
|---|---|---|---|---|
| 천간 | 乙 | 丁 | 丁 | 壬 |
| 지지 | 巳 | 未 | 未 | 午 |

위 명식은 다산 정약용의 사주다. 천간의 정화와 임수가 합을 한다. 정화가 두 개지만, 하나는 일간이라 합이 안 된다고 보고, 월간 정화와 연간 임수가 합을 하고 있다. 정과 임을 충하는 천간이 없어서 온전한 합을 이루어 목으로 변한다. 하나 있는 임수마저 합을 이루고 나니 사주는 거의 목과 화 위주로 편향되었다. 따라서 임수의 거칠고 느긋하며 포용력이 있는 성향은 약해지고 목의 솔직하고 순수한 성정과 돌파력이 부각된다.

그러나 정화나 임수를 충하는 천간이 대운이나 세운으로 들어올 때는 이 결합이 약해지면서 정화와 임수의 본성이 드러나게 된다. 다산이 22세 되던 계묘년 2월에 그는 증광감시에 합격하고, 그해 4월 회시에서 생원으로 합격하여 태학에서 공부하게 되었다. 그때 정조가 내린 과제에 잘 답변해 1등을 했다. 계수가 정화와 충을 함으로써 정임의 합이 느슨해진다. 정화에게 임수는 정관이다. 묶여 있던 정관이 충에 의해 결박이 풀리면서 관성으로서의 역할을 톡톡히 한 것이다.

### ⑤ 무계합화화(戊癸合化火)

무토와 계수가 만나면 화로 변한다. 다만 이 두 결합을 방해하는 충이 없어야 한다. 무토와 충을 하는 천간은 갑목과 임수이고, 계수와 충을 하는 천간은 정화와 기토이다. 무토는 넓고 척박한 땅, 계수는 냇물, 가랑비 등으로 표상된다. 무토와 계수의 만남은 대지 위를 흐르는 물, 혹은 고여 있는 물웅덩에 비유할 수 있다. 물은 척박한 대지를 적시는 귀한 존재다. 그러나 뜨거운 태양이 내리쬐면 물은 마르고 대지는 더욱 척박해진다. 따라서 대지와 물의 주도권은 화기운이 쥐고 있다고 말할 수 있다. 결국 무와 계가 만나면 토와 수의 세력은 약해지고 화의 힘이 강해진다.

넓고 척박한 땅[戊]은 이동, 넓은 스케일, 포용, 아집, 신용, 끈기 등으로 그 의미를 응용할 수 있고, 냇물과 가랑비[癸]는 조용한 흐름, 고임, 스며듦, 투명성, 유연함 등으로 의미를 확장할 수 있다. 이 둘이 화로 변한다는 뜻은 다음과 같다. 무토의 포용력은 화기운의 대표적인 성향인 다혈질로 변하고, 계수의 직관은 양적인 분석력으로 바뀐다. 또한 끈기는 급함으로, 음적인 대인 관계는 쾌활한 환대로 바뀌며,

넓은 스케일[戊]과 유목적인 흐름[癸], 정착적 번영으로 변화한다. 그러나 무토나 계수를 충하는 천간이 대운이나 세운으로 들어올 때는 이 결합이 약해지면서 무토와 계수의 본성이 드러나게 된다.

## 천간충

천간충은 합이 되는 자리에서 양 옆으로 한 칸 비켜 있는 자리의 천간과의 관계다. 갑이 마주보는 기토와 합을 한다면, 충은 기토 옆에 있는 무토, 경금과 각각 충의 관계를 갖는다. 그렇게 해서 천간충은 천간합에 비해 2배가 많은 10개의 충이 성립된다. 아래의 그림을 참조하시라. 천간합이 상호 견제와 합의의 관계라 한다면, 천간충은 심리적 변

**천간상충도**

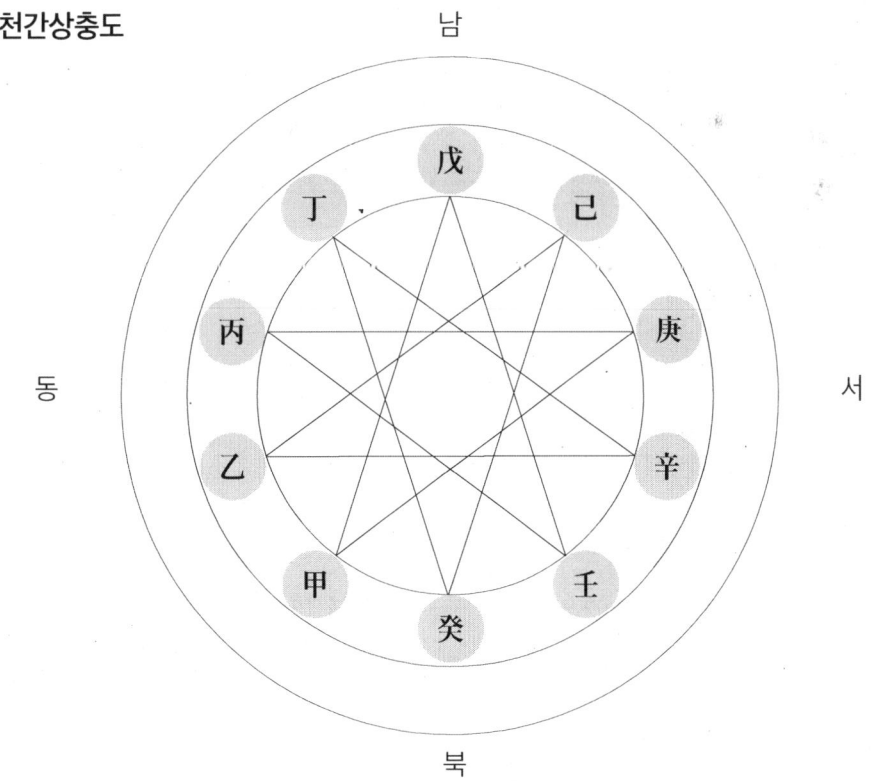

화와 도발적 사유를 일으킨다. 이런 변화와 도발은 대체로 갈등 상황과 함께 찾아오는 경우가 많다. 사건이 없이는 정신의 변화가 일어나지 않기 때문이다.

| 천간충 | 갑경충(甲庚沖), 갑무충(甲戊沖), 을신충(乙辛沖), 을기충(乙己沖), 병임충(丙壬沖), 병경충(丙庚沖), 정계충(丁癸沖), 정신충(丁辛沖), 무임충(戊壬沖), 기계충(己癸沖) |
|---|---|

천간합은 정관과 정재의 관계다. 천간충은 모두 편관, 편재의 관계다. 예를 들면, 갑경충에서 갑목 입장에서는 경금이 편관에 해당하는 자리에 있고, 경금 입장에서는 갑목이 편재의 위치에 있다. 편재와 편관은 일간과 상극의 관계에 있으면서 음양이 같은 육친이다. 음양이 같은 상극 관계는 애증과 질투, 설렘과 의욕 등 감정적인 부딪힘이 일어나기 쉽다. 감정의 변화는 사건과 함께 일어나므로, 천간충은 작은 사건에서 비롯된다. 만일 지지충도 같이 있다면 천간충으로 일어난 감정의 돌발적 변수가 또 다른 큰 사건을 야기하게 된다. 원국에 있다면 평생운이 될 터이지만 그건 타고난 운이라 체감되는 것은 약하다. 물론 돌이켜보면 사건 사고가 많았다고 후에 복기할 수는 있다. 천간충은 세운이나 대운으로 오는 경우에 체감지수가 높다. 시절 운으로 오면 감정을 일으키게 하는 소소한 사건들이 발생한다. 그것은 대체로 기존의 상태와 반대되는 방향으로 일어난다. 즉, 안정된 것은 균형이 무너지고, 미미한 것은 역동적으로 일어나며, 번다한 것은 단순해지고, 결합된 것은 깨지고, 나뉜 것은 다시 이어지는 것이 충의 속성이다. 천간충은 육친과 함께 해석해야 더 다채롭고 논리적으로 해석할 수 있다.

## 지지합(地支合)과 지지충(地支沖)

| | |
|---|---|
| 지지삼합 | 인오술화(寅午戌火), 신자진수(申子辰水), 사유축금(巳酉丑金), 해묘미목(亥卯未木) |
| 지지방합 | 인묘진목(寅卯辰木), 신유술금(申酉戌金), 사오미화(巳午未火), 해자축수(亥子丑水) |
| 지지육합 | 자축토(子丑土), 인해목(寅亥木), 묘술화(卯戌火), 진유금(辰酉金), 사신수(巳申水), 오미화(午未火) |
| 지지충 | 자오충(子午沖), 축미충(丑未沖), 인신충(寅申沖), 묘유충(卯酉沖), 진술충(辰戌沖), 사해충(巳亥沖) |

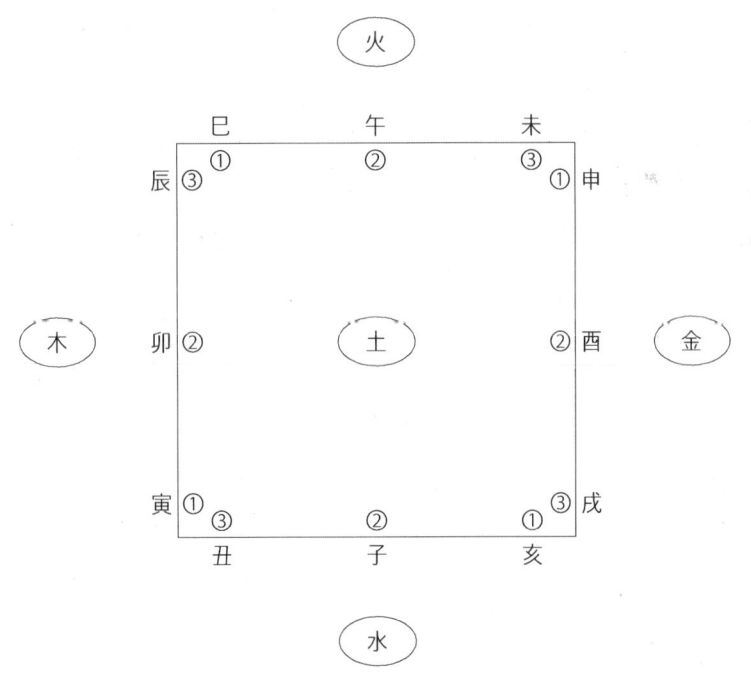

### ①지지 삼합

지지 간의 합은 세 가지가 있다. 삼합(三合), 방합(方合) 그리고 육합(六合)이다. 지지 삼합은 각 방위의 ①번과 그 다음 방위의 ②번 그리고 그 다음 방위의 ③번이 합쳐져서 만들어진다. 예컨대, 북방의 수(水)에서 ①번은 해수이고, 그 다음 방위인 동방 목의 ②번은 묘목이며, 그 다음 방위인 남방 화의 ③번 미토이다. 이 세 지지 해묘미(亥卯未)가 하나의 삼합이 된다. 합화(合化) 오행은 항상 ②번으로 수렴되는데, 해묘미는 묘목으로 수렴되어 목으로 합화가 된다. 그래서 해묘미합화목(亥卯未合化木)이고 줄여서 '해묘미목'으로 부르면 된다. 이번엔 동방 목의 ①번인 인목부터 시작해 보자. 두 번째 지지는 그 다음 방위인 남방의 ②번인 오화가 되며, 서쪽의 ③번 술토가 다음 지지가 된다. 그래서 '인오술화'(寅午戌火)가 된다. 이런 식으로 사유축금, 신자진수가 만들어진다.

삼합의 논리는 시간 개념을 재구성한다. 해수는 겨울을 여는 시초다. 그런데 해묘미 삼합은 해수로 하여금 봄(木)을 여는 역할을 맡긴다. 다시 말해, 겨울이 시작되면서 동시에 봄이 열리는 아이러니한 상황이 생기는 것이다. 이것은 직선적이고 물리적인 시간관념을 깨는 논리다. 경험적 시간은 뒤엉켜 있다. 과거의 기억과 오지 않은 미래가 현재에 불쑥 끼어든다. 그것이 현재의 감정과 선택에 영향을 주기 때문에 현재화된 과거와 미래라 할 수 있다. 그래서 과거나 미래의 것이라 할 수도 있지만, 현재가 다른 시간과 분리되어 존재한다고 볼 수도 없다. 이렇듯 현재라는 것은 지속적인 시간 흐름의 연속적 결과가 아니라 불현듯 튀어나온 과거의 어느 시점과 예측할 수 없는 미래의 어느 지점이 혼용된 장이다. 따라서 현재라는 시간은 철저하게 개인적

운명의 해석, 사주명리

인 시간이라 할 수 있다.

그렇다 해도 우리는 현재라는 시간에 대한 공유 범위가 필요하다. 그것은 삼합의 논리로부터 도출해 낼 수 있다. 예컨대 오시(午時)에서 공유할 수 있는 현재란 인오술의 범위 내에 있다. 즉 '인, 묘, 진, 사, 오, 미, 신, 유, 술'까지의 9개의 시간을 포함한 범위가 오시에서의 현재이다. 이는 하루 24시간에서 16시간으로 잠자는 시간 8시간을 빼면 깨어 있는 하루 온종일에 해당하는 시간이다. 따라서 현재라는 시간의 가장 최소 단위는 해당 시간 즉 오시(午時: 2시간)에 국한되어 있고, 조금 넓게 보면 오늘 하루이며, 1년 단위로 확장하면 8개월 정도, 즉 지나간 네 달, 앞으로 올 네 달이 현재와 함께 연동되어 있다. 이 법칙을 8괘와 9궁도의 이치로 풀어 낼 수도 있다. 기회가 된다면 그건 다음 책에서 풀어 낼 예정이다.

아무튼 삼합의 원리는, 삶에서 체험되는 시간성이 변칙적이고 역설적이라고 말하고 있는 것이다. 그 체험의 중심은 ②번, 자오묘유의 지점이다. 자오묘유는 계절의 한가운데이고 음의 수렴력이 작용하는 곳이다. 예컨대 해묘미에서는 묘목으로 인목과 진토의 동방 지지들이 모이고, 좀 넓게는 해수와 미토가 수렴되어 목 중심의 하모니를 이룬다. 인목과 진토는 봄과 동쪽에 속하는 지지이지만, 해수는 겨울의 시작이고, 미토는 여름의 끝이다. 통념적으로 봄이 시작되는 곳은 인월이 되지만, 봄의 기미와 징조는 겨울이 시작되면서 생겨나고, 봄의 끝은 진월이라고 믿고 있지만 그 흔적과 여기(餘氣)는 여름이 끝나면서 같이 마무리된다. 나머지 인오술화, 사유축금, 신자진수도 마찬가지다. 여름의 시작은 좁게는 사월부터이나 인월부터 여름의 기미가 잠재되어 있고, 여름의 끝은 술월에 가서야 갈무리가 된다. 가을은 사월부터 잠재적으로 시작되고, 그 끝은 겨울의 마지막 달인 축월에 이루어진다. 또한 겨울의 시작은 신월부터 조짐이 있으며, 진월에 가서야 마무리 짓게 된다. 참고로, 지지 삼합은 꼭 3개의 간지가 다 갖춰져야 성립되는 것은 아니다. 반합(半合)이라 해서 두 개만으로도 삼합의 결합이 일어난다. 단, ②번이 포함되어야 하는 점을 주의해야 한다. 예를 들어, 인오술에서 인목과 오화, 오화와 술토만 있어도 합이 되지만, 인목과 술토는 합이 될 수 없다. ②번인 오화가 빠졌기 때문이다.

### ②인오술화(寅午戌火)

인목과 오화 그리고 술토가 만나면 합이 되어 화가 된다는 뜻이다. 단 인오술과 충을 하는 신금, 자수, 진토가 없어야 한다. 인오술합화가 되면 오화의 성질은 그대로 유지되고, 인목·술토는 각각의 독특한 특징이 화의 성질로 변하게 된다. 이때 인목과 술토가 완전히 억제되고 화로 변하는 것이 아니라, 각각의 본성이 어느 정도 유지된 채 화의 성향을 띠게 되는 것이다. 그 과정에서 어떤 성향은 억제되지만 어떤 것은 더 강렬하게 부각되기도 한다. 인목의 경우는 화의 기운과 같은 양적 팽창의 벡터를 갖는다. 그래서 인목이 오화와 만나서 그 성질이 화로 변해도 양적 벡터는 크게 달라지지 않는다. 예컨대, 인목의 의욕은 화의 염상하는 기운에 힘입어 자신감이 더욱 붙게 된다. 달라지긴 했으나 양적인 방향성이 같다. 술토의 경우는 좀 다르다. 술토는 오행상으로 토에 속하는데 방위와 시간상으로는 금의 계열과 함께한다. 계절적으로 늦가을이고, 하루 중에는 저녁 무렵이다. 술토는 이런 서늘하고 어스름한 분위기의 토이다. 그래서 술토가 오화와 합을 하여 화의 속성으로 변한다는 것은 음적인 방향성을 돌려서 양적 확장성을 갖는다는 뜻이 된다. 예를 들어, 술토는 배회의 성향을 갖고 있다. 늦가을 저녁 무렵 개[戌]들이 동네 이곳저곳을 몰려 다니는 모습을 떠올려도 좋을 것 같다. 개는 야생성을 버리고 인간의 문명 속으로 들어왔다. 그래서 큰 범위를 이동하는 것이 아니라 자기 지역을 배회한다. 그런데 술토가 오화와 합을 하면 소박한 배회가 광범위한 역마의 기운으로 바뀐다. 음적인 방향성에서 양적 전회가 일어난 것이다.

| 乾 | 시 | 일 | 월 | 연 |
|----|----|----|----|----|
| 천간 |  | 丙 |  |  |
| 지지 | 午 | 戌 |  |  |

위 사주에서 오화와 술토는 인오술에서 인이 빠진 반합이 되었다. 술토의 기운은 화기를 얻어 양적으로 확장된다. 위 사주의 남성은 같이 공부하는 청년들을 이끌고 일 년에 몇 차례씩 여행을 떠난다. 연초에는 꼭 한 달 정도 멀리 해외를 탐방하곤 한다. 어려서 지리산 자락에서 자랐지만 동네를 조용히 배회하기엔 범위가 너무 좁았고 화기는 너무 넘쳤다. 어렸을 때는 주로 밥상 위를 달렸고, 그러다 김치찌개에 발을 데이기도 했다. 동네 친구들과 불장난을 치다가 노인정을 태워 먹은 적도 있다고 한다. 이 정도면 배회하는 개가 아니라 광견이 아닐까 하는 생각이 든다. 커서는 서울에서 자리를 잡았으나 직장 대신 공부하는 공동체에 몸을 담았고 거기서 여태까지 접해 보지 못한 많은 공부에 빠져들었다. 술토의 배회가 화의 양적 팽창으로 전화하는 것은 여행 같은 이동의 확장뿐만 아니라, 이렇게 사유의 확장까지도 포함한다. 이밖에도 관계의 확장, 삶의 방식의 확장 등 술토의 합화화를

다양하게 응용할 수 있다. 이것 말고도, 술토에 배속된 여러 개념들이 삼합으로 변하는 것을 개인의 서사에서 찾아낼 수 있다.

한편, 육친적으로는 인목과 술토에 해당하는 해당 육친 세력은 약해지고, 대신 화의 육친이 상대적으로 강하게 작용한다.

| 乾 | 시 | 일 | 월 | 연 |
|---|---|---|---|---|
| 천간 | | 丙 | | |
| 지지 | 寅 | 午 | | |

위 사주에서 인목과 오화는 인오술에서 술이 빠진 반합이 되었다. 특히 인목과 오화가 옆에 붙어 있으므로 합의 위력은 더욱 강해진다. 여기서 인목은 인성에 해당한다. 하나밖에 없는 인성 인목이 오화에 합을 하면서, 공부·문서 등의 인성 세력이 약해지고 비겁은 더욱 강해진다. 이 남성은 좋은 대학을 다니다가 중퇴를 하고, 한참 후에 다시 전문직과 관련된 학과를 들어갔으나 학업을 마치고도 번번이 국가고시에서 떨어졌다. 결국 몇 년이 지난 뒤에야 어렵게 면허를 취득하게 되었다. 머리는 상당히 좋은 편이나 첫 시험엔 방심을 했고 그 다음엔 시험에 대비할 사정이 여의치 않았다. 자꾸 인성과 관련된 인연들이 약해지는 것이다. 이런 서사를 하나밖에 없는 인목 인성이 오화와 합을 하면서 그 세력이 약해진 것과 연결시킬 수 있다.

### ③사유축금(巳酉丑金)

사유축합화금은 사화와 유금, 축토 세 지지가 만나서 금이 된다는 뜻이다. 단 사유축과 충을 하는 해수, 묘목, 미토가 없어야 한다. 사유축합화가 되면 유금의 성질은 그대로 유지되고, 사화와 축토의 독특한 특징들은 금의 성질로 변하게 된다. 예를 들어, 사화의 강한 에너지는 금의 수렴력으로 인해 그 정도가 약해지고, 축토의 우유부단함은 금의 날카로운 결단력으로 방향을 바꾼다. 또는 사화의 책임감이 유금을 만나면서 더욱 강직해지고, 축토의 우직하고 성실함은 금의 실리를 배워 크게 무리하지 않고 적절하게 힘 조절을 하게 된다.

| 坤 | 시 | 일 | 월 | 연 |
|---|---|---|---|---|
| 천간 | | 乙 | 丁 | |
| 지지 | | | 巳 | 酉 |

위 사주는 월지 사화가 유금과 반합을 하여 금으로 변했다. 그래서 사화 본연의 독성과 강렬함이 금의 수렴으로 인해 그 정도가 많이 약해지고 현실적이고 실리적인 것을 취한다. 그러나 사화 바로 위에 정화가 있어서 아래 위로 화기운의 기둥이 생긴다. 이를 간여지동(干與支同)천간과 지지가 같음이라 이른다. 간여지동의 경우 합이 잘 안 된다는 말이 있다. 아래 위로 하나의 오행으로 강하게 결합되어 있어서 다른 오행으로 잘 바뀌지 않는 것이다. 그런 점을 고려했을 때, 사화는 유금과의 결합이 비교적 약하게 결합되어 있고, 다른 대운이나 연운으로 충이 올 때 외에도, 월운이나 일운 정도로도 쉽게 그 결합이 깨질 수 있다. 그래서 자주 사화의 강한 에너지가 봇물처럼 일어나, 갑자기 화를 낸다거나 일을 무섭도록 열심히 한 뒤 번 아웃이 되어 쓰러지는 일을 겪게 될 수 있다. 실제로 이 사주의 여성은 평소엔 매우 실리적이고 냉정한 성향인데, 불현듯 화가 치밀어 오르거나, 일을 할 때 한 번

에 강렬한 에너지를 쏟기 때문에 어떤 때는 멀쩡하다가도 갑자기 기운이 바닥을 보이기도 한다. 이 여성이 미술 분야의 일을 한다는 점도 참고하면 좋다. 미술은 시각적인 일이므로 화기를 많이 쓴다.

| 乾 | 시 | 일 | 월 | 연 |
|---|---|---|---|---|
| 천간 | | 丁 | | |
| 지지 | | 酉 | 寅 | 丑 |

위 사주는 사유축에서 사화가 없고 유축 반합이 되어 축토가 금의 성향을 갖게 된다. 다만 유와 축이 바로 붙어 있지 않고 인목을 사이에 두고 약간 떨어져 있어서 결합의 정도는 조금 약해진다. 축토는 매우 우직하고 성실하다. 또한 좀 느리고 고집스럽고 답답한 면도 있다. 하지만 이런 성향은 유금을 만나면서 변하는데, 그것은 이 남성의 성격에서 드러난다. 그의 성격은 우직하기보다는 스마트하고, 느리고 답답하기보다 냉정하고 꼼꼼한 성향에 가깝다. 물론 이것은 원국이기 때문에 이렇게 바뀐 상태로 태어나 계속 살게 된다. 그러나 유금과 축토를 충하는 묘목이나 미토가 대운이나 세운으로 올 때 축토는 바뀌기 전의 본래의 성향으로 드러난다.

| 坤 | 시 | 일 | 월 | 연 |
|---|---|---|---|---|
| 천간 | | 己 | | |
| 지지 | 酉 | 酉 | 丑 | 丑 |

위 사주의 경우는 두 쌍의 유축 반합이 나온다. 이렇게 두 쌍이나

운명의 해석, 사주명리

두 개가 같은 글자로 합을 할 때는 가까운 것부터 합이 된다. 여기서는 월지 축토와 일지 유금의 합이 가깝기 때문에 먼저 일어나고 결합의 강도도 세다. 하지만 일지 유금과 연지 축토는 너무 멀기 때문에 매우 약하게 합이 일어나게 된다. 이 경우엔 대운이나 세운으로 충을 하지 않아도 월운이나 일운만으로도 연지 축토와 일지 유금의 결합이 쉽게 깨질 수 있다. 때문에 축토의 본래 성향은 대체로 그대로 가지고 있다고 말할 수 있다. 한 가지 더 고려해야 할 것은 월지 축토는 추운 계절 (양력으로 1월 초에서 2월 초까지)에 해당하기 때문에 겨울의 기운인 수 기운까지도 포함하고 있다는 점이다. 결론적으로 위 사주에서 지지의 기운은 금과 토 그리고 수기운이 같이 어우러져 있다고 말 할 수 있다.

### ④ 신자진수(申子辰水)

신자진합화수는 신금(申金)과 자수, 진토 세 지지가 만나서 수가 된다는 뜻이다. 단, 신자진과 충을 하는 인목, 오화, 술토가 없어야 제 대로 합을 해서 수로 바뀌었다고 할 수 있다. 신자진합화수가 되면 자 수의 성질은 그대로 유지되고, 신금과 진토의 특징은 수의 성질로 변 화한다. 신금의 반사회성은 수의 유연함으로 바뀌고, 위계적인 면들 은 수평적인 관계로 변하게 된다. 그런가 하면, 신금의 우울한 성향은 크게 달라지지 않는데, 그것은 수 역시 음울한 기운을 지니고 있기 때 문이다. 한편, 진토의 미래에 대한 비전은 밑으로 스며드는 수의 윤하 작용과 함께 좀더 심연으로 들어간다. 예컨대, 특정 직업을 갖겠다는 구체적인 비전이 만들어지기 전에, 그 목표는 어떤 욕망에서 오는지, 또 그 욕망은 어디서부터 발단되었는지 등의 근원적인 질문을 이해하 려는 추상의 작업을 선행하게 된다. 또한 무엇을 심어도 결실을 잘 맺는 진토의 기운은 자수와 합을 하면서 침잠한다. 그래서 결실의 시기가 늦어지거나 결실이 잘 드러나지 않는 편이다. 공동체적 환경에서 개인의 역량이 집중되는 환경으로 바뀌는 점도 진토가 자수와 합을 하면서 생기는 특징이다. 그것은 사람을 모으고 공동체를 만드는 융합의 성향을 갖고 있는 진토의 기운이 은밀하고 사적인 방향성을 띤 자수에 흡수되기 때문이다. 또 명예지향적인 조건은 피하고 자신이 드러나지 않는 곳으로 숨는 경향으로 바뀐다. 바뀐다는 표현을 쓰긴 했지만, 사실 원국에서 충의 방해 없이 합이 되어 있다면 태어날 때부터 바뀐 성향으로 살아가게 되는 것이다.

| 乾 | 시 | 일 | 월 | 연 |
| --- | --- | --- | --- | --- |
| 천간 | 壬 | 戊 | | |
| 지지 | 子 | 子 | 申 | 丑 |

위 사주는 신자진합화수의 요건에서 신금과 자수 두 개만 결합을 하는 반합의 형태를 띤다. 그런데 자수가 두 개 있다. 그 중에서 일지 자수와 신금이 결합을 하고 시지 자수는 결합이 매우 약해서 자수 본연의 기운으로 쓰인다. 물론 일지 자수 역시 수국(水局)이 되므로 크게 변하지는 않는다. 자수와 축토 역시 육합을 하지만 이 사주의 경우 일지 자수와 월지 신금이 아주 강하게 결합했기 때문에 연지 축토와 자수는 결합하기 어렵다. 신금은 자수와 결합하여 수의 성질로 변한다. 이 남성에게 신금은 하나밖에 없는 식상이다. 그런데 늘 자수와 함께 묶여 있으니, 신금 특유의 비상한 머리와 재주를 현장(식상)에서 잘 쓰지 못하는 경향이 있다. 또한 과정이 매끄럽지 못하고 시행착오

　　　　　　　　　　　　　　　　　　운명의 해석, 사주명리

가 많다. 그러나 시행착오는 운명의 선물이다. 그 시행착오로부터 절실한 질문과 성찰을 스스로 끄집어 낼 수 있다면, 무토식 생명력과 끈기가 뚝심 있는 결과(재성)를 잘 맺을 수 있을 것이다. 대신 그 과정 중에 일어나는 스트레스를 잘 다스려야 하는 숙제가 남았다. 참고로, 신자(申子) 반합으로 도출된 수는 천간의 임수와 연결되는데(통근), 삼합에 뿌리를 내린 임수는 재성에 대한 강한 욕망과 통치력을 가지고 있다. 이것도 일의 마무리에 한 몫을 더한다고 볼 수 있다.

| 坤 | 시 | 일 | 월 | 연 |
|---|---|---|---|---|
| 천간 | 壬 | 甲 | 甲 | 壬 |
| 지지 | 申 | 午 | 辰 | 子 |

*세운 : 丙申

지지에 신자진이 삼합을 이루고 있다. 오화로 인해 자수가 충을 하지만, 그럼에도 삼합이 지지에 모두 있으면 결합이 이뤄진다. 다만 세운이나 대운에서 다른 충이 오면 쉽게 깨지는 편이다. 시지의 신금은 하나밖에 없는 관성이다. 관성이 천간에 없어서 통치력을 잃은 데다 삼합으로 묶여 있으며, 일지의 화 식상이 신금을 극하면서 더더욱 그 자리가 편치 않아 보인다. 그래서일까. 그녀는 조직, 남편과 관련된 인연이 늘 삶에 방해가 된다고 생각한다. 남편과의 갈등은 더욱 심해져서 결국 2016년(병신년)에 이혼을 했다. 신금 관성이 하나 더 들어와서 남편과 더 좋아지지 않을까 생각할 수도 있다. 물론 그런 일도 가능하다. 관성이 들어온다는 것은 남편과 더 좋아지거나 나빠지는 결정된 사건이 일어나는 것은 아니다. 단지 관성과 관련된 어떤 사건이 생긴다는 뜻이다. 그러니 좋지 않았던 남편과의 관계가 좋아지는 것도 가능하다. 하지만 일반적으로 늘 싸우던 사이가 더 좋아지는 일은 그렇게 쉽게 일어나지 않는다. 또한 신금이 들어와서 쟁합되면 기운이 혼란해져서 번뇌가 발생할 가능성이 높다. 그런 점에서 세운의 신금은 이혼이라는 사건을 일으키는 기운으로 작용한다고 할 수 있다.

그러나 이 사주는 약한 관성 대신 인성이 매우 강하게 구조화되어 있다. 오화를 제외한 나머지 지지가 수국이 되고 그 지지를 통치하는 천간의 임수가 두 개 버티고 있다. 이 여성은 늘 배움에 뜻을 두고 있고, 교습소 일을 하는 바쁜 와중에도 스스로 공부를 하고 그것을 통해 삶을 위로하거나 새로운 욕망을 실현하려고 노력한다. 이혼이 흉하다면 흉한 일일 수 있다. 그러나 길흉은 하나의 사건에 고정되어 있는 것이 아니다. 모든 사건은 동전의 양면 같은 속성을 가지고 있다. 결혼은 만인이 축하하는 길한 일이지만 혼자 있는 자유로운 시간을 빼앗기고 어떤 욕망은 제어하고 포기해야 하는 경우도 있다. 반대로 이혼은 위로받아야 할 슬픈 일이지만 또 다른 측면에서의 삶의 가능성이 열리는 일이기도 하다. 길흉은 그렇게 맞물려 흘러간다. 그래서 어느 한쪽도 고정시켜 놓을 수 없다. 그 흐름을 끊고 길한 것만 취하려 하는 순간, 우리는 지는 게임에 올인하는 과오를 범하게 된다. 길흉이 끝없이 교대된다는 것을 이해할 때 비로소, 길흉의 논리에 갇혀 불안과 두려움을 반복하는 우리 스스로를 구할 수 있다. 그녀가 새로운 인생을 어떻게 설계하고 통치해 나갈지 모르지만, 이혼의 아픔을 딛고 새로운 운명을 시작하려는 그녀에게 응원을 해주고 싶다.

#### ⑤ 해묘미목(亥卯未木)

해묘미합화목(이하 해묘미목)은 해수와 묘목, 미토 세 지지가 만나서 목이 된다는 뜻이다. 단, 해묘미와 충을 하는 사화, 유금, 축토가 없어야 제대로 합을 해서 목으로 바뀐다. 해묘미목이 되면 묘목의 성질은 그대로 유지되고, 해수와 미토의 특징은 목의 성질로 변화한다. 예를 들어, 음적이고 느리며 범위가 넓은 해수의 에로스는 양적이고 하나의 목표를 향해 빠르게 달리는 목기를 얻게 되고, 미토의 온순함은 빠르고 활달함으로 바뀐다.

| 乾 | 시 | 일 | 월 | 연 |
|---|---|---|---|---|
| 천간 | | 庚 | | |
| 지지 | 丑 | 午 | 亥 | 卯 |

위 사주는 해묘미 삼합에서 미토가 빠진 해묘 반합으로 월지 해수가 묘목과 합을 하여 목의 기운으로 바뀐다. 해수 식상은 언어 능력이 수려하고 함께 먹고 즐기는 시간을 매우 중요하게 여긴다. 조직 생활은 힘들어하고 은밀한 자기 세계의 능력을 기반으로 한 여러 사업과 프리랜서로서의 입지를 다진다. 특히 학원이나 영업을 통해 확장해 가는 사업에 인연이 있다. 그런데 해수가 묘목과 합을 하면서 목의 기운과 섞이게 된다. 특히 빠른 속도를 가진 목기운의 엔진이 해수 차체에 탑재되면서 해수 특유의 안정성을 잃고 약진과 퇴보의 시소 타기를 하기도 한다. 사업이 잘되면 크게 투자했다가 과욕으로 금방 실패하는 경우가 바로 그런 예가 된다. 또한 식상 기운이 재성 쪽으로 옮겨 가면서 결과 위주의 전략을 시도하며 어려워지는 경우도 생각해 볼 수 있다.

| 坤 | 시 | 일 | 월 | 연 |
|---|---|---|---|---|
| 천간 | 丁 | 己 | 丙 | 戊 |
| 지지 | 卯 | 未 | 辰 | 午 |

　해묘미에서 해가 빠진 반합 사주다. 이 여성은 미토를 일지로 가지고 있지만 미토의 직관적인 영성이 발휘될 조건을 얻지 못했다. 대신 목의 합리적이고 이성적인 사고를 써야 할 환경에서 지낸다. 그럴 경우 그 합리적 이성이 자연스럽지가 않다. 안 맞는 옷을 입은 듯 어색하다. 미토의 온순함은 묘목의 활달함이 압도한다. 또한 미토의 다른 특징인 사나움 역시 묘목의 활달함에 묻힌다. 그런데 묘목 역시 미토의 성향이 섞여 특유의 활달함이 발현되지 못한다. 그것이 좀 어색하게 느껴진다. 한편, 묘목 관성은 미토의 기운을 받아 목기운이 더욱 유리하게 발휘된다. 그녀는 직장에서 승진도 빠르고 늦지 않은 나이에 연하의 남자와 결혼했다. 하지만 관성이 천간에 투간되지 않은 까닭에, 사회적 지위와 명예의 조건이 갑자기 바뀐다거나 남자친구와의 관계가 예기치 못하게 급변한다. 그럴 때마다 그녀는 기토 일간의 특징인 수동적 대인 관계로 그 조건을 받아들인다. 그런데 그 상황에 크게 전전긍긍하지 않고 긍정적으로 여기는 것을 보면 자기 의견보다 상대에 맞춰 가는 것이 그렇게 나쁘게만 보이지는 않는다. 하지만 그것이 실패와 두려움을 피하려는 의존적 습관이라면 스스로 돌파해야 할 중요한 과제가 남겨져 있는 것이다.

## 지지 방합(方合)

지지 삼합이 시간에 초점이 맞춰져 있다면 지지 방합은 공간에 방점이 있다. 지지 방합은 한쪽 방위에 배속된 3개의 지지가 합을 이룬 것을 말한다. 북방의 해자축 수국(水局)여기서 국(局)이라는 것은 어떤 국면, 상황이라는 뜻, 인묘진 목국, 사오미 화국, 신유술 금국의 4가지 합이 그것이다. 유의할 것은 방합은 삼합과 달리, 반합을 인정하지 않는다. 방합은 3가지가 다 갖춰져야 합을 한다. 예시를 하나 보자.

| 坤 | 시 | 일 | 월 | 연 |
|---|---|---|---|---|
| 천간 | 壬 | 丙 | 癸 | 丁 |
| 지지 | 辰 | 寅 | 丑 | 卯 |

위 사주의 지지는 인묘진 방합을 이루고 있다. 이 사주에서 목은 인성이다. 강한 목 인성이 지지에 있다는 것은 공부나 문서와 관련된 현실적 환경이 조성되어 있다는 것을 의미한다. 그런데 정작 목 방합을 지휘할 천간은 없다. 그래서 지지에만 있는 목 인성으로 인해 인성과 관련된 조건, 즉 공부나 문서 활용의 기회는 늘 주어지나 그것을 쓸 수 있는 욕망이나 계획이 부족하다. 그렇게 되면 인성을 수동적으로 쓰게 되는데, 그것은 주로 누군가에게 의존하거나 반대로 누군가가 자기에게 의존하는 상황을 만드는 방식으로 인성을 사용하게 되는 것을 말한다. 한편, 월지 축토는 천간에서 계수와 연결될 수 있다. 천간에 토가 없기 때문에 축토 지장간(己, 癸, 辛) 중에서 계수와 통근을 하는 것이다. 이는 수 관성을 비교적 능동적으로 잘 쓸 수 있는 욕망과

환경이 주어진다는 뜻이다.


## 지지 육합(六合)

### ①자축토(子丑土)

자수와 축토가 만나면 토가 된다는 뜻이다. 그러나 해자축수 방합이 겹치면서 자축토의 육합이 변화를 이루기가 어렵다. 원래 방합은 반합이 없다고 하지만 그래도 축토가 수의 방위에 있기 때문에 수의 속성을 지니고 있다고 말할 수 있다. 따라서 자수와 축토가 합을 하여 토가 된다고 말하긴 어려운 측면이 있다. 어떤 이론에서는 수가 된다고 하기도 하는데, 그렇게 볼 근거는 부족하다. 그래서 육합 중 자와 축의 합은 고려하지 않는 편이 좋을 것 같다.


### ②인해목(寅亥木)

인목과 해수가 만나면 목으로 변한다는 뜻이다. 단, 인목과 해수를 충하는 지지, 즉 신금, 사화가 없어야 한다. 인해목이 되면 인목은 본래의 성향을 그대로 유지하고, 해수는 목의 성향을 닮는다. 해묘미 목에서의 경우와 비슷하다.


### ③묘술화(卯戌火)

묘술화는 묘목과 술토가 만나 화로 변한다는 뜻이다. 단, 묘목과 충하는 유금이 있거나, 술토와 충하는 진토가 없어야 합화가 이루어진다. 묘목이 화로 바뀌는 것은 큰 변화가 아니다. 양적인 성장과 동력을 공유하기 때문이다. 묘목의 번식력은 더 활발해지고, 조금 더 분주해지며, 생존의 능력도 강해진다. 그 양기가 너무 과해지면 묘목 특유의 창의력이 오히려 약해질 수도 있다. 과한 것은 항상 문제가 된다. 술토는 이동의 폭이 넓어지고, 더 경쟁적이 되며, 여전히 실속은 부족하다.

| 乾 | 시 | 일 | 월 | 연 |
|---|---|---|---|---|
| 천간 | 乙 | 戊 | 壬 | 丁 |
| 지지 | 卯 | 戌 | 寅 | 卯 |

보험 영업을 하고 있는 남성의 사주다. 시지의 묘목과 일지의 술월이 강하게 결합되어 있다. 연지의 묘목은 인목을 사이에 두고 있어서 상대적으로 결합력이 떨어진다. 그래서 연지 묘목은 묘목의 성향 그대로 본다. 다만, 쟁합의 모습을 하고 있어서 약간 불안해 보인다. 지지가 목화로만 이루어져 있다. 양적이고 부산한 환경에서 일한다. 영업직으로는 좋은 조건이다. 목은 관성이고 화는 인성이니, 관인이 서로 통해서 조직에서 주목받고 있다. 하지만 술토가 합을 하면서 무토의 지지기반이 약해졌다. 비겁이 약해지는 것은 장기적인 영업 전략에서는 불리하다. 영업을 오래하면 비겁이 남는다. 그것이 재산이다. 조직 관리보다 가까운 사람에게 소소하고 진심 어린 관심을 가져보는 것이 필요할 것 같다.

### ④ 진유금(辰酉金)

진유금은 진토와 유금이 만나서 금으로 변한다는 뜻이다. 단, 진유와 충을 하는 술토, 묘목이 없어야 가능하다. 유금은 본래의 성향을 유지하고, 진토는 금의 성향을 닮는다. 즉, 진토의 이상적인 성향은 금의 현실 감각을 따르고, 두루뭉술한 융합은 분석적인 쪽으로 기운다.

| 乾 | 시 | 일 | 월 | 연 |
|------|------|------|------|------|
| 천간 | | 辛 | 戊 | 己 |
| 지지 | | 未 | 辰 | 酉 |

이 사주는 지지에 진유가 나란히 있어서 진유합이 된다. 그러나 진토 위에 무토가 있어서 월주가 간여지동<sup>천간과 지지가 한 기둥에 같은 오행</sup>으로 있는 것이 된다. 그래서 진유가 합이 되어도 금의 기운으로 잘 수렴되지 않는다. 또한 유금이 토에 둘러 쌓여있다. 이것을 토다금매(土多金埋)라 하는데, 금이 흙 속에 매장되어 있어서 금의 역할을 잘 하지 못한다는 뜻이다. 그래도 좀 멀지만 일간과 통근을 하였기 때문에 제법 쓰임새가 많다.

### ⑤ 사신수(巳申水)

사신수는 사화와 신금이 만나서 수로 변했다는 뜻이다. 단, 사화와 충을 하는 해수, 신금과 충을 하는 인목이 없어야 가능하다. 신금과 수는 가을과 겨울의 기운으로 벡터가 같다. 그래서 큰 변화는 없다. 사화는 수와 반대편에 있다. 그래서 사화의 강한 에너지는 수의 벡터와 부딪히면서 약해진다. 명석하고 용의주도함은 무디어지고, 독기도 빠진다. 동시에 몸에 기운도 없어지고, 자폐적이거나 무겁고 우울한 성향으로 가기도 한다. 신금의 반사회성은 유연해져 융통성을 인정하는 쪽으로 변하며, 위계적인 성향도 수평적으로 바뀐다.

### ⑥오미화(午未火)

오미화는 오화와 미토가 만나서 화로 변했다는 뜻이다. 단, 오화
와 충을 하는 자수, 미토와 충을 하는 축토가 없어야 가능하다. 오화
의 변화는 미미하다. 같은 화이기 때문이다. 미토도 여름의 흙이기 때
문에 본래 화의 성향을 가지고 있어서 큰 변화는 기대하기 어렵다. 단,
미토의 참을성이 급한 성격으로 변하는 경우가 있다.

### 지지충

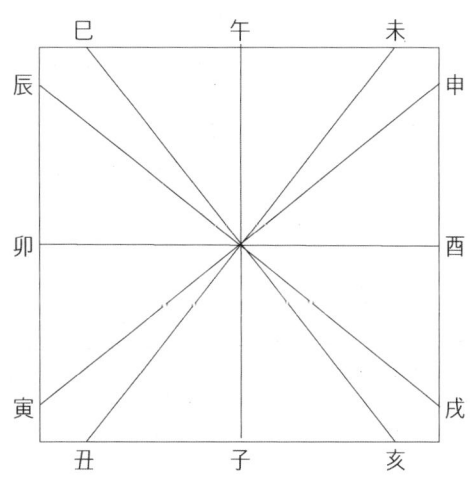

| 지지충 | 자오충(子午沖), 축미충(丑未沖), 인신충(寅申沖), 묘유충(卯酉沖), 진술충(辰戌沖), 사해충(巳亥沖) |
|---|---|

지지충은 마주보고 있는 지지끼리의 관계다. 지지는 현장이고 실제적 조건이다. 따라서 지지끼리의 충은 현실적 환경에 대한 변화로 볼 수 있다. 천간충에서의 심리적 변화 혹은 갈등이 현실적인 조건을 바꾸게 하는 데는 몇 번의 스텝을 더 밟아야 한다. 그래서 천간충은 마음속에서만 일어나는 경우가 많다. 그러나 지지충의 변화는 현실적 조건의 변화와 함께 찾아오기 때문에 체감이 더 강하게 온다. 특히 원국에 충이 있는 것보다 대운이나 세운으로 오는 경우가 더 강하게 감지된다. 이사, 이별, 해직, 승진, 만남, 합격 등 크고 작은 현실적인 변동들이 지지충과 관련하는 경우가 많다.

# 10. 용신과 개운법

## 조후용신(調候用神)

사주명리학에서는 용신(用神)이라는 개념이 있다. 말 그대로 '사용할
수 있는 신'이다. 신(神)이란 오행이나 간지를 가리킨다. 따라서 용신
은 내 사주에서 잘 쓰일 수 있는, 혹은 꼭 필요한 오행이나 간지를 말
한다. 예컨대 사주가 목(木)·화(火)로만 구성된 사람에게 상대적으로
필요한 오행은 금(金)·수(水)일 테고, 반대로 추운 겨울밤에 태어났고
나머지 글자도 금·수로 되어 있으며, 실제로 몸이 차갑고 추위를 잘
느끼는 사람에게는 따뜻한 화(火)기운이 필요할 것이다. 이처럼 오행
의 온도감을 기준으로 찾아낸 용신을 '조후(調候)용신'이라 한다. 조후
용신은『궁통보감』(窮通寶鑑)이라는 명리학 고전에 잘 설명되어 있다.
이 책에서는 주로 월지와 일간을 놓고 조후를 판별한다. 월지는 글자
자체로 절기와 계절을 알 수 있기 때문에 그 사주의 온도감을 드러내
는 좋은 지표가 된다. 일간은 사주의 방향성을 결정하는 존재의 축이
다.『궁통보감』에서는 월지의 온도감과 일간의 사물 이미지를 조합해
특정 온도에서 일간에게 필요한 것이 무엇인지를 밝힌다.

예를 들어 자월(子月)에 태어난 을목(乙木) 일간의 경우, "자월의 을목은 얼어 있는 꽃과 나무다. 그러나 일양(一陽)이 회복되는 시기이므로 병화를 사용해서 해동하는 것이 바람직"(十一月乙木 花木寒凍 一陽來復 喜用丙火解凍)하다고 설명하고 있다. 월지는 기후적 환경이고 일간은 그 환경에서 살아갈 물상(物象)이다. 이에 따라 자월의 을목을 해석하면, 자월은 동지를 끼고 있는 달이라 매우 춥고, 을목은 추운 환경에서 살아갈 작은 초목이다. 당연히 필요한 것은 화기운일 테고 여기서는 그 중에서 병화(태양)를 가장 필요한 용신이라 본 것이다. 일간 10개와 월지에 올 수 있는 지지가 12개이므로, 조합 가능한 경우의 수는 120가지가 된다. 『궁통보감』에서는 이 120가지의 경우를 일일이 소개하고 있다.

그런데 꼭 『궁통보감』의 방법으로만 조후용신을 찾을 수 있는 것은 아니다. 조후용신을 판별할 수 있는 근거는 월지와 일간뿐만이 아니다. 여덟 자 모두 조후용신의 판별 근거가 될 수 있다.

|  | 시 | 일 | 월 | 연 |
|---|---|---|---|---|
| 천간 | 丙 | 乙 | 丙 | 己 |
| 지지 | 戌 | 巳 | 子 | 巳 |

이 사주 역시 자월의 을목이다. 『궁통보감』의 이론대로라면 병화가 필요한 사주이고, 그 말대로 사주에 병화가 두 개나 있으니, 용신이 갖춰진 길한 사주라 할 수 있다. 또한 "자월 을목(乙木)에 병화(丙火) 한두 개가 있으면서, 계수(癸水)가 극제(剋制)하지 않으면 과거에 급제할 수 있다"고 주장하기도 한다. 일단 누누이 설명했듯이, 구체적인

예측은 그 자체로 오류가 된다. '과거에 급제한다'는 말이 그렇다. 조선시대만 해도 과거에 급제하는 인원은 3년에 한번 보는 식년시(式年試) 기준 33명이다. 그런데 『궁통보감』에서 이런 식으로 과거 급제를 언급한 횟수도 몇십 번이다. 이 좁은 길을 위 기준에 해당하는 많은 사람들이 다 갈 수 있을 것 같진 않다. 과거에 합격한다 해도 이 사주에선 넘치는 화(火) 식상 때문에 생기는 여러 사건들이 있을 것이다. 식상은 관성을 극한다. 더구나 4개의 화가 모두 상관이다. 상관은 정관을 강하게 극하므로 정관의 힘이 약해진다. 과거에 급제하여 정계에 진출한다 해도, 매우 고된 일을 겪지 않을까 싶다. 심하면 당파싸움에 목숨이 위태로울 수도 있다. 때때로 정쟁이 격화될 때 화를 면치 못하는 경우도 있지 않은가. 그런 점에서 길과 흉의 기준이란 참 모호하다.

'온도감'에 대한 『궁통보감』의 주장에도 빈틈이 있다. 사주에서 조후용신을 갖추고 있다는 것은 온도감에서 균형을 이루고 있다는 말이다. 추운 자월에 태어난 을목이 병화를 용신을 삼는다는 것은 온도의 균형감을 고려한 설명이다. 그러나 화기운이 너무 많을 때는 어떨까? 위의 사주는 8자 전체의 온도감을 따졌을 때는 오히려 화가 너무 많다는 느낌이 든다. 을목 옆에 병화가 두 개나 있다. 그뿐이 아니라 지지에도 사화(巳火)가 두 개 있어서 화가 총 4개나 된다. 점수로 따지면 13점이나 된다. 목까지 합치면 17점이다. 금수기운의 합(금은 없으니 자수만 따지면)은 8점이다. 8자 전체로 따지면 목화와 금수의 점수 비율이 17대 8로 목화가 금수보다 2배 이상 더 강하다. 그렇다면 이 사주에서 온도감을 기준으로 필요한 오행이나 간지, 즉 조후용신은 화가 아니라 오히려 서늘한 금이나 차가운 수가 되어야 하지 않을까? 따라서 조후용신을 월지에만 의존해서 해석하는 것은 문제가 많다고 본다. 다른 글자의 온도감도 따져봐야 할 것이다.


## 억부용신(抑扶用神)


용신 중에는 억부용신이라는 것도 있다. 이 용신은 일간의 세력을 기준으로 삼는다. 기운이 너무 지나치면 억누르고, 모자라면 부양하는 역할을 하는 것이 억부용신이다. 일간의 세력을 판단할 때는 '신강'(身强)과 '신약'(身弱)이라는 용어를 쓴다. 신강은 일간이 강한 세력을 가진 상태이고, 신약은 그 반대다. 신강하다는 것은 비겁이 강하고 비겁을 도와주는 인성의 세력이 세다는 뜻이다. 특히 비겁이 강해야 신강이라는 말이 어울린다. 인성이 많고 비겁이 약한 것은 신강하다고 할 수 없다. 반대로 신약은 비겁과 인성에 비해서 식신, 재성, 관성의 기운이 강한 상태를 의미한다. 쉽게 판별할 수 있는 방법은 점수를 계산하는 것이다. 전체 32점 중 비겁과 인성의 합이 16점 이상(비겁이 7점 이상이어야 함)이 되면 신강이고, 그 밑이면 신약으로 본다. 또는 월지와 일간의 오행이 같으면 인성이 없고 점수가 12점에 불과해도 신약하다고 볼 수 없다. 혹은 월지의 지장간에 일간이 뿌리를 내리고 있으면서 주위에 인성과 비겁이 하나씩만 있어도 신약하다고 하진 않는다.

　일반적으로 신약보다는 신강한 상태를 좋은 운으로 보는 경향이 있다. 그래서 신약한 사주에서는 용신을 비겁이나 인성으로 삼는다. 물론 신강하다고 해서 다 좋은 것은 아니다. 신강할 때는 기운의 밸런스를 위해 식상, 재성, 관성을 용신으로 삼곤 한다. 이는 일간 세력의 균형을 맞추기 위한 방법이다. 일간은 존재의 방향성을 지시한다. 일간의 힘이 강하면 자기의 의지를 관철하려는 힘이 강할 테고, 일간이 약하면 그 힘이 약하다고 본다. 또한 그 말은 고집의 강도를 나타내는 지표가 되기도 한다. 신강하면 지루한 자기 규정들을 고집스럽게 자기 자신과 타인에게 강요하기 쉽다. 어쩌면 그가 실현하려는 의지는 그런 케케묵은 가치일지 모른다. 신약한 자는 상대적으로 고집이 약하다. 그래서 쉽게 잘 무너지기는 하겠지만 그건 오래된 자기 습속을 바꿀 수 있는 좋은 기회이기도 하다. 하지만 주체의 힘이 약하다 보니 그런 기회를 자기의 힘으로 감당하려 하지 않고 의존적인 방식으로 해결하려 한다. 이래저래 '자기'를 바꾼다는 건 참 어려운 일이다.

'몸 신(身)' 자를 쓴 것은 사주 팔자를 하나의 유기체적 신체로 보기 때문이다. 이것은 실제로 신체적인 상태와 관련이 있기도 하다. 일설에 따르면 신약하면 몸이 약하다. 신약은 비겁이 약하다는 말이다. 비겁이 약한 자는 자신감이 저하될 우려가 크기 때문에 신체적 자생력이 떨어질 것이다. 만일 신약한 자가 몸이 약하다고 느낀다면 이런 인과 관계를 따져보는 것도 필요하다. 그렇다면 그의 용신은 비겁의 강화, 혹은 자신감을 생산할 수 있는 어떤 동기가 될 것이다.

조후용신, 억부용신 외에도 전왕(專旺)용신이라는 것도 있다. 기운이 너무 한쪽으로 쏠리면 반대 성향의 오행을 용신으로 둘 수 없고 오히려 강한 세력 자체를 용신을 삼는다는 원칙의 용신법이다.

다음 사주의 경우는 수(水)가 5개로 수의 세력이 매우 강하다.

| 乾 | 시 | 일 | 월 | 연 |
|---|---|---|---|---|
| 천간 | 己 | 癸 | 癸 | 癸 |
| 지지 | 未 | 丑 | 亥 | 亥 |

일반적으로 이런 경우에는 수를 억제하는 토나 수를 설기하는 목을 용신으로 삼지 않고 오히려 강한 수를 용신으로 삼는다. 이때의 용신을 전왕용신(專旺用神)이라 한다. 그 이유는 어떤 오행이 와도 수의 세력을 억제할 수 없기 때문에 차라리 수를 더욱 강하게 하여 수가 기운의 전권을 행사하게 하는 것이 운명에 더 유리할 것이라는 계산 때문이다. 물론 이론적으로는 그럴싸하다. 하지만 용신의 역할은 어떤 이데아적인 균형에 도달하는 것이 아니라 현재의 상태를 스스로 극복할 수 있도록 방향을 제시하는 것이다. 그리고 그 방향은 치우침을 개선하는 쪽이 된다. 따라서 수가 많은 사주는 수의 치우침을 극복하는 방향, 예컨대 수의 무겁고 음적인 습속들을 조금 벗어나 목(木)의 서툰 도전, 화(火)의 양적 팽창, 금(金)의 정의감 등의 성향을 취하기 위한 방향으로 한걸음 나아가는 노력이 필요한 것이다. 그것이 비록 서툴고 민망할지라도 그런 노력은 수(水)의 음적 한계를 스스로 넘어서려는 자기 혁명의 새로운 한걸음이다. 그런 새로운 시도로부터 예기치 못한 운명의 전환이 일어나기 시작한다. 그것이 바로 개운법(開運法)의 초식이다.

## 통근용신(通根用神)

기존 명리학에 통근용신이란 말은 없다. 『자평진전』의 통근 개념을 응용하여 필자가 만들어 낸 것이다. 통근용신이란 천간과 지지가 서로 통근이 되어 있는지를 살펴서 통근이 되어 있지 않은 간지 중에서 서로의 짝이 되는 간지를 필요한 용신으로 삼는 것이다. 예컨대 갑

(甲)이 천간에 있으나 지지에 목(木)이 없을 때 인목(寅木)이나 묘목 (卯木)이 용신이 된다. 또는 지지에 목이 있으나 천간에는 목이 없는 경우엔 통근을 위해 갑이나 을(乙)이 용신이 되는 것이다.

①

| 坤 | 시 | 일 | 월 | 연 |
|---|---|---|---|---|
| 천간 | 己 | 辛 | 癸 | 己 |
| 지지 | 丑 | 卯 | 酉 | 酉 |

| 66 | 56 | 46 | 36 | 26 | 16 | 6 |
|---|---|---|---|---|---|---|
| 庚辰 | 己卯 | 戊寅 | 丁丑 | 丙子 | 乙亥 | 甲戌 |

위 사주로 통근용신을 찾아보자. 우선 일간 신금(辛金)과 지지의 유금(酉金)을 주목하자. 이 사주에서 신금이 가장 통근을 하기 쉬운 곳은 월지 유금(酉金)이다. 연지 유금은 일간과 좀 떨어져 있긴 하지만 월지 옆에 바로 붙어 있어서 일간 신금을 같이 받는다. 즉, 일간 신금이 연지와 월지의 지장간 속 신금에 동시에 뿌리를 내린다는 말이다. 참고로 월지와 일간이 같은 오행이고, 지지에 유금이 하나 더 있으니 이 사주는 신강하다고 할 수 있다. 비겁이 천간과 지지로 연결되어 강한 힘을 가지고 있으니 비겁인 금(金)기운은 더 필요치 않다. 따라서 금은 통근용신이 되지 않는다.

그 다음 일지의 묘목을 보자. 자오묘유(子午卯酉)는 지장간에 다른 오행을 담고 있지 않다. 묘목도 그러하다. 묘목의 지장간은 을, 갑이다. 따라서 묘가 천간과 연결되려면 천간에 반드시 목(木)이 와야 한다. 그런데 이 사주에서는 일지 묘목을 다스릴 천간이 없다. 참고로, 하나뿐인 지지의 재성은 자기의 욕망과 연계되지 않은 예기치 않은 직장에 취직을 할 가능성이 높다. 특히 묘목 재성은 나무, 종이, 책과 관련되거나 분주한 업무, 기획과 창의력을 발휘할 수 있는 분야, 디자인과 출판 등과 관련된 곳에서 일하게 되는 경우가 많다. 이 사주의 주인공도 책을 유통하는 큰 도매상에서 일을 했었다. 하지만 자신의 끼나 욕망과 연계된 직장은 아니었다. 이때 용신이 될 수 있는 것은 묘목의 현장을 리드할 수 있는 갑과 을이다.

시간의 기토는 시지의 축토와 위아래로 잘 통근이 된다. 하지만 연간의 기토는 시지 축토에 뿌리를 내리기엔 너무 멀다. 따라서 연간 기토의 명령을 받아줄 실무자인 지지의 토(辰戌丑未)가 용신이 될 수 있다. 이처럼 토가 원국에 3개나 있어도 토를 용신으로 쓸 수 있다. 그러나 그럴 경우 수를 극하는 기운이 강해진다는 점(토극수)도 고려하고 있어야 한다. 하나를 얻으면 반드시 그에 따른 기회비용이 생기는 법이다. 토를 잘 쓸 수 있는 대신 수의 역할이 약화될 것이다.

월간의 계수는 지지에 수가 없다 해도 축토의 지장간(己癸辛) 중에서 계수로 뿌리를 내릴 수 있다. 그러니까 이 사주에서 계수 식상은 축토 인성 자리에서 쓰인다. 식상이 인성 자리에서 사용된다는 것은, 의식주를 해결하는 데 공부나 자격증이 결정적인 역할을 했다거나, 어떤 일을 시작할 때 매우 실용적이고 안정적인 조건에서 하려고 하는 경향성으로 해석할 수 있다. 이 사주의 주인공은, 아이들은 커 가는데 남편의 벌이가 늘 조금 부족한 상황에 놓이자, 간호조무사 공부를 해서 병원에 취업을 했다. 큰 목표를 두기보다 자기 형편과 실력에 맞고 월급은 많지 않으나 비교적 안정적으로 생활비를 보탤 수 있는 일을 찾은 것이다.

그러나 축토는 바로 위에 있는 기토(己土)에 강하게 연결되어 있어서 계수와의 결합력은 좀 약해질 수 있다. 그렇다면 천간 계수(癸

水)를 받아줄 자수(子水)와 해수(亥水)를 용신을 삼을 수도 있다. 그러나 조후적인 측면에서 보자면, 목화의 온도감이 약하기 때문에 수(水)를 적극적으로 용신으로 쓸 수 있을지는 의문이다. 하지만 비겁의 한계나 관성의 규범에서 벗어날 때가 됐다고 느낄 때, 식상을 용신으로 쓸 수 있다. 이 명식의 주인은 16세, 26세에 해(亥)와 자(子)가 대운으로 들어왔다. 해수가 들어온 때는 고등학교 입학 무렵이다. 그녀는 어려서부터 농촌에 살면서 바쁘게 일하는 부모님을 대신해서 동생들을 돌보았다. 그 일이 그렇게 고되다고 느끼진 않았지만 마음 한곳에선 늘 벗어나고 싶은 생각이 들었다. 그녀는 고등학교를 집에서 멀리 떨어진 곳으로 갔다. 가능한 멀리 떨어질수록 좋았다. 통학할 수 없어 기숙사에 들어갈 수밖에 없는 곳이어야 했다. 비겁(동생들)의 상황에서 벗어나고 싶은 욕망이 해수 식상을 만나면서 현실화되었다. 이때 해수는 용신이 된다. 이것은 좁은 농촌 사회라는 관성(조직)에서 벗어나는 것이기도 하다. 농촌 마을은 일종의 공동체적 성격을 띤 좁은 사회다. 거기서 개인은 공동체적 질서와 위계 안에 존재한다. 그것은 관성의 관계다. 동네 언니와 동생들, 마을 어르신, 친척 등 조직원들과의 서열 구도 안에서 살고 있는 것. 따라서 그녀의 고등학교 진학은 이 관성의 관계성으로부터 벗어나는 것이기도 하다.

②

| 乾 | 시 | 일 | 월 | 연 |
|---|---|---|---|---|
| 천간 | 壬 | 辛 | 壬 | 庚 |
| 지지 | 辰 | 酉 | 午 | 戌 |

| 69 | 59 | 49 | 39 | 29 | 19 | 9 |
|---|---|---|---|---|---|---|
| 己丑 | 戊子 | 丁亥 | 丙戌 | 乙酉 | 甲申 | 癸未 |

①의 사주 주인공과 비슷한 사례가 있다. ②번 명식의 주인공은 소도시에서 동물병원을 운영하고 있다. ①의 사주처럼 천간의 식상이 인성인 진토(辰土)의 지장간에 뿌리를 내리고 있다. 즉, 의식주를 해결하는 데 공부나 자격증이 결정적인 역할을 한 것이다. 그는 10년 전 홀로 개업을 하고 몇 년을 쉬는 날도 없이 병원에 출근했다. 초기에 자리를 잡기 위한 노력이었겠지만 그 일이 재미있지 않으면 그렇게 하지 못한다. 그렇게 노력해서 그 지역에서 꽤 잘 나가는 병원이 되었고, 지금은 후배와 동업하여 일을 분담하며 잘 살고 있다.

그런데 이제는 예전처럼 그런 동력이 생기지 않는다고 한다. 예전보다 쉬는 날도 많아졌지만 반복되는 병원 생활이 답답하게 느껴졌다. 답답함은 삶의 패턴을 전환시킬 시기라는 것을 알려주는 몸적 신호다. 사주의 용신은 이럴 때 활용된다. 즉, 답답함을 일으킨 반복된 생활 태도와 습관을 바꾸는 방향으로 용신과 연결하는 것이다. 이 사주의 대운을 보면 49세부터 해(亥)와 자(子)가 들어온다. 해수가 들어오면 임수가 약하게 연결되어 있던 진토와의 고리를 끊고 해수에 뿌리를 내린다. 그러면 인성과 함께 사용되었던 식상 본연의 기운이 살아난다. 식상이 안정성과 비활동성을 기반으로 한 인성의 굴레에서 벗어나면 활동적인 상황들이 만들어진다. 특히 지지로 오기 때문에 대개는 현실적 조건으로 주어질 것이며, 이로 인해 식상의 여러 가지 서툰 도전이나 창발적인 삶의 방식을 시도할 가능성이 높다. 중요한 변수는 그의 욕망이다. 답답함에서 벗어나겠다는 절실함이 있다면 해수가 용신으로서 제 역할을 할 것이고, 그렇지 않으면 상황의 변화가 생긴다 해도 답답함은 마찬가지일 것이다. 시절 인연을 어떻게 받아들이는가에 따라 운명이 다르게 펼쳐진다는 말이다. 그의 나이가 48

세이니 내년이면 정해(丁亥) 대운이 시작된다. 그런데 대운의 영향력은 좀 일찍 시작된다. 짧게는 1~2년, 길게는 3~4년이다. 그도 역시 몇 년 전부터 이미 답답함과 공허함이 시작되었다고 한다. 그가 정해 대운을 어떻게 사용할지 기대된다.

## 운을 연다는 것—개운법(開運法)

### ① 공정성과 효율성

'개운'(開運)이란 운을 연다는 뜻이다. 즉, 묵은 운을 보내고 새로운 운을 맞이하는 것. 그것은 곧 운명의 전환을 의미한다. 다시 얘기하지만 전환의 방향은 치우침이 개선되는 쪽이다. 운명의 치우침을 개선하기 위한 매개가 '용신'이다. 조후용신은 치우친 온도감의 균형을 맞추고, 억부용신은 일간 세력의 치우침을 개선하며, 통근용신은 천간이나 지지의 편중됨을 해소하기 위한 매개다. 매개라는 것은 그 자체가 목적이 아니라 어떤 일을 하기 위한 도구나 장치로 쓰인다[用]는 뜻이다. 예를 들어 목(木)이 용신이라면 목의 기호를 가지고 자기의 치우침을 벗어나기 위해 필요한 가치나 실천법을 찾는 데 이용한다. 목의 특성을 가지고 자신에게 맞는 개선의 실천법을 찾는 장치로 쓰는 것이지 목이 그 자체로 유용한 것이 아니다.

그것은 위에서 '용신으로 쓴다'는 것에 대한 능동적 해법이기도 하다. 일반적으로 '용신으로 쓴다'는 뜻은 해당 오행이나 간지가 시절운으로 들어온다는 말이다. 예컨대 용신이 금(金)이거나 유(酉)인 사람은 2017년(정유년)에 용신이 들어오는 것이며, 이것을 '용신으로 쓴다'고 하는 것이다. 하지만 이때의 '사용하다'[用]의 주체는 '자기'가 아니게 된다. 이는 그냥 좋은 시절이 왔다는 것을 수동적으로 받아들이는 것이다. 이때의 용신은 능동적인 사용[用]을 위한 매개 장치가 아닌 그 자체로 목적이 되어 버린다.

그렇다면 용신을 능동적으로 쓴다는 것은 어떤 것일까? 그 사용법을 구체적인 예로 설명하기에 앞서서 우선 용신을 다루는 과정을 '공정성'과 '효율성'이라는 큰 틀에서 이해해 보자. 정부가 정책을 결정할 때는 공정성과 효율성을 모두 고려한다. 그렇지만 모두에게 환영받진 못한다. 정책에 따른 혜택과 손해의 정도, 가치관과 이념, 계층에 따라서 공정성과 효율성을 평가하는 기준이 각각 다르기 때문이다. 때에 따라선 공정성과 효율성이 서로 어긋날 때도 있다. 공정성을 따르자니 비효율적이고 효율성을 따지자니 공정함이 문제가 되는 경우가 있다. 공정성은 주로 불평등 해소나 분배의 차원에서 다뤄지고, 효율성은 성장과 발전의 측면에서 언급된다. 물론 이 둘은 서로 맞물려 있다. 예컨대 경제 문제와 관련하여, 공정성을 우선시하는 입장에선 공정한 분배와 불평등과 양극화의 해소가 성장의 동력을 제공한다고 주장하고, 효율성을 중시하는 측에서는 성장이 분배를 낳는다는 낙수효과를 강조한다.

용신을 결정하고 다루는 것도 공정성과 효율성의 차원에서 볼 수 있다. 용신법에서 공정성이란 온도나 일간, 간지의 치우침을 바로잡는 것이고, 효율성이란 용신이 가져다주는 행운 같은 것이다. 대개는 사회적 성공을 돕는 운을 용신의 효율성이라 보면 된다. 대부분의 명리학자는 용신의 효율적인 면을 우선시한다. 그러나 효율성을 너무 중시하여 공정성을 무시하게 되면 용신의 이치는 사라지고 요행수만

운명의 해석, 사주명리

남는다. 즉, 자신의 치우침을 개선하는 방향이 아니라 어떤 용신이 와야 사업이 성공하고 건강을 찾으며 승진을 하고 결혼을 할 것인가에만 관심을 찾는 것이다. 그런데 구체적인 결과를 가져다주는 용신을 찾다 보니 오류가 생길 수밖에 없고, 오류를 줄여 보고자 용신을 찾는 이런저런 이론이 새로 생겨나지만 이론만 무성할 뿐, 결국 만들어졌다가 사라지기를 반복한다.

여기서 한 가지 짚고 넘어가야 할 것은 '용신'에 대한 과도한 기대다. 사업도 번창하고, 건강도 찾고, 공부도 잘 되고, 가정도 평안하며, 연애도 잘 되고, 마음도 편한, 그런 운이 있을까? 과연 용신이 찾아오면 원하는 모든 것을 다 가질 수 있을까? 육친의 이치만 간단하게 생각해도 그렇지 않다는 것을 알 수 있다. 재물운은 공부운을 극하고, 공부운은 의식주를 위태롭게 할 수 있으며, 말의 힘으로 인한 구설수는 조직운을 약하게 하며, 조직적 성취는 친구들과 멀어지는 계기가 될 수 있고, 자신감이 지나치면 아내를 힘들게 한다. 좋은 것이 오면 버려야 할 기회비용이 함께 생긴다. 쉽게 말해 좋은 것과 나쁜 것은 짝을 이루며 도래한다. 물론 좋은 일들이 한꺼번에 들어올 수도 있다. 일도 잘 풀리고 몸과 마음도 편할 때가 있다. 그런 시간은 자신감을 고양시킬 수 있는 좋은 기회다. 그래서 그 시절은 용신으로서 좋은 역할을 하게 된다. 그러나 좋은 시절은 어쩌면 기존의 자신을 더 견고하게 만들고 고집스럽게 동일한 방법으로 사유와 감정을 쓰도록 종용할지도 모른다. 사람은 원하던 대로 일이 잘 풀리면 성찰하려 하지 않는다. 오히려 기존에 쓰던 습관을 위대한 것으로 포장하여 고착시킨다.

그러므로 용신이 아무리 좋은 것이라 해도 '만능의 운'이 될 수 없다. 우리는 용신에 덧 씌워진 '행운의 만능키'라는 굴레를 벗겨야 한다. 용신이 사회적 성공과 같은 통념적인 행운을 가져다주는 요행수라는 인식에서 벗어나, 어떻게 하면 공정성의 차원, 즉 치우침을 개선하기 위한 도구로 쓸 것인가를 검토해야 한다. 효율성은 이를 바탕으로 폭넓게 살피고 계산하는 후속 조치의 차원에서 생각하는 것이 좋다. 그것이 용신법의 차서(次序)시간의 순차와 공간의 질서라 할 수 있다.

치우쳐 있는 감정과 사유로 인한 여러 문제들을 감지하고 그것을 개선하기 위해 용신을 사용하는 것. 이것이 용신의 공정성이다. 효율성은 그 공정성으로부터 자연스럽게 연쇄되어 일어난다. 즉, 효율성은 공정성의 결과다. 치우침을 어떻게 개선했는가에 따라 효용적 가치가 생기는 것이다. 그리고 개선이라는 것은 수동적 수용이 아니라 능동적 실천이라는 점에서 매우 적극적으로 운명에 개입하는 것이다.

### ② 용신의 가변성과 욕망의 불확정성

여기서 주목할 것은 용신의 가변성이다. 용신은 치우침을 발견하거나 개선의 실천적 방향성을 제시하는 매개체다. 이런 구도 안에선 용신이 고정되어야 할 필요가 없다. 치우쳐 있다는 진단과 함께 개선에 대한 욕망이 생긴다면 현재 도래한 시절 운을 그냥 용신으로 삼을 수 있다. 예컨대 앞에서 동물병원을 운영하는 ②의 경우(369쪽), 현재의 답답함을 어떻게든 풀어 보려는 욕망이 있다면 이제 막 들어오게 될 대운의 해(亥)를 용신을 쓰면 된다. 해를 용신으로 인정함으로써 인성에 묶여 있었던 식상을 자유롭게 하여 새로운 삶을 기획할 수 있도록 독려할 수 있다. 그렇게 해서 그의 답답함이 해소되었다면 그 용신은 특정한 치우침을 개선하도록 역할을 하게 된 셈이다.

중요한 것은 치우침을 개선하려는 노력이지 개선의 구체적 방법

운명의 해석, 사주명리

이 아니다. 어떤 방법이건 가능하다. 병원 일에 대한 태도를 바꿀 수도 있고, 병원에 나가는 시간을 줄여서 삶의 의지를 고양시키는 어떤 일을 시작할 수도 있다. 그 선택은 본인에게 있다. 물론 기회비용이 발생한다. 때론 수입이 줄어들기도 할 것이고, 어떤 선택은 가족의 반대에 부딪힐 수도 있다. 그러나 여러 부작용에도 불구하고 치우쳐져 막혀 있는 상태를 극복하는 일은 중요하다. 이것이 효율성보다 공정성을 우선한 전략이다. 효율성은 그 다음이다. 그것은 공정성으로부터 취득되는 효과, 즉 치우침을 개선하는 것 자체의 영향과 개선으로 인한 부수적 영향으로부터 생기는 계산되지 않은 이익이다. 이것이 공정성에서 얻게 되는 효율성이다.

치우침을 개선하는 방식은 정해져 있지 않다. 확실한 건 개선 방식의 벡터는 기존의 욕망과는 다른 방향이라는 것이다. 치우침은 결국 기존의 욕망이 만들어 놓은 것이기 때문이다. 치우침의 공간은 중심에 존재한다. 치우쳐 있건 그렇지 않건, 주체는 언제나 그 상황 한가운데 있기 때문이다. 따라서 개선의 방향은 중심에서 바깥으로 미끌어져 나가는 쪽으로 향한다. 어느 방향이건 상관없다. 중요한 건 탈중심화된 개선이지 구체적인 방법이 아니기 때문이다. 치우침을 벗어나겠다는 절실함이 있다면 방법은 시절의 변수와 섞여 예기치 않게 만들어진다. 기존의 욕망과는 다른 방향성을 지니고 있으며 아직 어떤 방식인지 결정되지 않은 여행. 용신이란 바로 그러한 여행의 방향과 여행 방식을 결정하는 데 결정적인 역할을 하는 현실 조건 같은 것이다. 어떤 치우침에서 벗어나는 쪽이라면 어느 방향으로 가든 상관없으나, 현재라는 시간에 우연하게 열려져 있는 방향(시절 인연)이 지금의 용신이 된다. 즉, 절실함의 때가 용신을 결정한다고 할 수 있다. 그

절실함이란 특정 목표를 향한 방향이 아니라 지금의 상황으로부터 벗어나는 탈중심적인 모든 방향이다.

이때 용신이 되는 시절의 간지는 반드시 새로운 길과 욕망을 열어 주는 쪽으로 해석을 해야 한다. 즉, 간지의 여러 기호 중에서 치우침의 방향과 다른 해석을 취해야 하는 것이다. 그 방향은 기존의 욕망이 일어나지 않는, 즉 별로 내키지 않거나 불편할 것 같은 낯선 방향이다. 그렇다고 거부감이 일어나는 것은 아니다. 어쩌면 내 안에 이미 존재해 있거나 잠복되어 있던 욕망이 나아가고 싶은 방향일 수도 있다. 언젠가는 해보고 싶었던, 그러나 익숙지 않아서 쉽게 다가가기 어려웠던, 그런 이중적인 욕망의 방향이다. 요컨대 용신을 쓴다는 것은 새로운 욕망을 깨우는 일이며, 기존의 욕망이 만들어 놓은 오래된 아우라에서 벗어나는 일이다.

물론 그러한 능동적 실천은 아무 때나 일어나는 것이 아니다. 대개 시절이 가지고 온 힘과 함께 일어난다. 시절의 힘에 늘 수동적으로 끌려가서도 안 되지만, 그 힘을 무시하고 아무 때나 용신을 능동적으로 쓸 수 있는 것도 아니다. 이처럼 용신의 정치적 전략은 '때'와 함께 펼쳐야 한다. 그리고 그 '때'의 장은 우발적 변수와 도래하므로 섣불리 예측할 수 없는 점에서, 용신과 함께 일어나는 욕망 역시 아직 확정되지 않은 미지의 마음이다.

나에게 필요한 기운이 기존의 욕망이 아닌 아직 결정되지 않은 욕망이라니, 그리고 지금은 감각할 수 없는 예정된 욕망이 전개하는 장으로 존재의 운명을 기투(企投)해야 한다니, 참 아이러니하다. 그러나 '통근용신'의 ①과 ②처럼 새로운 욕망은 그들 삶의 역사와 인과적으로 무관하지 않다. 매일같이 동생들을 돌봐야 했던 어린 시절, 10년 동안 치열하게 일했던 동물병원 생활. 오래 반복된 것일수록 용신은 기폭제로서의 영향력을 극대화하며, 새로운 욕망의 탄생을 예고한다.

여덟 글자의 기호가 많은 해석의 가능성을 담지하고 있듯이, 용신 또한 가변적일 수밖에 없다. 사주를 보려면 사주의 기호를 그의 스토리와 섞어야 한다. 그렇게 8자의 기호가 그의 특이성에 맞게 변형, 치환, 확장되어야 비로소 그만의 사주명리 해석이 된다. 마찬가지로, 그 사람의 서사에 필요한 균형점에 따라 용신이 달라질 수 있다. 그것은 사주를 보는 시공간에 따라, 혹은 어떤 사건을 겪고 있는가에 따라 필요한 것이 달라질 수 있기 때문이다. 필요한 균형점이란 기존의 욕망을 벗어나 있다. 따라서 용신을 쓴다는 것은 아직 확정되지 않은 욕망에 현재의 주체를 전복시킬 명분을 주고 권력을 이양하는 것이다. 그것은 '때'와 함께 시작된다. 즉, 새로운 욕망이 절실함과 함께 도래한 시간의 문을 열고 성 밖으로 빠져나가는 것. 그것이 바로 용신과 함께 언급되는 개운(開運)법의 핵심이다.


## 용신 찾기 사례 두 가지


용신은 그의 서사와 함께 섞여서 변형될 수 있다는 점을 기억해야 한다. 그러나 그 전에 사주를 보고 지금까지 배운 용신법 3가지(조후용신, 억부용신, 통근용신)로 용신을 찾을 수 있어야 한다. 그것이 절대적인 것은 아니지만 용신을 통치술로 사용하는 데 있어서 좋은 길잡이가 되기 때문이다. 두 가지 사례를 통해 용신을 찾는 훈련을 해보자.

①

| 坤 | 시 | 일 | 월 | 연 |
|---|---|---|---|---|
| 천간 | 丁 | 己 | 丙 | 戊 |
| 지지 | 卯 | 未 | 辰 | 午 |

| 67 | 57 | 47 | 37 | 27 | 17 | 7 |
|---|---|---|---|---|---|---|
| 己酉 | 庚戌 | 辛亥 | 壬子 | 癸丑 | 甲寅 | 乙卯 |

　　일단 조후를 살펴보자. 사주에 목화가 많고 금수는 없다. 한눈에 봐도, 온도감에서는 금과 수를 용신으로 삼아야 할 것이다. 억부용신도 비교적 쉽다. 관성, 인성, 비겁으로 이어지는 관인상생(官印相生)의 라인이 강하고, 식상과 재성은 없다. 특히 인성과 비겁이 강하고, 일간이 월지에 뿌리를 내리고 있어서 신강하다고 할 수 있다. 따라서 억부용신도 금 식상, 수 재성이 된다.

　　일반적으로 용신을 사용한다는 것은 개선해야 할 방향성을 가진 기운이 연운이나 대운 등 시절의 운으로 찾아오기를 기다리는 것이다. 그리고 그 시절이 찾아온 뒤에도 자기가 해야 할 실천은 없다. 다만 시절이 저절로 그렇게 해줄 뿐이라는 것이다. 그러나 위에서 언급했듯이 그것은 수동적인 용법이다. 용신을 능동적으로 사용하는 방법은 그 기운을 일상에서 실천하는 것이다. 이 사주의 경우 조후와 억부 모두 금과 수가 용신이므로 금수 용신을 일상에서 어떻게 구현하는가가 관건이다.

　　금은 원리원칙적이고 구조화에 능하며 논리적이고 절제력이 있으며 마무리에 강하다. 수는 무겁고 자폐적인 단점이 있지만 유연하고 융통성이 있으며 심층적으로 이해할 수 있는 능력과 배려심을 강점으로 가지고 있다. 금과 수의 기운이 부족하다는 것은 이런 능력들이 부족하다는 것이고, 금과 수가 용신이 될 수 있다는 것은 이러한 능력들이 필요하다는 뜻이다. 그러면 시절운으로 금과 수가 들어오지 않는다 해도 자신에게 부족한 금수 기운의 측면들을 평소에 극복하는 것으로 용신을 사용하면 된다. 이것이 능동적인 용신 사용법이다.

위 사주의 주인공도 평소에 맺고 끊는 것이 약하고, 우유부단하며, 사람을 깊게 이해하지 못하는 점이 있다. 주인공을 위한 처방 혹은 개운법은 위와 같은 금과 수의 측면들을 실천하는 것이다. 육친과 연결하자면, 금 식상은 명료하고 논리적인 말, 현실적인 도전과 계산된 기획, 기발하고 변칙적인 변화 등이 미덕에 해당하고, 수 재성의 미덕은 유연한 일 처리, 회사 동료에 대한 깊이 있는 배려와 원만한 대인관계 등이다. 그녀의 경우 현재 임자(壬子) 대운(현 40세)으로 수 재성이 많이 들어와 있기 때문에, 금 용신을 더 주목해야 하겠지만 수 재성의 미덕을 갖추지 못했다면 언제든 그것을 용신의 실천법으로 주시하고 있어야 할 것이다.

이번엔 통근용신을 찾아보자. 일간 기토는 월지(辰)와 일지(未)에 뿌리를 내리고 있고, 병화와 정화는 오화에 뿌리를 내린다. 시간의 정화가 좀 멀긴 하지만 미토 지장간 중 정화와 연결하면 별 문제가 없다. 하나 남는 것이 있다면 묘목이다. 그런데 묘는 생각보다 세력이 약하지 않다. 묘는 바로 옆에 있는 미와 반합을 하여 묘미합(卯未合)이 된다. 목의 세력이 강해지는 것이다. 그러나 합해진 목의 세력을 다스릴 천간이 부족하다. 이 사주의 주인공에게 목은 관성이 된다. 관성이 지지에만 있다는 것은 조직과 남자 관계에서 통제를 벗어난 사건이 벌어질 수 있다는 뜻이다. 지지에 합이 되어 관성이 강해지니 조직이나 연애와 관련된 예기치 않은 사건이 벌어질 수 있다. 예를 들어, 생각지도 않았던 승진이나 이직을 한다거나, 더 규모가 큰 조직으로 발령이

날 수도 있고, 갑작스럽게 남자가 강하게 접근해 올 수 있다. 물론 어떤 일을 미리 예측해야 한다는 뜻은 아니다. 사건은 늘 그렇게 도래하지 않는가. 중요한 건 사건 이후의 대처다.

실무자인 묘에게 명령을 내릴 수 있는 천간의 용신은 갑이나 을이다. 그 중에서 갑은 기토와 합을 하므로, 을이 더 적당한 용신이라 할 수 있다. 대운을 보면 20대 중반까지 갑과 을 대운이 들어와 있고, 이 중에서 을은 아동 혹은 청소년기에 해당한다. 이때는 묘와 아래위로 연결되어 통근을 하고 있지만, 관성이라는 육친이 대개 사회적 관계나 남자와의 관계에서 일어나기 때문에 많은 해석의 여지는 없다. 다만 국립대에 진학하고 대기업에 취업했다는 점에서 갑을 대운의 통근과 연결시킬 수는 있겠다.

그런데 27세부터는 천간의 목이 사라지고 원국의 묘목이 홀로 남게 된다. 이때는 회사 조직과 남자 관계에 많은 문제들이 일어날 수 있다. 그 문제들은 기존의 습관대로 해결하려 하면 안 된다. 어디로 튈지 모르는 묘목의 일탈을 감당하려면 다른 전략이 필요하다.

이럴 때 능동적으로 용신을 사용하면 된다. 즉, 을이 시절로 오진 않았지만(물론 연운으로 올 수 있다) 묘의 상황이 닥쳤을 때 을의 특징 중 묘를 다스릴 수 있는 미덕을 찾아내서 실천하면 된다. 예컨대, 환경에 적응할 수 있는 변이와 굴신의 유연함, 확장과 접속의 침투력, 융통성을 발휘할 수 있다. 그것은 기토의 수동적이고 좁은 시야를 넘어설 수 있는 좋은 대안이 될 수도 있다. 갑은 속도가 빠르고 거칠기 때문에 기토가 금방 적응하긴 힘들 수 있다. 그러나 을목은 음적이고 유연한 까닭에 기토가 자신의 한계를 넘어서서 실천할 수 있는 만만한 용신이다. 물론 그런 실천은 묘의 상황을 다른 방식으로 넘어서야 한다는

운명의 해석, 사주명리

절실함과 함께 일어나야 가능하다. 이때 을목은 예정되어 있지 않은 새로운 욕망이 되며 시절과 관계 없이 스스로 생성한 용신이 되는 것이다.

②

| 坤 | 시 | 일 | 월 | 연 |
|---|---|---|---|---|
| 천간 | 癸 | 癸 | 壬 | 辛 |
| 지지 | 丑 | 酉 | 辰 | 酉 |

| 63 | 53 | 43 | 33 | 23 | 13 | 3 |
|---|---|---|---|---|---|---|
| 己亥 | 戊戌 | 丁酉 | 丙申 | 乙未 | 甲午 | 癸巳 |

이 사주는 토금수(土金水)만 있고 목화(木火)가 없는 사주다. 이 사주도 조후와 억부를 찾기가 어렵지 않다. 온도감에서는 목과 화가 용신이 되어야 할 것이고, 억부용신도 마찬가지다. 인성과 비겁인 금수가 대부분이고 식상과 재성, 관성은 상대적으로 적다. 한 글자도 없는 식상과 재성인 목화를 용신으로 삼을 수 있다.

목화가 부족하고 금수가 많으면, 생리적으로는 몸의 대사 속도가 좀 느리고 몸이 무겁게 느껴질 때가 많다. 성격은 꼼꼼하지만 여유 있고 부드럽다. 금수가 많으니 우울함도 있을 것이다. 음적인 성향은 우울함을 받아들일 수 있는 영역이 넓다. 그래서 그들의 우울증은 상태가 심하지 않고 길게 이어지는 것이 특징이다. 또한 일의 속도가 빠르지 않고 새로운 일을 쉽게 벌이지 않는다. 수가 일간인 경우엔 목화가 식상과 재성이다. 식상과 재성은 사회적인 활동성을 촉발시키는 방향으로 작용한다. 따라서 이 경우 목화가 없다는 것은 이런 활동과 도약의 힘이 더욱 부족해진다는 뜻이기도 하다.

하지만 대운을 보면 이런 금수 위주의 성향이 크게 치우치지 않을 것이라 예상할 수 있다. 그녀의 대운에는 어려서부터 목화의 기운이 계속해서 들어온다. 특히 화는 지지와 천간에 걸쳐 거의 50년간 찾아온다. 또한 지지에 있는 두 개의 관성(물론 진유합금, 유축 반합으로 금인성이 되어 세력이 어느 정도 약해지긴 하겠지만)이 음적인 치우침을 보완해 준다. 진과 축은 오행으로는 토이지만, 관성은 그 자체로 양적인 기운을 발휘하기 때문이다. 이렇듯 원국이 음적으로 편중되었다 해도 대운과 관성으로 그 치우침을 보완할 수 있기 때문에, 삶에서 적절한 생기와 발랄함을 유지할 수 있다. 물론 계수 일간에 금수 기운으로 치우친 원국의 흔적은 음적인 본성처럼 작동한다. 따라서 위에서 설명한 금수 성향은 기본적으로 깔고 있다고 보면 된다.

이런 맥락 위에서 현재의 병신(丙申) 대운을 해석할 필요가 있다. 즉, 이 대운은 금수 쪽으로 치우쳐 있는 원국과 이 치우침을 억제하는 목화 대운의 흐름이 맞물린 상황에서 찾아온 것이다. 병(丙)과 신(申) 두 간지 중에서 특히 병화는 조후와 억부용신의 자격을 갖고 있다는 점에서 다음과 같은 두 가지 의미를 갖는다. 첫째, 병화(丙火)가 원국의 따뜻한 온도감을 보강하는 측면에서 중요한 역할을 하는 것은 틀림없지만, 대운의 흐름상 갑작스러운 일은 아니다. 목화(木火)의 운이 유년기부터 늘 대운에서 들어와 있기 때문이다. 그것은 목 식상과 화 재성이 원래 원국에 있었던 것처럼 지각될 것이며, 용신인 병화가 대운으로 온다고 해서 달라지는 것이 체감적으로는 크지 않을 것이다.

하지만 그렇다 해도 화의 운이 지지가 아니라 천간으로 들어온다는 점에서는 그 전의 상황과는 다른 용신의 작용이 있을 것이다. 이것이 두번째 의미다. 더구나 지지의 화 재성은 20대 초반까지 영향을 끼쳤기 때문에 재성의 사회적 관계성, 즉 일을 하고 돈을 버는 사회활동에 미치는 영향은 적다. 20대 초반에서 30대 초반까지는 화 대신 목 식상이 들어온다. 그 다음 33대운에 병화가 온다. 이 병화 재성은 지지가 아니라 천간으로 오는 까닭에 일과 재물에 대한 열정과 도전 정신이 새롭게 일어날 수 있다. 그 의지는 자기가 해야 할 일에서 두각을 드러내며 현실적으로 어떤 실질적인 결과를 만드는 데 일조를 할 것이다. 그러나 그 맹렬한 열정적 태도는 금방 체력을 소진시키고 번 아웃이 될 수 있는 위험이 따른다. 하지만 병화는 지지에 뿌리를 내릴 곳이 없다. 그렇기 때문에 화의 상승으로 인한 신체적 병증으로 연결될 수 있다는 점을 주목해야 한다. 천간에 화가 들어왔을 때 원국에 사화나 오화가 있으면 천간의 화가 들뜨는 것을 예방할 수 있다. 또는 지장간에 병이나 정이 포함된 지지, 즉 인·미·술도 천간의 화기와 결합할 수 있다. 위의 사주는 천간 화와 결합할 수 있는 지지가 없으므로, 병화는 어떤 정신적인 항진을 초래할 수 있다. 그 항진이란 강렬한 의지, 도취적 신뢰, 무모한 도전 등이다. 그것은 맹렬한 실천으로 이어져 사회적 번영과 성공을 가져올 수도 있다. 하지만 몸에서는 가슴과 머리에 열이 뜨고 체력이 고갈되어 병이 나거나, 정신적으로는 의지와 도전정신이 금방 식어 버리기도 한다. 요컨대 일반론적으로 용신이라 해도 무조건 좋은 운이라고 단정할 수 없다는 것이다. 여기서는 그녀의 구체적인 서사를 이야기하지 않았지만 그녀의 삶의 이야기를 통해 더 여러 가지 해석이 가능하므로, 그에 따른 용신의 해석은 더욱 다채롭게 펼쳐질 것이다.

통근용신도 찾아보자. 천간의 계수(癸水) 두 개와 임수(壬水)는 관성인 월지 진토(辰土)와, 시지 축토(丑土)의 지장간인 계수에 뿌리를 내린다. 즉, 이 사주의 비겁은 관성 환경에서 사용되고 있다. 예컨대, 비겁의 대인 관계를 회사나 공동체 등의 조직 안에서 맺고 있는 경우를 들 수 있다. 사적인 대인 관계와 공적인 대인 관계의 교집합이 넓은 편이라고 보면 된다. 또한 남편 혹은 남자친구를 조직 내에서 만날 가능성이 많다는 점도 참고해 두자. 실제로 그녀가 그동안 사귀었던 남자친구는 모두 조직 내에서 만난 사람이라고 한다.

그리고 나머지 연간의 신금은 연지와 일지의 유금에 연결되어 있다. 이렇게 해서 천간과 지지 모두 어떤 식으로든 연결되어 있다고 할 수 있다. 다만 지지가 진유합(辰酉合), 유축(酉丑) 반합으로 금으로 바뀌기 때문에 토 관성의 기운이 상당 부분 위축될 것이라 볼 수 있다. 그래서 천간의 무토와 기토가 통근용신이 될 수 있을 것 같다. 무토는 계수와 합을 하기 때문에 기토가 더 적당해 보인다. 기토는 지지의 토 관성이 합을 하여 기능을 상실하거나, 계수나 임수의 실무자로서의 역할을 하면서 자기 전공인 관성의 속성을 쓰지 못하고 있는 상황을 조금 바꾸어 놓을 수 있다. 시절운으로 기토가 오면 진유합(辰酉合), 유축(酉丑) 반합이 약해지고 진과 축이 기토와 연결되려고 한다. 이때는 인성의 영역에 걸쳐 있던 관성의 세력이 독자성을 가진다는 뜻이다. 또한 기토의 시절에 진과 축은 계수나 임수의 실무를 조금 내려놓고 기토와 함께 관성으로서의 실무를 보게 된다. 그것은 비겁과 관성의 교집합이 좁아지고 각각의 영역이 독립적인 역할을 한다는 의미가 된다.

통근용신의 입장에서 하나를 더 생각해 볼 수 있다. 대운 병화의 명령을 받을 수 있는 지지, 즉 사·오가 바로 그것이다. 원국에 없는 화가 천간으로 들어오면 상반신에 열이 뜨고 정신적인 피로와 망상이 생길 수 있다. 실제로 이 사주의 주인공은 병화 대운이 들어오면서 눈

운명의 해석, 사주명리

꺼풀이 벌겋게 부어오르는 경험을 자주한다고 고백했다. 그래서 사와 오 등의 지지가 병화의 뿌리를 잡아 주는 것을 생각해 볼 수 있다. 이 것이 시절운으로 들어오지 않아도 괜찮다. 지지에서 사와 오의 미덕을 살려 실천할 수 있으면 된다. 특히 오화가 더 중요하다. 사화는 유금과 합을 하기 때문에 온전하게 쓰기가 어렵다.

　　오화는 활동력과 독립, 공공성과 교육의 상징성을 가지고 있다. 그녀의 직업이 교사이기 때문에 교육과 관련해서는 이미 현장을 가지고 있다. 오화의 활동성은 일종의 역마살과 유사하다. 사람들과 폭넓게 만나고, 여행이나 유학, 이사 등 멀리 떠나는 모험과 인연이 깊다. 그것이 초원을 달리고 싶은 말의 본능과 비슷하다. 또한 자유를 억압하는 조건에서 탈출하기 위한 여러 가지 노력도 오화의 속성을 실천하는 일이다. 구체적인 방법은 자신의 서사와 함께 만들어 가야 할 것이다.

# 아우트로

에리히 노이만은 신화의 단계를 언급하면서 신화가 위대한 어머니의 신화에서 영웅 신화로 발전한다고 했다.에리히 노이만, 『의식의 기원사』, 이유경 옮김, 분석심리학연구소, 2010 참조 그는 이런 신화의 단계에 빗대어 인간의 의식이 발달하는 과정을 설명한다. 위대한 어머니 신화에서 영웅 신화 단계로 가는 과정은 소년이 어머니의 구속으로부터 벗어나 자립하는 성장 과정에 비유할 수 있다. 신화의 과정에서는 여신은 괴물로 변하고 영웅은 이 괴물을 죽임으로써 탄생한다. 이는 소년이 청년으로 성장하면서 의존하고 있는 존재로부터 정신적으로 독립하는 것을 상징한다.

나는 운명의 전환점에 이른 사람은 누구나 이런 과정을 거쳐야 한다고 생각한다. 괴물로 변한 어머니를 언젠가부터 의존하고 있었던 안락한 것에 비유한다면, 영웅은 그 전환기에서 주도권을 쥔 존재를 뜻한다. 즉, 운명의 전환점마다 반복되는 나약함과 의존성에서 벗어나 운명의 주도권을 쥐기 위해선, 안락하지만 늘 자신을 구속해 왔던 고리를 끊어 버려야 한다. 그것은 타인이나 외부의 권력 등이기도 하지만 대부분 스스로 얽매여 있는 내면화된 규율과 상식, 경험에서 비롯된 감정과 정서 등이다.

전환의 징조는 다양한 신호로 찾아온다. 관계의 파탄이 일어나거나 이직, 이사, 파산, 승진 등으로 물리적 환경이 바뀌기도 한다. 기쁜 일로도 달갑지 않은 일로도 찾아오지만 대개는 사는 게 지루하고 답답하고 공허한 느낌이 가장 흔하다. 이때 무기력함이 밀려오는데, 동시에 1장에서 언급했던 어떤 '낯선 욕망'이 함께 일어난다. 이러한 전환의 징조는 능동적으로 운명을 다르게 열도록 독려하는 몸의 신호 혹은 몸과 섞여 있는 세계의 신호가 아닐는지. 이런 기회가 아니면 우린 '운명의 판'에 묶여 영원히 자기 습속을 되풀이하고 있을지도 모른다. 전환의 징조는 자기 습속이 무기력한 틈을 타서 능동적으로 새로운 운명을 기획해 보라는 몸의 전략인 것이다.

그러나 신화에서처럼 명확하고 극적인 단절이 일어나기는 쉽지 않다. 예컨대, 누군가와 인연을 끊거나 직장을 그만두는 등 현실적인 조건을 갑자기 바꾸는 것은 참 힘든 일이다. 또한 내면화된 윤리나 감정적 습관을 바꾸기란 더 어렵다. 특히 무기력한 상태에서 무엇을 결정한다는 것은 쉽지 않다. 이해관계는 얽혀 있고 정기적으로 돈이 들어갈 곳이 있으며 해야 할 일도 있다. 모든 것을 다 끊어 낼 순 없다. 하지만 이대로 기회를 날려 버릴 수도 없다. 어떤 것은 끊어야 하고, 어떤 것은 조율해야 할 것이다. 그러나 번뇌는 계량화할 수 없다. 양적인 척도로 번뇌의 우선순위를 결정할 수 없기 때문에 어떤 결정도 쉽지 않다. 또한 무기력, 그리고 그와 함께 찾아오는 우울증 때문에 우리는 전환의 기회를 놓치고 만다.

이럴 때 흔히 의존적 관계를 맺게 된다. 예컨대, 사람들은 무기력 상태에서 대개 신앙이나 주술, 심리치료나 여러 운명론의 전문가에게 어떻게 살아야 할지에 대해서 물어본다. 그러나 심리적 효과는 잠시뿐이고 이런 관계성은 또 다른 수동적 속박의 상태로 돌아가게 한다.

전환기에 몸이 표현하는 징조는 자생적으로 운명을 전환하라는 신호다. '운명의 판'과 습관에 예속된 상태에서는 생명력이 약해진다. 신호를 포착하고 전환의 액션을 취하는 주체는 바깥이 아니라 자신에게 있다. 그렇다고 현재의 자신에게 그 전환의 전권을 맡겨서는 안 된다. 아직 전환을 능동적으로 이뤄 내지 못한 상태에 있다면 그가 선택하는 어떤 결정도 그전의 상태로 복귀하는 방향이 될 가능성이 높기 때문이다. 그래서 좀 다른 전략의 통치술이 필요하다. 타인에 의존해서도 안 되지만 자신을 온전하게 믿어서도 안 된다. 이럴 때 필요한 것이 새로운 방법론이다. 존재를 초월하여 군림하는 종교성을 가져서도 안 되고, 자기가 익숙하게 쓰고 있는 어법 안에 포획되어서도 안 된다. 자신이 얼마든지 다룰 수 있고 쉽게 접근할 수 있지만 자신의 어법을 넘어서 사유와 상상력을 확장시킬 수 있는 방법론이어야 한다. 사주명리는 그 조건에 적합한 이론이 될 수 있다.

사주명리의 8자는 그가 태어난 시공간이 담긴 기호다. 그 시공간을 한 번 상상해 보자. 예를 들어 경칩 무렵의 새벽이라면, 동면에서 깨어나기 시작하는 동물들과 하루가 다르게 자라나는 새싹의 에너지가 땅에 가득할 것이다. 그리고 그 무렵의 별의 위상이 가지고 있는 어떤 힘 또한 땅에 영향을 미칠 것이다. 사주명리는 그 기운들을 8자의 기호들 안에 담고 그 기호들을 가지고 그의 운명에 어떤 의미를 부여한다. 그런데 인트로에서도 밝힌 것처럼 사주명리는 한 개인의 운명을 구체적으로 예측할 수 없다. 그것은 간지라는 기호가 특정 개인의 구체적인 운명에 대한 어떤 정보도 담고 있지 않기 때문이다. 간지 안에는 그 시간에 일어나고 있는 만물의 움직임과 방향성이 담겨져 있을 뿐이다. 거기엔 그 시간에 흘러가고 있는 먹구름, 비에 젖은 지붕, 새순이 돋고 있는 개망초, 막 태어난 아기를 보고 있는 아버지의 뛰는 심장 등 많은 것들이 들어 있지만 그 아기의 구체적인 운명은 포함되지 않는다. 아기의 운명은 그 만물의 기운들이 무한한 변수와 함께 만들어 가게 될 것이다. 우리는 간지에 담긴 기호들을 가지고 어떤 시적인 유추를 할 수 있을 뿐이다. 예컨대, "너는 비오는 경칩 새벽, 길가에 핀 개망초 새순 같은 녀석이야"라고 말이다.

그러므로 간지 안에 만물이 담겨 있듯이, 간지로 해석할 수 있는 경우의 수는 수없이 많다. 그래서 간지는 기호다. 기호는 기호가 놓여 있는 상황의 맥락에 따라 다르게 표상되기 때문이다. 그리고 표상을 결정하는 것은 마음이다. 기호학자인 퍼스는 "기호는 그것을 그렇게 간주하는 마음에 대해서만 기호"[찰스 샌더스 퍼스, 『퍼스의 기호학』, 김동식·이유선 옮김, 나남, 2008, 249쪽]가 될 수 있다고 말했다. 즉 기호는 원래부터 대상을 특정하게 규정하기 위해 존재하는 것이 아니라, 그렇게 규정하고 싶은 마음에서 생겨난 것이다. 따라서 마음이 가는 방향에 따라 기호는 대상과 지시의 내용을 다르게 생성할 수 있다.

간지라는 기호 역시 그 사람이 놓여 있는 운명의 맥락에 따라 얼마든지 다르게 해석될 수 있다. 사주명리가 전환기의 새로운 방법론이 될 수 있는 것은 이러한 점 때문이다. 간지는 누구나 쉽게 다룰 수 있는 언어이고 기호다. 그것은 음양이나 오행으로 환원되고 자연물에 비유되며 비교적 익숙한 문자다. 일반적으로 음양과 오행으로 환원해 사용하지만 음양오행 역시 간단한 이치와 어휘로 구성되어 있기 때문에, 간지는 쉽게 접근할 수 있는 체계다. 하지만 기존의 사유만으론 간지를 풍성하게 해석하긴 어렵다. 간지 안에 담긴 수많은 의미의 조각들은 의미화의 어법을 달리할 때마다 풍성해진다. 즉, 기존의 사유와 욕망이 벗어난 곳에서 간지는 새로운 논리와 해석을 만들어 낸다.

이러한 사주명리의 방법론은 '낯선 욕망'을 향해 존재를 던질 수 있는 명분을 준다. 그것은 1장과 10장에서 소개한 것처럼 사주를 그 미지의 방향이 나아가려는 쪽으로 해석을 하는 것이다. 전환기의 무력감 속에 찾은 낯선 욕망은 한 번도 가 본 적이 없는 길과 같다. 길흉을 계산할 수도 없고 방향을 종잡을 수도 없지만 한 가지는 확신할 수

운명의 해석, 사주명리

있다. 그것은 낯선 욕망이 가려는 방향이 스스로 갇혀 있었던 낡은 방의 출구를 향해 있다는 믿음이다. 이로써 운명의 전환기에서 서성이고 있는 주체는 분명 자신과는 다른 세력이지만 그렇다고 완전히 외부의 세력도 아닌 잠재된 주체에게 권력을 이양할 수 있다.

권력을 받은 낯선 욕망은 우발적 인연에 닻을 내린다. 어떤 우연과 마주할지는 모르지만 그 지점에서 다시 시작하는 운명은 분명 괴물로 변한 어머니로부터 스스로 벗어난 상태라고 말할 수 있다. 그 능동성은 기존 주체의 욕망 안으로 포획되지 않으면서도 외부에 의존하지 않는다. 그 능동성을 취하는 대신 안정을 잃었다. 예측할 수 없는 상황으로 내몰리면서 두려움이 밀려오기도 할 것이다. 하지만 영웅의 단계로 나아간다는 것은 그 두려움의 한가운데로 들어가 두려움의 원천인 의존적 사슬을 끊어 버리는 것이다. 그럼으로써 운명의 전환기에 주도권을 쥐게 되는 것이다.

사르트르는 "창조는 오직 읽기를 통해서만 완성될 수 있" <sub>장 폴 사르 트르, 『문학이란 무엇인가』, 정명환 옮김, 민음사, 1988, 68쪽</sub>다고 했다. 작가의 창작이 독자의 읽기에서 완성된다는 것이다. 사주명리도 마찬가지다. 이론적 토양을 만든 것은 과거의 수많은 작가들에 의해서지만 완성은 간지를 읽고 해석하는 현재의 개인에게 달렸다. 어떻게 읽을 것인가? 자유롭게 읽어라. 그것은 하나의 기호일 뿐이다.

소설가 김중혁은 "내가 소설을 쓰고, 누군가 그 소설을 읽은 다음 소설에 대해 말하고, 내가 다시 그 이야기를 듣는 과정은, 아무리 생각해도 놀랍다" <sub>모옌 외 30인, 『문자공화국의 꿈』, 섬앤섬, 2016, 58쪽</sub>고 고백했다.

독자들은 내가 만들어 놓은 공간을 풍요롭게 만든다. 내가 '계단'이라고만 써 놓은 공간을 '나무계단'으로 마음껏 상상하고, 내가 '커피전문점'이라고 써 놓은 공간을 자신이 자주 가는 단골 '스타벅스'로 제멋대로 상상해 버린다. 내가 3차원 공간을 2차원 종이에다 번역해 놓으면 독자들은 2차원의 종이에 있는 공간을 (마치 팝업북 읽듯) 3차원으로 변환해 버린다. 나는 짧은 몇 문장을 썼을 뿐인데, 독자들은 그걸 서사로 번역해서 받아들인다. 이보다 더 효율적인 장사가 없다.모엔 외 30인, 앞의 책, 59쪽

이 책도 그렇게 읽히고 쓰였으면 좋겠다. 내가 써 놓은 개념과 확장된 의미들을 그대로 쓰기보다, 독자가 제멋대로 자신의 서사에 변환해서 활용하기를 바란다. 사주명리는 언어가 활용되고 기호가 변형되는 곳에서 빛난다. 설령 그것이 자기를 속이거나 자기 합리화의 함정에 빠질지라도 말이다. 그래도 자꾸 들여다보면 사주의 기호들이 말랑말랑해지면서 기존의 해석과 또 다른 삐딱선을 타고 간다. 그러다 보면 자유롭게 흘러가는 기호들을 통해 여태 보지 못했던 자기를 보게 될지도 모른다. 오래 걸리더라도 그게 낫다. 훌륭해 보이는 말씀들의 잔치에 숟가락 하나 올려 놓는 것보다는.

부록
실전사주

이제 간지 기호가 생성하는 여러 의미들이 실제로 어떻게 해석되는지 적용해 볼 차례다. 우리가 공부한 음양오행, 간지 자체의 물상, 육친, 합충을 사례에 비추어 시험해 보는 것이 사주 공부에 많은 도움이 될 것이다. 이 책에서 강조하는 사주 해석은 정확한 예측이나 맞히기가 아니다. 우리는 기호의 화용론적 특성을 이용하여, 그 사람의 개별적 역사와 특이점과 함께 스토리를 만들어 가는 방식을 택할 것이다. 기존의 방식과 다른 점은 사주 여덟 글자보다 존재의 서사가 우선한다는 점이다. 여덟 글자만 놓고 분석하는 것은 여덟 글자에 담겨진 고정된 의미를 진리로 둔갑시키고 신화화하는 것이다. 8개의 간지는 하늘에서 내려 준 계명이 아니라 존재의 개별적 서사에 유연하게 적용되는 물렁물렁한 기호다.

그런 점에서 우리의 사주 해석의 방식은 구체화되지 않은 기호들을 서사에 맞춰 확장시키거나, 기호들의 추상적 의미에 서사를 재구성하는 방향으로 가게 될 것이다. 그러기 위해서는 서사가 공개된 사람의 사주 명식이 필요하다. 우리의 목적은 그 사람의 서사와 함께 풀이하는 것. 그 최초의 대상자는 자기 자신이 될 것이다. 누구보다 자신의 서사는 자기가 잘 알고 있을 터, 우선 이 책의 첫번째 목표는 자기에 대한 존재론적 재구성이다. 그러나 이 책은 다수의 사람들을 위해 집필되었기 때문에 여기에 예시로서 사용될 사주는 서사가 공개된 사람이어야 할 것이다. 그래서 나는 개인의 역사가 알려진 인물로 실전 풀이를 해볼 작정이다. 그 첫번째 대상은 바로 일본을 대표하는 근대의 문인, '나쓰메 소세키'다. 두번째는 '정조'다. 세번째는 일반인이지만 해석에 앞서 그녀의 히스토리를 이야기할 것이다. 한 사람의 일생을 우리가 배운 대로 음양부터 합충까지 죽 설명하는 것도 의미가

운명의 해석, 사주명리

있겠지만, 나는 그들의 특징 몇 가지만 가지고 풀이를 해보려 한다.

## 나쓰메 소세키의 사주 해석

**1867년 2월 9일 ~ 1916년 12월 9일**

| 乾 | 시 | 일 | 월 | 연 |
|---|---|---|---|---|
| 천간 |  | 庚 | 壬 | 丁 |
| 지지 |  | 申 | 寅 | 卯 |

| 62 | 52 | 42 | 32 | 22 | 12 | 2 |
|---|---|---|---|---|---|---|
| 乙未 | 丙申 | 丁酉 | 戊戌 | 己亥 | 庚子 | 辛丑 |

나쓰메 소세키(夏目漱石)는 1867년 2월 9일 생이고, 시는 알려진 바가 없다. 그래서 시주는 그냥 빈칸으로 두고 해석할 것이다. 자기가 태어난 시간을 모르는 경우도 있다. 그럴 때는 일반적으로 사주를 정확하게 해석할 수 없다는 입장을 표한다. 그러나 정확하지 않다는 표현보다는 풍성하지 못하다는 표현이 맞을 것 같다. 어차피 우리가 맞히기 게임을 하는 게 아니라면 알고 있는 범위 내에서 충실하게 해석을 하면 될 것이다. 그래도 태어난 날은 알아야 한다. 일간이 없으면 육친을 해석할 수 없어서 좀 밋밋할 수 있다.

사주를 해석할 때 가장 처음 눈에 띄는 것은 일간이다. 10개의 천간 중 일간이 가지고 있는 운명의 방향성이 사주 전체를 이끄는 이미지로 작용한다. 그 다음에는 어떤 오행이 많은지를 보게 된다. 꼭 순서가 있는 것은 아니지만 특정 오행이 많이 있을 경우에는 오행적 성향을 먼저 떠올리게 된다. 다음의 사주가 그런 경우다.

| 乾 | 시 | 일 | 월 | 연 |
|---|---|---|---|---|
| 천간 | 己 | 癸 | 癸 | 癸 |
| 지지 | 未 | 丑 | 亥 | 亥 |

이 사주는 8자 중에 수(水)만 다섯 글자가 있다. 이런 경우엔 수의 특성이 먼저 떠오른다. 휴식의 에너지, 즉 무겁고, 느리고, 자폐적인 기운과 비세속적이고 심연으로 빠져드는 공부 스타일, 유연성과 융통성 등, 간지를 해석하기 전에 우선 수의 특징들이 고스란히 드러난다. 이 청년은 실제로, 좋게 말하면 여유가 있고, 나쁘게 보자면 좀 느리고 의뭉스러운 성격을 가지고 있다. 집에서 컴퓨터로 음악을 작곡하는 취미에 빠져 있는 등 오타쿠적 성향이 있었다. 그렇다고 관계가 나쁜 것은 아니다. 비겁이 많아서 사람을 만나거나 사회활동을 하는 데 큰 문제는 없다. 다만 수의 무게감과 유동성 때문에 겉치레와 예법 등 화와 관련된 환경을 매우 귀찮아 할 뿐이다. 대학을 중퇴하고 방 안에 틀어박혀서 거의 한 발짝도 나오지 않고 공부해서 한의대를 갔다. 또한 철학, 동양학, 음악 등 수(水)에 잘 어울리는 학문적 성향을 보인다. 참고로, 이렇게 비겁 오행으로 세력이 집중되어 있으면 '종왕격'이라 해서 해석을 좀 달리하지만 크게 신경 쓰지 않아도 된다. 그냥 수가 많은 사주로 해석하는 것으로도 충분하다. 물론 한쪽으로 치우쳐 있을 때 균형의 치우침이 생길 수 있다는 점을 고려해야 할 것이다. 그런 점들을 객관화할 때에야 비로소 어떻게 실천할 것인지, 그 방향을 가늠할 수 있다. 다시 나쓰메 소세키로 돌아가자.

우선 경금이라는 일간이 보이는데, 경금 밑에 있는 신금도 같이 보인다. 간여지동(干如支同), 그러니까 천간과 지지가 같은 오행으로

운명의 해석, 사주명리

연결되어 있다. 이런 경우엔 같은 점수라도 더 강한 세력을 가지고 있다고 할 수 있다. 즉, 금의 성향이 더 두드러지고, 더불어 일간인 경금을 중심으로 한 비겁의 세력이 강하게 형성된다고 할 수 있다. 시주 두 글자를 모르는 상태에서의 간여지동은 더 크게 보인다.

소세키는 34살인 제5고등학교 교수 시절, 국비로 영국에 유학을 가게 되었다. 그건 일종의 명령이었다. 그는 "특별히 양행(洋行)<sup>서양행</sup>의 희망도 없었"<sup>나쓰메 소세키, 『문학 예술론』, 황지현 옮김, 소명출판, 2004, 29쪽</sup>지만 그렇다고 "특별히 양행의 희망을 품지 않았을 뿐이지, 본디 타인에게 고사해야 할 특별한 이유가 있었던 것도 아니어서 승낙의 뜻을 표하고 물러났다"<sup>같은 책, 30쪽</sup>고 고백했다. 이 대목도 경금 혹은 금의 성향을 파악할 수 있는 좋은 사례다. 경금에게는 명분이 중요하다. 그에게는 "왜 가야 하지?"에 대한 합리적인 답변이 있어야 한다. 설령 거기에 '특별한 이유가 있는 것이 아니다'라는 논리라도 얻어야 비로소 그 실천을 할 수 있다. 하나의 장면이 더 있다.

내가 명령받은 연구의 제목은 영어이지 영문학이 아니었다. 나는 이 점에 대해서 그 범위 및 세목을 확인할 필요가 있어서 당시 전문학교 학무국장이었던 우에다 가즈토시 씨를 문부성으로 찾아가서 자세한 사정을 질문했다. 우에다 씨는 그렇게 형식에 치우친 딱딱한 속박을 둘 필요는 없고, 단지 귀국 후 고등학교나 대학교에서 강의할 만한 과목을 전공으로 삼아 공부하기를 희망한다고 대답했다. 처음에 유학 가서 연구하도록 지정한 영어라는 규정은 나 자신의 의견에 따라 다소 변경될 수 있는 여지가 있다는 것을 인정했던 것이다.<sup>같은 곳</sup>

소세키는 국비유학의 목적인 '영어 교수법 조사'와 '어학연수' 외 '영문학'에도 관심이 있었다. 그런데 고모리 요이치가 지적한 대로 "보통의 경우 영어를 연구하라는 명령을 받았다고 해서 영문학 연구를 금지했다고 받아들이지는 않을 것"고모리 요이치, 『나는 소세키로소이다』, 한일문화연구회 옮김, 이매진, 2006, 61쪽이다. 그러나 소세키는 자기가 공부하고 싶은 영문학에 대한 '명분'이 필요했다. 영문학 연구가 주어진 과제에도 합당한 것인지, 혹은 문부성이 의도했던 것을 소홀히 하게 되는 일인지의 구분이 필요했던 것이다.

고모리 요이치는 "영어와 영문학을 분리한 배후에는 꽤 명확한 의도가 있었음을 알 수 있"다고 말하고는, "영문학과 영어 사이에는 대영제국의 식민지 및 계급 사이에 펼쳐지는 지배와 피지배, 중앙과 주변, 차별과 비차별 같은 정치성이 생생하게 새겨져 있었던 것"이라고 마무리한다. 그러고는 별다른 해설이 없다. 소세키가 지배와 피지배를 인식하고 영어와 영문학을 구별했다는 것인지, 아니면 어떤 정치적 상황 때문에 구분했다는 것인지 알 수가 없다.

나는 개인의 체질이나 성격 같은 개체적 특수성이 많은 역사적 선택의 중심에 있다고 생각한다. 영어와 영문학을 구분하려는 소세키의 행동이 어떤 정치적 의식과 연결될 수도 있다. 그러나 그의 의도는 당국의 목적과 영문학에 대한 그의 욕망 사이의 조율이었으며, 그에 대한 명분이 있어야 마음이 편해지는 그의 성격 때문이라는 점이 빠져서는 안 될 것이다. 이는 그의 고백에서도 드러난다.

나는 단순히 어학에 통달하려는 목적을 가지고 영국에 온 것은 아니었다. 관명(官命)은 관명이고 나의 의지는 나의 의지다. 우에다 국장의 말대로 목적에 어긋나지 않는 범위 내에서 내가 나의 의지를 만족시킬 수 있는 자유는 있었다.나쓰메 소세키, 앞의 책, 32쪽

그의 고백에서도 드러나듯이 그가 영어와 영문학을 분류한 것은 정치적 의도에서가 아니라 욕망과 의무 사이의 명분을 만들기 위해서다. 만일 경금이 아니라 임수 일간이었다면 별 생각 없이 하고 싶은 영문학을 하면서 이것이 당국의 의도와 다를 게 없다고 생각했을지도 모른다. 경금과 임수의 결정이 절대적으로 그렇게 나뉜다는 것을 말하려는 것이 아니다. 중요한 것은 어떤 선택의 배경이 되는 요인 중에는 정치적·역사적·시대적인 신념뿐만 아니라, 단순한 감정이나 체질적 요인 혹은 정치적 의도를 일으킨 더 이면의 원초적인 성향이 자리하고 있다는 점이다. 사주의 논리는 그런 원초적 성향을 독특한 방식으로 분류하고 규정한다.

그것을 명리(命理)적인 이치로 해석하는 것은 심리학이나 정신분석과도 다르다. 명리는 타고난 힘의 편차가 그의 선택에 어떤 영향을 미칠 것이라고 본다. 즉, 그의 선택에 영향을 미치는 것은 정치적·시대적 신념 아래에 잠복된 개체의 태생적 조건이 있다는 것이다. 이쯤 되면 우리는 또 운명 결정론에 대한 논의를 해야 할 것 같다. 하지만 명리를 통해 이런 해석을 하는 것은 그의 선택 하나하나가 사주에 묶여 있고, 그래서 사주는 위대한 해석체계라는 것을 강조하려는 것이 아니다. 나의 관심사는 그의 실존적 선택이 태생적 한계와 어떤 대결을 펼쳤는가에 있다(그 내용은 조금 뒤에서 설명할 것이다). 그것은 사회학적 이론이나 정신분석의 트라우마의 인과만으론 설명할 수 없다. 이것이 사주명리가 기능하는 매우 매력적인 점이다. 얘기가 좀 딴 데

로 빠지긴 했지만 운명의 해석이라는 것이 원래 정해진 틀이 있는 것은 아니다. 해석의 방법론을 자꾸 들먹이는 것은 그 틀에 얽매이지 않기 위한 하나의 포석이라고 생각하면 된다.

어찌 됐건 소세키의 명분은 '경신'이라는 금의 세력 혹은 일간 경금의 성향으로 설명할 수 있다. 그러나 현실에서의 명분은 여행 가방을 차지하고 있는 두꺼운 책처럼 걸리적거린다. 여행 갈 때마다 후회하는 건 꼭 필요할 것 같아서 챙겨 가는 두꺼운 책들이다. 나는 여행 내내 한 번도 들춰 보지 않는 책들을 택배로 집에 보낼까 생각한 적도 있었다. 명분도 책과 비슷한 신세다. 소세키가 문부성으로부터 받은 학비는 매년 1,800엔에 지나지 않았다. 그것으로는 케임브리지에서 신사의 기풍을 엿보기는커녕 강의도 다 듣지 못할 정도였다. 또한 2년이라는 짧은 유학생활도 어학과 영문학 두 마리 토끼를 잡기에는 턱없이 부족했다. 그 시간 안에는 문부성이 명령한 것을 통달하기도, 자신의 영문학을 정립하기도 어려웠다. 그가 어렵게 세운 명분이 현실 앞에서 별 쓸모없고 부담스러운 짐이 되었다.

소세키는 "나는 스스로 천박하다고 생각하는 이러한 문제를 제기하고 결국 어떠한 단안(斷案)에도 도달할 수 없음을 슬퍼했다"나쓰메 소세키, 앞의 책, 33쪽고 회고했다. 그는 케임브리지를 떠나 런던으로 거처를 옮겼다. 그리고 가정교사인 크레이그 선생 집에서 약 1년 정도 영문학에 관한 서적을 손에 잡히는 대로 독파했다. 그런데 1년쯤 경과한 후에, 그는 남은 1년을 다 바쳐도 이런 식으로 책만 읽다가 끝날 것이라는 생각이 들었고, 그의 "학문 태도는 여기에서 일대 변화를 꾀하지 않으면 안 되었다".같은 책, 34쪽

그는 어렸을 때 즐겨 배웠던 '한학'(漢學)을 떠올렸다. 소세키가

운명의 해석, 사주명리

도쿄대 영문학과에 입학하기 전, 그는 영문학과 한학이 크게 다르지 않다는 생각을 하게 되었다. 그러나 지금에 와서 생각해 보니 한학에서의 문학과 영문학에서의 문학은 "도저히 동일한 정의로 포괄할 수 없을 정도로 서로 다른 종류라고 할 수밖에 없다"는 것을 깨달았다. 그때부터 그는 자기만의 문학론을 쓰기 시작했다.

나는 하숙집에 틀어박혔다. 모든 문학서를 가지고 온 고리짝 밑에 처박아 놓았다. 문학서를 읽어서 문학이 어떠한 것인지를 알려고 하는 것은 피를 가지고 피를 씻으려고 하는 것과 같은 수단임을 믿어 의심치 않는다.같은 책, 37쪽

피로써 피를 씻을 수 없듯이, 문학서를 가지고는 문학론을 쓸 수 없다는 그의 말에는 기존의 문학사적 논리를 벗어나 자기의 힘으로 문학의 개념을 만들고 싶다는 강한 의지가 엿보인다.

이때 나는 비로소 '문학이란 어떤 것일까' 하는 개념을 근본적으로 자력으로 만들어 내는 것 외에는 나를 구할 방법이 없다는 사실을 깨달았습니다. 지금까지는 완전히 타인본위로 뿌리 없는 개구리밥처럼 그 근처를 아무렇게나 방황하고 있었으니 모두 허사였다는 사실을 겨우 알았습니다.나쓰메 소세키, 「나의 개인주의」, 『나의 개인주의 외』, 김정훈 옮김, 책세상, 2004, 51~52쪽

돈도 시간도 부족하고 명분마저 허망해진 절망의 오지에서 소세키가 붙잡은 것은 오직 자기의 힘이다. 그것을 소세키는 '자기본위'라

고 일렀다. 그는 이 말을 손에 쥔 뒤부터 매우 강해졌다고 고백했다. 기개가 생겼고, 불안이 사라졌으며, 망연자실하고 있던 자신에게 길을 인도해 주었다고도 했다. 그것이 어쩌면 경신 일주가 가지고 있는 강한 비겁의 힘이라고 말할 수도 있다. 이 책에서 선택한 비겁의 기호들 중에도 '자기본위'가 있다. 비겁의 자기본위는 자기애(自己愛)의 일환이고 욕망을 발생시키고 자기 변화에 대한 의지의 출발점이다.

그러나 비겁의 자기본위를 소세키가 런던에서 깨달은 '자기본위'와 동급에서 비교할 수는 없다. 왜냐하면 비겁의 자기본위는 일반적으로 비겁이라는 자기 영역 안에서의 자발성, 즉 우물 안에서의 발심 같은 것이다. 우리는 비겁의 기호 중에 '우주와 연잎'이라는 것을 기억해야 한다. 손오공이 아무리 우주 끝까지 갈 수 있는 내공이 있다고 해도 결국 연잎만 한 부처님 손바닥 위에서 벗어날 수가 없었던 것처럼, 비겁의 세력이 아무리 강해도 결국 자기가 쓰는 익숙한 방향성과 습관과 언어로만 구성된 세계에서 살고 있는 것. 그것은 다른 시각에서 보았을 때 연잎 정도에 불과하다. 하지만 소세키가 시도했던 자력으로서의 문학론은, 금 비겁 혹은 경금 일간이 익숙하게 쓰고 있었던 명분이 허물어지고, 기존에 생각하고 있었던 문학에 대한 표상도 깨져 버린 절벽 끝에서 내디딘 한 발이다. 따라서 그가 세운 자기본위는 오히려 비겁이 붙들고 있었던 자기 영역을 스스로 허물고, 연잎을 벗어나서 새로운 세계와 조우하는 탈비겁적인 실천적 개념이라고 할 수 있다.

그런데 한편으론, 그것마저도 비겁의 역량에 포함된다고 말해도 틀리다고 할 수는 없다. 자기 변화의 의지가 영역의 확장이 아니라 영역의 경계를 뛰어넘는 방향으로 선회할 수 있는 힘도 비겁에서 나올

운명의 해석, 사주명리

수 있다. 그렇게 본다면 소세키는 비겁의 한계를 비겁 안의 동력을 이용해서 다시 넘어서는 새로운 역량을 발휘하게 된 셈이다. 여기서 사주 해석의 묘미가 발휘된다. 비겁의 한계를 넘어섰지만 여전히 비겁 안에서 해석된다. 즉, 사주명리는 그 사람의 탈사주적 사례까지도 포용하며 명리적 방법론을 가지고 해석할 수 있다. 그럼으로써 우리는 소세키가 운명 결정론을 넘어서는 존재의 변이 혹은 주체의 확장을 운명론 안에서 목도할 수 있게 된다.

이런 방식의 해석은 사주를 자력으로 해석하려는 개인에게도 적용할 수 있다. 개인은 자기 사주를 통해 자기가 놓여 있는 운명의 굴레를 본다. 그것은 일종의 운명적 한계다. "아, 나의 운명은 이렇게 타고났구나. 그래서 이렇게 살았구나. 그리고 이런 방식으로 살아가겠구나" 하는 탄식 혹은 체념과 함께 그 운명적 한계를 체감하게 된다. 그러나 우리가 사주를 사용하는 목표는 새로운 주체의 발견과 새로운 주체의 욕망을 지지하고 용기를 주는 것이다. 또한 사주의 레토릭을 이용해서 매번 다른 해석을 내리게 하여 스스로 규정한 방에서 자신을 해방시키는 일이다. 따라서 우리가 처음 자신의 사주를 통해 운명적 한계를 체험하는 그때부터, 우리는 우리가 분류하고 설정한 한계의 바깥으로 벗어날 준비를 하게 된다. 경계가 어딘지 알아야 넘어갈 수 있다. 사주명리는 자기와 경계를 멀리서 볼 수 있는 초월적 시야를 제공하는 동시에, 그 초월적 시야까지 운명론 안으로 흡수함으로써 그 초월적 자아가 결국 태생적으로 내재되어 있다는 것을 알려준다. 그것은 결국 나의 운명 안에 나의 운명을 전복시킬 잠재태가 존재하고 있다는 뜻이다. 따라서 사주를 해석하는 행위는 그 잠재태를 끌어내는 데서부터 개입하게 된다. 그리고 잠재적 주체가 운명의 한계를 넘어서는 것을 밖에서 볼 수 있는 해석체계를 제공한다.

이제 소세키의 명식 중 다른 곳을 들여다보자. 소세키의 사주에서 경신 일주 다음으로 눈에 띄는 것은 인목 월지와 묘목 연지다. 점수로도 높다. 시간에 목이 있는지는 모르지만 이 상태로만 봤을 때는 세력을 가진 목 재성이 지지에만 존재하고 천간과 통근하지 못하고 있다. 하지만 정임합목이 이루어져서 천간에 안정되지 못한 목이 형성되었다고 볼 수 있다. 그래서 어설프지만 정임이 합해서 만들어진 목과 인묘가 기묘하게 통근을 하고 있다. 그러나 임수나 정화와 충을 하는 대운이나 세운이 오면 이 합이 깨져서 지지의 인묘는 천간과 통근을 못하게 된다. 천간과 연결되지 못한 지지는 지휘관 없는 실무자와 같다. 일관된 방향성을 얻지 못한 실무자들은 좌충우돌하며 이런저런 일을 벌이고 다니거나 무엇을 할지 몰라 우두커니 서 있기만 할 뿐이다. 목 재성은 주로 일을 벌이는 편이다. 특히 월지의 인목은 역마살인데다 일지의 신금과 충을 한다. 이것은 소세키의 어떤 역사를 설명해줄 수 있을까?

소세키는 34세에 유학길에 올랐다. 그런데 그는 32세에 무술(戊戌) 대운이 온다. 무토와 술토는 그 자체로 큰 역마의 기운이 서려 있기 때문에 그가 유학을 갔을 것이라고 해석해도 된다. 조금 다른 관점에서 본다면, 무토는 임수와 충을 한다. 그렇기 때문에 임수와 정화의 합이 깨진다. 그렇게 되면 지지의 인목과 묘목은 지휘관을 잃고 어디로 튈지 모르는 럭비공 같은 처지가 된다. 특히 인목은 일지의 신금과 충을 한다. 그 도발적 변화의 역량이 역마살이라는 기운과 만나서 런던이라는 생각지도 못했던 외지를 향해 나가게 했다. 그러나 이건 해석일 뿐이다. 그런 사주라 해서 반드시 그런 기회가 생기는 것도 아니고 또 그 기회를 꼭 승낙한다고 말할 수도 없다.

만일 이때 우리가 같은 상황에 놓여 있다면 어떨까? 유학의 권유가 있었고 가야 할지 말아야 할지 모르는 그때 우리는 자신의 사주를 들여다보았을 것이다. 만약 갈 마음이 없다면 굳이 사주를 들여다보지 않을 것이다. 변화 없는 상황에 머물러 있으려 할 때는 그런 운명론을 잘 보지 않는다. 선택을 앞두고 적극적으로 사주를 본다는 것은 가고 싶은 마음과 두려운 마음이 동시에 일어나기 때문이다. 이때는 새로운 선택을 지지하는 쪽으로 사주를 해석하면 된다. 예를 들어, "무술이 들어왔으니 거친 대지를 향해 나아가라는 것이군." "통근이 되지 않은 인목이 예기치 못한 지형을 향해 떠날 운명이라는 것을 지시하고 있군." 이런 식의 해석을 통해 우리는 자신의 운명에 스스로 개입할 수 있다.

이때를 제외하고는 대운에서 충을 하는 일이 없으니 소세키의 사주 원국에는 목이 많긴 많은 것이다. 재성이 과다하면 돈, 아버지, 일, 아내 등과 관련된 여러 번다한 일들이 벌어진다. 소세키는 "양아버지와 친아버지 사이에서 돈으로 팔고 팔리는 체험을 사춘기에 겪"었다. 5남 3녀의 막내로 태어난 소세키는 양친이 고령인 데다 아이가 많은 탓에 고물집 수양아들로 보내졌다가 나중에 누나에 의해 생가로 돌아왔다. 그러다가 다시 다른 곳에 양자로 갔고 양부모가 이혼하자 또다시 생가로 돌아온다. 그 과정에서 아버지끼리 돈이 오간 것이다. 천간과 이어지지 못하고 충을 당하고 있는 재성은 이리저리 변화무쌍하게 튀며 번다한 인연을 만들었다. 정작 자기는 만져 보지도 못하는 돈이 오간 것도 그의 지지 목 재성의 돌발적이고 실속 없는 운명 때문이라고 연결할 수 있다. 더 흥미로운 것은 현재 일본의 지폐에 소세키가 새겨져 있다는 사실이다. 자기의 얼굴이 새겨진 돈, 그러나 살아서는 그 돈을 쓸 수가 없다. 참 아이러니하다. 그 재성은 일복과도 관련이 있다. 소세키는 유학에서 돌아오자마자 돈을 벌어야 했다. 일할 곳은 많았다. 고등학교에도 나갔고, 대학에서도 강의를 했다. 그래도 돈이 부족해서 사립학교에도 나갔다고 술회했다. 그렇게 바쁜 와중에 신경쇠약에도 걸렸다. 분주하게 일어나는 일복도 그의 재성의 세력으로 이해할 수 있다. 재성이 많다고 돈이 많은 것은 아니다. 오히려 일복이 넘친다. 물론 일이 많다 보면 돈이 모이기도 하지만 반드시 그런 건 아니다.

정화는 소세키에게 관성에 해당한다. 관성 중에서도 정관이다. 그리고 인목의 지장간에 숨겨진 병화와도 통근이 된다. 고등학교 교사, 대학 교수, 국비 유학생 등 몇 가지만 뽑아도 정관의 특성이 드러난다고 할 수 있다. 정화의 물상은 촛불이고 그것은 교육과 관련한 빛과 계몽의 상징성을 담고 있다. 우리는 소세키가 교육과 관련된 관직에 몸담고 있었다는 사실로부터, 교육과 관련한 정화 관성의 특징을 파악할 수 있다.

이밖에도 간지별 특징을 더 살필 수 있고 육친도 여러 방향에서 해석할 수 있다. 만일 시주까지 알고 있었다면 더 풍성하게 해석할 수 있는 여지가 있었을 것이다. 그러나 이 정도로도 얼마든지 다양하게 해석할 수 있다. 중요한 것은 그 사람이 가지고 있는 삶의 스토리와 사주의 기호들이 얼마나 다양하고 재치 있게 접속할 수 있는가 하는 점이다. 사주는 사실의 증명이 아니라 서사를 분류하고 재배치하는 과정이다. 그 과정에서 운명에 개입하는 정치적 역량을 발휘하는 것은 개인의 몫이다.

## 정조의 사주 해석

| 乾 | 시 | 일 | 월 | 연 |
|---|---|---|---|---|
| 천간 | 乙 | 己 | 庚 | 壬 |
| 지지 | 丑 | 卯 | 戌 | 申 |

### 정조의 비밀편지

정조는 세종과 함께 성군으로 꼽히는 조선의 22대 왕이다. 21대 왕인 영조의 손자이며, 뒤주에 갇혀 죽은 사도세자의 아들이다. 많은 사연과 정치적인 업적이 있지만 여기서는 정조의 어록과 비밀편지를 바탕으로, 겉으로 드러난 성격과 숨겨진 그의 성정을 비교하면서 그의 사주를 풀어 볼 것이다.

정조는 제왕으로서는 드물게 글 쓰는 것 자체를 즐겼다. 특히 가까운 신료나 친지들과 편지를 주고받는 일에 특별한 취미를 가졌다. 그의 편지쓰기가 정치적 행위의 일환임을 부정할 수는 없다. 그러나 그의 편지 애호는 권력의 행사에만 몰두하는, 그저 정치인이기만 한 수많은 고금의 정치가와는 격조가 다른 행위였다. 바쁜 시간을 비집고 붓을 휘둘러 편지를 쓰는 정조의 모습은 상상만 해도 인간적 체취가 느껴진다.안대회,『정조의 비밀편지』, 문학동네, 2015, 머리말

글쓰기 얘기가 나왔으니 이런 질문을 던져 보자. 글쓰기는 사주에서 어떤 세력으로 봐야 할까? 수업시간에 가끔 받는 질문이다. 그런데 글쓰기를 단일한 요소에 한정시킬 순 없다. 하나의 행위는 여러 세

력과 기운들의 인과가 섞여 있기 때문이다. 쉽게 생각하면 글을 쓴다는 것이 표현에 해당하므로 식상의 기운이라고 볼 수도 있다. 틀린 말은 아니다. 글쓰기는 표현의 의지와 실천이 있어야 하기 때문이다. 정조의 사주에서도 천간의 경금(庚金)과 지지의 신금(申金)이 통근을 하고 있어서 식상의 기운이 강하다고 할 수 있다. 그것을 글쓰기의 욕망, 재능과 연결시켜도 괜찮을 듯하다. 하지만 글쓰기 작업은 이 밖의 여러 육친적 역할들이 필요하다. 글쓰기에 담긴 사유의 깊이는 인성과 관련이 있고, 글쓰기의 욕망이 출발하는 곳은 자기애의 자리인 비겁이며, 그것을 표현하고 현장에 펼쳐 놓는 것이 식상, 그리고 글을 마무리하고 책으로 출간하는 일 등은 재성이며, 그 글이 이름 모를 독자들과 만나고 세상에 회자되는 장은 관성이라고 할 수 있다. 그래서 글쓰기를 비롯한 여러 행위들은 어느 한 요소에 환원될 수 없는 힘의 네트워크 속에 혼융되어 있다. 다만 식상을 먼저 언급한 이유는 식상이 자기 안의 욕망을 표출하는 첫 현장이기 때문이다.

어찌 됐건, 정조의 식상 세력이 강하니 그의 글쓰기가 식상과 어떻게 연관되는지부터 살펴보자. 사주를 보면 천간의 경금과 지지의 신금이 서로 통근하고 있어서 금의 세력이 제법 강하다고 볼 수 있다. 특히 이렇게 아래 위로 하나씩 연결된 세력은 군더더기 없는 욕망과 실천적 힘을 발휘한다. 즉, 욕망과 현장이 적절하게 섞여서 발휘된다. 우선 그의 글 중에서 금기운이 느껴지는 글들을 먼저 확인해 보자.

정조는 자신에게 "치우친 생각이 있을 때는 맹렬하게 성찰하고 단속하지 않은 적이 없다"*고 밝혔다. 단호하고 절제력 있는 금기운의 한 면목을 드러낸 글이다. 또한 "해야 할 일은 용감하게 곧바로 시행하고, 하지 말아야 할 일은 용감하게 물리쳐야 한다"**고 말한 부분도 금기운의 결단력과 통한다.──한편 "곧바로 임무를 수행(直做)" 해야 한다는 속도감은 목기운에 해당한다. 그 내용은 바로 뒤에 나온다.──정조는 이렇게 단호하게 자신의 의견을 표현한다. 내용도 금기운을 쓰지만 어조도 금의 단호함을 사용한다.

정조에게 금은 식상이다. 그래서 금기운을 쓴다는 것은 식상을 쓰는 것이다. 식상은 활동성, 시작의 기운, 의식주, 표현 등의 상징성을 가지고 있다. 그리고 금은 구조화, 원리원칙, 논리, 정의감, 절제, 명분, 비판 능력 등을 상징한다. 따라서 금 식상(戊, 己 일간)은 어떤 일을 시작하는 현장에서 구조화, 절제, 규칙, 정의감 등을 먼저 내세우는 경향성이 있다. 위의 글은 『일득록』(日得錄)에서 발췌한 내용이다. 이것은 정조가 경연이나 행사 등에서 각료와 유생들과 나눈 대화를 묶은 책이다. 왕이 관련되어 있는 모임은 어떤 식으로든 정치적 영향력이 있다. 그래서 이 대화의 장도 관성과 관련이 있다. 그러나 그곳은 본격적인 정치 행위의 장이라기보단 평소 자신의 생각과 가치관을 피력하는 자리다. 그래서 정조의 뜻이 말과 글로 표현되는 식상의 장이라 할 수 있다. 식상은 외형적으로 표현되는 형식이고, 활동의 현장이기 때문이다. 일종의 발표의 장이랄까. 그래서 그 내용의 많은 부분이 이처럼 금 식상을 쓰게 된다.

그런데 정조가 쓴 비밀편지에는 전혀 다른 어조와 내용이 실려 있다. 정조의 편지는 주로 심환지(沈煥之)에게 보냈던 것으로 정조가 폐기하라고 일렀지만 심환지가 버리지 않고 간직했던 것이 2009년

* 惑有一念之偏 則未嘗不猛加省檢, 『일득록(日得錄)』 중에서.
** 事之十分當爲者 勇往直做 事之十分不當爲者 勇決直却, 『일득록(日得錄)』 중에서.

『정조어찰첩』이라는 이름으로 세상에 드러나게 되었다. 심환지는 노론의 우두머리로서 정조와 대립각을 형성하고 있었고 심지어 정조를 독살했다는 설도 나돌았던 인물이다. 그래서 더욱 놀라웠다. 정조는 4년간 심환지에게 297통의 비밀스런 편지를 보냈다. 심환지의 답장은 정조가 폐기를 했을 테니 남아 있진 않지만 그보다 더 많으면 많았지 적진 않았을 것이다. 정조의 편지는 격식도 생략된 경우가 많았고, 정치적인 기밀 내용뿐만 아니라, 사생활에 대한 내용 그리고 푸념과 원망, 걱정 등의 개인적 감정도 실려 있다. 어느 때는 "50세를 바라보는 국왕이 70세가 된 정승에게 보낸 편지라고 보기 어려울 만큼 다정다감"안대회, 앞의 책, 85~86쪽하기도 하고, 때로는 "내가 그에게 말하지 않은 것을 경은 함부로 이야기했다"같은 책, 63쪽고 질책하기도 하며, "소식이 갑자기 끊겼는데 경은 자고 있었는가? 술에 취해 있었는가? 아니면 어디로 갔었기에 나를 까맣게 잊어버렸는가?"같은 책, 85쪽 하고 토라지는 듯한 정서를 보이기도 한다.

이런 정서는 오행에서 목화토의 기운에 속한다. 금수의 기운은 냉정하고 차갑다. 수가 유연하고 부드럽긴 하나 이렇게 다정다감한 정서는 아니다. 정조 사주 원국에는 토가 일간이고, 목이 2개가 있고 화는 없다. 토는 나중에 이야기하기로 하고 우선 목화를 보자. 목(木)은 시간에 을목, 일지에 묘목이 있다. 화(火)는 원국에는 없지만 지지에 묘(卯)와 술(戌)이 만나서 화(火)가 되고, 월지 술토(戌土)의 지장간에 정화(丁火)가 있다. 묘목은 술토를 만나서 더 분주하고 활발한 활동성을 갖는다(이 책 9장의 묘술화 부분 참조). 을목은 묘목에 뿌리를 내리며 목 관성의 세력을 강화시킨다. 월간의 경금과 을경합을 하지만 일간 기토와 충을 하기 때문에 금으로 변하진 못한다. 쉽게 말해 합이 제대로 이루어지지 않는다. 요컨대 '을(乙)-묘(卯)'의 조합은 화기운을 공유하고 있는 목의 세력이다. 정조의 비밀편지에서 드러난 사적 감상의 어조와 내용은 이런 목화의 세력, 특히 화기운을 띤 '을-묘'의 조합을 사용한 것이라 해석할 수 있다.

목화는 따뜻하고 순진하며 다정다감한 기운이지만 속도가 빠르고 직설적이고 화를 참지 못하고 열정적이며 바쁘고 부산하게 움직인다. 정조의 성격도 그러했다. "고관을 비롯한 학자를 직설적으로 질타하여 거친 말을 퍼붓기도 했다. 여러 사례가 있으나 측근 대신인 서용보(徐龍輔)를 호로자식이라고 표현하고, 젊은 학자인 김매순(金邁淳)을 '입에서 젖비린내 나고 미처 사람 꼴을 갖추지 못한 놈'으로, 김이영(金履永)을 '경박하고 어지러워 동서도 분간 못 하는 놈'으로 욕했다. 또 어용겸의 자제들을 '그 집 젊은 것들은 모두 개돼지보다도 못한 물건이라'고 쏘아붙였다." 같은 책, 98쪽

여기서 정조의 목화 기운이 육친적으로 관성과 인성인 것을 생각해 보자. 정조가 잘 쓰고 있는 '을-묘'의 목 조합은 관성이다. 관성은 조직, 사회적 관계, 규율, 서열, 권력, 불편함 등에 해당한다. 그렇다면 정조가 비밀편지에서 쓰고 있는 저 정서는 많은 부분 정치적인 전략에 해당한다고 할 수 있다. 물론 기토 일간을 빼놓으면 안 된다. 기토는 안정되려는 욕망과 수동적 대인 관계의 소박한 마음을 가지고 있다. 원임제학 채제공(蔡濟恭)에게 보내는 편지의 내용 중에는 "금원(禁苑)의 벼는 큰 풍작이니, 이에 몇 말 보낸다. 사소한 것이라 부끄러우나 기념하는 뜻을 생각해 주지 않으려는가?"라는 내용이 있다. 부끄러움은 목화의 정서가 아니라 기토에 가깝다. 이것은 기토가 친분적 대인 관계에서 잘 사용하는 정서다. 따라서 심환지에게 보내는 많

은 내용 중에 자기의 비겁을 다룰 때 사용하는 이러한 정서도 포함되어 있음은 틀림없다. 심환지와 정조가 나이 차이는 많이 나지만 오랜 비겁의 관계를 유지했을 터이니 말이다. 하지만 편지 내용과 어조가 급하고 격한 목화의 기운이 강하다면 그것은 관성과 인성을 쓰는 것이리라. 특히 원국에서 좋은 세력을 가지고 있는 '을-묘' 목기운은 관성 자리이므로, 심환지와의 비밀편지는 대체로 친구 간 우정의 나눔이라기보다는 정치적이고 전략적인 측면이 강하다고 볼 수 있다. 실제로 정조는 심환지와의 편지 왕래를 통해서 정치적인 비밀전략을 세우고 행동에 옮긴 사례가 많다.

예컨대 "『승정원일기』와 같은 공식 사료에 심환지의 행동으로 기록된 일이 실제로는 정조의 지시에 따른 것임이, 비밀편지의 등장으로 여러 건이나 폭로되었다. 또 동일한 사건에 대해 정조가 심환지에게 피력한 의견이 공식적인 사료와 비밀편지에서 서로 다르다. 결국 정조는 심환지를 조종하여 자신의 정치적 의도를 관철시키거나 사건에 대한 자신의 속내를 드러낸 것이다."안대회, 앞의 책, 76쪽

따뜻하고 순수하지만 빠르고 급한 목 관성의 리더십이 비밀편지에 의해 전략적으로 행사되었다. 그런데 목기운은 주로 드러내는 방식으로 사용된다. 그렇다면 비밀편지의 형식은 어떻게 설명할 것인가? 그것은 일간 기토의 영향력일 것이다. 기토는 비옥한 땅이다. 최대한 안정적으로 자신의 가치를 최대화하려는 속성이다. 또한 비밀스럽고 음적인 방식으로 일을 추진하는 것도 기토의 특징 중 하나다. 기토 일간은 다혈질적이고 빠른 속도의 전략을 펼치려는 목 관성을 은밀한 비밀편지라는 형식을 통해 구현하려 한 존재의 방향키라 할 수 있다.

## 영·정조의 탕평 정치

그 방향이란 토의 조화, 즉 탕평(蕩平) 정책이다. 토는 만물을 받아들이고 조화하는 힘을 가지고 있다. 무토 일간인 영조도 탕평을 내세웠다. 무토는 광활하지만 투박하다. 그래서 자기 힘이 수용할 수 있는 한도 내에서 거칠게 다룬다. 기토는 좁지만 비옥하다. 그래서 전체를 자기 방식에 맞게 다루려 한다. 이 차이가 영조와 정조의 탕평 정책의 차이로 드러난다.

탕평이란 치우침 없이 공평무사한 정치적 준칙이다. 영조는 당쟁의 폐단을 지적하고, 노론과 소론의 인물을 고르게 등용하는 탕평책을 실시하였다. 영조는 당파를 초월하여 자신의 탕평 정책에 호응하지 않은 관료를 파면하고, 그의 정책에 타협적이고 온건적인 인사들을 등용하여 탕평파를 만들었다. 영조는 붕당 자체가 없어져야 탕평이 이루어진다고 생각했다. 그러나 실제 정책은 붕당의 대립을 완화하여 점차적으로 해소하는 것을 목표로 삼았다. 그래서 중도적이고 온건한 신하들을 중용(重用)한 것. 이를 두고 완론(緩論)탕평책이라 한다.

영조는 왕위에 오르기까지 험난한 길을 걸었다. 왕자 시절에는 무수리 출신 서자라고 멸시를 당했고, 경종이 왕위에 오르자 세제인 연잉군(영조)을 비호하던 노론 세력이 역적의 누명을 쓰고 사형을 당하면서 목숨까지 위협받았다. 왕이 되어서도 험로는 계속되었다. 경종이 5년 만에 병으로 죽고 영조가 왕위에 올랐으나 형 경종을 독살하고 왕위에 올랐다는 괴소문에 시달렸다. 심지어 영조가 왕의 핏줄이 아니라는 소문(나주 괘서사건)까지 나돌았다. 그 과정에서 피의 숙청을 감행해야 했지만, 영조는 소론을 내치지 않았을 뿐만 아니라 자신의 지지기반이었던 노론의 강경파까지 추방하면서 인재를 고루 등용하는 탕평 정치를 펼쳤다. 영조는 붕당의 피비린내를 온몸으로 겪으면서 탕평의 유토피아를 완벽하게 실현하기 어렵다는 것을 알았을 것이다. 모두를 설득할 수 없지만 탕평의 이념을 실현하겠다는 의지는 완론탕평으로 이어졌고 그 의지를 묵묵하게 끌고 나갔다. 그러면서 신하들과 끊임없는 논리적 투쟁을 해야 했고 거기서 부족한 논리를 얻기 위해 더 많은 학문적 노력을 기울였다. 그것이 무토식 탕평이라 할 수 있다.

### 영조의 사주

| 乾 | 시 | 일 | 월 | 연 |
|---|---|---|---|---|
| 천간 | | 戊 | 甲 | 甲 |
| 지지 | | 寅 | 戌 | 戌 |

　　말이 나온 김에 잠시 영조의 사주를 살펴보자. 항간에는 갑술(甲戌)일에 갑술시로 갑이 4개 술이 4개인 사주로 알려져 있기도 하지만, 『조선왕조실록』 영조대왕 행장에 언급된 대로 무인(戊寅)일로 보기로 하자. 한눈에 보기에도 강력한 양적 세력이 느껴진다. 시를 빼고서도 비겁이 3개, 관성이 3개다. 그것도 전부 양토(陽土)에 양목(陽木)이다. 그렇다고 주눅들 필요는 없다. 이런 사주라고 다 권력자의 운명이라고 할 수는 없으니까. 사주가 복잡하지 않으니 이미지[物象]로 한번 훑어보자. 황무지(戊-戊-戊)에 큰 나무(甲-甲)가 군데군데 서 있고 거기에 호랑이(寅) 한 마리가 어슬렁거리고 있다. 황량하고 거친 환경을 헤치고 나아갈 호랑이의 운명이 고독해 보인다. 아니면 배고픈 들개

떼(戌-戌)가 같이 배회하고 있다고 해도 된다. 다 아우를 수 없는 황무지에서 닿을 수 있는 데까지 자기 영역을 만들고, 거칠지만 거기서 큰 뜻을 펼치려 하는 영조의 모습이 오버랩된다.

갈 길이 멀고 하루아침에 이루어지지 않는 뜻이다 보니 지속적인 힘이 필요하다. 월지 술토에 뿌리를 내린 무토의 강한 토 비겁의 힘이 군주의 자리에서 느끼는 막중한 부담감으로 치솟아 오르는 화기를 설기(泄氣)할 수 있었던 것 같다. 많은 왕들이 화병(火病)으로 죽었다. 숙종도 그랬고 경종, 그리고 영조의 손자인 정조도 화병에 시달렸다. 그래서 원기를 돋우는 인삼을 먹지 못했다. 인삼은 명약이나 열이 뜬 사람에게는 화(火)를 더 조장할 수 있다. 영조는 인삼을 달고 살았다고 한다. 이상곤 한의사는 영조의 체질이 소음인이기 때문에 그렇다고 한다. 그럴 것 같기도 하다. 그런데 후천적인 노력이 있었다. "그는 소식은 기본이고, 기름진 음식과 술을 피하는 절제된 식습관을 평생 고수했다. 소화 기능이 약한 소음인 체질 때문에 자기한테 맞춤한 식습관을 실천한 것이다."이상곤, 『이상곤 낮은 한의학』, 사이언스북스, 2011, 110쪽 열심히 한다고 단번에 해결될 수 있는 일이 아니라면 길게 봐야 한다. 그리고 체력을 비축하고 한 번에 힘을 낭비하지 않아야 한다. 영조는 83세까지 살았다. 조선 임금 중에서는 가장 장수한 왕이다. 그의 정치적 행보도 이와 비슷했다. 불리한 상황에서 모든 사람을 설득할 수는 없었다. 그렇다고 예전처럼 조정을 물갈이 하듯 '환국(換局)정치'를 할 수도 없었다. 같이 갈 사람만이라도 추려서 느린 걸음으로 진격해야 했다. 물론 관성이 목기이니 정치적인 행보가 느리진 않았을 것이다. 그러나 무토의 방향성은 그 속도를 조절하게 만든다. 영조의 완론탕평은 그런 맥락에서 이해할 수 있을 것 같다.

정조의 탕평은 준론(峻論)탕평책이다. 준론탕평은 각 당의 당론을 배제하지 않는다. 그 대신 정조가 직접 그 당론의 시시비비를 엄준(嚴峻)하게 가린다. 그래서 준론이고 적극적인 탕평이라 할 수 있다. 정조는 붕당을 인정했다. 그래서 탕평파를 따로 만들지 않고 노론과 소론, 그리고 정치에서 소외되었던 영남의 남인들까지 등용하여 이들 간에 정치실력을 겨루게 했다.

정치 분쟁에서 논리적으로 시시비비를 가리고 공론의 정치를 이끌어가는 것은 아무나 할 수 있는 일이 아니다. 정조는 공부벌레였고 독서광이었다. 그의 실력은 경연(經筵)에서 자신이 직접 신하들을 가르칠 정도였다. 그는 자신의 앎을 최선을 다 해서 정사를 펼치는 데 이용했다. 그러다 보니 관여할 것도 할 일도 너무 많았다. "정조는 일중독에 걸렸다고 할 만큼 늘 정무에 바빴다."<sup>안대회, 앞의 책, 93쪽</sup> 스스로 "나는 바빠서 눈코 뜰 새 없으니 괴롭고 괴로운 일"<sup>같은 책, 94쪽</sup>이라고 토로하기도 했다. 영조가 83세까지 살았던 반면, 정조는 47세에 죽었다. 정조는 몸에 열이 많았다.

내가 맨 처음 소요산을 복용한 뒤로 매일 두 번씩 마셔 몇 첩이나 복용했는지 모를 정도인데 이와 같은 일은 다른 사람에게 말하기 어렵고 그저 속만 탈 뿐이므로 조보(朝報)를 통해 사람들에게 알린 것은 그저께의 두 첩에 지나지 않는다. 소요산은 본디 양제(涼劑)인데 거기에다가 황금(黃芩)과 황련(黃連) 등속을 추가하였으므로 석고(石膏)의 약효보다 못하지는 않으나 어제 백호탕(白虎湯)을 쓰기로 정하여 그것을 마시면 혹시 열을 내릴 효과가 있을지 모르겠다고 생각하였다. 그러나 조금 마시자마자 곧 열이 오르는 증세가 생겼는데 어깨와 등쪽에서부터 시작하여 온몸이 다 뜨거워 찬 음식을 먹고 나자 비로소 조금 내려간 듯하였고 오늘 아침에는 어제보다 조금 나아진 듯하다.『조선왕조실록』,「정조실록」 54권, 정조 24년 6월 16일 정묘 1 번째 기사, 국사편찬위원회 사이트에서 발췌

정조는 자신이 어의들과 병을 놓고 토론을 벌일 정도로 의술에 대한 높은 지식을 가지고 있었다. 소요산은 신경증상을 동반한 부인의 질환에 많이 쓰이는 방제다. 이 약재들은 감정의 울체를 풀어주고 스트레스로 약해진 소화력을 증진시킨다. 한마디로 화병(火病)에 쓰는 방제라 할 수 있다. 이 방제는 일반적으로 목단피(牧丹皮)와 산치자(山梔子)를 더해서 사용하는 경우가 많은데 이를 가미소요산(加味逍遙散) 혹은 가감소요산(加減逍遙散)이라 하며,「정조실록」에도 나온다. 여기서 말하는 소요산도 아마 가미소요산일 것이다. 이 두 약을 더하는 이유는 감정울체로 인한 열증(熱證)을 잡기 위해서다. 목단피는 피의 열을 떨어뜨리고 산치자는 심열(心熱)을 다스린다. 요컨대, 정조가 가미소요산을 지속적으로 사용한 이유는 화병 때문이다.

화병은 울화(鬱火)병이라고도 한다. 화병이 성립되려면 울증, 즉 감정의 울체가 있어야 한다. 억울함 등의 감정이 몸속에 오래 머물면 울증이 생긴다. 그것이 열을 내면서 몸에 여러 증상들이 나타나는 것이 화병이다. 병증은 일반적으로 분노가 심해지고, 갑자기 울컥한 마음이 생기며, 얼굴에 열감이 오르고, 두통이 생기며, 목에 무언가 걸린 것 같고, 가슴이 두근거리는 등의 증상으로 나타난다. 정조의 화병은 자신의 생부인 사도세자의 끔찍한 비극을 겪은 충격이 일차적인 원인이었으리라. 정조는 죽음을 앞두고 "사도세자를 죽음으로 몬 자들

이 자수를 하지 않고 있다. 내가 한 번 행동을 하면 저들이 결단 날 텐데"이상곤, 앞의 책, 116쪽라며 분노를 감추지 않았다고 한다. 여기에 정조는 번 아웃이 되도록 열심히 일했다. 말 그대로 에너지를 다 태워 버리고 나가떨어지는 지경이 되도록 정기를 끌어올린 것이다. 이런 행동은 화기를 조장한다. 그는 스스로도 "심혈(心血)이 메말라 눈이 어두워졌다"안대회, 앞의 책, 97쪽고 판단했다. 화기는 심혈을 말린다. 심혈이 마르면 진액이 마르고 간으로 피가 저장되지 않아 눈에도 좋지 않은 영향을 끼친다. 그리고 진액이 마르면 열은 더 심해지고 결국 기존의 울화병에 화력을 보태는 꼴이 된다.

정조의 일간 기토는 완벽하게 하려는 성향이 있다. 비옥함을 유지하려는 것이다. 그런데 그 대상이 나라를 이끄는 일이다 보니 몸의 정기를 한꺼번에 다 태우며 수명을 줄이게 된다. 물론 수명의 길고 짧음을 이런 식으로 단정할 순 없다. 하지만 번 아웃 증후군 환자들이 갑자기 우울함과 무기력에 빠져 그런 식으로 일을 오래 지속시킬 수 없듯이, 일찍 죽지 않았더라도 정조는 오래 버티지는 못했을 것이다.

더구나 정조는, 그에겐 관성에 해당하는 목기운을 일간인 토기에 종속시켜서 사용했다. 목기를 쓰되 자기를 극하는 방식이 아닌 자기 편으로 만들어 사용한 것이다. 비밀편지가 바로 그런 방법이다. 그것을 비겁의 친분관계에 사용했으면 괜찮다. 비밀스러움은 기토적 성향이기 때문이다. 관성을 비겁의 영향력 아래에 두었다는 것은 조직을 완전히 자기 방식대로 통제하려 했다는 뜻이다. 그런데 조직은 바람 같은 것이다. 어디서 불어올지 짐작할 수 없고, 어디로 흘러갈지 모른다. 바람을 원하는 방향으로 통제하려 하면 높은 방벽을 쌓고 대형 선풍기로 인위적으로 바람을 일으키는 수밖에 없다. 그것은 너무 많은 에너지가 소모된다. 가미소요산과 차가운 약재인 황금, 황련, 석고 등을 계속 썼지만 화병과 또 다른 화증인 종기는 좀처럼 가라앉지 않았다. 정조가 죽자 그의 탕평책은 도로아미타불이 되어 버리고 소수 가문에 의한 세도정치가 시작되었다. 탕평에 대한 그의 강렬한 열정은 결국 그의 몸과 함께 타 버리고 말았다.


## 자존심의 늪에 빠진 주부의 사주 해석

| 坤 | 시 | 일 | 월 | 연 |
|---|---|---|---|---|
| 천간 | 辛 | 辛 | 癸 | 乙 |
| 지지 | 卯 | 酉 | 未 | 卯 |


### 세력과 용법

위 사주를 보면 비겁이 강한 편이다. 일주가 신금(辛金), 유금(酉金)으로 간여지동(干如支同)<sub>천간과 지지가 아래위로 같은 오행인 상태</sub>이고, 시간에도 신금이 있다. 같은 점수라도 간여지동이 되어 있으면 세력이 더 강하다고 본다. 금 점수는 11점(c, 평기中)으로, 점수로도 약하지 않다. 문제는 이 강한 비겁을 어떻게 사용하는가에 있다. 비겁이 적절한 세력을 가지고 있다고 해서 대인 관계가 원만하다거나 풍족하다는 말로 규정할 수 없다.

위 사주의 주인공은 결혼하면서부터 시어머니와 함께 살게 되었다. 남편이 결혼 전부터 반드시 어머니를 모셔야 한다고 조건을 걸었기 때문이다. 시집살이는 생각보다 쉽지 않았다. 까칠한 시어머니와 근처 사는 시누이가 그녀를 업신여겼다. 그것이 그녀의 자존심을 건드렸다. 그녀는 대드는 대신 꼬투리 잡힐 것이 없도록 완벽하게 살림을 했다. 그것은 실수를 용납하지 않는 신금(辛金)의 성향과도 관계가 있다. 그녀는 해야 할 일, 예컨대 삼시 세끼 꼬박 음식을 새로 하고 청소와 빨래 등, 쉬는 날도 없이 시어머니를 봉양했다. 그렇다고 더 마음을 쓰지도 않았다. 애정도 효심도 아니고 다만 꼬투리 잡히지 않겠다는 자존심 하나로 버텼다. 그러자 시어머니와 시누이는 독하고 인정머리 없다고 트집을 잡았으나 더 이상 그녀를 다그치거나 건드리지 못했다. 하지만 그녀는 지쳐 갔다. 가끔 친구들을 만나서 수다를 떨었지만 그게 해결책이 되진 못했다. 성격도 좀 변했다. 오랜만에 친구들을 만나면 과도하게 자기 주장을 고집했다. 자기가 직접 확인하기 전까진 친구들의 의견을 잘 믿지 않았다. 그 자리에선 자기의 주장이 가장 옳아야 했다.

비겁의 세력은 강하지만 그녀는 그것을 자기고집을 강화시키고 자존심을 지키는 데 쏟아부었다. 그렇게 하는 것이 그녀의 마음을 편하게 하는 것이라면 이해할 수 있지만, 그녀는 늘 공허했고 답답했으며 몸이 아팠다. 어느 날은 남편이 그런 모습을 보고 마지못해 나가서 살자고 했다. 그녀는 거절했다. 나쁜 사람이 되고 싶지 않다는 이유에서다. 친구들도 차츰 연락을 끊고 그녀도 자존심 때문에 오히려 그들을 소홀히 했다. 그녀의 비겁은 자기의 영역을 좁히고 또 좁혔다. 높은 담을 쌓고 그 안에서 자기 영역을 공고히 다지면서 우물 안 개구리가 되었다.

물론 이런 상황을 여러 가지 사주 이론으로 대입하여 설명할 수 있다. 신(辛)이 나란히 붙어 있다거나, 을과 신의 충이 두 개 있다거나,

또 묘유충을 하기 때문이라고 해석할 수 있고, 관성의 부재로 해석할 수도 있다. 그렇다 해도 그렇게 살아야 한다는 법은 없다. 사주가 그렇기 때문에 이렇게 산다고 하는 말은 우리가 가장 피해야 할 초월적 결정론이다. 연예인이 자살을 하는 사건이 벌어지면, 임상가들은 앞다투어 사주가 그래서 자살을 한 것이라고 해설을 한다. 그러나 그런 사주라고 다 자살을 선택하진 않는다. 끼워 맞출 순 있지만 원래 그렇게 정해져 있는 것처럼 말해선 안 된다.

우리가 그녀에게 대안을 내줄 순 없다. 그러나 그녀가 어떤 식으로든 그 상태에서 벗어나야 한다는 것을 우리는 느낀다. 이 책의 의도는 사주명리라는 장치로 자기 운명에 개입하는 것이다. 그렇기 때문에 우리는 상담가의 위치에서 그녀의 사주를 해석하기보다는 그녀의 처지가 우리의 상황이라고 전제하고 사주를 해석해 보고자 한다. 따라서 그녀에게 해줄 말이 무엇인지를 고민하기보다, 내가 그 상황이라면 어떻게 헤쳐 나가야 할지를 궁구하는 것이 우리의 의도와 맞다.

먼저 이 상황을 파악하는 자기 진단이 필요하다. 1장에서 이야기한 대로 스스로 진단해 가는 과정 중에 처방의 실마리가 잡힌다. 다시 말해 진단은 곧 해결의 시작이다. 위에서 처음 언급했던 진단의 기호는 비겁의 세력이다. 비겁이 강하다는 것과 자신의 상황을 연결시켜야 한다. 비겁이 강하면 자기애(自己愛)도 강하다. 자기애는 자기 영역을 넓히고 자기 변화에 대한 의지를 불러일으켜 발전적인 자기로 거듭나게 한다. 그러나 육친 챕터에서도 언급했듯이, 자기를 거듭나게 하려는 시도를 자신을 둘러싼 우물을 뛰쳐나오는 것이 아닌, 우물의 사이즈를 늘리는 것으로 대체하려는 경우가 많다. 그녀의 입장도 이런 시선에서 살펴볼 필요가 있다. 그녀는 살림을 완벽하게 하려는 것으로 자존심을 지키고 그것이 자기를 위하는 길이라고 생각한다. 물론 그것도 자신의 신념일 수 있으니 존중받아야 한다. 하지만 늘 신체적인 고통, 예컨대 가슴이 답답하고 몸이 붓는 등의 증상과 주위 사람들과의 관계에서 오는 스트레스를 견디고 있다는 점에서, 뭔가 의심을 해야 한다. 예컨대, 그녀가 자기를 위하는 수준을 너무 빈곤하게 설정하지 않았는가 하는 의심 말이다. 이것을 스스로 진단할 수 있다면, 즉 자기를 위한 어떤 행동이 너무 한쪽으로 치우쳐 있어서 그 행동 때문에 결국 자기를 해치는 부분이 더 커지는 모순에 빠져 버린다는 것을 알 수 있다면, 지금 자신이 할 수 있는 한에서 어떤 조율을 하고 싶다는 해법을 찾아갈 수 있다. 정답은 없다. 각자 그녀의 입장에서 내놓을 수 있는 카드가 있을 것이다. 잘하려는 마음을 내려놓든지, 남편과 담판을 짓고 분가를 하든지, 자기 일을 찾아보든지. 그게 뭐든 그것을 실험하는 것으로 해법이 시작된다. 진단은 어떤 실천의 욕망을 낳기 마련이다. 때문에, 객관적인 자기 진단은 막힌 형국을 벗어나는 데 반드시 필요한 일이다.

한 단계 더 나아가면, 이런 진단도 할 수 있다. 그녀가 이 일을 자기를 위하는 일이 아닌, 어떤 '희생'의 일환으로 여기는 경우도 있을 수 있다. 만일 그렇다면 진단하기는 더 까다롭다. 그런 경우, 자기가 해결해야 할 문제를 자기가 희생하고 있는 일 때문이라고 책임을 전가해 버린다. 그녀의 경우에도, 몸이 불편한 시어머니 때문에 이 생활을 계속할 수밖에 없다고 생각한다. 그것을 희생이라고 여기겠지만, 사실은 그 생활을 벗어났을 때 예상할 수 있는 불리한 여건에 비해 이 생활을 지속하는 것이 더 자기를 위하는 일이기 때문에 선택한 것이다. 따라서 그 희생이 기쁨에 의해서건, 의무감에 의해서건, 결국 그것이 자신의 욕망과 선택이었다는 것을 깨닫지 못하면 자기를 제대로 볼 수 없다. 이렇게 자기기만에 가려진 모습도 스스로 진단할 수 있다면 자기와 세상을 좀더 폭넓게 볼 수 있다. 그러면 선택의 폭도 넓다.

그녀에 대한 정보가 부족한 관계로 더 많은 해석을 하긴 어려울 것 같다. 물론 8자만으로 유추해 볼 수는 있다. 예를 들어, 뿌리를 내리지 못하는 하나밖에 없는 계수 식상을 통해, 그녀가 답답함을 아이에 대한 집착으로 해소하려는 경향을 보일 수 있다거나, 미토 월지에 숨겨진 정화 관성이 천간을 만나지 못해서 남편의 존재감이 미약하게 느껴질 수 있다는 점. 또한 시지에 있는 잉여의 묘목 재성도 주목할 만하다. 지지에 있는 두 개의 묘목은 연간의 을목과 통근을 하고 있다. 그런데 연간의 을목과 연지의 묘목은 간여지동으로 서로 잘 통근을 하는 반면, 시지의 묘목은 을묘 연주와 거리가 좀 떨어져 있는 까닭에 통근이 잘 안 되어 잉여로 남는다. 이 잉여의 재성은 의도되지 않은 일복으로 찾아올 가능성이 있다. 아니면 목은 오장육부로는 간, 담에 해당하므로 간에 문제를 일으킬 수도 있다. 대체로 감정이 울체되어 생기는 화병의 기전은 간의 기가 울결되었다고 설명한다. 따라서 그녀의 스트레스를 간기의 울결과 연결시켜도 충분히 해석 가능하다. 이렇게 여러 가지 경우의 수를 들춰 볼 수는 있지만, 될 수 있으면 삶의 서사와 함께 해석할 것을 권한다.

여기서는 다만 비겁의 세력이 개인에 따라 어떻게 쓰일 수 있는지를 설명하려 했다. 이 사례를 통해, 개인이 놓인 상황과 그 상황에 맞서는 태도가 반드시 사주의 영향력에 종속되어 있지 않다는 것을 알려주고 싶었다. 비겁이 강하면 그 힘이 어떤 식으로든 쓰일 것이다. 그러나 그것을 다루는 정치적 역량은 개인의 선택에 있다.